국가의 흥망을 놓고 벌인 중앙은행과 은행가들의 300년 세계사

돈을 찍는 자

다가올 경제위기는 누가 어떻게 구해야 하는가?

돈을 찍는 자

쉬진 지음 | 권하정 옮김

초판 인쇄일 2016년 12월 16일 | 초판 발행일 2016년 12월 23일
펴낸이 조기룡 | 펴낸곳 내인생의책 | 등록번호 제10-2315호
주소 서울시 마포구 동교로16길 12 한성빌딩 3층
전화 (02)335-0449, 335-0445(편집) | 팩스 (02)6499-1165
전자우편 bookinmylife@naver.com | 카페 http://cafe.naver.com/thebookinmylife

ISBN 979-11-5723-295-6 (03320)

책값은 뒤표지에 있습니다.
잘못된 책은 구입처에서 바꾸어 드립니다.

이 도서의 국립중앙도서관 출판예정도서목록(CIP)은 서지정보유통지원시스템 홈페이지(http://seoji.nl.go.kr)와
국가자료공동목록시스템(http://www.nl.go.kr/kolisnet)에서 이용하실 수 있습니다.(CIP제어번호: CIP2016028012)

국가의 흥망을 놓고 벌인 중앙은행과 은행가들의 300년 세계사

돈을 찍는 자

다가올 경제위기는 누가 어떻게 구해야 하는가?

쉬진 지음 | 권하정 옮김

내인생의책

4장 21세기: 글로벌 금융위기와 끝이 난 '빚잔치'

"중앙은행은 경제 번영에서 '브레이크' 역할을 해야 한다. 파티가 절정에 접어들 때 술잔을 거두어들이듯, 유리조각이 바닥에 산산조각으로 흩어져 일을 그르치는 상황을 피해야 한다. 하지만 금융공황 분위기가 확산되고 유동성이 부족한 현실에서는 중앙은행이 '가속 페달' 역할을 해야 한다."

—전 미국 재무부 장관 티모시 가이트너(Timothy Geithner)[1]

"연준의 조치가 인플레이션 리스크를 높인다는 우려는 '지나친' 걱정일 뿐입니다. 우리가 돈을 찍는다는 소문이 도는데, 양적완화는 돈을 찍는 게 아닙니다. 시중에 유통되는 화폐량에는 거의 변함이 없어요. 광의통화의 공급량은 크게 증가하지 않았습니다. 연준은 각국 재무부의 채권을 사들여 금리를 낮추고 이를 통해 빠른 경기 부양 효과를 보고자 합니다."

—전 미연방준비제도이사회 의장 벤 버냉키(Ben Shalom Bernanke)[2]

1 《스트레스 테스트Stress Test: Reflections on Financial Crises》 79쪽, 제4장, 티모시 가이트너, 이즈(益智) 옮김, 중신출판사(中信出版社), 2015년 3월.
2 벤 버냉키, 2010년 〈60 Minutes〉 인터뷰.

큰 역사 곁에서 함께한 화폐의 손길

세계 경제사는 허위와 거짓말에 바탕을 둔 한 편의 드라마다.
부를 얻고 싶다면 허위를 잘 가려내고 투자에 뛰어들어라.
그러고 나서 일반인들이 알아채기 전에 게임에서 발을 빼면 된다.
– 조지 소로스(George Soros)

01

"왜 아무도 예상하지 못했죠?"

2008년 11월, 런던정치경제대학(LSE)을 방문하며 엘리자베스
여왕은 이런 질문을 던졌다. 런던정치경제대학은 경제학자 프리
드리히 하이에크(Friedrich Hayek)와 로널드 코즈(Ronald Coase), 철
학자 칼 포퍼(Karl Popper)와 투자가 조지 소로스를 배출한 경제
명문대학이다. 그날 이후 이 질문에 대한 답을 여기저기서 내놓
기 시작했다. 기술 관료에서 정치인까지 '전망 대열'에 속속들이
합류했다. 심지어 교황까지 그 대열에 참여했다.

미국 경제의 두드러진 회복세에 힘입은 경제학계의 주류 인
물들은 거기경제학에 대한 신뢰를 대놓고 드러냈다. 동태확률
일반균형 모형[3]에 주요 업적을 남긴 국제통화기금(IMF) 수석 이

---

3 Dynamic stochastic general equilibrium, DSGE. 현대 거시경제학에서 중요하게 여겨지고 있는
일반균형이론의 응용으로. 경제 성장과 경기순환, 통화. 재정 정책의 효과 등 모든 경제 현상을

코노미스트인 올리비에 블랑샤르(Olivier Blanchard)와 합리적 기대학파[4]의 거두인 루카스(Robert Lucas) 교수도 '거시경제의 상황은 매우 좋다'거나 '경기침체를 막아내는 핵심 난제는 이미 극복했다'는 식의 주장을 쏟아냈다. 심지어 대공황 전문 연구원 출신의 전 미연방준비제도이사회(Federal Reserve Board of Governors, 이하 연준) 의장 벤 버냉키도 2007년 서브프라임 모기지 사태가 거시경제에 미치는 영향은 크게 두드러지지 않을 것이라는 전망을 내놓았다.[5]

반면 영국의 저널 《이코노미스트The Economist》는 〈거시경제학, 무엇이 문제인가?(What went wrong with economics?)〉라는 칼럼에서 이번 경제위기로 터진 거품 중에서 주류 경제학의 명성만큼 멋있게 터진 거품은 없을 것이라고 비아냥거렸다. 《뉴욕타임스The New York Times》의 칼럼니스트이자 2008년 노벨 경제학상을 수상한 폴 크루그먼(Paul Krugman)도 위에서 언급된 동업자, 즉 주류 경제학 종사자들을 인정사정없이 비판했다.[6] 신비의 대명사였던 미 연준 전 의장 앨런 그린스펀(Alan Greenspan, 1926~)도 여기에 한마디를 보탰다. 자신이 40년 동안 따랐던 이론 체계가 금융위기가 찾아왔던 여름날에 붕괴되

　미시경제학적 원칙에서 파생된 거시경제 모델에 기반을 두고 설명하려고 시도한다. 연준이 택하고 있는 경제 모델이기도 하다 — 옮긴이.

4　정부의 자유재량 정책을 부정하고 통화량 증가를 일정하게 하는 등 금융 정책을 중심으로 경제 정책을 수립할 것을 주요 주장으로 하는 학파. 신보수주의, 신고전학파로 부르기도 한다 — 옮긴이.

5　Benanke, Ben, 2007, Speech at the Federal Reserve Bank of Chicago's 43rd Annual Conference on Bank Structure and Competition.

6　Paul Krugman, "How did Economist Get It So Wrong", 2009, The New York Times.

었다고 고백한 것이다.[7]

거시경제학, 무엇이 문제인가? 공정하게 말해, 하이만 민스키(Hyman Minsky) 같은 비주류 경제학자들은 일찍이 채무에 대해 우려를 표명했었다. 주류경제학자 중에서도 현 인도 중앙은행 총재 라구람 라잔(Raghuram Rajan) 등 몇몇은 2005년 금융 혁신에 대해 경고의 메시지를 보냈다. 하지만 이들의 경고는 부분적인 연구에 근거했을 뿐인 데다가 당시 학계에서 주류 관점으로 받아들여지기 힘든 상황이었다. 이들의 대중에 대한 영향력은, 주류 학자들에게 전혀 인정받지 못하는 '닥터 둠(Dr. Doom)'인 누리엘 루비니(Nouriel Roubini)에게도 못 미치는 수준이었다. 버냉키는 2010년 어느 연설에서 이렇게 결론지었다. "거의 대부분의 경제학자들은 이번 금융위기가 언제 찾아올지, 얼마나 강할지 전혀 예측하지 못했다. 지금까지의 경고는 단일 문제에만 국한되어 있었는데, 결과적으로는 일련의 문제들이 복잡하게 연관되어 재난에 가까운 위기가 초래됐다."[8]

금융위기는 거의 모든 사람에게 영향을 끼쳤다. 조금 더 구체적으로 이야기하면 위기 예측의 실패가 단순히 경제학자에게만 국한되는 일은 아니었다. 《파이낸셜타임스*Financial Times*》의 리오넬 바버(Lionel Barber) 편집국장은 〈왜 저널리즘은 금융위기를 미리 경고하지 못했나?(Why journalism matters?)〉라는 제목의 글을 기고하면서 스스로에게 질문을 던졌다.

7 〈그린스펀의 잘못 인정〉, FT, 2008.
8 Beranek, Ben, "On the Implications of the Financial Crisis for Economist", 2010.

우리 모두 반성하며 질문을 던져야 한다. 금융위기는 어떻게 생겨나는가? 금융위기에 어떻게 대응해야 하는가? 금융위기를 사전에 막을 수는 없는가? 금융위기에서 중앙은행은 '최후대출자'의 역할에 나서야 하는가? 금융 시장은 효율적으로 운행되고 있는가? 효율적 시장가설[9]은 여전히 성립하는가? 누가 시장을 감독하는 관리자 역할을 맡을 것인가? 금융업은 경제 성장에 득인가, 실인가? 이러한 질문들이 이 책을 쓴 동기가 되었다.

실물경제를 분석할 때 통계, 이론, 역사, 이 셋을 모두 갖추면 금상첨화다. 통계와 이론을 화제로 삼는 사람은 많지만, 역사에 관심을 갖는 사람은 아직 많지 않다. 특히 금융사는 외면당한다. 역사와 금융이라는 두 분야는 거의 왕래가 없으며 어쩌다 약간의 왕래가 있더라도 한 방향으로 끝나고 말기 때문이다. 이 책은 새로운 시도다. 나는 역사를 통해 진실한 세계를 꿰뚫어볼 수 있기를 바란다.

02

이 책은 금융 이념의 진화에 입각해 지난 이백년 동안 금융사에서 일어난 변화와 사건을 소개한다. 금융위기와 중앙은행이라는 두 뿌리가 서로 교차하면서 일어난 사건에서 생겨난 거품 그리고 이성적 이익 다툼의 반복은 금융 시장이 계속 발전하도록 도왔다. 책은 전체적으로 '역사'와 '현실' 두 부분으로 나누어져

---

9 Efficient Markets Hypothesis, EMH, 자본시장의 가격이 이용 가능한 정보를 충분히 즉각적으로 반영하고 있다는 가설 — 옮긴이.

있다. 역사 부분은 다시 17세기 잉글랜드은행의 탄생 및 성장, 19세기 잉글랜드은행의 중앙은행으로서의 역할 모색, 20세기 대공황의 영향 등 세 부분으로 나뉜다. 현실 부분도 2008년 금융위기, 유럽채무위기 그리고 중국의 현황 분석 및 미래 전망 등 세 부분으로 나뉘어 다뤄졌다.

먼저 역사 부분을 살펴보자. 17세기 유럽에서 네덜란드는 금융업의 선두주자였다. 당시 발생한 튤립 파동(tulip bubble) 덕분에 현대 금융위기에서도 선두주자로 자리매김했다. 그러다 17세기에 격변의 시기를 겪으면서 가장 손꼽을 만한 산물인 다음 세 기구가 탄생했다. 1609년의 암스테르담 비셀뱅크(Wissel Bank), 1656년의 스웨덴은행 그리고 1694년의 잉글랜드은행이다.

18세기는 영국의 번영 시대로 금융 혁신과 함께 갖가지 거품이 공존했던 시기다. 잉글랜드은행이 설립돼 백 년간 자리를 굳건히 지킨 시기이기도 했다. 화폐전쟁으로 세상이 떠들썩했지만 중앙은행은 유달리 신비로움을 유지했다. 은행 중 은행인 중앙은행은 현재까지도 금융 세계의 거의 모든 방면을 결정하고 주도하는 역할을 이어왔다. 이미 익숙해져 평범해 보이는 일들도 알고 보면 역사가 층층이 쌓이는 진화 과정을 통해 얻은 결과일 때가 많다. 현대 중앙은행의 시조라 불리는 잉글랜드은행은 1694년에 설립되었고, 일찍이 '요새 중 요새'라고 불렸다. 잉글랜드은행의 탄생은 당시 가장 중요한 금융 혁신으로 높이 평가받았다. 그렇다면 이 '요새'가 어떻게 일반 평지로 내려올 수 있었을까? 전쟁 중 탄생한 잉글랜드은행이 세상에 어떤 변화를 일으켰을까? 은행권에서 어떻게 현대적 개념의 지폐가 사용되기 시작했을까?

세계를 뒤흔든 역사적인 사건들을 살펴보면 그 뒤에는 언제나 금융이라는 그림자가 드리워져 있다. 금융 분야만 놓고 본다면 18세기 이전의 세계는 거의 백지 상태로 보인다. 그나마 현대로의 금융 발전을 위한 초기 태동 단계로 봐줄 수 있을 정도다. 17세기는 산업화의 싹이 막 틔워지기 시작하고, 현대 금융의 씨앗이 뿌려진 시기다. 산업혁명이 발발하기 전에 이미 금융 혁신이 일어났다. 18세기 금융의 중심은 메디치 가문의 이탈리아와 튤립 파동의 네덜란드를 거쳐 서유럽, 특히 영국으로 옮겨갔다. 그리고 영국에서 발생한 '금융의 대폭발'은 여러 다양한 방식의 투기를 부추겼다. 1720년의 남해포말사건(South Sea Bubble)이 대표적인 예다. '폭발적인 광기'에서 시작해 '급격한 대폭락'으로 끝을 맺은 이 사건은, 유명 정치 인사부터 일반인까지 연루되지 않은 사람이 없었다.

남해포말사건으로 인한 남해회사(The South Sea Company)의 추락은 잉글랜드은행의 성장으로 이어졌다. 이는 현대 중앙은행의 성장을 의미하는 동시에 금융 이념이 현대화를 향해 내딛은 첫발이기도 했다. 국가 측면에서는 중앙은행에 화폐 발행권을 부여해줌으로써 왕권과의 관계를 단절시키는 한편, 국고 수입과 국왕의 재산을 분리해 국가는 국가의 자리, 국왕은 국왕의 자리로 되돌아가도록 하는 계기를 마련했다. 더 나아가 잉글랜드은행은 영국이 우뚝 솟을 수 있는 금융의 초석을 마련했다.

19세기에도 금융사의 중심은 여전히 영국이었다. 16세기까지만 해도 영국은 세계의 우두머리가 될 조짐이 전혀 드러나지 않는 유럽 국가 중 하나에 불과했다. 그러다 18세기에 선두 대열에 합류했고, 19세기에는 그 대열을 진두지휘했다. 무엇보다 제도와 금융에서의 혁신과 부흥의 덕이 컸고, 그 결과 경제 규모가 확대되었다. 그러나 이는 동시에 각종 위기 역시 그만큼 확대된다는 의미이기도 했다.

남해포말사건으로부터 백 년이 지난 1825년, 영국은 또 한 번의 위기를 맞는다. 이를 영국 최초의 주기성 경제위기로 평가하기도 한다. 위기의 발단은 화폐에서 시작되었다. 주가가 폭락하고 수많은 은행이 줄줄이 문을 닫았다. 심각한 위기를 맞은 것은 잉글랜드은행도 마찬가지였지만 잉글랜드은행은 오히려 이를 기회로 삼아 중앙은행 역할을 하기 시작했다. 이에 관한 논쟁도 그치지 않았다. 1810년의 지금논쟁[10]에서 훗날 통화주의자들과 케인스주의자들 간의 논쟁으로 이어지는 씨앗을 찾아볼 수 있다.

잉글랜드은행이 19세기에 남긴 많은 업적들은 19세기에 나타난 많은 금융 혁신과 대응한다. 잉글랜드은행은 1825년, 1847년,

---

10 地金論爭. Bullion Controversy. 19세기 초 영국에서 있던 통화 발행에 관한 논쟁 — 옮긴이.

1857년, 1866년에 같은 위기를 극복하면서 하나의 민간은행에서 중앙은행으로 성장해나가는 길을 모색해왔다. 이 과정에서 어떤 경험과 교훈을 얻었을까?

잉글랜드은행은 근대의 영국, 나아가 세계에 특별한 기여를 했다. 제도적 측면을 연구한 영국의 역사학자 니얼 퍼거슨(Niall Ferguson)은 제도 구축 과정에서 영국의 징세 기관, 중앙은행, 국채 시장, 의회라는 네 조직이 보여준 '사각관계'의 우수성을 강조했다. 먼저 전문적인 징세 기관을 운용하는 영국의 조세 제도는 프랑스의 민간위탁 방식보다 훨씬 효율적이었다. 징세 기관의 발달은 우수한 교육제도로도 연결되었다. 둘째, 의회 제도는 납세자들에게 납세의 의무를 부과하는 대신 이들이 입법권, 즉 국가 예산 결정의 모든 절차에 참여할 수 있는 권리를 부여했다. 이런 결정은 분명 사유재산권 보호의 기초를 마련하는 데 큰 공헌을 했다. 셋째, 국채 시장이라는 시스템은 국가 지출을 안정시켰다. 전쟁이 시작되었다며 정부가 갑자기 지출을 늘리거나 국민을 약탈할 방법이 제한됐다. 그리고 채권 시장의 활성화는 결국 자본시장의 발전으로 이어졌다. 마지막으로 중앙은행이다. 중앙은행은 초기에는 국채 발행 및 화폐세 징수 등의 관리 업무를 맡았지만, 나중에는 환율 관리 및 최후대출자 역할까지 담당했다.

18세기와 19세기의 영국 이야기에 이어 20세기의 미국으로 시선을 옮겨보자. 어떻게 보면 금융위기는 '사치병'이나 '현대

병'으로 볼 수 있다. 현대적인 금융 체제를 갖춘 국가에서만 이런 증상이 나타나기 때문이다. 금융위기는 네덜란드, 영국 등을 휩쓴 뒤에 미국을 초토화시켰고 다시 라틴아메리카와 아시아 등의 지역을 강타했다. 미국의 경우 세계적으로 부흥하는 가운데 1837년 대공황이 발생했고, 뒤이어 1873년, 1884년, 1890년, 1893년에도 각각 다른 규모의 위기가 발생했다. 대부분의 위기는 은행 기구에서 시작했으며 나중에는 은행들의 대규모 파산 위기로 확산되었다.

왜 미국에서 이처럼 많은 위기가 발발했던 걸까? 미국 경제가 활기찼던 탓도 있다. 하지만 근본적인 원인은 잉글랜드은행과 같은 금융 기구의 부재에 있었다. 자유방임이 언제나 최상의 선택이 될 수는 없는 법이다. 20세기에 들어서자 미국에서 중앙은행을 설립하자는 목소리가 점차 커져갔다. 1907년의 강력한 금융위기가 미국을 강타하기 직전, 당시 미국을 대표하는 금융가 존 피어폰트 모건(John Pierpont Morgan, 1837~1913년)이 두 팔을 걷어붙이고 나섰다. 그는 미국 금융시장이 1893년의 전철을 다시 밟지 않도록 자신의 권위를 무기삼아 휘두르며 위험한 국면에서 미국을 구해냈다. 이런 의미에서 본다면 모건은 중앙은행이 존재하지 않는 상황에서 중앙은행의 역할을 수행했다고 볼 수 있다.

위기는 세계를 변화시켰다. 1913년 미국 국회는 각계각층의 최종적 합의에 따라 '연방준비법(Federal Reserve Act)'을 통과시켰고, 윌슨 대통령(Thomas Wilson)이 이 법안을 승인하면서 미연방준비제도이사회가 설립됐다. 그로부터 겨우 20년이 지난 뒤, 연준은 미국 역사상 가장 큰 금융위기를 맞이했다. 대공황을 눈앞에 두고 연준은 이를 맞이할 대비를 했을까? 대응은 얼마나 효과적이었을까?

또한 세계화는 금융위기의 세계화를 의미하기도 했다. 세계 경제에서 미국의 영향력이 커질수록 미국 국내의 금융위기도 세계적으로 퍼져나갔다. 1922~1929년의 투기 열풍은 투기 거품을 터트렸고, 결국 1929년에 역사를 바꾼 중요한 순간이 된 대공황이 일어났다. 20세기는 '미국의 세기'로, 이는 현대 경제 발전에 힘입어 가능했다. 하지만 현대 경제가 안고 있던 불안요소가 연달아 나타나면서 세계를 가장 위협했던 위기는 모두 미국에서 시작되었다. 1929년 대공황이든 2008년 금융위기이든, 모든 위기는 금융 발전 속도에 제동을 걸었다.

금융 진화적 관점에서 보면, 대공황은 중앙은행이 자신의 위치를 자리매김하는 기회였다. 중앙은행은 안정적인 환율과 인플레이션에 더는 의지할 수 없다는 깨달음 덕에 위기 속에서 '최후의 구세주'로 거듭날 수 있었다. 연준이든 루스벨트든 대공황이든 이들에 대한 다양한 역사적 해석이 존재한다. 필자는 비교의 시선에서 출발해 케인스주의자, 통화주의자, 오스트리아학파 등이 내세우는 각기 다른 역사적 해석들을 책에 담았다.

지금까지 역사를 살펴봤다면 이제는 실제 현상을 살펴보자.

21세기에 들어서도 세계는 결코 평화롭지 않았다. 20세기 대공황의 발생은 거시경제학을 탄생시켰다. 20세기 경제는 신용경제로, 이는 다시 말해 세계가 항상 불안 속에 살아가야 함을 의미했다. (1929년 이후 발생한) 1994년 멕시코 금융위기와 1997년 아시아 금융위기 같은 지역 위기는 해당 지역의 자체적인 문제뿐 아니라 신흥시장이 금융의 세계화를 가속화하는 과정에서 생겨난 불안정성 때문이기도 했다. 하지만 이들 위기의 영향을 2008년 글로벌 금융위기가 불러일으킨 파괴력과 함께 논할 수는 없다.

모기지 업체 패니메이(Fannie Mae)와 프레디맥(Freddie Mace)의 붕괴에서 리먼브라더스(Lehman Brothers)의 파산 신청까지, 씨티그룹의 '몸집 줄이기'에서부터 뱅크오브아메리카(Bank of America Corporation)의 메릴린치(Merrill Lynch) 인수합병까지, AIG(American International Group)의 위기에서 백악관의 메이저 자동차 회사 구제까지……. 서브프라임 모기지 사태는 한 걸음씩 금융위기를 향해 다가갔고 세계는 이를 곁눈질로 지켜봤다. 아시아 금융위기를 아시아 모델의 실패라 본다면, 2008년 금융위기는 신자유주의, 크게는 자본주의의 실패라고 일컬어진다. 그런데 정말 실상 또한 그러한가?

이는 중국 경제학자 장웨이잉(張維迎)이 한 말을 통해 짐작할 수 있다. 위기를 이해하는 일은 위기에 대처하는 일만큼이나 중요하다. 역사적 정의란 오랜 시간을 거쳐 갈고닦아야 얻을 수 있는 결과물이다. 오늘날까지도 대공황에 대해 합의를 도출한 분석과 평가는 없다. 이런 이유로 금융위기를 분석하고 연구하는 일에 더욱 많은 시간과 열정을 투자해야 한다. 그렇지 않는다면 지금 코앞까지 와 있을지 모르는 새로운 위기를 또 한 번 맞이해야 할지도 모른다.

금융위기는 기존의 사고방식을 흔들고 이념을 되돌아보게 했다. 예를 들어 합리적 이성(객관적 이성)을 믿는데 왜 결과적으로는 오히려 대규모 계약 위반이 발생하는가? 왜 소수가 저지른 '도박'의 대가를 다수인 대중이 치러야 하는가? 이는 비효율적이고 불공평한 일인데 어떤 부분에서부터 잘못된 것인가? 리먼브라더스의 파산보호신청, 뱅크오브아메리카의 메릴린치 인수 합병, AIG 파산 위기 등 갑작스럽게 발생한 '재난'으로 세계 각국은 전부 충격에 빠졌는데도 말이다.

여기서 주목할 점은 리먼브라더스나 씨티그룹 등의 대표 기업들이 이윤 추구와 경영 모델 간의 경계선, 나아가 은행과 증권 간의 경계선의 함정에 빠졌다는 사실이다. 1929년 대공황은 바로 은행업과 증권의 투기 열풍으로 인한 것이었기에 민주당 상원의원 카터 글라스(Carter Glass)와 하원의원 헨리 B. 스티걸(Henry B. Steagall)은 공동으로 '글라스스티걸 법(Glass-Steagall Act)'과 '1933년 은행법(Banking Act of 1933)'을 발의했다. 이 법의 시행으로 상업은행과 투자은행 사이에 방화벽이 세워져 업무가 엄격하게 분리되었다. 이후 1980년대 이래 관리 및 규제에 제약이 풀리다가 결국 1999년 폐지돼, 십 년 후 위기의 화근이 되었다. 이는 우연이면서 동시에 역사가 주는 기회이기도 하다. 역사는 바로 이런 시행착오를 겪는 과정에서 발전한다. '가장 이상적인 관리 및 규제 체제'가 '가장 엄격한 관리 및 규제 체제'와 동의어는 아니다.

진화해온 금융의 시선으로 본다면 인류를 멸망에 이르게 하는 것은 오직 우리 인간의 탐욕뿐이다. 그러므로 관리 감독자는 시장의 흐름에 맞게 계속 변화해야 한다. 중앙은행의 형성과 금융위기에 따른 충격을 분석하는 일도 현재의 시장 불안 속에서 생겨난 일련의 미해결 문제들을 해결하기 위해서다. 중앙은행은 '최후대출자' 역할과 역선택[11], 도덕적 해이[12] 사이에서 어떻게 균형을 맞춰야 할까? 누가 국제사회의 '최후대출자' 역할을 담당해야 할까? 또는 누가 관리 감독자를 관리하고 감독해야 할까?

현재 미국은 금융위기의 피해 수습을 기본적으로 마무리 지었지만 위기는 전 세계에서 아직 진행 중이다. 금융위기가 미국을 강타했던 2008년에 유럽은 바다 건너에서 사태를 방관하며 미국식 자본주의를 비판하고만 있었다. 하지만 그로부터 고작 1~2년 뒤, 유럽의 복지국가주의는 국가를 부채의 수렁으로 빠뜨렸다. 북유럽 국가인 아이슬란드의 국가채무위기에서 그리스의 위기까지, 더 나아가 파그스(PIIGS, 포르투갈, 이탈리아, 아일랜

---

11 Adverse selection. 정보의 불균형으로 인해 불리한 의사 결정을 하는 상황 — 옮긴이.
12 Moral Hazard. 금융기관이나 예금자가 행동의 절도를 잃어버리는 행위를 가리키는 말로 많이 쓰인다 — 옮긴이.

드, 그리스, 스페인 등 유럽 5개국)의 위기까지, 도대체 세계에 무슨 일이 일어난 것일까? 유럽의 채무위기는 지금도 악화일로를 걷고 있으며 불안정한 요소들로 가득하다. 헛된 시간을 낭비하며 질질 끌고 있는 만성병이 다시 한 번 격렬한 반응을 보일 가능성을 완전히 배제하지 못하는 상황이다.

채무위기는 경제 문제가 금융 부문에서 보인 반응이었을 뿐이다. 유로존의 문제는 재정 정책이 단일화되지 않아 통일된 통화 정책을 뒷받침해주지 못하는 데 있다. 장기적으로 이 문제는 고된 개혁의 진통을 겪어야 할 듯하다. 또한 복지와 효율에 관한 문제는 경제뿐 아니라 민주주의와 정치도 함께 풀어야 하는 난제다.

유럽의 위기가 아직도 '활화산'처럼 활동하고 있음을 살펴본 뒤, 우리는 드디어 책의 가장 마지막 부분인 중국으로 넘어갈 것이다. 2008년 글로벌 금융위기는 세계를 변화시켰다. 특히 세계 속 중국의 위상에 큰 변화를 가져왔다. 중국의 지위는 상대적으로 높아졌고, 21세기를 중국의 시대로 보는 사람들이 적지 않다. 중국의 GDP 규모는 이미 일본을 넘어섰고, 구매력지수로 보면 2014년에 미국을 제쳤다. 중국은 자국의 발전 모델과 방식에 자아도취하고, 다른 나라들은 중국을 '브릭스(BRICS, 브라질, 러시아, 인도, 중국, 남아프리카공화국 등 5개국) 국가', 중미 양국 또는 G2 등으로 부르며 경계한다. 그러나 문제는 정작 중국이 실제 금융위기의 영향권 밖에 위치하고 있느냐 하는 점이다. 중국의 이웃 국가인 일본과 한국도 선진 경제를 향해 달려가다 금융위기라는 시련을 겪은 바 있다. 새로운 금융위기가 중국에서 발생하지는 않을까? 그 위기는 어떻게 찾아오며 또 어떻게 끝날까?

2008년 금융위기에 대응하기 위해 중국은 2009년 '4조 위안(약 677조 원)' 정책을 내놓았고, 2010년에는 중국의 GDP가 일본을 넘어섰다. 2014년 중국의 GDP 규모는 63조 6,463억 위안으로 전년 대비 7.4퍼센트 성장해 처음으로 10조 달러를 돌파했다. 이는 일본의 두 배, 인도의 다섯 배에 달하는 규모다. 게다가 세계은행의 구매력지수 평가에서 중국의 GDP는 이미 미국을 제쳤다. 중국의 시대가 정말 현실로 다가온 것일까?

'태평성세' 속에서 채무위기의 단서들이 종종 모습을 드러내고 있다. 중국 지방정부에 과도한 빚이 쌓여가는 한편 그림자은행[13]들이 활개를 치면서, 2014년 국유기업 초유의 채무불이행 사태가 터졌다.

금융 진화적 관점으로 본다면 소위 신창타이(新常態, 뉴노멀)란 레버리지 효과[14]가 극대화되는 시대를 말하며, 중국은 금융위기를 피하려면 부채 리스크를 해결해야 한다. 현대적 의미에서 경제의 본질은 신용경제라 할 수 있다. 따라서 금융위기는 서브프라임 모기지론 형태로든 국채나 부동산의 형태로든 결과적

---

13 섀도 뱅킹(Shadow Banking). 정부의 통제를 넘어 고위험 채권에 투자해 고수익을 얻는 유사 금융을 일컫는다. 은행과 달리 엄격한 규제를 받지 않는 비(非)은행 금융기관을 가리키는 말로도 쓰인다. 머니마켓펀드(MMF), 환매조건부채권(RP), 신용파생상품, 자산유동화증권(ABS), 자산유동화기업어음(ABCP), 헤지펀드 등이 대표적 상품이다 — 옮긴이.
14 기업이나 개인 사업자가 차입금 등 타인의 자본을 레버리지(leverage), 즉 지렛대처럼 이용하여 자기 자본의 이익률을 높이는 일. 지렛대 효과라고도 한다 — 옮긴이.

으로 채무를 통해 드러난다. 막대한 채무는 반드시 위기를 발생시킨다. 이는 역사가 여러 번의 경험을 통해 우리에게 말해주는 진리다.

지난 30년 동안 두 자릿수의 고성장을 이룬 중국 경제는 이제 '바오바(保八)'[15]를 유지하지 못한다. 중국의 GDP도 2014년 국제통화기금 같은 국제기구의 자료에서 보면 이미 미국을 넘어섰다. 그렇다면 중국의 다음 종착역은 어디인가? 미국인가, 일본인가, 아니면 한국인가? 성공적인 체제 전환인가, 금융위기의 초래인가? 초과 과잉 생산력과 지방정부에 쌓여가는 부채가 서로 복잡하게 엉켜버린 상황에서 중국의 '리스크 포인트'는 어디인가? 현 시점의 중국을 규모가 큰 기업으로 본다면, 미래성장 전략을 정립하기 전에 먼저 중국이 지나온 과거와 현재를 짚어보는 것이 더욱 중요하다.

금융이 진화해온 역사에서 보면 중국은 개발도상국에 가장 성공한 선례를 제시했다. 그러므로 중국에 위기가 발생하면 그에 따른 후폭풍은 거의 재난에 가까울 터이다. 어떻게 재난을 미연에 방지할 수 있을까? 중국에 과연 금융위기가 찾아올까? 중국 경제가 고성장을 지속할 수 있을까? 어떻게 해야 중국은 '유럽병'을 피해갈 수 있을까? 중국과 세계는 융합하고 있는가, 아니면 대립하고 있는가?

---

15 중국의 8퍼센트 성장률 유지정책 — 옮긴이.

03

이는 모두 '중대한 질문'이다. 필자는 이 질문들을 최대한 객관적으로 설명하려 힘썼고 주관적인 판단은 배제시켰다. 이 질문들은 내가 이 책을 통해 역사를 되돌아보려는 동기를 부여해주기도 했다. 복잡한 문제일수록 쉽게 답을 찾기 어렵다. '우리는 모두 케인스주의자'에서 '케인스주의 타파'까지 이미 역사 속에서 논란이 되어왔던 문제들이다. 1810년의 지금논쟁이나 1933년의 대공황 논쟁, 아니면 최근 2008년의 금융위기나 양적완화 등에 관한 많은 논쟁들도 그렇다.

포스트 금융위기 시대라는 말이 많이 언급되지만 실질적으로 보면 세계는 아직 회복 단계에 머물러 있다. 금융위기가 이미 현대 경제에서 '뉴노멀'로 자리 잡았다는 사실은 부정할 수 없다. 현재 우리는 단 한 번의 금융위기와 마주하는 길에 들어선 게 아니라 금융위기가 끊임없이 나타날 수밖에 없는 길에 들어섰다. 상대를 극복하는 가장 효과적인 방법은 상대를 이해하는 것이다. 하버드대학의 경제학 교수 카르멘 라인하트(Carmen Reinhart)와 케네스 로고프(Kenneth Rogoff)는 오랫동안 금융위기를 연구해왔다. 이들은 1957년부터 2013년까지 발생한 백 개의 금융위기 사례를 통해 금융위기 이후의 회복 상황을 조사했다. 1인당GDP가 위기 이전의 수준으로 회복되는 기점을 큰 틀에서 위기가 끝나는 기준으로 삼았다.

역사를 비교해보면 2008년 금융위기의 회복 결과는 그다지 낙관적이지 못했다. 다수의 국가가 금융위기 이전의 수준으로 완전히 회복하지 못한 상황이며 시스템상 위기가 발생한 12개 국 중 10개국의 수치가 여전히 위기 이전의 최대치를 훨씬 밑돌 고 있다. 이런 상태가 장기적으로 지속된다면 일부 국가들이 겪 을 위기의 정도는 1930년의 상황을 뛰어넘을 것이다. 게다가 금 융위기 이후 '더블딥'[16]이 나타날 가능성 역시 높다. 미국을 예로 들자면 지금까지 총 아홉 번의 큰 금융위기를 겪었는데 그 중 다섯 번에서 더블딥 현상이 나타났다. 발생 비율이 50퍼센트를 넘는다.[17]

이론이 아닌 현실은 더욱 암울하다. 전 세계적으로 살펴보면 도덕적 해이, 대마불사, 양적완화, 경제위기, 채무위기 같은 문 제는 여전히 존재한다. 중국은 2008년 금융위기를 잘 극복한 '승리자'다. 하지만, 위기를 겪으면서 키운 채무위기와 인플레이 션 같은 문제에서 완전히 자유롭지 않다.

필자는 평론가로서 학문과 시장의 중간자 입장에서 역사를 종합해 현실을 해석하고 나아가 미래를 통찰하고자 많은 노력 을 기울였다. 필자는 이 책이 주관적 신념에 빠진 서적이 되길 바라지 않았다. 일부 '미화된 이념'을 노래한 '금융찬가'로 포장 되는 일은 더더욱 바라지 않았다. 그보다 필자는 이성적 사고에 서 출발해 금융 및 역사에 관한 기본 틀을 정리한 정보를 제공

---

16 Double Dip 일반적으로 경기침체로 규정되는 2분기 연속 마이너스 성장 직후 잠시 회복 기미를 보이다가 다시 2분기 연속 마이너스성장으로 추락하는 것을 말한다 — 옮긴이.
17 Carmen M. Reinhart and Kenneth S. Rogoff, Recovery from Financial Crisis: Evidence from 100 Episodes, NBER, 2014

하는 데 더욱 집중했다. 경제학은 아직 실패했다고 말할 수 없으며 여전히 시장에 의존하며 발전하고 있다. 하지만 지금은 어떤 금융 체제가 필요한지에 대해 다시 한 번 깊게 고민해야 할 때다. 학술계에서는 일찍이 금융주기, 통화, 세계화 등 각각 다른 관점에서 금융 체제를 자세히 살펴봐야 한다는 사실을 깨닫고 있었다.[18] 중앙은행의 최후대출자 지위에 관해서는 지금보다 더 높은 수준의 독립성을 중앙은행에 보장해주어야 한다고 주장해왔다.

중앙은행이 최후대출자 역할을 해야 한다는 관점은 19세기 '은행주의'의 관점으로, 20세기 '케인스주의'의 선구자 역할을 했다. 《이코노미스트》지의 탁월한 편집장이었던 월터 배젓(Walter Bagehot)은 그의 저서 《롬바드 스트리트Lombard street》에서 이를 정리했다. 이 관점을 둘러싼 논쟁은 오늘날까지 치열하게 계속되고 있지만 역사는 이미 그 합법성을 증명해주었다. 올바른 통화 정책의 결정은 풀기 어려운 숙제와도 같다. '원칙'은 '편견'의 또 다른 이름이라는 마크 트웨인(Mark Twain, 1835~1910년)의 농담과 같은 맥락이다. 이런 결정의 어려움은 대중들이나 엘리트들에게 통화 정책에 대해 지나치게 많은 의견을 갖는 여지를 주었고 그 탓에 위기가 찾아올 때마다 통화 정책은 우왕좌왕 갈피를 잡지 못했다. 격렬하게 일을 밀어붙인다면 장기적으로 부작용을 초래하지만 그렇다고 두 손 두 발 놓

18 클라우디오 보리오(Claudio Borio, (2012)가 최종 결론과 방향을 제시했다.

고 있는 것 또한 용납할 수 없는 잘못이다. 21세기의 금융 체제를 설계하는 일은 불가능하더라도 최소한 그 기본 원칙은 새롭게 바꿔나갈 수 있다.

위기에 대한 정확한 파악을 하지 못한다면 결과적으로 또 다른 비극의 역사를 반복하는 일이 계속될 것이다.

역사는 과거에 일어났던 일일 뿐이며, 그것이 현대에 똑같이 반복된다고 할 수는 없다. 하지만 우리는 역사 속에서 인류의 많은 탐욕과 어리석음을 목도해왔으며 또한 인간의 지혜로운 계획과 위대한 시행착오를 목격했다. 대공황은 결과적으로 나치 독일의 부흥과 제2차 세계대전을 야기했다. 영국과 미국이 함께 나치에 대항할 때 윈스턴 처칠 총리는 자신의 동맹을 이렇게 평가했다. '미국은 모든 방법을 시도하며 시행착오를 겪은 뒤, 결국 올바른 길을 찾았다.' 바로 필자가 중국과 세계에 바라는 바다.

전 국제결제은행[19] 총재 앤드류 크로킷(Andrew Crockett)은 금융 체제는 지불 결산 및 신용 대출에 편리함을 제공해주는 도구이며, 나아가 모든 실물경제 자원이 최종 용도로 쓰일 수 있도록 돕는 기능도 갖는다고 말했다. 금융 체제는 시장경제의 중추 신경 시스템으로 다음 세 가지 요소들로 긴밀히 구성되어 있다. 바로 금융 기구, 금융 시장 그리고 금융 인프라다.[20]

---

19 Bank for International Settlements, BIS. 국제금융 안정을 추구하기 위해 각국 중앙은행 간의 협력을 증진시키는 국제기구 — 옮긴이.
20 Andrew Crockett, What Financial System for the 21st Century? Per Jacobsson Leture, 2011.

이렇듯 중요한 금융 체제에서, 긍정적 효과를 극대화하고 부정적 효과를 극소화하기 위한 방안을 모색하는 곳이 바로 중앙은행이다. 중앙은행은 통화 또는 신용을 활용해 금융 체제의 3대 요소인 금융 기구와 금융시장, 금융 인프라를 서로 연결한다. 그런데 통화와 금융의 본질은 무엇인가? 금융은 각기 다른 자본의 각기 다른 시공간에서의 교환 및 거래를 말한다. 개인과 개인 간은 채무로, 국가와 개인 간은 세금으로, 시장과 개인 간은 유동성으로 연결된다. 개인 간 채무가 활성화되는 시기에 경제는 비약적인 발전을 하고 국가 세수도 따라서 증가한다. 그러나 채무가 일정한 수준까지 쌓이고 나면 개인 채무든 공적 채무든 거품이 형성되고 거품은 다시 뱅크런[21]으로 이어져 결국 유동성 결핍 사태를 초래한다. 바로 이때 중앙은행이 최후대출자로 나서서 유동성 공급을 해야 한다. 이것이 바로 중앙은행에 주어진 책임이다. 어떤 면에서 본다면 거품은 거의 화폐 때문에 발생한다고 말할 수 있다. 거품이 발생하거나 꺼질 때 화폐 공급자 또는 '화폐 발행자'인 중앙은행은 위기의 반복 속에서 세계를 위험에 빠뜨리거나 구하는 과정에 참여하게 된다.

필자는 '돈을 찍는 자', 그러니까 '화폐 발행자'라는 말을 사용

21 금융 시장이 불안정하거나 거래은행의 재정상태가 좋지 않다고 판단되면 사람들은 예금을 인출하려고 할 것이다. 이때 많은 사람들이 한꺼번에 몰리게 되어 은행에서는 당장 돌려줄 돈이 바닥나는 패닉현상을 맞게 된다. 이와 같이 단기간에 은행예금을 인출하려는 수요가 폭발적으로 늘어나는 사태를 '뱅크런'(bank run)이라고 한다 — 옮긴이.

해야 하는지를 놓고 고민에 빠진 적이 있었다. 양적완화[22] 같은 경제 정책은 중앙은행에 큰 부담을 주며 대가 없이 화폐를 발행한다는 외부의 비난을 고스란히 감내내야 한다. 하지만 오늘날 중앙은행의 완화 정책은 '짐바브웨식'으로 화폐를 찍어내는 상황과는 다르다. '짐바브웨식'은 정부의 재정지출이 중앙은행 수입을 초과하는 '재정적자의 화폐화'다. 이는 옛날부터 사용해온 방식으로, 법폐(法幣)[23], 금원권(金圓券)[24] 그리고 독일 화폐 마르크(Mark)가 이와 비슷한 방식을 취했고 결국 악성 인플레이션을 일으켰다. 양적완화 등 중앙은행의 정상적인 조절은 이와는 다른 공개시장 조작(Open Market Operations)[25] 방식으로 악성 인플레이션을 초래하지는 않지만, 디플레이션에서 쉽게 벗어날 수도 없다(일본의 상황이 이를 잘 보여준다). 대중이 생각하는 단순한 '화폐 발행'이 결코 아닌 것이다.

바꿔 말해 중앙은행은 화폐를 발행하는가? 답은 그렇다와 그렇지 않다, 둘 다. 중앙은행은 국채를 매입하는 과정에서 통화를 발행하지만 대중의 통념처럼 마음대로 화폐를 찍어내지는 않는다. 여기서 금리가 '0'에 가까워지면 통화 정책과 재정 정책의 경계가 모호해지고 아무리 극단적인 양적완화 정책을 내놓

---

22 QE, quantitative easing. 금리가 0에 가까운 초저금리 상태에서 경기 부양을 위해 중앙은행이 시중에 돈을 푸는 정책으로, 국채나 여타 다양한 금융자산의 매입을 통해 시장에 유동성을 공급한다. 중앙은행이 기준금리를 조절하여 간접적으로 유동성을 조절하던 기존 방식과 달리, 국채나 다른 자산을 사들이는 직접적인 방법으로 시장에 통화량 자체를 늘리는 통화 정책이다 — 옮긴이.
23 1935년 11월 폐제개혁으로 은본위제를 폐지하고 발행된 중국 국민정부의 법정 은행권 — 옮긴이.
24 중국 국공내전 후기인 1948년 8월 19일부터 국민당 정부가 발행하기 시작한 화폐 — 옮긴이.
25 중앙은행이 유가증권을 금융기관을 상대로 사고팔거나 일반공개시장에 참여해 매매하는 것 — 옮긴이.

아도 한계점에 부딪치며 자산 거품과의 연관성도 의심을 받는 다는 점은 흥미롭다.

　이런 시대가 바로 우리가 사는 시대이고, 중앙은행이 유례없 이 강력해진 시대이며, 통화 정책이 혁신에 혁신을 거듭하는 시 대다. 너무 앞선 발언은 시대에 걸맞지 않는 경우가 대부분이지 만 일부 기본 원칙들은 잘 변하지 않는다. 여기서 짚고 넘어갈 문제가 몇 가지 있다. 우선 양적완화를 중앙은행 대차대조표의 확대라고 보는 것이 맞는다면, 통화량이 증가할 때 중앙은행의 부채도 함께 증가한다. 따라서 양적완화 정책은 무한대로 화폐 를 발행하는 것을 의미하지 않는다. 법률이 정한 조건 아래 지 급준비금[26]은 무한대까지 늘릴 수 있지만 오늘날 지급준비금의 승수효과[27]는 크게 기대하기 어렵다. 게다가 신용 창출은 중앙은 행보다는 은행들의 신용 대출 자체에 더 의존한다. 대출을 내주 는 순간 통화가 생겨나지만, 대출금을 회수하는 순간 그 통화는 다시 사라진다.[28] 케인스(Keynes, John Maynard, 1883~1946년)는 거래적 화폐 수요, 예비적 화폐 수요, 투기적 화폐 수요, 이 세 가지 동기 중 투기적 화폐 수요 동기를 가장 강조했다. 단순히 이 점만 놓고 본다면 케인스의 판단은 하이에크보다 옳았다.

　전 세계 중앙은행이 금융위기에 대응하기 위해 취하는 '화폐

---

26 은행이 예금자들의 인출 요구에 대비해 예금액의 일정 비율 이상을 중앙은행에 의무적으로 예치토록 한 지급준비제도에 따라 예치된 자금 — 옮긴이.

27 경제 현상에서, 어떤 경제 요인의 변화가 다른 경제 요인의 변화를 가져와 파급 효과를 낳고 최종적으로는 처음 몇 배의 증가 또는 감소로 나타나는 총효과를 의미한다 — 옮긴이.

28 '양적완화에 대한 상식들에 관해 참고할 만한 자료로는 영국 중앙은행의 *Money Creation in the Mordern Economy*(2014)가 있다.

발행' 조치들은 외부의 반대는 물론이거니와 중앙은행의 대차대조표도 단시간에 확대시키는 결과를 초래했다. 중앙은행은 인플레이션을 억제하고 취업률을 유지하는 역할 말고도 경제성장 및 금융 안정의 역할도 맡고 있다. 따라서 중앙은행은 한편으론 정부와의 긴밀한 협력에 의존할 수밖에 없으며 이는 유럽의 중앙은행들과 잉글랜드은행의 모습에서 잘 드러나 있다. 하지만 다른 한편으로 중앙은행의 독립성이 시험대에 올랐다. 특히 중국인들은 이를 더욱 피부로 느낄 것이다. 중앙은행의 독립성은 국민의 신뢰와 이해에 달려 있다. 이는 권력이 커질수록 책임도 커진다는 일반 이치와 부합한다.

변화하는 시대에 맞춰 중앙은행도 달라져야 한다. 중앙은행이나 중앙은행가의 신비화된 이미지에 대해 지금까지 대중은 양립된 태도를 보였다. '전지전능하다' 아니면 '온갖 악행을 저지른다'다. 연준의 평론가이자 경제학자로 이 분야에서 20년 넘는 경험이 있는 이선 해리스(Ethan Harris)는 금융위기를 겪고 난 뒤에도 대중이 여전히 연준에 대해 편견과 신비감을 갖는 사실에 매우 놀랐다. "연준의 정책 결정 과정은 비잔틴 건축물처럼 복잡하지만 거기서 신비감의 '면사포'를 걷는 것은 매우 간단하다. 연준은 전지전능한 경제 관리자가 아니다. 오히려 풍랑 속에서 거대한 유조선을 열심히 끄는 '작은 예인선'에 가깝다."[29]

바꿔 말하면, 경제가 눈 깜짝할 사이에 변하는 오늘날, '차세

---

29 《벤 버냉키의 연방준비제도이사회Ben Bernanke's Fed: The Federal Reserve After Greenspan》(2009).

대' 중앙은행의 모습은 더욱 투명해져야 한다. 대중의 지지는 본래 공공기관이 존립할 수 있는 밑거름이다. 중앙은행의 역할이 확대되고 있기 때문에 중앙은행가들도 그에 맞는 능력을 키워나가야 한다. 소통도 이들이 앞으로 담당해야 할 역할 중 하나다. 앨런 그린스펀 시대의 모호한 언어는 오늘날 더는 통하지 않으며, 중앙은행은 '스토리텔링'에 능해야 한다는 연구 결과도 있다.[30] 이야기는 인성의 근본이며, 좋은 이야기는 더욱 효과적인 의사소통을 의미한다. 이는 중앙은행이 향후 정책 결정의 플랫폼을 더욱 다원화해야 하며, 나아가 언젠가는 중앙은행가를 꼭 경제학자 출신에서만 찾지 않게 될 수도 있음을 시사해준다.

04

과거부터 지금까지 자본이 교환 및 거래해온 역사를 추적해보면 금융의 본질이 언제나 '협력'에 있음을 알 수 있다. 경제발전에서 인적 교류나 협력 질서의 확립은 경제효율의 상승과 불가분의 관계일 수밖에 없다. 그 배후에는 다양한 인간의 모습이 존재했으며, 그 중에서도 극도로 활발한 모습은 경제 주기의 번영기로, 극도로 위축된 모습은 침체기로 각각 이어졌다.

금융은 끝없이 진화하며 크게는 국가의 흥망성쇠 작게는 개인의 빈곤까지 인류 사회에 많은 변화를 촉진시켰다. 금융은 경제효율 상승에도 영향을 미쳤다. 현대 화폐경제와 중앙은행을

---

30 Douglas Holmes(2014).

탄생시켰고, 초기 산업화 시대에는 영국의 부흥 및 현대 금융 시장의 번영을, 산업화가 무르익어 정상을 구가하던 시기에는 개인의 부와 명예 창조를 촉진했다. 그러나 다른 한편 금융은 위험을 키웠다. 그리고 그에 따른 부작용은 불균등하게 전해져서 결국 현대의 대공황을 일으켰고, 2008년 금융위기와 유럽 위기를 거쳐 중국 위기까지 이어졌다.

금융은 위대한 발명품이지만 부정적인 면도 있다. 첫째, 금융은 인류가 부(富)를 획득하는 방식이며, 부는 사람들에게 자유를 주긴 했지만 불평등이나 계급 간 대립처럼 사회에 큰 변화를 가져오기도 했다. 둘째, 인류는 금융 시장을 부를 얻는 도구나 방식으로 이용했다. 눈에 보이는 시장에서나 보이지 않는 시장에서나 금융 시장의 효율성과 취약성은 오늘날 사회의 다양한 면모를 결정짓는 핵심 요소다.

금융의 진화에 따라 나타나는 장점과 단점은 국가와 개인에게 영향을 준다. 많은 연구 결과에서 금융은 경제 성장에 긍정적인 영향을 주지만 경제가 계속 발전하다 임계점(예컨대 가계 대출 비율이 근대 들어 GDP 100퍼센트에 근접하는)을 넘어서면 오히려 금융이 경제 성장에 부정적인 효과를 끼친다는 사실이 밝혀졌다. 금융위기를 겪은 선진국의 상황이 이를 잘 설명해준다.[31] 신용 대출 수요 부족, 그림자 은행 문제를 안고 있는 중국에는 어떤 해결책이 있을까?

31 한 국제기구의 연구. 이런 연구는 대개 일부 국가를 기준으로 삼는다. 예컨대, Jean Louis Arcand 등 (2012), Stephen G Cecchetti, Enisse Kharroubi(2015).

중앙은행은 현대 금융의 뼈대이자 이 책의 핵심 주제다. 중앙은행은 거품을 그대로 내버려둘 수도 있고 위기 때 나서서 구제 역할을 맡을 수도 있다. 신용경제가 발전하면서 그 영향권 안에서 다양한 파생적 변화가 일어났다. 어떤 변화가 일어나든 신용경제는 금융 안정을 유지할 의무가 있다. 이는 전 미국 재무부 장관 티모시 가이트너가 말한 바와 다르지 않다. "중앙은행은 경제 번영에서 '브레이크' 역할을 해야 한다. 파티가 절정에 접어들 때 술잔을 거두어들이듯, 유리조각이 바닥에 산산조각으로 흩어져 일을 그르치는 상황을 피해야 한다. 하지만 금융공황 분위기가 확산되고 유동성이 부족한 현실에서는 중앙은행이 '가속 페달' 역할을 해야 한다."[32]

앞으로 금융은 관리 감독자와 자본시장 간의 '도고일척 마고일장(道高一尺 魔高一丈)'[33]식의 고양이와 쥐 게임뿐 아니라 개인의 이익 게임 밖에서의 조절 및 협력 역할을 담당해야 한다. 이는 금융만의 문제가 아니라 경제 및 정치 문제이기도 하다. '월가를 점령하라(Occupy Wall Street)' 운동부터 '토마 피케티' 열풍 그리고 중국의 각종 '얼다이(二代)'[34] 유행 등은 금융 시장에서 혼란을 일으키고 있다. 금융이 낳은 빈부 양극화, 기회 불균형 등은 피해갈 수 없는 문제들이다. 이 문제들은 미래 발전을 결

---

32 티모시 가이트너, 《스트레스 테스트》, 중신출판사(中信出版社), 2015.
33 도(道)가 높을수록 마(魔) 또한 커진다는 뜻으로 '경찰이 뛰면 도둑은 난다'는 의미로 자주 쓰인다 – 옮긴이.
34 윗세대의 부와 사회계층을 이어받는 각종 계층을 의미하는 단어다. 예컨대, 푸얼다이(富二代, 부모의 부를 대물림 받아 풍족한 삶을 사는 부유층 2세), 관얼다이(官二代, 고위공직자의 2세), 즈얼다이(職二代, 처우가 좋은 국영기업에서 일하는 2세), 싱얼다이(星二代, 스타 연예인의 2세) 등을 말한다 – 옮긴이.

34 돈을 찍는 자

정하는 중대한 요소이지만, 분량과 소재 제한으로 이 책에서는 다루지 못했다. 앞으로 전문적으로 다룰 기회가 있을 것이다.

마지막으로 중앙은행이나 경제 관련 요소들은 과거에서 현재까지 수많은 현실적 문제의 중심에 자리해왔다. 현실적 문제를 효과적으로 해결하려면 정치 행위가 필요하지만 경제학자들은 이를 쉽게 간과한다.[35] 정치는 임의 요소로 가득하기 때문에 많은 경제학자들은 훌륭한 정치란 방임의 정치라고 지적한다. 경제와 정치는 한데 섞여 구분하기 힘들지만 어떤 정책이든 그 시행은 금융 시장의 논리에 적합하거나 그 논리를 따라야 한다. 현실을 살펴보면 민중 특히 중국 민중은 정치 요소를 지나치게 강조하는 것 같다.

사상은 살기 좋은 세상을 만들어나가는 발전의 가능성으로, 이는 금융에서도 예외가 아니다. 정치학자든 경제학자든 이익 집단을 소홀히 할 수는 없다. '이익은 사상'이라는 말까지 존재한다. 한편 각종 사상들 간에 신념 전쟁이 시작되었고 경제학 분야에서도 케인스주의와 오스트리아학파 간 논쟁과 일부 비슷한 상황이 나타나고 있다. 잠시 이들 용어의 본질은 접어두고, 역사라는 구체적 시선으로 금융 세계를 바라본다면, 금융은 자체 규칙을 가지고 있고 이들 규칙들은 사상들이 점진적으로 만들어낸 산물이다. 경제학자 대니 로드릭(Dani Rodrik)은 "사상은

---

35 경제학자 대런 애쓰모글루(Daron Acemoglu), 제임스 A. 로빈스(James A. Robinson)도 논문에서 이런 주제를 다룬 적이 있다. Daron Acemoglu, James A. Robinson, Economics versus Politics: Pitfalls of Policy Advice, 2013, *NBER Wroking Paper No. 18921*.

이익, 선호, 세계관을 뛰어넘을 수 있다. 경제학자들의 머릿속에 영구불변하는 개인의 이익 즉, 사익 또한 사상의 산물이다"라고 역설한다.[36]

사상과 상식은 보급되는 과정에서 새로운 내용과 생명력을 얻는다. 화폐 및 금융 관련 지식은 특히 그렇다. 미국 학자 페리 멀링은 50년의 구상 끝에 완성한 걸작 《신 롬바드 스트리트 *The New Lombard Street: How the Fed Became the Dealer of Last Resort*》(이는 월터 배젓에 대한 존경심의 표출임은 의심할 여지가 없다)에서 이렇게 이야기한다. "금융위기는 우리에게 이상이 현실과 많이 동떨어져 있다는 교훈을 주며, 사람들은 예전의 화폐 사상을 완전히 잊었지만 그런 사상도 예전에는 상식이었다."[37]

이 책은 일반 금융 상식을 전달하고자 쓴 책으로, 일부러 사람들을 놀라게 하려는 의도에서 나온 책은 아니다. 일련의 금융 사건들과 경제 인물들의 배후에는 이들을 형성하고 존재하게 만든 밑바탕과 배경이 있고, 이를 통해 금융의 역사와 발전을 살펴볼 수 있으며, 국가 문명이 흥망성쇠해온 그 은밀한 속내를 엿볼 수 있다. 역사를 읽는 것은 현실을 직시하기 위함이고, 금융 역사를 서술하기 위함이며, 특히 지금의 현실을 되돌아보기 위함이다.

---

36 Dani Rodric, When Ideas Trump Interests: Preferences, World Views, and Policy Innovations, Winter 2014, published in, 대니 로드릭은 하버드대학의 경제학 교수를 선임하다가 지금은 프린스턴 대학에서 교수직을 맡고 있다. 이 논문은 《비교(比較)》지에 번역문이 실렸다.
37 페리 멀링(Perry Mehrling), 《신 롬바드 스트리트*The New Lombard Street: How the Fed Became the Dealer of Last Resort*》, 격치출판사(格致出版社), 2011.

2008년부터 일어난 많은 금융위기 사건들부터 최근 2~3년 사이의 금융 체제 혁신에 대한 서술 부분에서는, 아직까지 많은 제약으로 오류를 피하기 어려웠던 점에 대해 많은 양해를 부탁 드린다.

2015년 12월 상해에서

쉬진(徐瑾)

1장

18세기: 중앙은행 VS 유럽의 패권 전쟁

이에 바리새인들이 가서 어떻게 하면 예수를

말의 올무에 걸리게 할까 상의하고

자기 제자들을 헤롯 당원들과 함께 예수께 보내어 말하되

선생님이여 우리가 아노니 당신은 참되시고 진리로 하나님의 도를 가르치시며

아무도 꺼리는 일이 없으시니

이는 사람을 외모로 보지 아니하심이니이다

그러면 당신의 생각에는 어떠한지 우리에게 이르소서

가이사에게 세금을 바치는 것이 옳으니이까 옳지 아니하니이까 하니

예수께서 그들의 악함을 아시고 이르시되

외식하는 자들아 어찌하여 나를 시험하느냐

세금 낼 돈을 내게 보이라 하시니

데나리온 하나를 가져왔거늘

예수께서 말씀하시되

이 형상과 이 글이 누구의 것이냐 이르되

가이사의 것이니이다

그에 따라 이르시되 그런즉

가이사의 것은 가이사에게,

하나님의 것은 하나님께 바치라 하시니

그들이 이 말씀을 듣고 놀랍게 여겨 예수를 떠나가니라

― 〈마태복음〉 22장

금? 귀중하고 반짝거리는 순금? 아니, 신들이여!

헛되이 내가 그것을 기원하는 것은 아니라네.

이만큼만 있으면, 검은 것은 희게, 추한 것을 아름답게 만든다네.

나쁜 것을 좋게, 늙은 것을 젊게, 비천한 것을 고귀하게 만든다네.

― 셰익스피어, 《아테네의 티몬》

세계를 뒤흔든 역사적인 사건들을 잘 살펴보면 그 뒤에는 언제나 금융이라는 그림자가 드리워져 있다. 금융 분야만 놓고 본다면 18세기 이전의 세계는 거의 백지 상태로 보인다. 그나마 현대로의 금융 발전을 위한 초기 태동 단계로 봐줄 수 있을 정도다. 17세기는 산업화의 싹이 막 틔워지기 시작하고, 현대 금융의 씨앗이 뿌려진 시기다. 산업혁명이 발발하기 전에 이미 금융 혁신이 일어났다. 18세기 금융의 중심은 메디치 가문의 이탈리아와 튤립 파동의 네덜란드를 거쳐 서유럽으로 옮겨갔다. 잉글랜드은행의 탄생은 현대 중앙은행의 정식 출범을 의미할 뿐만 아니라 금융이 현대화되기 시작했음을 뜻한다. 국가적인 측면에서 본다면 조폐권을 중앙은행 권한으로 옮기면서 조폐국과 왕권과의 관계를 떼어놓는 데 성공했음을 의미한다. 나아가 국고 수입과 국왕의 재산을 분리시켜 국가는 국가의 자리로, 국왕은 국왕의 자리로 되돌아가도록 하는 계기를 마련했다.

제국 전쟁에서
영국이 우뚝 서기까지

금융과 은행은 떼려야 뗄 수 없는 밀접한 관계를 맺고 있다. 현 시대에서 은행은 금융 체계의 '동맥'으로 그곳을 통해 수많은 돈이 끊임없이 흐른다. 금융의 본질을 되돌아볼 때 은행을 빼놓고는 이야기하기 어렵다.

중앙은행은 은행 중에서도 가장 중요하고 신비한 은행이다. 중앙은행가들은 신문의 1면을 장식하는 주인공이 되거나 음모론의 핵심인물로 거론되는 경우가 비일비재하다. 현대 중앙은행의 시초로 불리는 잉글랜드은행은 일찍이 '요새 중 요새'라고 불렸다. 또한 잉글랜드은행의 탄생은 당시 가장 중요한 금융 개혁으로 평가받았다. 그렇다면 이 '요새'가 어떻게 일반 평지로 내려올 수 있었을까?

중앙은행의 운행 규범을 논하면서 잉글랜드은행과 미국의 연준을 빼놓을 수 없다. 잉글랜드은행이 이랬고 연준이 저랬다, 무슨무슨 전쟁에서 그들은 이러저러한 목소리를 냈다 같은 수많은 말이 오간다. '당신은 중앙은행이 민간은행인 걸 알고 있나요?'라고 물으면 적지 않은 사람들은 한동안 멍한 표정을 짓다가 자신이 마치 세상을 놀라게 할 엄청난 비밀을 안 듯 착각하며 이 '음모론'을 숨겨왔던 사람들에게 경의를 표한다. 그렇다면 중앙은행이 민간은행이라는 말이 사실인가? 역사는 화석처럼 오랜 세월 여러 층이 쌓이고 쌓여 만들어진다. 사건의 진상은 종종 몇몇 사람들의 생각보다 훨씬 간단한 경우도 있고, 그 반대로 예상보다 훨씬 복잡한 경우도 많다. 잉글랜드은행은 17세기에 처음으로 세상에 그 모습을 드러냈는데, 이 은행이 설립된 주요 원인은 다름 아닌 전쟁이었다.

똑똑하기로 소문난 그리스인들은 일찍이 모든 원인의 아버지는 전쟁이며, 전쟁의 모체는 바로 돈이라고 말했다. 전쟁에서는 군사 실력뿐 아니라 융자 능력도 함께 겨루어진다. 유럽 역사에서, 대륙 강국이었던 프랑스와 해양 강국이었던 영국은 쉬지 않고 계속해서 전쟁을 통해 자웅을 겨루어 왔다. 프랑스는 서유럽 국가 중 영토가 가장 넓고 전체 인구도 영국보다 세 배나 많았다. 칼과 창으로 싸우던 시대엔 이는 절대적으로 유리한 위치를 점할 수 있는 요소로 작용했다. 그러나 영국은 프랑스와 대등하게 맞섰고, 18세기에는 대승을 거두기도 했다. 이는 무엇보다 제도가 뒷받침되었기에 가능했다. 그 중에서도 금융 체제와 재산권의 보호 등이 가장 큰 역할을 했다.

국가 간 전쟁에서 제도는 어떤 중요한 역할을 할까? 노벨 경제학상 수상자인 더글러스 노스(Douglass Cecil North, 1920~2015년) 경제사학 박사는 16세기까지만 해도 영국은 이렇다 할 강국이 될 '조짐'조차 전혀 보이지 못했다고 이야기한다. 그는 17세기 영국의 궁핍한 모습을 이렇게 평가했다. "프랑스는 큰 덩치로, 스페인은 막대한 재정으로 유럽에서 강국으로 거듭날 수 있었죠. 이어 네덜란드도 국가 효율성을 이 두 국가에 견줄 만한 수준으로 끌어올려 힘을 키웠어요. 그 뒤 이 세 국가는 너 나 할 것 없이 앞다투어 영국을 공격했습니다……. 이런 상황에서 영국은 중립 지대를 반드시 찾아야 했어요."[38]

이른바 '중립 지대' 확보란 영국의 입장에서 새로운 시장을 개척하고 새로운 제도를 확립해, '우두머리'의 자질을 전혀 갖추지 못했던 16세기의 모습을 탈피하여 '효율이 높고 발전이 가장 빠른' 18세기의 국가를 향해 가는 것을 의미했다. 사실 역사적으로 볼 때 유럽에서는 지리적 분할로 말미암아 여러 국가 간의 충돌이 끊임없이 발생해왔지만, 한편으로는 그 과정을 겪으면서 국가 간의 제도 경쟁 및 발전이 가능했다. 경쟁에서 우위를 점하는 국가는 다른 국가들을 이끄는 '우두머리'가 되었고, 뒤처지는 국가는 어김없이 도태되었다.

38 더글러스 노스(Douglass Cecil North)의 《서구세계의 성장The Rise of The Western World : A New Economic History》, 화샤출판사(華夏出版社), 2009. 노스는 1920년에 미국에서 태어나 신경제사의 선구자, 개척자, 시위자로 잘 알려진 인물이다. 1993년 노벨경제학상을 수상했으며 재산권, 국가 이론의 중요성을 주장했다.

영국의 모습은 상업과 무역업의 발전에 힘입어 바뀌기 시작했다. 경제사학자 앵거스 매디슨(Angus Maddison, 1926~2010년)의 자료에 따르면 15세기 말부터 17세기 말까지 영국의 인구는 거의 네 배 가까이 폭증했으나, 같은 기간 동안 프랑스의 인구는 0.25배 증가하는 데 그쳤다. 영국인의 평균 수명과 도시화 수준도 프랑스의 그것들보다 길고 높았다. 인구가 열세 배 증가한 런던은 유럽에서 가장 큰 도시로 자리를 잡아갔다.

금융업의 발달은 정치에도 영향력을 행사했다. 거꾸로 말해 정치 제도의 개혁이 없었다면 금융업의 발달도 없었다. 유럽 다른 국가의 은행에 비해 잉글랜드은행은 설립 초기에 별다른 주목을 받지 못한 게 사실이다. 이탈리아는 이미 13세기부터 도시국가 채권을 발행하기 시작했다. 역사학자들은 당시 북부 도시인 제노바가 오늘날 국제결제은행에 견주는 역할을 했다고 평가한다. 또한 네덜란드 암스테르담에서는 이미 16세기에 오늘날의 선물과 옵션 거래가 출현했다. 이에 반해 17세기 말에도 영국 금융업의 수준은 걸음마 단계였다. 시티오브런던[39]의 금세공업자들이 그때 막 개인의 신용을 담보로 하는 은행 업무를 개시한 정도였다. 예를 들어 예금자들의 일부 현금을 남겨두고, 여유 자금을 대출해주는 업무 등이었다. 금세공업자들의 영수증은 은행의 증표와 같은 효력을 가졌으며 바로 이때부터 대중화되기 시작했다. 20세기 채권 시장을 주름잡던 어느 선구자는

---

39 City of London. 런던의 행정구역 중 하나로, 뉴욕의 월가에 해당하는 영국의 금융지구다. 증권·외환·선물 거래의 대부분이 이루어지며, 면적은 우리 나라의 여의도와 비슷하다 — 옮긴이.

당시 런던에 대해 "화폐 시장도 없고, 실질적인 은행도 없고, 조직적으로 국가 채무를 담당하는 기관도 없었다"라고 비아냥거리며, "영국의 운영 방식은 중세기 군주 대출의 오랜 틀을 벗어나지 못했다"[40]라고 평가했다.

바로 이런 구조 때문인지 국왕은 시종일관 금융에 간섭해왔다. 1640년에 찰스 1세는 재정이 고갈되자 조폐국에 외부로의 인출을 금하라는 명령을 내렸다. 그리고 상인들이 조폐국에 맡겨놓은 금은을 국왕이 강제로 빌려다 쓸 수 있도록 했다. 주목할 점은 찰스 1세가 통치했던 30년 동안이 영국 역사에서 가장 불안한 시기였다는 점이다. 안으로는 영국 국교를 중심으로 하는 신교도와 전통 천주교 세력 간에 분쟁이 끊이질 않았고, 밖으로는 전 유럽이 30년 전쟁[41]의 화염에 휩쓸리고 있었다.

30년 전쟁은 국가 패권의 출현과 종교 갈등이 낳은 산물이었다.[42] 30년 전쟁 중 영국은 새로운 종교를 채택했지만 찰스 1세는 여전히 가톨릭을 신봉하면서 로마 교황청과도 밀접한 관계를 유지한 채 스코틀랜드에서 강력한 종교개혁이 일어나기를 바랐다. 이런 상황에서 그와 의회의 관계는 여러 번 틀어지기

---

40 시드니 호머(Sidney Homer)의 《금리의 역사A History of Interest Rates》 중에서. 시드니 호머는 증권시장 분석의 선구자이자 금리에 관한 연구 분야에서 권위 있는 인물로 살로먼브라더스(Salomon Brothers)의 유한책임 사원으로 일하면서 회사의 채권 시장 리서치를 담당했다.

41 Thirty Years' War. 1618~1648년 독일을 무대로 신교(프로테스탄트)와 구교(가톨릭) 간에 벌어진 유럽 최대의 종교전쟁 — 옮긴이.

42 영국은 원래 천주교 국가였다. 헨리 8세가 개인적인 이혼을 정당화하기 위해 영국의 자체 종교인 '영국 국교'를 탄생시켰고 이를 기점으로 영국은 로마의 교황청으로부터 벗어났다. 이 행보가 훗날 영국 종교 분쟁의 씨앗이 되었다. 유럽 역사 중 기독교 역사를 소개한 책을 참고해보거나 가장 간단하게는 존 허스트(John Hirst)의 《짧은 유럽사The Shortest History of Europe》를 읽어보면 좋다.

를 반복했고, 이는 끝내 찰스 1세의 몰락을 초래하고 말았다. 그는 결국 왕좌에서 처형을 당한 유일한 국왕으로 오명을 남겼다. 찰스 1세의 아들인 찰스 2세는 1672년부터 재정부에 어음 상환을 멈추도록 명했는데, 이 조치로 상당한 권력과 권위를 누렸던 금세공업자들은 파산을 면치 못했다. 일반 대중이 입은 피해도 컸다. 여기서 초기 은행업은 금세공업자들과 깊은 관계를 맺고 있었다는 점을 알 수 있다. 많은 사람들이 은행가는 대부분 금세공업자 출신이라 간주할 정도였다. 그러나 일부 금융사학자들은 은행가 중에는 금세공업자 출신뿐 아니라 상인, 공증인, 사업가 및 세금 징수 청부인 등도 있었다고 주장한다. 영국은 1666년부터 '주화발행자 자유화'를 실시했다. 다시 말해 일정 금액의 주화 제조비용을 지불하면 누구든 금은을 조폐국에 보내 상당한 액수의 화폐로 바꿀 수 있었다.

바로 이런 조치로 조폐국의 사회적 지위는 오늘날의 은행과 비교해도 무색하지 않을 정도로 높아졌다. 같은 해 아이작 뉴턴(Isaac Newton, 1642~1727년)은 왕실 조폐국장을 맡았고 주어진 역할을 훌륭히 해냄으로써 기사 작위를 받았다. 이에 따라 사람들은 왕실이 금을 가장 안전하게 위탁 관리할 수 있는 곳이라고 믿게 되었다. 하지만 위에서 언급했던 국왕이 금융을 간섭하는 사건은 한 번에 그치지 않았다.

국왕이 금융에 간섭하는 사건들이 연이어 터지면서, 영국 국민들은 극도의 불안감을 느끼기 시작했다. 사람들은 이제 현금을 시티오브런던의 은행가(앞에서 말했듯 이들 대부분이 금세공업자 출신이다)에게 맡기기 시작했다. 점점 쌓여가는 사회 자본을 안심하고 맡길 수 있는 기관의 필요성이 고조되었고, 이것이 바로 진정한 의미에서의 공공은행인 잉글랜드은행이 출현한 역사적 배경이다.

국왕의
최후의 발악

영국 국왕의 신용도는 원래 유럽의 국왕 중에서는 높은 편에 속했다. 특히나 '존 로'[43] 사건으로 한바탕 난리를 겪었던 프랑스와 비교해보면 영국 국왕의 입지는 훨씬 좋았다. 그러나 앞서 언급했듯 영국도 조폐국과 재정부의 연이은 '파업'과 '대출' 사건을 겪으면서 상인들의 불안감이 커졌고, 새로 왕위에 오른 국왕의 신용도는 바닥으로 떨어졌다. 국왕은 자금 마련이 힘들어져 재정상 어려움을 겪었다. 반면 개인 상인들은 협상에서 더욱 유리한 입지를 차지할 수 있는 발판을 마련하는 기회를 얻을 수 있었다.

국왕은 항상 자금이 부족했다. 중세 시절 은행의 주 고객은 각

---

43 존 로(John Law, 1671년~1729년). 스코틀랜드인으로 프랑스에서 자리를 잡고 출세하여 프랑스 재정 총감의 자리에 올랐다. 하지만 결국에는 악성 인플레이션 사태와 미시시피 버블 등 금융위기를 일으켰다.

국가의 왕이었고, 17세기에는 국왕의 신용도가 낮은 상황이 지극히 일반적이었다. 기본적으로 신용이 높았던 영국 국왕의 신용도가 잠시 저하된 상황은 큰 이윤을 챙기려는 투자자들에게 분명 '유리한' 기회였다. 하지만 여기에는 한 가지 필수적인 전제 조건이 붙었다. 바로 자신들의 사유 재산이 보장받아야 한다는 조건이었다. 풀어 말하자면, 투자자들은 정부가 언제든 자신들의 재산을 강제 추징해가는 횡포를 다시는 겪고 싶지 않아 했다. 지난 1640년과 1672년에 발생했던 악몽이 재현되는 일을 손 놓고 바라보지 않겠다는 뜻을 표명한 것이다. 그들의 요구는 바로 군주의 권력과 공권력을 제약할 수 있는 제도가 필요하다는 점을 시사했다. 그리고 이러한 요구는 명예혁명[44]의 발발로 실현되었다.

1688년 발생한 명예혁명의 결과, 네덜란드 출신의 윌리엄 3세(William III, 1650년~1702년)가 영국 왕위 ― 명예혁명과 그에 따른 '권리장전(The Bill of Rights)'이 어떤 평가를 받든지 간에 전제군주제 시대였던 당시에도 영국 왕위의 세습 권력은 이미 의회의 손에 넘어가 있었다 ― 에 올랐다. 윌리엄 3세에서 앤 여왕(Queen Anne, 1665~1714년)을 거쳐 조지 3세에 이르기까지 영국의 왕위 계승은 유산계급에 의해 결정되었다[45]. 윌리엄 3세는 어려서부터 몸이 약해 많은 병에 시달렸지만 세계 역

---

44 Glorious Revolution, 1688년 영국에서 일어난 시민혁명.
45 케네스 O. 모건(Kenneth O. Morgan)이 엮고 왕자오페이(王覺非)가 번역한 《옥스퍼드 영국사The Oxford History of Britain》, 상무인서관 서점(商務印書館, The Commercial Press), 1993.

사에 막대한 영향을 끼쳤다. 그는 네덜란드 빌렘 2세(Willem II of Orange, 1626~1650년)와 영국 찰스 1세(Charles I, 1600~1649년)의 딸 메어리 스튜어트(Mary, Princess Royal and Princess of Orange, 1631~1660년) 사이에서 난 아들이자, 찰스 1세의 외손자였다.

월리엄 3세는 네덜란드 혈통으로, 네덜란드에 있을 때 영국과 프랑스의 협공을 성공적으로 막아냈다. 하지만 월리엄 3세는 영국 국왕일 때 세계에 더욱 큰 영향을 끼쳤다. 신교도였지만 누구보다 종교에 개방적인 태도를 보였던 터라 그가 집권하던 시기에 백 년 넘게 이어져온 영국의 종교 분쟁을 끝낼 수 있었다. 또한 월리엄 3세는 '권리장전'을 승인함으로써 영국 헌법상 최초의 영국 국왕이 되었고, 새로운 의미의 국왕 탄생은 영국뿐 아니라 전 세계적으로 크나큰 파장을 불러일으켰다. 입헌군주제 아래 국왕의 권력은 '새장' 속에 더욱 굳건히 갇혔고, 반면 자본의 힘은 더욱 막강해지면서 왕실은 약탈자에서 피보호자로 그 지위가 추락했다. 같은 시기 암스테르담에서 유입된 금융 혁신의 물결이 런던의 금융 종사자에게 급속도로 퍼져나갔으며 그 중 많은 사람이 이 물결에 동참했다.

영국에서 월리엄 3세의 왕위 계승은 금융의 세례와도 같았다. 네덜란드인은 비즈니스에 능했고 그들만의 특색 있는 금융업을 발전시켜왔다. 월리엄 3세가 영국 왕위에 오르자 네덜란드인의 재산과 금융에 관한 이념도 함께 영국으로 유입되었다. 네덜란드는 17세기에 다른 국가들로부터 가장 많이 질시를 받았지만,

한편으로는 가장 많은 선망과 부러움을 산 무역 국가였다.[46] 경제 학자 앵거스 매디슨[47]의 통계에 따르면 17세기 영국보다 국가 수 입과 소득 수준이 더 높았던 유일한 유럽 국가가 네덜란드였다. 또한 윌리엄 3세가 영국에 건너가면서부터 네덜란드의 첨단 모 델이 영국의 경제 제도와 금융 제도 혁신에 도입됐다. 훗날 많은 국가들이 영국을 발전 모델로 삼아 열심히 배우고 따라했듯, 영 국도 무조건 네덜란드의 방식을 모방했다. 당시 영국 미디어들 은 이러한 '네덜란드화'에 대해 이렇게 묘사했다. '지금 이 나라 상인들은 모두 네덜란드의 대리인인 듯 일하고 있다.'

18세기 금융업 분야에서는 네덜란드가 영국을 훨씬 앞서 있 었다. 그럼에도 네덜란드 금융에 관한 서술은 영국 금융에 비해 별로 많지 않았다. 학자들은 당시 런던이 갖는 지리적 위치의 중요성 때문에 영국에 대한 서술이 더 많을 뿐[48], 영국을 압도했 던 18세기 네덜란드의 지도적인 역할을 과소평가해서는 안 된 다는 의견을 내놓고 있다. 큰 틀에서 살펴본다면 영국은 네덜란 드의 성공 모델을 잘 흡수했을 뿐 아니라 당시 시대 흐름이었던 '민족 국가의 부흥'과도 잘 부응했다. 공업 시대가 열리면서 역 사의 흐름도 변화하기 시작했다. 이전처럼 도시국가가 시대를 선도하던 모습은 더는 찾아보기 힘들어졌다. 암스테르담의 굴

---

46 찰스 킨들버거(Charles Kindleberger)가 쓰고 주취앤(朱隽)과 예샹(葉翔)이 공동번역한 《광기, 패닉, 붕괴: 금융위기의 역사(Manias, Panics, and Crashes: A History of Financial Crises)》, 중국금융출판사(中國金融出版社), 2007.
47 세계 각국의 경제 통계를 비교 연구하는 분야의 대표 인물이다. 본 책에서는 《세계 경제: 1000년 전망(The World Economy: A Millennial Perspective)》 등의 저서를 인용 및 참조했다.
48 금융사학자 찰스 킨들버거(2011)도 이와 같은 관점을 가지고 있었다.

기(倔起)는 역사 속으로 사라졌고, 대신 전쟁과 흑사병에 고통 받던 이들의 공동체인 민족 국가들이 새로 지휘권을 잡기 시작했다. 현대 경제의 팽창을 위해서는 힘 있는 국가의 지원이 필요했다. 국가의 힘은 시장의 이익과 합력(合力) 관계를 형성했다. '국가는 타인이나 돈을 위해 힘을 쓰면서 동시에 국가 자신에 충성한다.'

역사학자들은 영국과 프랑스 모두 서유럽의 대국이었지만 이 둘이 17세기에 밟아온 발전 경로는 완전히 다르다고 말한다. 페르낭 브로델(Fernand Braudel, 1902~1985년)은 이렇게 주장했다. '정치적 선구자였던 민족 국가는 발전된 형태의 민족 시장을 형성하는 시기가 매우 늦으며, 민족 시장의 형성은 국가의 물질적 풍요를 예고한다.' 브로델의 두 문장은 각각의 의미를 내포한다. 프랑스는 유럽에서 가장 먼저 발전한 현대 국가였지만 여러 내부 갈등과 견제 때문에 가장 늦게 민족 시장을 형성할 수 있었다. 하지만 영국은 반대였다. 유럽 대륙과의 지정학적 단절과 스코틀랜드와의 통일로 영국은 가장 먼저 민족 시장을 형성한 국가가 되었고, 1688년 명예혁명 이후 '상인들이 권력을 장악하는 구조로 재빠르게 탈바꿈했다.'

시대는 마치 낙엽과 같다. 도시와 국가의 운명은 경제 흐름에 따라 변화하고 움직인다. '세계 경제의 중심에는 언제나 강력한 힘을 가지고 다른 국가를 압도하여 특권을 누리는 국가가 존재한다. 이처럼 범상치 않은 국가는 넘쳐나는 에너지를 발산하기 때문에 사람들에게 위압감을 조성하기도 하고 존경을 한몸에 받기도 한다. 15세기에는 베네치아, 17세기에는 네덜란드가 그런 국가였다. 18세기와 19세기에는 영국이 그랬고, 오늘날에는 미국이 그 자리에 올라 있다'(페르낭 브로델). 영국의 운명이 변해가면서 역사는 새로운 무대의 막을 올릴 준비를 끝마쳤고, 잉글랜드은행은 바로 그 무대 위에 올라 공연할 준비를 마쳤다.

1694년은 영국이 프랑스와 '9년 전쟁'[49]을 시작한 지 5년이 흐른 해였다. 영국의 전쟁 자금은 200만 파운드에서 500만 파운드 그리고 600만 파운드까지 해마다 불어났고 정부의 재정 능력은 이미 바닥이 드러난 상황이었다. 네덜란드 출신의 윌리엄 3세는 프랑스를 상대로 악전고투하던 당시 영국의 모습을 그대로 보여주는 인물이었다. 그는 막강한 권한을 가진 '태양왕' 루이 14세와 일생 동안 맞서야 했다. 윌리엄 3세는 개인 명의로 돈을 빌리려고 사방을 돌아다녔다. 그는 주로 자신을 지지하는 휘그당(Whig Party) 상인들을 수소문했는데, 대출 금리가 높게는 30퍼센트[50]에 육박하기도 했다. 정부도 나서서 돈을 빌렸지만 그 금리 역시 낮지 않아 14퍼센트에 달하는 경우도 있었다. 이에 비해 네덜란드를 비롯한 다른 국가의 대출 금리는 3~4퍼센트에 불과했고 담보도 필요 없었다.

아무리 국왕이라 해도 이처럼 막대한 재무비용을 감당하기란

---

49 루이 14세의 팔츠령(領) 할양 요구가 발단이 되어 일어난 국제전쟁(1689~1697). 아우크스부르크 동맹전쟁(War of the League of Augsburg)이라고도 한다 — 옮긴이.
50 《금리의 역사A History of Interest Rates》 등에 기재된 내용을 참고했다.

쉽지 않았다. 윌리엄 3세는 신하에게 보낸 서신에서 "제발, 군인들을 지원해줄 자금의 대출을 빨리 구해야 한다"고 호소하면서 자금을 구하지 못한다면 전쟁의 패배를 스스로 인정할 수밖에 없으며 "짐이 인도로 건너갈 수밖에 없다"고 썼다.

끝날 것 같지 않은 전쟁, 모든 수단을 다 동원해 올인하는 국왕, 자금이 넘쳐나는 대중, 자금 대출의 필요성, 투자 수요 증가 등 수많은 상황과 요소가 결합한 상황에서 마지막 '희망의 지푸라기'로서 주주제 은행인 잉글랜드은행이 세상에 모습을 드러냈다. 이 은행의 가장 핵심적인 목적은 군비를 충당해 강력한 힘을 가진 프랑스의 루이 14세와 싸우는 것이었다.

수개월 내에 천여 명의 상인들이 합자회사 방식으로 잉글랜드은행을 설립했다. 총 120만 파운드의 자산 규모를 가진 이 은행은 연 금리 8퍼센트로 정부에 돈을 빌려줬고, 정부는 증기선이나 주류 등에 대한 관세나 세수를 담보로 돈을 갚아나갔다. 잉글랜드은행은 4,000파운드에 달하는 경영비를 확보할 수 있었고, 국왕은 은행에 대한 독점 경영권을 일정 기간 소유했다. 또한 잉글랜드은행은 영구적으로 10만 파운드의 연간 세금 감면 혜택을 받았다. 이렇게 잉글랜드은행이 공식 출범했다.

국가는 국가의 자리로,
국왕은 국왕의 자리로 되돌아가다

잉글랜드은행의 설립 과정을 평가할 때 오늘날 많은 정치 평론가들은 종종 은행 설립 과정을 영국 국왕의 '근심 덜기' 같은 애국주의 정서와 연관시킨다. 사실 은행 설립의 최초 목적은 바로 국가의 목적과 국왕의 야심을 어느 정도 분리시키는 데 있었을 것이다. 다시 말해 국가는 국가의 자리로, 국왕은 국왕의 자리로 돌아가길 바랐을 것이다. "국가의 예산으로 국왕의 돈을 대신하고, 국가의 채무로 왕실의 채무를 대신한다."[51]

주주(국민들까지)들은 왜 이런 방향으로 흘러가기를 원했을까? 이익 도모는 인간의 본성이다. 당시 잉글랜드은행의 주주들은 각양각색의 인물로 구성되어 있었다. 시티오브런던의 사업가들이 주류를 이루었고, 암스테르담 상인이나 유대인도 포함

---

51 존 H. 우드(John H. Wood)의 《영국과 미국의 중앙은행 역사A History Of Central Banking In Great Britain And The United States》, 상하이재경대학출판사(上海財經大學出版社), 2011.

되어 있었다. 금융사학자 찰스 킨들버거(Charles P. Kindleberger, 1910년~2003년)는 전쟁을 위한 자금 출자 이외에 잉글랜드은행의 비공식적인 목적은 은행권 대출을 통한 이익 도모라고 이야기한다. 전쟁에서 많은 현금을 번 상인들이 투자 기회를 찾는데 혈안이 되어 있었다고도 일부 학자들은 분석한다. 설립의 구체적인 동기가 무엇이었든 결과적으로 잉글랜드은행이라는 의외의 기구가 탄생했다. "이 조직은 금세공업자들의 작업장이 은행가의 은행으로 변한 것도 아니었고, 상인 중 특출한 자들이 개인의 이익을 위해 만든 고금리 대출 조직도 아니었다."

더 큰 틀에서 살펴본다면, 잉글랜드은행의 설립은 영국의 국가 권력을 재분배하고 국가 질서를 재정비하는 중요한 계기였다. 설립 당시 영국인 사이에는 국왕의 장단에 맞춰 춤을 추는 일이 곧 비즈니스라는 인식이 만연해 있었다. 국왕이 궁핍해지면 국가가 불안정했고 국민의 삶도 안전할 수 없었다. 반대로 국왕이 지나치게 부유하면 국가 전체가 사치에 빠져 낭비가 심해졌다. 이런 시기에 잉글랜드은행의 출현으로 국왕의 수입은 국왕 개인의 주머니로, 군사 및 기타 비용으로 인한 수입은 의회로 돌아갈 수 있는 제도적 장치가 마련되었다. 그리고 부르주아들은 자금 대출이라는 도구로 안정적인 수입원을 확보할 수 있었다. 물론 이런 제도의 배후에는 권력과 상업의 협력 및 상호 교환이 있었다. 페르낭 브로델이 중앙은행은 권력과 국가 통치의 도구라고 언급한 것과 같다. "내가 너를 돕고 살렸으니, 이제 년 내가 시키는 대로 해야 해.”

　당시 가장 발달한 선진 은행의 모습은 네덜란드와 영국에서 나타났는데, 이는 제도의 환경과 밀접히 연관되어 있었다. 유럽에서(나아가 전 세계에서) 여전히 전제 정치가 주류를 이루던 시절에 영국은 다른 국가보다 조금 앞서 나갔다. 그 뒤 13세기에 영국 국왕을 견제할 수 있는 ‘대헌장’이 통과되었고, 명예혁명을 통해 입헌군주제가 확립되었으며, ‘권리장전’을 통해 개인의 자유라는 글자가 언급되기 시작했다. 이러한 변화는 법적 권리가 군주의 권력에 우선한다는 인식을 세계인들에게 심어준 계기가 되었다.

　경제학자들은 잉글랜드은행의 성공이 결코 우연으로 이루어진 게 아니라고 주장한다. 자본 경쟁 시대였던 당시에는 전제주의 체제가 지닌 경제적 취약점을 누가 가장 효과적으로 극복하느냐에 따라 금융업의 발전 속도가 달라졌기 때문이다.

　잉글랜드은행은 설립 초기부터 정부 측의 수요와 깊은 관계를 맺고 있었지만, 위기에 처한 국왕과 군대를 살려낸다는 취지도 있었다. 초기만 해도 잉글랜드은행은 경제 안정 유지 같은 중앙은행의 역할까지 담당하지 못했다. 다시 말해 ‘최후의 수단’ 또는 ‘최후대출자’와는 거리가 멀었다. 그보다는 주주들의 이익을 도모하는 사적 조직에 더욱 가까웠다.

　민간 은행이었던 잉글랜드은행의 특징으로는 ‘주요 고객’을 들 수 있다. 은행에게 고객은 은행 경영의 핵심이다. 피렌체의 메디치 가문이 교황을 VIP 고객으로 모셨듯이 잉글랜드은행은 초기부터 정부를 그들의 핵심 VIP 고객으로 삼았다.

하지만 잉글랜드은행은 설립 초기에 우려의 시선을 피하려고 정부의 대출 한도를 의회가 비준하는 상한선으로 제한했다. 국유지 매입도 금지되었다. 이렇듯 잉글랜드은행이 정부에게 받은 독점 사업권을 보유하는 일은 결코 쉽지 않은 여정이었다. 그 여정 동안 이익을 둘러싼 분쟁이 여러 차례 발생했는데 이 또한 끝이 보이지 않는 '대장정'이었다. 세이어스(R. S. Sayers)는 《잉글랜드은행 1981~1944년The Bank of England 1891-1944》에서 잉글랜드은행장의 세 가지 역할을 조롱하듯 표현했다. "잉글랜드은행장은 지폐를 금화로 안전하게 바꾸는 일을 책임지는 법적 임무, 정부의 금융 수요를 돌보는 정치적 임무 그리고 이해 관계자들에게 이익을 창출하는 상업적 임무를 지닌다."

최근 베스트셀러였던 윌리엄 그레이더(William Greider)의 《사원의 비밀 — 연방준비제도는 어떻게 이 나라를 운영하는가Secrets of the Temple: How the Federal Reserve Runs the Country》라는 책에는 연준을 평생 반대하던 어느 하원 의원의 말이 인용되어 있다. "연준은 지독한 괴물이다." 저자는 연준에서 30년을 근무했으며 미 댈러스 연방은행 총재와 연준 위원을 역임한 콜드웰(Philip E. Coldwell)의 말도 인용했다. "연준은 어떤 면에서는 자신을 미국 정부라고 여겼다. 하지만 어려운 풍파를 겪고 난 뒤에는 정부처럼 행동하지 않았다."

'괴물'이란 말은 연준이 정부 소속인지 아닌지에 대한 모호함을 지적한 말이다. 연준의 '롤모델' 중 하나인 잉글랜드은행도 역사적으로 이와 유사한 혼란을 겪어왔다. 설립 초기부터 지닌 '특별함'은 운명의 낙인처럼 잉글랜드은행을 계속 따라다녔고, 그 뒤에도 '모호하고 왜곡된' 모습으로 일련의 스토리를 이어갔다. '특별함'은 많은 경우 장점으로 작용했지만, 때로는 그에 따른 책임을 져야 한다는 의미이기도 했다.

　바로 이 때문에 19세기에 《이코노미스트》지 편집장이었던 월터 배젓은 《롬바드 스트리트》에서 "잉글랜드은행은 금융 회사이지만 휘그당이 설립한 금융 회사이기도 하다"라고 말했던 것이다. 하지만 그는 잉글랜드은행이 당시에 정치 정당과 가장 먼 거리를 유지했던 조직이었음을 부정하지는 않았다. 현대 지폐의 대규모 사용과 유통이라는 새 길을 처음으로 개척한 것이 바로 이런 조직이다.

1720년의 남해포말사건과
존 로

결국 부패는 물이 넘쳐나는 홍수처럼 모든 것을 삼켰네.

탐욕은 슬그머니 찾아와 뿌연 안개처럼 세상을 뒤덮어 밝은 햇볕을 가리네.

정계 인사, 민족 투사도 날로 안갯속에 빠지며 귀족 부인과 인부처럼 주식배당금을 챙기네.

법관은 브로커로 나섰고 주교는 평민들의 살을 베어 먹으며

국왕은 푼돈을 벌고자 손에 든 카드로 속임수를 쓴다네.

브리튼제국은 돈의 더러움에 빠졌다네.

— 알렉산더 포프(Alexander Pope)

18세기 영국은 역사적으로 불안했다. 1720년 남해포말사건에서 1745년 제임스 2세(James II) 손자의 스코틀랜드 입국 사건 그리고 1793년 나폴레옹 전쟁까지 런던은 소용돌이의 중심에 있었다. 이런 정치 사건은 어김없이 금융위기를 초래했다.

산업시대가 시작되면서 영국 안팎의 전쟁은 다시 최고조에 달했다. 중남미 등지의 해외 식민지 쟁탈전과 유럽 대륙의 스페인 왕위 계승 전쟁 등 갈등과 분쟁이 끊이질 않았다. 전쟁이 계속되던 18세기, 영국은 반 프랑스 연맹의 중심이었다. 18세기의 전쟁은 많은 자금을 필요로 했기 때문에 정계 진출의 야심을 품

은 정재계 인사들은 앞다투어 '궁전 재무 관리'에 참여하려 했다. 1715년 루이 14세가 세상을 떠나자 죄를 짓고 망명한 스코틀랜드 출신의 존 로에게 기회가 찾아왔다. 그는 프랑스에서의 '지폐 유통' 경험으로 자신감에 차 있었다. 금화보다 지폐가 더 환영받자 프랑스의 막대한 채무는 연기처럼 사라졌고, 경제는 다시 번영의 길로 돌아섰다. 이런 변화는 영국에 자극제로 작용했다. 영국은 프랑스의 예를 따라 융자를 얻을 수 있는 새로운 경로를 탐색했다. 남해회사[52]도 그 중 하나였다. 18세기의 남해포말사건은 전례 없던 거품 위기로 17세기의 네덜란드 튤립 파동과 1929년의 미국 주식시장 위기와 함께 훗날 '세계 3대 투기 파동'으로 불리는 '불명예'를 얻었다는 점에서 주목할 만하다.

경제 갈등의 배후에는 언제나 정치가 버티고 있다. 잘 알려져 있듯, 잉글랜드은행은 휘그당 당원[53]들이 설립했다. 따라서 휘그당의 특징이 설립 초기부터 오랜 시간 이어졌다. 반면 남해회사는 토리당[54]의 지지를 받았다. 18세기 초 토리당이 정권을 잡았던 시기만 해도 정부는 수천만 파운드에 달하는 부채를 안고 있었고, 자금을 지원해줄 이가 절실했다. 이때 지원사격을 하기 위해 탄생시킨 조직이 남해회사다. 기자 대니얼 디포(Daniel

---

52 아프리카의 노예를 스페인령 서인도 제도에 수송하고 이익을 얻는 것을 목적으로 1711년 영국에서 설립된 특권 회사. 이후 금융 회사로 변신하여 1720년에 '남해포말사건'을 일으킨다 — 옮긴이.

53 영국 휘그당은 17세기 말에 탄생했고, 19세기 중엽 영국 자유당으로 자리 잡았다. 의회제를 지지했으며, 의원들 대부분이 신교도인이었다. 1679년 영국 정치계는 가톨릭 신자였던 제임스 2세의 왕위 계승을 인정하는 측과 인정하지 않는 측으로 나뉘었는데 그 중 제임스의 즉위에 반대 입장을 취한 사람들을 가리켜 '휘그(Whig)'라고 한다. 'Whig'는 'Whiggamore(스코틀랜드 방언으로 '말을 타고 돌아다닌다'에서 나온 것으로 추측된다)'의 약자로 추측된다.

54 영국 보수당의 전신(前身)으로, 1679년에 설립했다. 1833년에 보수당으로 개명했다.

Defoe, 1660~1731년) 등 많은 유명 인사들이 남해회사를 홍보하고 위상을 높이는 일에 적극 동참했다. 이들에게 남해회사는 정부의 대출 업무를 독점하는 잉글랜드은행을 견제하고, 나아가 휘그당을 공격하는 효과적인 수단이었다.

당시 하노버 가에서 최초로 영국 왕위에 오른 조지 1세는 하노버 선제후 에른스트 아우구스트(Ernst August, Elector of Hanover) 공작과 소피아 스튜어트(Sophia Stuart) 사이에서 태어났다. 윌리엄 3세와 앤 여왕은 자식을 낳지 않았고 조피 또한 일찍 세상을 떠나자 1701년 채택된 왕위 계승법에 따라 조지 1세가 운 좋게 영국 왕위를 계승했다. 조지 1세의 영국 왕위 계승은 세상을 놀라게 했다. 조지 1세의 모국어는 프랑스어였고, 휘그당 당원들을 지지하지도 않았다. 따라서 그의 왕위 계승은 토리당 당원들에게 아주 유리하게 작용했다.

남해회사는 영국과 남미 등에서 무역 특권을 장악했다. 하지만 프랑스와의 정전 협상이 성공적으로 타결되면서 남해회사를 지켜주던 무역 장벽도 함께 허물어졌다. 그러자 남해회사는 주식을 발행해 국채를 모두 매입하겠다고 선언했다. 사실 이는 잉글랜드은행이 독점해왔던 영역이었고, 잉글랜드은행은 경쟁 사태를 사전에 방지할 자체 방안을 갖고 있었다. 하지만 일단 경쟁 체제로 돌입하자 남해회사가 여론몰이와 의원들에 대한 뇌물 공세를 통해 금리 혜택 등을 밀어붙이면서 승리를 거두었다. 당시 많은 자본이 투자할 곳을 찾지 못해 떠돌고 있었고, 이런 상황은 정치판에서 토리당이 큰소리를 낼 수 있게 했다. 결국 남해회사는 경쟁을 주도적으로 이끌어나갈 수 있었고, 잉글랜드은행은 경쟁에서 낙오되었다.

영국 전체에 남미 무역 열풍이 몰아쳤다. 마치 전국 각지에 '금'처럼 '기회'가 뿌려진 듯했다. 남해회사의 주가는 고공행진을 이어갔고, 주가 상승은 다시 더 많은 대중과 정치가가 남해회사에 투자하는 상황으로 이어졌다. 투기 열풍이 최고조에 달하면서 남해회사의 주가는 승승장구했다. 한 주에 128파운드이던 주식이 반년 만에 1,000파운드로 폭등했다. 국왕과 의원들도 앞다투어 투자에 참여했다. 주가 상승세는 한동안 전혀 꺾일 기미가 보이지 않았다. "정치가는 정치를, 변호사는 본업을, 도매상인은 장사를, 의사는 환자를, 사장은 가게를 내팽개치고 투자에만 매달렸다. 신용을 잘 쌓아오던 채무자들도 돈 갚는 것을 잊고, 목사들은 전도를 접어두고 투자에 목숨을 걸었다. 심지어 여성들도 품위와 체면을 저버리고 열풍에 동참했다!"[55]

주가 상승은 '돼지도 날 수 있게 했다.' 남해회사는 '열풍으로 날아 오른 돼지 모델'로 같은 업종들에 자극제가 되었고, 많은 회사들이 남해회사의 전철을 뒤따랐다. 거품이 형성되기 시작했다. 이에 1720년 6월 영국 의회는 '버블법'[56]을 통과시켰다. 이 법안의 통과로 남해회사는 전환점을 맞이한다. 남해회사의 실

---

55 존 케네스 갤브레이스(John Kenneth Galbraith)의 말을 인용했다(2007).
56 The Bubble Act. 자신들을 벤치마킹한 새로운 회사들의 등장을 꺼렸던 남해회사가 자신들의 영향력을 이용해 통과시킨 법. 주식 상장을 어렵게 하고 회사가 본래 사업 목적을 벗어나지 못하도록 규제하는 내용을 담았다 — 옮긴이.

적에 의구심을 품기 시작한 해외 투자자들이 남해회사 주식을 싼값에 대량 처분했다. 이는 주가 하락으로 이어졌고, 마침내 최초 상장가까지 하락했다. 남해회사의 실제 자본금은 거의 바닥을 드러내고 말았다.

모든 거품이 그랬듯 남해포말사건의 거품도 결국 붕괴되고 말았다. 허황된 꿈으로 이루어진 성과는 오래 유지되지 않는다. 남해포말사건은 영국의 각계각층 사람들을 모두 길바닥에 나앉게 만들었다. 위대한 물리학자이자 영국 왕립 조폐국 국장이었던 아이작 뉴턴도 남해회사에 막대한 자금을 투자한 상태였다. 투자를 시작한 초반에는 약간의 수입을 얻었지만 결국엔 더 많은 손해를 입었다. "나는 천체의 운행은 정확하게 계산해낼 수 있지만, 인간의 광기는 전혀 예측하지 못하겠다."

거의 비슷한 시기, 존 로가 프랑스에서 주도한 미시시피 계획도 파멸에 이르렀다. 그는 네덜란드에서의 경험을 통해 통화의 가능성을 확신했지만, 지폐의 매력을 과도하게 평가했다. 그리하여 충분한 자금이 마련되지 않은 상황에서 지폐를 남발했다. 초기에는 지폐 사용량이 늘고 주가도 상승했다. 그러나 인플레이션 증가율이 1719년 4퍼센트에서 1720년 1월 23퍼센트까지 폭증하자, 사람들은 지폐의 액면가가 전국 금속 화폐들의 총합보다 커졌음을 알아차렸고, 그에 따라 주가는 폭락하고 말았다. 존 로는 또다시 도망쳤고 그로부터 십 년도 지나지 않아 이탈리아 베네치아의 빈민가에서 죽음을 맞이했다.

18세기 상반기를 대표하는 두 번의 금융 혁신은 각각 영국과 프랑스에서 일어났고 모두 실패로 끝났다. 두 사건은 근대 금융 위기 '시리즈'의 서막을 열었고, 각종 후유증도 남겼다. 마르크스는 존 로를 희대의 사기꾼이자 예언가라고 평가했다. 존 로는 프랑스가 그 뒤 백 년, 이백 년이 지나도 은행이란 단어를 기피하게 만드는 데 큰 공헌을 했다. 그뿐만 아니라 프랑스 재정을 영원히 재기불능으로 만들었다. 루이 16세가 1780년 세제 개혁을 단행한 이유도 국왕의 잦은 파산 위험 때문이었다. 이 세제 개혁이 결과적으로는 평등으로 자유의 시대를 열고 혁명으로 왕정의 시대를 종식시킨 프랑스 대혁명의 초석이 될지는 당시에는 아무도 예상하지 못했다. 역사는 마치 예측할 수 없는 작은 점들이 연결되어 나타나는 만화경과도 같다.

영국도 별반 다르지 않았다. 주식시장은 한 세기가 지나서야 비로소 남해포말사건의 여진으로부터 완전히 벗어났다는 평가를 받았다. 지금까지 남해포말사건의 득실에 관한 논의는 셀 수 없을 만큼 진행되었고, 그 핵심 원인으로 지목되는 건 인간의 탐욕과 망각 그리고 그것이 만든 거품의 형성과 발효다. 이는 찰스 킨들버거가 사기꾼과 피해자의 관계를 정신학적 관점에서 줄로 묶인 공생관계로 말한 것과 비슷하다. "서로 좋아하기도 하고 미워하기도 하며, 서로 만족하고 서로 의존하는 관계."

더 나아가 남해포말사건은 18세기 만연했던 탐욕과 사기 그리고 히스테리 같은 시대적인 병폐를 극명하게 드러내주었다고 평가받는다.[57] 하지만 안타깝게도 남해포말사건은 그저 시작에 불과했다. 이는 더욱 불안하고 더욱 광대한 18세기 중엽의 무대로 향하는 입문 과정에 불과했다. 물론 남해포말사건에 피해자만 있는 건 아니었다. 실속을 챙긴 수혜자도 있었다. 잉글랜드은행이 대표적이다. 휘그당도 대립하던 정당의 실패로 더 많은 정치 자금을 확보할 수 있었다. 남해회사가 한창 주가를 올리며 큰 소리를 낼 때, 잉글랜드은행과 휘그당은 비주류에 머물렀다. 게다가 남해포말사건이 발발하자 잉글랜드은행도 은행 최고의 위기인 '뱅크런' 사태에 빠졌다. 자료에 따르면 위기를 맞이한 잉글랜드은행은 잔돈을 모으는 '지연작전'으로 뱅크런 위기를 모면할 수 있었다. 그러다 마침내 남해회사의 거품이 꺼지고 실패로 끝나자 잉글랜드은행에 많은 기회가 주어졌다. 이런 상황 변화는 잉글랜드은행을 시험하는 계기였을 뿐 아니라 훗날 위기가 찾아왔을 때 영국 각지에서 잉글랜드은행의 은행권이 수용되는 사태의 발판이 되었다.

57 《옥스퍼드 영국사》, 케네스 O. 모건, 왕자오페이 옮김.

은행권에서
지폐까지

잉글랜드은행은 위기를 겪으면서 뱅크런 사태에 빠지기도 했지만 언제나 파산은 면했다. 이는 잉글랜드은행이 '시간을 공간으로 바꾸는' 비결을 발휘했기에 가능했다. 18세기 이후 수차례의 뱅크런 위기가 발생했고, 그때마다 예금을 찾아가려는 행렬이 '인산인해'를 이루었다. 하지만 잉글랜드은행은 그들에 대한 예금 지급을 계획적으로 지연시켰다. 지폐 대신 액면가가 낮은 동전으로 은행권을 지급해주었고, 이렇게 해서 번 시간을 런던 상인들을 소집해 잉글랜드은행의 은행권을 수용할 것을 설득하는 데 활용했다.

잉글랜드은행이 설립 이후부터 오늘날까지 발전을 이룰 수 있었던 주요 동력은 은행권 매각으로 챙긴 이익이라고 알려져 왔다. 은행권 업무는 당시 은행의 주요 업무 가운데 하나였고,

은행권은 오늘날 지폐의 전신(前身)에 해당한다. 초기의 은행권은 언제든 황금으로 태환이 가능해서 환어음에 비해 간편했다. 대부분의 은행권은 민간은행에서 발행했고, 또한 많은 은행들이 발행 대열에 동참했다. 은행권을 발행한 은행은 발행 규모에 상응하는 지급준비금을 황금으로 갖추어야 했다. 오늘날처럼 그저 화폐를 찍어내면 끝이 아니었다. 따라서 자금력과 신용도가 높은 은행의 은행권이 더욱 활발하게 유통되었다. 마르크스가 화폐와 관련된 이야기라면 환장하는 거의 스토커 수준의 '화폐광'이라는 사실은 잘 알려져 있다. 그의 글에는 잉글랜드은행과 은행권이 자주 등장한다. 그는 일찍이 '은행권을 언제든지 화폐로 바꾸는 게 가능한 시대가 온다면, 은행권을 발행하는 은행이 시중에 유통하는 은행권의 발행 규모를 마음대로 늘릴 수 없도록 해야 한다'고 주장했다.

은행권은 역사를 거치면서 훗날 지폐 또는 법정 지폐로 바뀌었다. 하지만 18세기 영국은 그 사실을 인식하지 못했다. 당시 은행권을 발행한 은행이 이백 곳이 넘었지만, 그 중 은행권의 규모, 액면가, 심지어 신용도 면에서 잉글랜드은행을 따라올 수 있는 은행은 한 곳도 없었다. 적극적으로 은행권 업무에 매달렸던 민간 은행 대부분은 발행량을 적절하게 조절하지 못해 뱅크런 사태에 빠져 파산을 면치 못했다.

잉글랜드은행은 설립 초기 정부의 주거래 은행으로 주로 환어음이나 차용증 같은 일반적인 은행 업무를 담당했다. 높은 신용도 덕분에 잉글랜드은행에서 발행한 은행권은 널리 환영받았다. 처음 잉글랜드은행이 발행한 은행권의 액면가는 낮지 않았고, 주로 런던 등의 지역에서만 유통되었다. 소규모의 일반 거래보다는 큰 액수의 거래를 할 때 금 대용으로 사용하는 일이 많았다. 잉글랜드은행의 신용도는 높았지만, 얼마나 많은 사람들이 자발적으로 그 은행권을 인정하고 사용하는지에 따라 은행의 이윤이 결정되는 현실은 다른 은행과 다를 바가 없었다. 이는 누구든 은행권의 태환을 요구한다면, 은행은 그 요구를 들어줘야 한다는 점을 의미했다. 위기 상황에서도 말이다.

1797년부터 상황은 극적으로 바뀌기 시작했다. 프랑스가 머지않아 영국에 상륙한다는 소문이 돌기 시작하자 각 은행들은 버티기 힘들어졌고, 그에 따라 잠시 태환 업무를 지연시킬 수밖에 없었다. 은행들은 정부 차원의 구제 방안이 나오길 기다렸다. 당시 수상이던 윌리엄 피트(William Pitt the Young, 1759~1806년)가 법률 제정에 나섰다. 그는 은행권과 금의 태환 업무를 중지시키는 결단을 내렸다. 결과는 어땠을까? 페르낭 브로델에 따르면 젊은 나이에 수장에 올라 모든 일에 기세등등했던 피트 수상이었지만, 그런 그도 이 새로운 법률의 시행이 돌이킬 수 없는 지점으로 상황을 악화시킬까 몹시 두려워했다. 그런데 예상 밖의 결과가 나타났다. 단 하루 만에 1,140명의 상인이 은행권을 수용하겠다는 성명서에 서명을 한 것이다.

긴급조치로 6주간만 시행할 목적으로 제정한 '은행제한법

(Bank Restriction Act)'은 24년이나 지속되었고, 그 기간 동안 은행 업무와 위기 상황은 정상으로 회복되었다. "나폴레옹 전쟁 (1797~1815년) 기간에 영국에 머물렀던 어느 프랑스 사람은 이 기간 동안 기니 금화 하나 본 적이 없다고 말하기도 했다. 영국 자체만의 특별하고 힘들었던 위기는 이렇게 흘러갔다. 막대한 피해를 입지도 않았다……. 은행권은 원칙상 아무 담보도 없이 발행했지만 이전처럼만 유통되면 금속 화폐로의 태환 가치는 변하지 않았다. 적어도 1809년에서 1810년까지는 그랬다."[58]

'지폐'로 프랑스 전역을 쑥대밭으로 만든 주인공 존 로는 '화폐가 없다면 아무리 좋은 제도를 내놓더라도 국민을 일깨우고, 상품을 개발하며, 제조업과 무역업을 발전시킬 수 없다'고 주장했다. 하지만 그는 오로지 부를 창조하는 지폐의 한쪽 면만을 봤을 뿐 파멸도 불러올 수 있는 지폐의 부정적인 면은 전혀 생각하지 못했다. 하지만 영국인들은 민간 은행의 은행권 발행을 통해 '지폐' 길들이기를 시도했다.

잉글랜드은행이 내딛은 작은 한 걸음은 금융 역사에서 큰 발자취로 남았다. 이때 벌어진 일은 거의 기적에 가까웠다. 바로 이 작은 움직임이 '낭떠러지 끝에 매달린 듯' 위험했던 공황 상태에서 금융을 살려냈고, 영국인으로 하여금 지폐를 수용하게 했다. 잉글랜드은행의 은행권 발행은, 큰 틀에서 본다면 금속 화폐를 대체하는 현대적 의미의 지폐가 처음으로 유통된 것으

---

58 페르낭 브로델, 《물질문명과 자본주의Civilisation materielle, economie et capitalisme: XVe–XVIIIe siecle》, 1993.

로 금융 역사상 기념비적 사건이었다.

　중국이 지폐를 최초로 발명했다는 사실은 부정할 수 없다. 하지만 넓게 보아 지폐의 보편화는 잉글랜드은행에서 비롯되었다고 할 수 있다. 사실 이것은 인류 문명에서 혁명적인 의미를 지닌다. 스코틀랜드 출신으로 경제학의 시조인 애덤 스미스(Adam Smith, 1723~1790년)는 지폐가 그저 경제에 편리만을 제공해준 것이 아니라 새로운 공간과 구성 요소까지 제공했다는 사실을 이미 간파하고 있었다. "국가에서 유통되는 모든 재화와 토지, 노동력을 통해 생산되는 모든 상품은 유통과정에서 그에 상응하는 금은화폐로 소비자에게 분배되었다. 모두 고정자본이다. 화폐는 국가의 자본에서 매우 가치 있는 부분을 차지하고 있지만 국가에 어떤 것을 생산해주지는 않는다. 하지만 은행이 화폐로 대량의 금은을 대체하여 국가가 보유한 고정자본을 유동자본으로 전환시키는 지혜를 발휘했다. 국가에서 유통되는 금은을 '도로'에 비유해볼 만하다. 나아가 은행의 '지혜로운 행동'은 '공중에 건설한 도로'와 같다는 극단적인 비유도 가능하다."[59]

　더욱 주목할 점은 런던에서 진행된 모든 금융 관련 '시도'가 권력의 압박으로 좌절되었다는 사실이다. 어떻게 보면 영국 국민의 자유선택에 따른 결과였다. 오래전부터 경제학자들은 화폐의 광범위한 사용이 반드시 합법적인 유통만을 의미하지 않는다는 점을 잘 알고 있었다. 하지만 당시 런던에서 강압에 의

---

59 애덤 스미스, 《국부론: 국부의 성질과 원인에 관한 연구An Inquiry into the nature and causes of the Wealth of Nations》, 궈다리(郭大力)와 왕야난(王亞南) 옮김, 상무인수관(商務印書館), 1972.

해 지폐를 사용하는 사람은 아무도 없었다. 런던의 상인들은 이들 지폐를 '제 값에' 계속 거래했다.[60]

영국 국민의 지지는 애국심과 국민으로서의 책임감 때문이기도 했지만 그보다 국가와 정부에 대한 자발적인 믿음에서 출발하는 경우가 더 많았다. 영국인의 이런 믿음은 잉글랜드은행 같은 기관들의 안정적인 경영을 근간으로 생겨났으며, 영국 정부가 약속한 안정화의 시행이 밑바탕에 깔려 있었다. 이는 마치 영국 체제의 신용에 대한 '국민투표'와도 같았다. 이런 이유로 은행권의 '담보'는 금은이 아니라 전체 영국의 '대량 노동 생산물'이었다. 영국은 "노동력으로 제조한 공업품과 중계무역을 통해 많은 수익을 얻었고, 그 중 상당 부분을 유럽 동맹국들에 지원해 프랑스와의 전쟁에서 승리하는 데 크게 기여했다. 당시 영국은 '입이 쩍 벌어질 만큼' 엄청난 규모의 함대와 대규모의 육군을 지원해주었고, 이에 힘입은 스페인과 포르투갈은 전세를 역전해 나폴레옹을 위기에 빠뜨릴 수 있었다."[61]

신용은 가치를 지닌다. 그리고 금융의 핵심은 바로 신용에 있다. 신용은 역으로 지폐를 탄생시키는 촉진제 역할을 했을 뿐 아니라 영국이 유럽을 도와 프랑스와의 전쟁에서 전세를 역전시킨 힘의 원천이었다. 더 나아가 영국이 패권을 잡을 수 있는 초석도 마련했다. 역사학자들은 영국의 역할을 대신할 수 있는 나라는 그 당시 부재했다고 평가한다.

60 Jean Rivoire, 2001.
61 페르낭 브로델, 1993.

• 2장 •

19세기: 금융 개혁 VS 영국 번영

우리는 큰 산을 옮기고 큰 바다의 길을 열었다.

그 무엇도 우리 앞을 막을 수 없다.

거칠고 험한 자연에 맞서며 제지 불가능한 기계를 앞세워

영원한 승리를 향해 전진하고

돌아올 때는 전리품을 가득 싣고 와야 한다.

— 《에든버러 리뷰*Edinburgh Review*》(1802년 창간)

모든 상업 거래에서 신용이 최우선이다.

— 찰스 디킨스 《에드윈 드루드의 비밀*The Mystery of Edwin Drood*》

1844~1845년도 영국 의회의 '필 조례(Peel's Bank Act)'에 관한

첫 토론회에서 글래드스턴(William Ewart Gladstone, 1809~1898년)은

돈은 사랑보다 더 인간을 바보로 만든다고 말했다.

특히 화폐의 본질을 잘 파악하지 못한 바보들이 많다고 했다.

— 칼 마르크스 《정치경제학 비판 요강*Kritik der politischen　konomie*》

19세기에도 금융사의 중심은 여전히 영국이었다. 16세기까지만 해도 영국은 세계의 우두머리가 될 조짐이 전혀 드러나지 않는 유럽 국가 중 하나에 불과했다. 그러다 18세기에 선두 대열에 합류했고, 19세기에는 그 대열을 진두지휘했다. 무엇보다 제도와 금융에서의 혁신과 부흥의 덕이 컸고, 그 결과 경제 규모가 확대되었다. 그러나 이는 동시에 각종 위기 역시 그만큼 확대된다는 의미이기도 했다. 1825년 영국은 또 한 번의 위기를 맞는데 이를 영국 최초의 주기성 경제위기로 평가하기도 한다. 위기의 발단은 화폐에서 시작되었다. 잉글랜드은행도 위기의 한가운데 있었다. 그러나 잉글랜드은행은 이를 계기 삼아 중앙은행에 주어진 역할을 직접 떠맡기 시작했다. 즉, 위기 속에서 유동성 공급을 어떻게 할지 그 방법을 모색했다. 잉글랜드은행이 19세기에 남긴 많은 업적은 19세기에 나타난 수많은 금융 혁신과 대응한다. 잉글랜드은행은 1825년, 1847년, 1857년, 1866년 등의 위기를 극복하면서 하나의 민간은행에서 중앙은행으로 성장해나가는 길을 모색해왔다. 그 과정에서 어떤 경험과 교훈을 얻었을까?

1825년 위기
: 영국의 역사적인 '자금경색'

　'자금경색'은 최근의 핫이슈로 최신 유행어 같지만 사실 신생어가 아니다. '자금경색'이란 실질적으로는 유동성 경색을 말하는데, 금융사에 자주 등장하는 '단골손님'이다. 중국학자 주자밍(朱嘉明)에 따르면, '한(漢)제국 때부터 청(淸)제국 말까지 중국에서 '자금경색'은 끊임없이 발생했다. 예전부터 사람들은 '자금경색'을 아주 단순하게 이해하며 그저 '엽전' 제조에 필요한 주재료의 공급 부족이나 유출로 여겼다. 그러나 사실 '자금경색'의 주요 원인은 엽전을 주체통화로 하는 화폐의 수요가 공급보다 많아진 데 있었다. 다시 말해 화폐 공급이 수요보다 느리거나 시장의 화폐 수요량을 충족시키지 못한 것이다.[62]

　화폐 공급이 시장의 수요에 못 미치는 현상은 특히 금은본위

---

62 《자유에서 독점까지: 중국화폐경제 2천년(從自由到壟斷: 中國貨幣經濟兩千年)》, 주자밍,
　　타이베이위안류출판공사(台北遠流出版公司), 2012.

시대에 두드러졌는데, 이는 이 시대가 금속 생산량의 제한을 받을 수밖에 없던 시기였기 때문이다. 더욱이 정세가 급변하는 시기에 사람들은 디플레이션의 고통을 피부로 실감했다. 그러나 자금경색 사태에 시달렸던 국가가 어디 중국뿐이겠는가. 금융 체제가 발달했던 산업혁명 시기에 영국 등의 국가도 여러 번 자금경색을 겪었다.

그렇다면 자금경색은 누구의 대처 능력을 시험하려는 걸까? 또 누구의 도움으로 자금경색의 위기에서 탈출할 수 있을까? 1682년 윌리엄 페티(William Petty, 1623~1687년)는 책 속의 한 대화에서 '자금경색'에 대해 문제를 제기한 적이 있다. '어떤 처방으로 통화 부족을 치료할 수 있을까?' 해답은 '꼭 은행 한 곳을 설립해야 한다'였다.

하지만 시장 유동성이 경색된 상황에서는 은행 하나만으로는 역부족일 수도 있다. 잉글랜드은행만은 예외였다. 일반 은행들은 재정상태가 매우 불안정했고, 언제나 뱅크런 위기로 도산할 위험이 도사리고 있어 위태로웠다. 경제공황의 전이는 전염병보다 훨씬 빨랐다. 이런 상황에서 '은행의 은행' 역할을 하는 중앙은행의 필요성을 언급하지 않을 수 없었고, 특히 세계 최초의 중앙은행 중 한 곳인 잉글랜드은행이 거론되었다. 민간은행이었던 잉글랜드은행은 이런 시장의 요구에 어떻게 반응했을까?

자본주의는 인간에게 발전과 번영을 선사했지만 동시에 경제위기 같은 시련도 주었다. 경제 규모의 확대는 금융의 혁신과 부흥을 의미하지만, 동시에 각종 위기들의 번식도 의미했다.

여러 번 도래한 위기 중에서 잉글랜드은행이 가장 큰 타격을 입은 위기는 영국 최초의 주기성 경제위기라고 평가받기도 하는 1825년의 위기였다. 주가는 폭락했고 수많은 은행이 줄줄이 문을 닫았으며, 잉글랜드은행조차 심각한 위기에 빠졌다. 금 비축고는 1824년 말의 1,070만 파운드에서 120만 파운드로 크게 감소했다.

1825년 시장의 요구에 떠밀려 잉글랜드은행은 대책을 내놓았고, 이때 시행한 대출제한 조치로 시장의 신용이 완전히 바닥으로 떨어졌다. "영국 각지에서 물물교환 거래가 밤낮을 가리지 않고 24시간 내내 진행되었다."[63] 그 뒤 발생한 세 번의 위기에서 잉글랜드은행은 1825년보다는 신속히 대응했지만 다음과 같은 심각한 오류를 범했다. 심각한 비상 시기에 '대출을 받기 위해 필수적으로 요구되는 담보가 무엇인지'에 대한 정보를 전혀 발표하지 않은 것이다.

1837년에 위기가 발발했을 때 잉글랜드은행은 이전보다 민첩하게 대응했다. 자발적으로 원한 바는 아니었지만 잉글랜드은행은 실질적으로 '최후대출자' 역할을 담당해야만 했다. 사실 당시의 오류에 대해 단순히 잉글랜드은행만을 탓할 수는 없다. 잉글랜드은행은 자신이 해야 할 역할에 대한 이해를 충분히 하지 못한 상황이었고, 정부도 위기 수습은 그저 잉글랜드은행만

---

63 《롬바드 스트리트》, 월터 배정 지음, 상하이재경대학출판사, 2008.

의 일로 여겼다. 구체적으로는 잉글랜드은행의 한 부서의 일로 만 생각했다. 중앙은행이 담당해야 하는 '통제 및 조절의 역할' 은 잉글랜드은행이라는 하나의 민영은행에게는 매우 낯선 역할 이었다. 특히 19세기의 잉글랜드은행이 감당하기에는 터무니없 이 버거운 과제였을 것이다. 도덕적 해이 예방과 유동성 보장은 현대 중앙은행도 풀지 못하는 난제다. 몇몇 학자들은 1825년의 위기 속에서 잉글랜드은행이 직면한 난관을 이렇게 평가한다. "어떨 때는 현행의 규칙과 관례를 깨뜨릴 수 없었고, 어떨 때는 현행의 규칙과 관례를 안정적으로 유지하기도 어려웠다."

지금논쟁
: 통화주의 VS 케인스주의

18세기 말부터 19세기 초까지 잉글랜드은행의 화폐 발행 업무는 그다지 원활하지 않았다. 심지어 킨들버그는 19세기 잉글랜드은행이 발행한 은행권으로 화폐 공급 문제가 해결되지 못했을 뿐 아니라 오히려 악화됐다고 주장했다. 19세기에 은행권은 이미 법적인 지위를 갖추었지만 은행권에 관한 논쟁은 끊이질 않았다.

은행권의 법적 지위는 18세기 말에 확립되었고, 런던 상인들은 이 은행권을 그에 상응하는 일정한 값으로 거래했다. 하지만 은행권 사용의 안정화로 통화 정책의 모든 짐을 내려놓을 수 있었다는 의미는 아니다. 특히나 위기가 잦았던 19세기에는 더욱 그랬다. 종이 화폐의 한 종류인 은행권은 언제나 신용 문제로 도마 위에 올랐다. 19세기 초, 영국 달러의 환율이 떨어지자

은행권의 가치는 하락했고, 반대로 금의 가치가 날로 치솟았다. 당시의 인플레이션도 오늘날과 별반 다르지 않았다. 19세기 초에도 인플레이션은 영국의 국민경제와 민생에 관련된 중대한 사안으로서, 많은 토론이 있었다.

전쟁이라는 역사 배경 속에서 당시의 통화 정책은 과도하게 긴축되거나 지나치게 완화되기도 했다. 심각한 인플레이션과 금의 가격 변동에 따라, 통화 가치도 요동쳤다. 이런 문제를 해결하기 위해 1810년 영국 정부는 잉글랜드은행에 관한 조사와 감시를 목적으로 지금위원회(Bullion Committee)를 발족시키기도 했다.

당시 이 문제를 둘러싼 주류 주장은 두 가지였다. 첫 번째는 은행권이 금값과 차이를 보이는 건 은행권의 과잉 발행 때문으로, 은행의 태환 업무를 중지해야 한다는 주장이었다. 두 번째는 지폐가 사회에 수요에 따라 발행되기 때문에, 태환을 중지하지 않아도 과잉 발행은 일어나지 않는다는 주장이었다.

이것이 바로 그 유명한 지금논쟁이다. 이 논쟁에서 은행권과 지폐 발행도 핵심 주제였지만, '은행권의 조건 없는 태환'의 정당성에 더욱 초점이 맞춰졌다.

양측의 의견은 첨예하게 대립했고 각 단계마다 그 우위가 엎치락뒤치락했다. 첫 번째 주장은 지금주의(bullionist) 또는 통화주의자들의 입장을, 두 번째 주장은 반지금주의자(antibullionist) 또는 은행주의자들의 입장을 대변한다. 1810년 존 휘트모어

(John Whitmore) 잉글랜드은행 총재는 '동어반복'으로 강조를 거듭하며 자신감 넘치는 목소리로 지금위원회의 조사 결과를 발표했다. 그는 그해 잉글랜드은행의 지폐 발행량이 국민의 수요량에 맞아떨어졌고, 이는 모든 상품의 가격 상승 같은 요소들도 모두 감안한 것이었다고 발표했다.

영국의 경제학자 리카르도(David Ricardo, 1772~1823년)가 전자의 입장을 지지하자 그의 설득과 주장에 영향을 받아 은행권은 일순간에 태환 업무를 회복했다. 그러나 이는 1825년의 위기 등 여러 차례의 지불 위기를 초래했다. 그 뒤 로버트 필(Sir Robert Peel, 1788~1850년) 수상의 주도로 양측은 최종 타협점을 찾아 1844년에 '필 조례(Peel's Bank Act)'를 발표했다. 이 조례는 은행권의 발행을 통일하는 데 일조했다. '잉글랜드은행을 제외한 나머지 은행 중 조례가 공포되기 전부터 은행권을 발행했던 은행은 지난 12주간의 평균 발행량을 초과해 발행할 수 없다'고 명시하기도 했다. 그뿐 아니라 은행권 발행량을 제한하기 위해 은행권 발행 제도를 마련했다. 잉글랜드은행의 비지금준비금의 은행권 발행은 1,400만 파운드로 제한하며, 이를 초과하는 은행권 발행에 대해서는 100퍼센트의 지금준비금 또는 지은(銀)준비금을 갖추었을 때만 허용하도록 제한했다. 이때 지은준비금 비율의 상한선은 20퍼센트였다.

이 정책의 실시로 잉글랜드은행은 독점적 지위를 더욱 굳건히 다졌을 뿐 아니라 은행권 대비 파운드 가치 안정화의 초석

또한 마련할 수 있었다. 하지만 고정된 화폐 기준은 잉글랜드은 행이 비상사태에 충분한 유동성을 발휘할 수 없도록 발목을 잡기도 했다. 예컨대 대공황 시기에 이러한 '자금경색'은 결국 위기를 악화시켰다.

당시를 대표하던 화폐 평론가이자 《이코노미스트》지 편집장인 월터 배젓은 "영국은 그동안 수없이 많은 위기를 겪었지만, 그 중에서 가장 논의할 의미가 있는 것은 1825년에 있었던 최초의 공황위기다. 1793년과 1797년 위기를 통해 교훈을 얻고 습득하기에 시간이 너무 많이 흘렀다"고 주장했다. 월터 배젓은 1844년 조례('필 조례') 시행에 따른 규제 강화가 잉글랜드은행이 그 뒤 세 번의 위기를 대응하는 데 끼친 영향에 대해 냉담한 태도를 보였다. 그는 공황 초기 잉글랜드은행이 규제 속도를 좇아가지 못했고, 공황 말미에는 규제가 이미 완화되었다고 지적했다.[64]

월터 배젓의 저서 《롬바드 스트리트》는 화폐에 관한 한 오늘날까지 경전으로 불린다. 이 책에 따르면 잉글랜드은행이 비축한 지금준비금은 런던을 넘어 잉글랜드, 아일랜드, 스코틀랜드에 있는 모든 은행의 지금준비금까지 포함했다. "한 국가 은행들의 최종 지금준비금은 번영을 위한 용도가 아니라 꼭 필요한 용도로 쓰기 위해 비축해놓는 것이다. 여기에는 국가가 공황위기에 빠질 때 현금 수요를 보충하기 위한 용도도 포함된다. 국내

---

64 《롬바드 스트리트》, 월터 배젓 지음, 상하이재경대학출판사, 2008.

의 신용도가 떨어지면 자금 유실이 발생한다. 이때 가장 효과적인 해결 방법은 대출의 규제를 푸는 일이다. 그리고 파산의 '도미노 현상'를 막는 최선책은 최초 파산 회사의 파산을 막는 것이다. 공황은 유동성부족 사태를 초래하고, 신용평가 과정을 마비시킨다. 만약 공황상태가 자본의 외부 유출 사태와 동반된다면, 대출을 늘리면서 금리도 높여야 한다. 국민에게 자금 유동성에 문제가 없다는 믿음을 심어주는 일도 잊어서는 안 된다."

지금 돌이켜보면 월터 배젓이 주장한 '고금리 정책 아래의 무제한 대출 논리'는 점차 사람들의 존중을 받으면서 금융위기에 대응하는 현대 중앙은행의 방침으로 자리 잡았다. 하지만 그 역할의 강도와 시기 문제를 둘러싼 논쟁은 아직 끝나지 않았다. 대공황과 2008년의 금융위기에서 그 증거를 찾아볼 수 있다.

21세기에 이르러 과거의 논쟁을 살펴보면, 선인들의 총명함에 놀라고 역사의 반복에 다시 한 번 놀란다. 지금주의자는 통화주의자의 선구자이며, 비지금주의자는 케인스주의자의 선배임을 알 수 있는 것이다.[65] 케인스주의를 둘러싼 논쟁은 끊이질 않고 있지만, 필자는 통화 부분에 대해서는 케인스주의가 좀 더 깊게 통찰했다고 생각한다. 통화는 본질상 공공물인 까닭에, 은행 시스템은 외부 효과[66]를 지니고 있다. 동시에 통화는 개인이 사용하기 때문에 중앙은행은 정보가 불충분하면 통화조절에 어

---

65 찰스 킨들버거(2010)도 유사한 주장을 했다.
66 Externality. 어떤 경제 활동과 관련해 당사자가 아닌 다른 사람에게 의도하지 않은 혜택(편익)이나 손해(비용)를 발생시키는 것을 말한다 — 옮긴이.

려움을 겪는다. 통화 정책의 긴축과 완화에 관한 논쟁이 끊이질 않는 이유를 우리는 여기에서 찾을 수 있다. 그러나 위기가 발생했을 때 통화 부분에 대한 지나치게 보수주의적인 조치는 정당화될 수 없으며, 중앙은행은 최후대출자로서의 책임을 반드시 져야 한다. 최근 금융위기와 경제위기가 세계화되는 추세 속에서, 누가 국제 사회의 최후대출자 역할을 담당할지에 대한 문제를 심각하게 고민해봐야 한다. 이 문제에 대한 적절한 답을 찾지 못한다면 대공황과 같은 비극이 언젠가 다시 한 번 전 세계를 강타할 것이다.

파운드와
금본위제도

19세기에 유럽은 이미 산업혁명이라는 대혁명의 시대로 진입했다. 1870년부터 1913년까지 유럽의 거의 모든 국가들의 무역 성장 속도가 국민의 수입 성장 속도를 앞질렀다.[67] 이 통계는 그 시대가 이미 무역이 가속화되는 세계화 시대에 들어섰음 말해준다. 또한 국가 간 투자도 매우 활발했다. 이런 시대적 상황에서 안정된 정치 제도와 경제 질서를 제공해줄 '제국'의 필요성이 대두되었고, 이때 이 역할을 맡아 효과적으로 수행한 국가가 영국이었다. 비록 영국 제국주의에 대한 질타와 비난은 끊이질 않지만, 다른 국가와 비교했을 때 당시 영국의 위상이 매우 도드라졌던 건 사실이다.

19세기 영국은 이전과 전혀 다른 모습이었다. 특히 금융 분야

---

67 앵거스 매디슨, 《세계 경제: 1000년 전망 The World Ecomomy: A Millennial Perspective》, 우샤오잉(伍曉鷹)과 쉬쉬안춘(許憲春) 공동 번역, 북경대학출판사(北京大學出版社), 2003.

에서 변화가 컸다. 19세기 영국은 가장 먼저 산업화를 시작한 국가였고, 전체 분야에서 선두주자로서 다른 국가들의 발전 모델이었다. 1870년에는 영국이 전 세계 무역총액에서 차지하는 비율이 이미 30퍼센트를 넘어섰고, 1880년에는 영국의 방적과 방직 생산량이 유럽 국가 총 생산량의 합계를 뛰어넘었다.[68]

생활수준에 대해 말할 때 도시화의 정도는 유용한 지표로 쓰인다. 이는 얼마나 많은 농업 인구가 도시 인구를 부양하는지를 의미한다. 로마제국 전성기에 전체 인구 대비 도시 인구의 비중은 10퍼센트에 그쳤고, 말기에는 고작 5퍼센트였다. 1500년 대부터 유럽의 규모가 커지면서 도시 인구가 증가하기 시작해, 1800년에는 농촌 인구가 85퍼센트까지 줄었다. 그 중에서도 영국은 예외적으로 농촌 인구가 계속 감소해, 1850년에는 도시 인구가 전체 인구의 50퍼센트까지 증가했다.[69]

19세기 말 세계 경제는 고도로 일체화되어 갔고, 금융 중심지인 런던이 그 핵심 엔진 역할을 담당했다. 19세기 영국은 계속해서 금본위제도를 유지했다. 18세기에 금은복본위제도를 공포하기도 했지만, 금이 더욱 많은 환영을 받았다. 새로운 은광의 발견으로 은의 가치는 점차 떨어졌기 때문에 이 시기 금의 위상과 가치는 역사 이래 가장 높았다.

19세기는 또한 금융의 수난 시대였다. 여러 화폐 제도에 대한

---

68 《간결한 세계 경제사 A Concise Economic History of the World From Paleolithic Times To the Present》, 론도 캐머런(Rondo Cameron), 역임출판사(譯林出版社), 2009.
69 존 브래들리 허스트(John Bradley Hirst), 2007.

실험과 이론이 끊이질 않던 시기다. 화폐를 둘러싼 논쟁은 거의 모든 사람들의 이목을 집중시켰다. 리카르도 같은 경제학자들이 '화폐 논쟁'에 참여했을 뿐 아니라, 다른 분야의 권위자들도 이 논쟁에 매달렸다. 그레셤의 법칙(Gresham's Law) 하나만 예로 들어봐도, 이에 대한 해석과 의견이 분분했다. 이 가운데, 지동설을 주장했던 천문학자 코페르니쿠스가 토마스 그레셤(Thomas Gresham)보다 먼저 이 법칙을 언급했다는 주장은 매우 흥미롭다. 코페르니쿠스를 훗날 금과 은의 화폐 가격 비교에 관심을 가졌던 뉴턴과 함께 놓고 비교해본다면, 왜 경제학자들이 '이 두 천체역학의 영웅들이 화폐역학에까지 손을 뻗다니!'라고 감탄하는지, 그 이유를 알 수 있을 것이다.

금융은 한 장의 백지가 아니다. 화폐는 각기 다른 금속을 교환하는 과정에서 생겨났고, 그 과정에서 중요한 위치로 자리 잡았다. 그러나 혼란을 야기하기도 했다. 통화의 안정에서 통화량까지 가장 자주 거론되는 것이 바로 위에서 언급한 그레셤의 법칙이다. 금과 은은 모두 고정 교환 비율로 거래되지만 시장 가치와 법정 가치가 일치하지 않으면 시장의 가치가 법정 가치보다 높은 화폐(양화)는 점차 사라진다. 반대로 시장 가치가 법정 가치보다 낮은 화폐(악화)는 점점 증가한다. 예를 들어 은화의 시장 가격이 실제 가치보다 높으면 은화 가치가 높이 평가되고, 반대로 금화는 평가절하된다. 그러면 사람들은 금화폐를 녹이고 은화폐의 사용을 늘린다. 결국 시장에서 금화폐 사용은 점차 줄어든다. 물론 그 반대의 상황도 같은 이치에 따라 발생한다.

따라서 금은복본위 제도 아래에서 두 금속의 각기 다른 가격 비교는 주로 화폐의 재주조로 이어졌고, 이는 또 다른 가격 불균형을 초래했으며, 이렇게 은화폐의 고난이 시작되었다.

잉글랜드은행과 영국은 세계의 중심에 서는 과정에서 역사적으로 까다로운 문제들에 어떻게 대응했을까? 잉글랜드은행권의 사용이 널리 보급되면서 파운드가 세계의 화폐 단위로 자리 잡게 되었다. 파운드의 오랜 변천 과정을 살펴보면, 영국만의 특징을 이해할 수 있다. 잉글랜드은행은 어떻게 런던에 설립되었을까? 런던 시민은 왜 지폐의 사용을 환영했을까? 이후 영국에서 진화한 금융 제도는 어떤 계획에 따라 만들어진 것일까?

1717년은 금본위제도의 원년이다. 이 해에 금은 고정된 가격으로 거래되었다. 뉴턴의 제안에 따라 금 1온스가 3파운드 17실링으로 정해졌고, 이 가격에 따른 거래는 1931년까지 계속되었다. 사용하는 사람이 많지는 않았지만 은도 거래에 사용되기는 했다. 그러다 19세기 말부터 주요 국가에서 화폐 단위로서의 사용이 금지되기 시작했다. 중국은 1940년대 말이 되어서야 은본위제도를 폐지했다.

잉글랜드은행, 영국 정부와 국민의 노력이 없었다면 파운드는 역사를 초월하는 화폐로 우뚝 설 수 없었을 뿐만 아니라, 지금의 신용 가치도 얻지 못했을 것이다. 신용도가 높아진 파운드는 금지금(Gold bullion standard) 거래와 가장 비슷하다고 여겨졌고, 그리하여 파운드는 어디서든 통하는 화폐가 되었다. 학자들은 금본위제도 시기 국제 대출에서 가장 통용되었던 화폐는 금이 아니라 파운드로 발행된 은행권이었다는 사실을 대부분 인정한다.

또한 잉글랜드은행은 런던의 금리뿐 아니라 상당히 긴 기간 동안 세계의 금리를 결정했다. 이에 반해 영국 외의 다른 국가들은 계속해서 다양한 실험을 단행했지만, 매번 인플레이션이라는 부작용만 겪었다. 이런 이유로 프랑스 같은 국가들은 영국처럼 돈을 빌려서 전쟁을 하는 일이 불가능했고, 경화[70] 거래만 할 수 있었다.

전 미국 대통령 제임스 매디슨(James Madison, 1751~1836년)은 19세기 영국의 우위가 금융 체제와 깊은 관련이 있다고 말한 바 있다. 높은 공적 신용과 안정적인 화폐 제도, 상당한 규모의 자본 시장과 국채 시장을 갖춘 것 이외에도 1821년부터 유지되어 온 금본위제도가 한몫을 단단히 했다고 메디슨은 주장했다. 금본위제도가 환율을 안정시키는 데 유리한 환경이 되어주었다는 것이다.

19세기 후반 이후 각국의 다양한 화폐 제도를 둘러싸고 논쟁과 혼란이 이어졌다. 금본위제도의 잉글랜드은행과 금은복본위제도의 프랑스은행은 금융위기 대응을 위해 서로 협력하기도 했다. 잉글랜드은행이 무역 관련 융자에 초점을 맞춘 반면, 유

---

70 Hard currency. 언제든지 금이나 다른 화폐로 바꿀 수 있는 화폐.

럽 대륙 국가들은 공업 관련 대출이 많았는데, 이는 이 은행들의 경영 방향과 목표가 각각 달랐음을 시사한다.

금융 역사에서 '확고부동한 우위'란 없다. 금본위제도도 영국의 '영원한 번영'을 보장해주는 '영원한 담보'는 되지 못했다. 이 점은 20세기 '제1차 세계대전'과 대공황 이후 발생한 사건에서도 잘 드러난다. 20세기 거의 모든 국가들은 금본위제도를 채택했고, 화폐를 발행할 때 금을 기준으로 삼았다. 다시 말해 각 국가의 법적 화폐의 가치는 금의 무게에 근거했다. 그러나 일반적으로 금은 금괴의 채집량과 발굴 등 예측 불가능한 요소들의 영향을 받았고, 화폐 발행 과정도 금 비축량의 제약을 받았다. 정상적인 상황에서는 큰 위기가 발생하지 않지만, 일단 어떤 변화의 시대에 접어들면, 위기와 혼란은 피할 수 없다. 뒤에서 다룰 '대공황 시기'가 대표적인 예다.

잉글랜드은행처럼
믿음직스럽게

대영제국이 이룬 번영에 비해 이제 막 한 세기를 넘긴 잉글랜드은행의 성공과 생존의 길은 결코 순탄하지 않았다. 앞서 소개했듯 잉글랜드은행이 처음부터 국가의 중앙은행으로서 독점권과 특권을 누렸던 건 아니다. 남해회사와 같은 경쟁 상대를 만나 곤경에 빠질 때도 있었고, 위기 속에서 뱅크런 사태를 여러 번 겪기도 했다. 18세기에는 잉글랜드은행의 은행부가 여러 차례 자금 원조를 받기도 했고, 1797년의 위기 때는 지불 업무를 중지하는 상황까지 갔다.

이런 난항 속에서도 잉글랜드은행은 신용을 잃지 않고 버텨냈다. 월터 배젓은 "영어권 국가에서는 잉글랜드은행이 파산하는 일은 없을 거라고 굳건히 믿었다"고 회고했다. 또한 그는 잉글랜드은행이 "런던의 여러 은행 가운데 가장 편리하면서도 넉

넉한 지금준비금을 소유한 곳으로 통했다"고 말했다.

대중 사이에서는 '잉글랜드은행처럼 믿음직스럽다(As Safe as the Bank of England)'라는 신조어가 생겨나기도 했다. 이 표현은 조직이 안전하다는 뜻으로 쓰이기도 했고, 일이 잘못될 걱정을 할 필요가 없다는 의미로 인용되기도 했다. 물론 2008년 금융위기를 겪은 지금 이 말을 사용한다면, 시대에 뒤떨어졌다는 질타를 피하기 어려울 것이다. 잉글랜드은행이 이처럼 마치 '금'과 같은 신용을 얻은 배경에는 경제공황의 힘을 빼놓을 수 없다. 공황은 망망대해 속의 '핏물'과도 같다. 그 속에서 뱅크런이라 불리는 '상어'의 공격이 끊임없이 이어진다. 은행 업계의 강자 입장에서는 자리를 더욱 굳건히 하고 경쟁 상대를 도태시키는 기회로 볼 수 있다. 이를 증명하듯 잉글랜드은행은 수차례 공황을 겪었지만, 확고부동하게 자리를 지켜냈다.

19세기로 진입하면서 안정적인 경영을 유지해온 잉글랜드은행은 국내에서는 계속해서 특혜를 누렸고, 국외에서는 수많은 추종자들을 몰고 다녔다. 어느 프랑스 학자는 '미국, 프랑스 등 전 세계 각국은 19세기부터 점점 영국의 제도를 따라가기 시작했다'며 그 사실을 인정했다. 이런 상황 아래 잉글랜드은행은 '본보기'이자 세계가 우러러보는 대상으로 급부상했다. 19세기에는 세계 각국에서 중앙은행을 설립하려는 움직임이 나타났고, 20여 곳이 넘는 중앙은행이 세워졌다. 잉글랜드은행의 '복사판'이라 평가받는 프랑스은행이 1814년에 설립되었고, 그 뒤로 네덜란드은행, 일본은행, 러시아은행 등이 이어 문을 열었다. 그리고 1913년 미연방준비제도가 이 행렬의 끝을 장식했다. 세계는 영국의 움직임에 발맞추어 금본위제도 도입했다.

1833년 영국 국회는 잉글랜드은행이 발행하는 은행권을 국내 제1의 법정 상환 화폐로 정한다는 법안을 통과시켰다. 1844년에는 '은행 특허 조례(Bank Charter Act of 1844)'라는 이른바 '필 조례'를 제정했다. 이는 잉글랜드은행이 실질적으로 화폐 발행권을 독점하는 지위를 얻는 발판이 되었다. 이 조례에서는 잉글랜드은행만이 국가에 은행권을 발행하며, 다른 은행은 화폐를 추가로 발행할 수 없도록 규정했다. 또 이 조례는 잉글랜드은행을 발행부와 은행부로 나누었다. 발행부의 은행권 발행에 관해서는 1,400만 파운드를 한도로 유가증권(정부채권)을 담보로 하여 발행하되, 이를 초과하는 금액은 모두 자금준비금을 필요로 한다고 규정했다.

이런 이유로 역사학자들은 잉글랜드은행이 사실상 은행권 발행을 독점한 것과 다를 바 없다고 평가했다. 잉글랜드은행의 완전한 은행권 독점은 한 세기가 지난 1928년에 완성되었고, 국가가 이 은행의 주인이 된 시기는 1946년이었다. 19세기라는 백년의 세월은 잉글랜드은행이 여러 차례 시행착오를 겪으며 중앙은행으로 성숙해지기에 충분한 시간이었다.

되돌아보면 잉글랜드은행의 지위는 정당과 정부의 지원에 힘입었지만, 다른 은행과의 경쟁에서 승리한 것이 더 큰 몫을 했다. 월터 배젓의 연구에 따르면 1844년 전까지 런던의 민간 은행들은 마음만 먹으면 어음 발행도 가능했다. 그러나 그들은 이미 백 년 전부터 그 분야에서 손을 떼야만 했다. 관련 법 조항이 공포되기 이전부터 잉글랜드은행이 이미 공공연하게 그 분야의 독점권을 차지하고 있었기 때문이다.

1833년과 1844년에 법안이 바뀐 데는 다양한 이유가 존재했지만, 그 핵심 이유로 전쟁을 빼놓을 수 없다. 19세기 영국과 프랑스는 많은 시행착오를 겪었고 적대 관계를 유지했다. 나폴레옹 전쟁의 이면에서 '돈의 전쟁'은 계속되었고, 잉글랜드은행의 부채는 8억 5,000만 파운드까지 불어났다. 설립 초기 120만 파운드였던 것과 비교해보면 눈덩이처럼 불어난 규모다. 영국 정부가 자금 조달처를 잉글랜드은행에서 자본시장으로 전환하면서 상황은 호전될 수 있었다. 그 구체적인 내막은 뒷부분에 다룰 영국만의 '사각관계'와 관련이 있다.

잉글랜드은행은 시간이 지날수록 은행 '우등생'으로 거듭났고, 현대 중앙은행의 역할에 준하는 모습을 보이기 시작했다. 그러나 이는 끝없는 연구 그리고 고통의 시간을 견뎌 찾은 결과물이었다. 잉글랜드은행의 경영 책임은 이사회, 은행장 및 부행장에게 있었다. 인사는 정부가 추천하고 국왕이 임명했으며, 65세 이하의 영국 국민으로 제한했고, 하원의원과 정부 관련 인사들은 후보에서 배제했다. 이사회는 교대로 맡았고, 구성원은 대부분 시티오브런던 출신의 상경계 인사 중에서 선출했다. 은행 설립 초기에는 주로 상인들이 종사했고 젊은이도 적지 않게 눈에 띄었다. 경제학자 존 메이너드 케인스(John Maynard Keynes, 1883~1946년)도 이사회 구성원으로 일한 경험이 있다. 이사회 구성원의 직업적 배경을 살펴보면, 영국 산업의 변천 과정을 유추할 수 있다.

잉글랜드은행의 경영 구조를 연구하기도 한 월터 배젓은, 은행 위원회의 활동이 '매우 우수'했지만, '권력 불안정' 문제를 여전히 안고 있었기에 오류에서 완전히 자유롭지는 않았다고 이야기한다.

세상이 아무리 변해도 중앙은행가의 역할은 변하지 않았다. 그들은 여전히 금융 시장을 좌지우지하는 핵심 인물들이다. 중앙은행가는 한마디로 금리를 결정하는 사람이다. 더 나아가 시장에 얼마나 많은 통화를 풀어야 하는지를 결정하기도 한다. 잉글랜드은행의 영향으로, 세계 각국의 중앙은행은 사적 이익과 공공 이익을 위한 역할을 오래도록 병행했다. 또한 중앙은행들은 주주와 국가에 빚을 지기도 했다. 이런 현상은 20세기 초까지 계속되었다. 다수의 중앙은행은 자신들의 최종 목표를 '통화 가치의 안정화 유지'로 규정했다.[71] 따라서 취업, 성장, 물가 등 부수적인 요소들도 운명적인 목표 범위 안에 넣어야 했다. 중앙은행의 보수적인 행보가 불가피할 때도 있었다. 이러한 행보는 인플레이션을 잡을 때 큰 효력을 발휘했을 것이다. 그러나 혼란의 시대에 중앙은행은 역량의 한계를 드러내기도 한다. 대공황

---

71 라이콰트 아메드(Liaquat Ahamed)의 저서 《금융의 제왕Lords of Finance : The Bankers Who Broke the World》에서 더 많은 자료를 찾아볼 수 있다.

시기에 중앙은행이 대중들의 기대에 부응하지 못했던 상황이 그 예다.

오늘날 중앙은행이란 시스템은 마치 순조롭게 운영되는 완벽한 조직처럼 보일 수도 있다. 그러나 어떤 조직, 제도든 근거 없이 생겨나진 않는다. 월터 배젓이 "어려운 임무와 마주했을 때 이를 쉬운 임무로 생각하면 안 된다. 또는 인위적 질서에서 생활하면서 이를 자연 상태로 여겨서는 안 된다"고 말한 바와도 같다.

중앙은행은 '설계'에 따라 만들어진 결과물이 아니라 인간의 지혜가 시행착오와 개선을 거쳐 다듬어진 것에 가깝다. 중앙은행이 시행한 행동 원칙과 최종 목표는 역사 속에서 한 걸음씩 진화해온 것이다. 잉글랜드은행이라는 '뿌리'를 통해 초기의 중앙은행들은 대부분 개인들이 설립했고, 상업은행의 역할을 담당했음을 유추할 수 있다. 이는 모든 것이 국유화였던 중국인에게는 매우 낯설고 또 쉽게 납득하기 어려운 개념일 테지만, 그저 경제 상식 중 하나일 뿐이다. 화폐 국유화가 화폐가 처음 사용 때부터 시행되었던 것이 아니라 오랜 기간 개인 용도로 쓰이다가 점차 진화해온 것과 같은 경제 상식에 불과하다. 또한 오늘날 많은 학자들이 프리드리히 하이에크(1899~1992년)가 주장한 '화폐 공급의 민영화'에 '입을 딱 벌리고 멍한 모습'으로 반응하던 것과 같다.

역사를 돌아보면 큰 사건 뒤에는 언제나 '금융의 손'이 숨어 있었다. 17세기는 산업화가 처음 시작되고, 현대 금융이 처음 출현한 시기였다. 산업혁명 이전에 금융 혁신이 먼저 일어났다. 금융 분야의 발전 과정에 탄생한 조직은 암스테르담은행(1609년 탄생), 스웨덴은행(1656년 탄생) 그리고 잉글랜드은행(1694년 탄생)이다. 이 가운데 잉글랜드은행은 19세기 현실에 대응하면서 수많은 금융 혁신을 이루었고, 1847년, 1857년, 1866년 등의 위기를 잘 견뎌냈다. 뿐만 아니라 민간 기업에서 중앙은행의 모습으로 변환하는 길을 당당히 걸어왔다.

화폐전쟁으로 떠들썩한 시대에, 중앙은행은 특별히 신비로운 존재였다. '은행의 은행'인 중앙은행은 지금까지도 금융 세계에서 발생하는 모든 일에 관한 정책 결정권을 쥐고 있다. 사실 알고 보면 인간에게 아주 익숙한 일의 대부분은 시간이 흐르면서 조금씩 누적되며 진화해온 결과다.

대영제국의
'사각관계'

금융 혁신과 인류사는 얼마나 깊은 관계를 맺고 있을까? 금융이 정말로 역사를 바꾸는 힘을 가지고 있을까?

역사학자 니얼 퍼거슨(1964~)의 연구에 따르면 17세기에 인류는 세 가지 금융 혁신을 이루었다. 암스테르담은행은 최초로 수표 자동이체시스템을 개발했고, 스톡홀름의 스웨덴은행은 부분지급준비제도[72]를 도입했다. 그리고 마지막으로 전쟁 자금 조달을 위해 설립된 잉글랜드은행은, 일부 화폐 독점권을 이용해 이자 없는 어음의 결제 방식을 도입하는 큰 공헌을 남겼다.[73]

수표계좌, 지급준비금, 어음결제 등은 오늘날 우리에게 익숙하다. 처음부터 계획했던 건 아닐지라도, 이들은 결과적으로 인

---

72 Fractional Reserve Banking System. 예금액의 일부분만 지급준비금으로 남겨두고 나머지는 대출하는 은행제도이다 — 옮긴이.
73 니얼 퍼거슨, 《금융의 지배The Ascent of Money》 제1장, 2012.

류의 생활 방식을 바꾸어놓았다. 은행업에서의 작은 움직임이 상업사회 발전에 막대한 영향을 끼쳤다. 그렇다면 그 배후에는 어떤 논리가 숨어 있을까?

잉글랜드은행이 중대한 의의를 갖는다고 강조하는 이유는, 바로 이 은행의 영향력이 상업 영역에만 국한되지 않고 사권과 공권 간의 역학관계 변화에까지 미쳤기 때문이다. 그 배후에는 금융의 힘으로 전제정치와 맞서려는 의지가 숨어 있었다. 이렇게 상업계는 스스로 자신의 목표와 정치적 염원을 실현했다. 잉글랜드은행이라는 최초의 중앙은행이 뜻밖에 영국에서 탄생한 까닭은 단지 운이 좋아서가 아니었다. 그 이유는 영국의 제도 전통에 있다. 기록에 따르면 영국에서 군주의 횡포가 가장 절정기에 달했던 헨리 7세 시대에도 국왕은 자기 수입만으로 생활하도록 강요되었다.

니얼 퍼거슨은 스코틀랜드 출신으로 뼛속까지 '제국주의자'로 알려진 인물이다. 그런 그도 대영제국의 찬란했던 번영의 시기를 부정하지 않는다. 그는 연구 보고서에서 영국의 제도 구축 과정에서 출현한 네 조직, 즉 징세 기관, 중앙은행, 국채 시장, 의회의 '사각관계'의 우수성을 강조했다. 먼저 전문적인 징세 기관을 운용하는 영국의 조세 제도는 프랑스의 민간 위탁 방식보다 훨씬 효율적이었다. 징세 기관의 발달은 우수한 교육제도로 연결되었다. 둘째, 의회 제도는 납세자들에게 납세의 의무를 부과하는 대신 입법권, 즉 국가 예산 결정의 모든 절차에 참여할 수 있는 권리를 부여했다. 이는 분명 사유재산권 보호의 기초를 마련하는 데 큰 공헌을 했다. 셋째, 국채 시장이라는 체제는 국가 지출을 안정시켰다. 전쟁이 시작되었다며 정부가 갑자기 지출을 늘리거나 국민을 약탈할 방법이 제한됐고, 채권 시장의 활성화는 결국 자본시장의 발전으로 이어졌다. 마지막으로 중앙은행이다. 중앙은행은 초기에는 국채 발행 및 화폐세 징수 등의 관리를, 나중에는 환율 관리 및 최후대출자 역할까지 담당했다.

그렇다면 이와 같이 체제의 균형을 유지할 수 있던 핵심은 무엇인가? 그것은 권력의 안정적 균형 상태다. '예산'이라는 용어는 18세기의 산물이라 일컬어지지만 역사학자들은 재정 예산의 뿌리는 명예혁명 시대(1688년)라고 입을 모은다.[74] 퍼거슨은 지폐와 금의 태환성 유지가 이 '사각관계' 체제의 핵심임은 분명하나 그렇다고 완전히 배제시킬 수 없는 건 아니라고 주장했다. 역사를 돌아보면 1797년 2월과 1821년 5월 잉글랜드은행의 '현금태환'이 중지되었을 때에도 이 체제는 치명적인 피해를 입지 않았다는 사실을 찾아낼 수 있다. 이는 큰 규모와 자유 관리 체제를 갖춘 발전된 금융 시장 덕분에 가능했다.

이런 전체적인 메커니즘은 훗날 그 뛰어난 효율성을 인정받지만 당시만 해도 영국의 국채 시스템에 대한 논란과 비난은 계속되었다. "영국 국민들은 이 새로운 시스템을 주식 투기와 같

<hr>

74 케네스 O 모건, 《옥스퍼드 영국사》, 상무인서관, 1993.

은 것으로 받아들였고, 이를 오라네 공작 빌럼 1세(Willem I)가 네덜란드에서 가방에 담아온 외국 방식으로 여겼다." 19세기 영국은 국채에 관해 지금의 미국과 맞먹는 수준의 엄청난 비난을 받았다. 1824년 유럽 전체의 국공채는 380억~400억 프랑에 달했고, 그 중 영국의 국채 비율이 4분의 3으로 가장 높았다. 반면 프랑스의 국채는 40억 프랑에 불과했다. 경제학자 장 바티스트 세이(Jean Baptiste Say, 1767~1832년)는 이런 영국의 채무제도를 강도 높게 비난했다.

공채도 처음 생겨났을 때부터 크게 환영받지는 못했다. "18세기 후반에 비로소 영국 공채의 우수성을 인정받을 수 있었다."[75] 이는 세수율의 변화 추이를 통해 미루어 짐작할 수 있다. 18세기 영국의 세수율은 프랑스보다 높았다. 1715년에는 17퍼센트, 1750년에는 18퍼센트였다가 1800년 나폴레옹 전쟁 때에는 '혀를 내두를 만한 수준'인 24퍼센트까지 증가했다. 같은 기간 프랑스의 세수율은 10퍼센트 수준이었다. 그 뒤로 영국의 세수율은 계속 변하다가 1850년에 와서야 10퍼센트로 떨어졌다. 이는 자본시장, 특히 국채 시장이 정부의 적자를 줄여주었고, 잉글랜드은행의 채무가 1805년부터 안정화되었기 때문에 가능했다.

19세기 초반, 영국 국채가 시장에서 공식적인 인정을 받자, 필 수상은 하원에서 "우리 민족의 생명력과 독립을 국채를 기반으로 세우겠다"고 자신만만하게 공포했다. 그는 1774년 영국의

---

75 역사학자 페르낭 브로델. 《중세기 유럽의 경제 및 사회역사An Economic and Social History of Later Medieval Europe》.

발전 배경을 논한 글에서 "영국 자체는 나약하다. 만약 상업과 공업 그리고 장부상에만 존재하는 신용이 없었다면, 영국이 유럽 전체를 진두지휘하는 일도 없었다"고 지적했다.

수백 년에 걸친 영국과 프랑스의 전쟁에서 프랑스는 군사 부문에서 대부분 승리했지만, 최종적으로는 영국에 패배했다. 영국의 정치적 영향력은 다소 미약해졌지만 경제적 영향력은 전성기를 누리고 있었다. 1851년 영국 런던에서 개최된 제1회 세계박람회에서 영국은 산업혁명이 낳은 위대한 성과를 사람들 앞에 여과 없이 드러냈다. 많은 연구들은 영국이 프랑스와 비교해 이룬 눈부신 성과는 화폐제도를 현대화하여 튼튼한 재정 시스템을 구축한 일이라고 지적한다. 재정과 세무 시스템의 변화도 정치 모델을 기반으로 추진되었다. 17세기에 국왕은 주로 지주와 상인의 도움을 받는 중의원들로부터 자금을 조달받았고, 국회는 권력 균형을 이루며 세수의 합법성을 확보할 수 있었다.

프랑스의 세수율과 채무 규모는 영국보다 낮았지만, 정부에 대한 국민의 불만은 결국 혁명으로 이어졌다. 이에 반해 영국은 명예혁명을 치른 뒤 국민에게 더욱 많은 권력을 양도했다. 경제 부문에서도 국민들에게 높은 신뢰를 보여주며 영국 정부는 '신용 높은 정부'로 거듭날 수 있었다. 달리 말해 영국 국채 시스템의 성공은 결코 하루아침에 이루어진 일이 아니다. 몇 세대에 걸친 사람들의 노력과 계약의 성과다. 이는 안정적인 시장에 대한 전망과 국가의 높은 신용을 기반으로 형성되었다. 법치 보장은 시장과 사회 운영의 초석으로, 그 배후에는 잉글랜드은행 같은 조직의 지원이 있었다. 물론 국민의 지지도 빼놓을 수 없다. 페르낭 브로델도 "영국 금융 혁신이라 불리는 이 체제가 아무리 효율적이라고 해도 공채는 기간 안에 원리금상환을 반드시 지켜야 한다. 이는 파운드의 안정화를 장시간 유지하는 일처럼 많은 힘과 노력을 기울여야 가능한 일이다"라고 역설했다.

　신용은 금융업이 자리 잡을 수 있도록 돕는 근간으로, 대부분의 상황에서는 별다른 기능을 하지 않는다. 그러다 미래에 대한 불확실성이 나타날 때, 은행을 파산하게 하거나 국가의 통화 위기를 불러오는 위력을 보인다. 신용을 얻는 일은 신용을 잃는 일보다 수백, 수천 배 어렵다. 《미국, 영국의 중앙은행의 역사A History Of Central Banking In Great Britain and The United States》에서는 정치 혁명으로 '대중의 신용을 얻는 금융 혁신'을 하려면 1세대, 길게는 2세대의 노력이 필요하다고 지적하기도 했다.

금융 배후 제도의
변화

   19세기에 두 차례의 혁명이 있었다. 하나는 프랑스대혁명이고 다른 하나는 산업혁명이다. 거센 파도처럼 순식간에 몰아쳤던 전자와는 달리 산업혁명은 단기간에 일어난 혁명이 아니었다. 영국인에게 '산업혁명'이란 경이로운 개념이기도 하다. 이 용어는 1827년에 처음 사용되었다. 프랑스의 경제학자가 처음 사용했고 그 뒤 1848년 마르크스가 사용하고 나서 보편화했다.[76] 역사학자 브로델은 영국에서 일어난 일은 다른 국가와 전부 다르다는 우스갯소리를 하기도 했다. 대영제국이 전성기를 누린 시기, 잉글랜드은행의 성장에서 사각관계의 성립까지, 그 모든 사건들의 배후에 있던 동적 논리는 무엇일까?

   먼저 잉글랜드은행부터 살펴보자. 이 은행은 스스로 시행착

---

76 케네스 O. 모건이 편집하고, 왕자오페이가 번역한 《옥스퍼드 영국사》, 상무인서관 서점. 1993.

오를 겪으며 발전해온 모델 중 최적의 모델이다. 이 모델이 계속 생존할 수 있었던 건 운이 좋았던 것도 있지만 몇 세대에 걸친 사람들의 땀과 노력 덕분이기도 했다. 앞에서도 여러 번 강조했듯 잉글랜드은행의 탄생은 권력욕과 자본 이익 추구가 절묘한 타이밍에 만나 이루어졌다. 신용이 바닥에 떨어진 정부는 전쟁을 위한 안정적인 자금 출처 찾기에 노심초사했고, 같은 시기 투자 대상을 찾아 헤매던 신흥 상인들은 은행권 발행에 투자해 이익을 얻고자 했다. 이렇게 양측의 필요가 만나 '거래'가 성사되었다. 잉글랜드은행이 바로 그 계약의 산물이다. 잉글랜드은행의 투자자들은 가격 협상에서 상당히 유리한 입장을 차지할 수 있었고, 은행 또한 설립 초기부터 정부의 지원을 받아 정부에 독점적으로 돈을 빌려줬다. 그러나 거시경제의 안정과 같은 별도의 임무를 강요받지는 않았다. 이는 1800년에 설립된 프랑스은행이 지폐 발행권을 독점한 지 얼마 지나지 않은 시점에 나온 나폴레옹의 다음과 같은 발언과 대비된다. "프랑스은행의 주인은 은행 주주들이자 화폐 제조권을 부여해준 국가다."

'세상에 공짜 점심은 없다.' 금융사학자 킨들버거는 "잉글랜드은행 자체의 목표와 영국 사회가 은행에 바라던 기대 사이에 모순과 충돌이 있었고, 이런 현상은 19세기 전반에 걸쳐 나타났다"[77]고 예리하게 지적했다. 은행권의 발행과 관련해 인플레이션이 초래되었고, 잉글랜드은행은 이를 처리하는 과정에서 새

---

77 찰스 킨들버거 《서유럽의 금융 역사A Financial History of Western Europe》, 2010.

로운 부작용을 만들었다. 남해포말사건이 그 대표적인 예다. 그러면서 잉글랜드은행은 점차 국내 채권 거래에서 정부의 재정 대리인 자격을 갖춰나갔다.

'이익 게임'은 언제나 역사의 핵심 주제였고, '게임 방식'은 큰 틀에서 최종 결과를 결정짓는 역할을 담당했다. 잉글랜드은행이 처음부터 '금수저'를 물고 태어나 세상을 독점했다고 보기는 어렵다. 남해회사 같은 경쟁 상대를 만나 한바탕 곤욕을 치른 적도 많다. 또한 잉글랜드은행은 시장보다 낮은 대출이자를 제공한다는 조건으로 정부 부채 독점권을 얻어낼 수 있었다. 이런 낮은 이자는 정부에 내는 '비공식적인 세금'이기도 했지만, 다른 한편으로는 잉글랜드은행이 경쟁에서 융통성을 발휘할 수 있는 '보험'이 되어주었다.

제도 변화의 측면에서 잉글랜드은행의 탄생 그리고 그를 뒷받침해준 제도적 배경을 어떻게 평가할 수 있을까? 2013년 세상을 떠난 노벨 경제학 수상자인 코즈(Ronald H. Coase)로부터 새로운 사고방식을 이끌어낼 수 있지 않을까? 자신의 이름을 따서 만든 '코즈의 정리(Coase theorem)'에서 코즈는 제도 변화는 주로 예상 수익이 제도 변화에 따른 거래 비용을 초과할 때에만 나타난다고 주장한다.

은행은 사회의 필요에 의해 생겨났고, 은행의 용도 또한 사회의 요구에 따라 변화해야 한다. 많은 학자들은 영국의 금융제도가 프랑스보다 한 세기 정도 앞섰다고 평가한다. 영국의 사회와 제도의 뒷받침이 타국보다 뛰어났기 때문이라는 데도 이견이 없을 듯하다. 한 연구에 따르면, 은행업은 제도가 조금 낙후된 국가에서는 창업자들을 대신하는 역할을 하며, 많이 낙후된 국가에서는 정부의 역할까지 담당한다.

잉글랜드은행과 그 외 기관으로 구성된 영국의 '사각관계'로 다시 돌아가보자. 이 체제는 의도적으로 기획된 체제는 결코 아니었다. 시장의 다양한 세력들이 살아남기 위해 스스로 힘을 키워가는 과정에서 얻은 '시너지 효과'였다. 처음 '싹'이 자란 뒤 한 세대 두 세대를 거듭하면서 많은 연구와 시행착오를 거쳤기에 잘 익은 '열매'로 성장할 수 있었다. 아마도 인류 문명의 기연이 가장 딱 맞아 떨어진 사례일 것이다.

네 개의 다른 조직 간의 상호 견제와 균형 그리고 협조는 거버넌스, 국가 재정, 나아가 금융 시장과 상업 시장에 이르기까지 각 분야의 안정적인 전망과 발전이 가능하게 도왔고, 정치와 시장에 대한 대중의 불신임도를 낮추는 한편 정치와 시장의 주기적 불안을 잠재웠다. 결국 전체 경제체 발전에 크게 이바지했다. 이렇듯 '사각관계'는 영국이 산업혁명을 성공적으로 이끌고, 나아가 세계를 이끌 수 있도록 만든 든든한 버팀목이었다.

그렇다면 '사각관계'는 어떻게 영국에서 태어났던 걸까? 또한 의회는 어떻게 '똘똘 뭉쳐' 국왕에 대항하며 효과적으로 왕권을 약화시킬 수 있었을까? 이에 대한 추측은 다양했지만 '완벽한 서사'의 '수집광'들은 이 문제에 대한 연구를 멈추지 않았다. 일본계 미국 정치 철학자인 프랜시스 후쿠야마는 다음 세 가지를 원인으로 꼽았다. 먼저 영국 사회를 통합하는 정치력이 시민사회의 힘보다 강했기 때문이고, 둘째는 관습법의 허용으로 사적 재산권에 대한 갈망이 고조되었기 때문이다. 끝으로, 경제적 기초가 허약했다는 것 외에 형이상적인 도의도 작용했다. 이 '보이지 않는 종교'는 의회에게 '초월적 사명감'을 제공해주었다.

좀 더 넓은 시선으로 본다면, 잉글랜드은행에서 시작해 사각관계를 형성해나가는 진화 과정에서 경제는 정치를 떠날 수 없었다. 정치도 지출과 수익이 있는 경제 거래와 크게 다를 바 없다. 명확한 재산권 확립은 정치 활동에도 매우 중요했다. 사적 계약에서 공적 계약까지 대부분의 정치 활동 배후에는 언제나 이와 비슷한 법칙이 존재한다. 코즈의 정리도 이를 근거로 생겨났다. 경제학자 제임스 부캐넌(James Buchanan, Jr, 1919~ 2013년)과 고든 털록(Gordon Tullock, 1922~2014년)은 "최초의 공공자원 배분(예를 들어 투표권과 발언권 등등)을 정할 때 규정된 제도의 틀 안에서 정치적 거래 비용이 '제로'여야 가장 효과적인 결과를 얻을 수 있으며, 이때 얻은 제도적 결과와 최초의 정치자원 분배와는 전혀 무관하다"고 강조했다.

여기서 금융 혁신과 금융제도는 경제와 정치 발전 상황의 변화와 운명을 같이 한다는 논리를 엿볼 수 있다. 월터 배젓이 "인류 사회의 초기 발전 단계에서는 사회가 원하는 요구가 무엇이든지 정부는 그 방향으로 움직여야 하는 운명에 놓인다. 사회가 원하지 않는다면 정부는 즉시 멈춰야 한다"고 주장한 것과 같은 맥락이다.

정치학자나 역사학자는 경제가 역사에서 하나의 강력한 논리라는 점을 쉽게 간과한다. 경제는 역사 속 디테일에 숨어서 자체 추진력을 발휘한다. 이는 잉글랜드은행이 진화해온 모습에 잘 드러나 있다. 그들의 세금 징수와 독점권은 사회 구조 내부에 깊숙하게 자리잡은 뒤 훗날 영국 사회가 민주주의 사회로 전환하는 기초를 마련했다.

니얼 퍼거슨
: 대영제국에 감사하다

　중국의 경제학자 장우창(張伍常, 1935~)은 경제학계를 대표하는 인물로, 매우 훌륭한 단문을 쓰며 통찰력 또한 뛰어나기로 유명하다. 장우창은 〈홍콩을 지배한 영국에 경의를 표한다(向港英致敬)〉란 제목의 글을 발표한 적이 있다. 그는 이렇게 썼다. "피할 수 없는 소식을 막상 들으면 몹시 슬프다는 걸 잘 알고 있다. 손에 펜을 쥐었다. 펜이 아주 무겁다. 지난 일을 회상하면서 깨끗한 원고지에 다음과 같이 적는다. 홍콩을 지배한 영국에 경의를 표하노라!"

　이 문장은 쉽게 읽힌다. 하지만 이렇게 썼다간 누구나 좌파 아니면 우파인 이 시대에 '대표 매국노'로 간주되기 싶다. 여기서 '영국'은 바로 대영제국을 말한다. 대영제국은 식민주의의 화신(化身)으로 불린다. 지난 1세기 동안 대영제국의 과거, 특히 식민 역사에 대한 평가는 외부로부터 받은 비난이든 영국 자체의 반성의 목소리이든 대부분 부정적이었다. 그런데 최근 들어 '대반전'이 유행하면서 대영제국에 대한 시각에도 새로운 변화가 일어났다. 장우창의 '반쪽짜리 업계 동료'인 금융사학자 니얼 퍼거슨도 대영제국에 경의를 여러 번 표했다.

니얼 퍼거슨은 요즘 유행하는 말로 '글로벌 인재'다. 스코틀랜드에서 태어나 옥스퍼드대학 박사 학위를 받고 하버드대학에서 교수직을 맡고 있다. 그는 금융뿐 아니라 역사, 미디어와 교육 분야까지 넘나든다. 퍼거슨은 많은 양의 저서를 출간했을 뿐 아니라 매우 광범위한 분야를 다루었다. 그는《문명: 서양과 나머지 세계Civilization: the West an the Rest》,《하이 파이낸셔High Financier》,《종이와 쇠Paper and Iron: Hamburg Business and German Politics in the Era of Inflation》,《현금의 지배The Cash Nexust》 등 수많은 베스트셀러 작품을 출간했다. 또한《타임》지가 선정한 2004년 세계에서 가장 영향력 있는 100인으로 선정된 바 있다. 퍼거슨은 '아카데미즘 학자들'과 달리 미디어나 기업계와 잦은 왕래를 하는 등 대중 노출 빈도가 상당히 높다. 그뿐만 아니라 아이디어도 기발하다. 최근 자주 등장하는 신조어 '차이메리카(Chimerica)'도 퍼거슨과 독일 베를린자유대학의 모리츠 슐라리크(Schularick) 교수가 처음으로 사용했다.

사백 년 영국 역사를 단면적으로 살펴보면 '해가 지지 않는 나라'의 '흥망성쇠'로 평가할 수 있다. 영국의 부흥이 영국 자체의 영향력을 키우는 데 일조했고 나아가 역사의 모습을 새로 재구성했다는 점은 부정할 수 없다. 대영제국의 역사에 대한 올바른 이해는 현재 몸집을 키우고 있거나 이미 몸을 일으킨 '제국'의 미래를 전망하는 데 큰 도움이 될 수 있다. 대영제국의 공과실에 대한 평가는 여전히 복잡하고 결론이 나지 않은 문제이며 간단명료한 결론을 내리기란 어렵다. 그럼에도 퍼거슨은 많은 저서에서 이 문제에 대한 다각적인 시선을 선보였다는 평가를 받는다. 식탁에 놓인 역사라는 '밥과 국'에 맛있는 '반찬'을 더 올려준 셈이다.

곰곰이 생각해보자. 대영제국의 존재가 인류와 세계에 행운을 가져다주었을까, 아니면 불행을 가져다주었을까? 사람들은 대부분 불행을 가져왔다고 생각하는 데 익숙해져 있다. 대영제국 하면 과거 그들이 저지른 만행과 그로 인해 흘린 피눈물에 대한 공포가 가장 먼저 머릿속에 떠오르기 때문이다. 미국과 유럽 국가들은 대영제국 하면, 노예제를 유지한 점을 가장 먼저 거론하고 비판한다. 1850년 이전까지 대서양의 여러 국가로 끌려가던 천만 명 가까운 흑인 가운데 삼백만 명 정도가 영국으로 향하는 배에 올랐다는 기록이 있다. 영국의 BBC 방송이 대영제국에 대해 "영국의 번영은 수많은 학살과 약탈을 통해 이루었다"고 직격탄을 던진 적도 있다. 중국인에게는 영국이 일으킨 아편전쟁과 그 뒤 근대사에서 영국한테 받은 치욕감이 오늘날까지 생생히 기억되고 있다.

그런데 니얼 퍼거슨은 매우 도전적인 주장을 제기했다. '전 세계가 대영제국에 감사해야 할지도 모른다'는 주장이었다. 강우량이 높고 유럽 대륙과 동떨어진 이 섬나라가 전 세계를 재패했던 역사를 되돌아보면, 그 배경에는 다름 아닌 세계화가 있었다. 상품에서 시작된 세계화는 노동시장의 세계화에 이어 문화, 정치체제, 자본시장의 세계화로 확산되었고 결국 전쟁의 세계화로까지 이어졌다.

달리 말해 대영제국의 탄생은 어쩌면 세계화를 추진하는 가장 나쁘지 않은 방법이었는지도 모른다. 영국이 오로지 자국만의 이익만을 고려했다면 대영제국 말기 때 늘린 지출은 수익보다 컸을 것이고, 나중에는 결국 자멸하거나 아니면 더욱 악랄한 제국이 되는 길밖에 남지 않았을 것이다.

영국도 물론 이기심이 없지는 않았다. 그들이 세계에 남긴 업적도 스스로 계획했던 방향이 아니었을지도 모른다. 영국은 '식민지'라는 병폐 이외에 또 어떤 업적을 세상에 남겼을까? 퍼거슨은 "한 국가를 통치하거나 또는 군사와 금융의 힘으로 현지 정부에 영향력을 행사했을 때 영국인들은 영국 사회가 지닌 특별함을 의식적으로 전파하려 했다"고 주장한다. 예컨대 영어, 영국식 토지사용기한제도, 스코틀랜드와 잉글랜드식의 은행업, 법률, 개신교, 팀 스포츠, 정부 권력이 감시받는 '야경' 국가, 의회 시스템, 자유 관념 등이다.

위에 나열된 요소들을 잘 살펴보면, 이 중 많은 것이 현대 국가의 기본 특징이라는 것을 알 수 있다. 퍼거슨의 주장에 따르면, 영국이 인종주의, 인종차별, 적개심과 관련된 용인할 수 없는 사건(일찍이 식민주의가 시작되기 훨씬 이전부터 존재했던 사건이라고 그는 주장한다)을 저지른 건 사실이다. 하지만 영국의 부흥은 가장 효과적인 경제 시스템으로 인정받는 자본주의, 북미와 오스트레일리아의 영국화, 영어의 국제화, 개신교의 지속적인 영향력 행사, 의회 시스템 유지 등의 결과도 낳았다고 언급했다. 이런 결과물들이 현대에 미친 효과가 크다는 사실은 부정할 수 없다.

퍼거슨의 논리는 영국을 제외한 다른 국가의 시민에게는 통례적인 역사 서술과 전혀 다르게 들릴 것이다. 놀랍다는 반응을 보이거나 불쾌하다고 느낄 수도 있겠다. 그러나 퍼거슨이 전개하는 논리를 우리는 영국, 나아가 세계의 역사를 또 다른 관점에서 바라볼 필요성에 대한 문제 제기로 삼아야 한다.

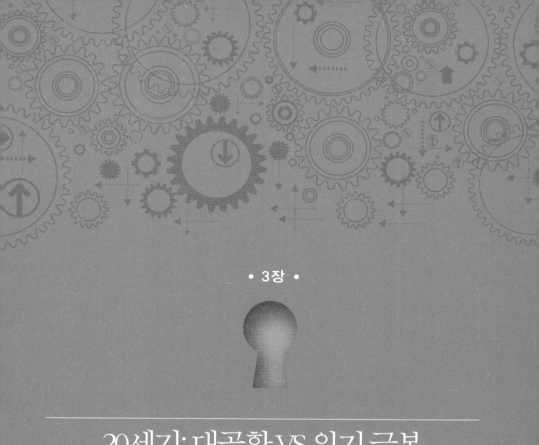

· 3장 ·

20세기: 대공황 VS 위기 극복

세상 모든 사람들이 전부 부유하다면
세상 사람들은 모두 가난하다.
—미국 작가 마크 트웨인(Mark Twain, 1835~1910년)

행운을 얻으려고 돈을 빌린다.
—존 데이비슨 록펠러(John D. Rocjefeller, 1839~1937년)

멜론이 휘슬을 불고 후버가 종을 울리고
월가가 신호를 보내면 미국은 지옥으로 간다.
—대공황 시대, 뉴욕의 동요

미국 시민들과 몇 분 동안 은행에 대해 이야기를 나눈 적이 있다.
그때 은행의 운영체제에 대해 바르게 이해하고 있는 이들은 극소수였다.
대부분은 은행을 단순히 예금하고 출금하는 장소로만 생각했다.
—프랭클린 루스벨트(Franklin D. Roosevelt, 1882~1945년)

20세기는 미국인의 세기라고 해도 과언이 아니다. 신용이 높아지면서 현대 경제 체제 내부에 숨어 있던 위험이 차례로 모습을 드러내기 시작했다. 세계에 가장 큰 영향을 끼쳤던 위기의 진원지는 언제나 미국이었다. 설립된 지 겨우 20년 뒤, 연준은 미국 역사상 최대의 금융위기를 맞이했다. 대공황을 눈앞에 두고 연준은 준비를 끝냈었는가? 얼마나 효과적으로 대응했는가? 대공황은 연준이 처음 맞이한 위기였고, 연준과 관련 기관들은 적절하게 대응하지 못했다. 특히 금본위제도와 이념적 인식의 한계를 극복하지 못했다. 물론 대공황은 미국뿐 아니라 세계가 함께 직면한 위기였다. 나치즘의 위협과 '제2차 세계대전' 등 대공황과 연계된 위험들이 연달아 발생했다. 금융의 진화론적 관점에서, 대공황은 중앙은행의 역할을 재확립하는 계기였다. 중앙은행은 고정환율제와 인플레이션이 더는 '만병통치약'이 될 수 없음을 깨달았고, 결국 위기에서 벗어날 수 있도록 손을 뻗어주는 '최후의 구세주' 역할을 담당했다. 지금까지 연준, 루스벨트, 나아가 대공황에 대해 다양한 역사적 평가가 존재해왔다. 여기에서는 케인스주의, 통화주의, 오스트리아학파 등이 내세운 각각 다른 주장과 해석들을 비교하며 살펴보고자 한다.

1929년 증시 폭락
:호황과 불황의 한계

주가는 영원히 하락하지 않을 고지대에 도달했다.
—경제학자 어빙 피셔(Irving Fisher, 1867~1947년)

1920년대 미국, 주식시장의 거래량이 연일 전날 기록을 갈아 치웠고 다우지수가 최고 469.49포인트까지 올랐다. 미국인들의 재산은 자고 일어나면 천문학적으로 늘어났다. 월가 전체가 희 망과 꿈이 넘쳐나는 '부의 천국'으로 자리 잡았다. "월가는 마치 갈고리를 사용해 세계의 자본을 전부 긁어 삼키려는 듯 욕망이 넘쳐났다."

거품의 최고 절정기는 1929년 여름이었다. 사람들은 주식시 장에 대한 낙관론에 귀를 기울였고 비관론을 주장하기엔 용기 가 매우 필요했던 시기였다. 경제는 호황을 누렸고, 주가가 상 승세일 것이라는 전망이 주류를 이루었다. "신학, 심리분석이 나 정신의학에 관심을 보이며 온갖 고상한 척을 하던 소수의 사 람들도 얼라이드사나 철강회사의 주식 정보를 주고받았다. 주식 매매 시기를 꿰뚫는 사람들은 각 지역마다 있었고 사람들은 그들을 마치 '신'처럼 떠받들었다. 그들은 화가, 극작가, 시인, 심지어 아름다운 귀부인들 앞에서도 '신'의 광채를 잃지 않고 빛났다. 사람들은 그들의 입에서 나오는 한마디 한마디를 마치 '일확천금'같이 귀하게 여기며 행여나 중요한 정보를 놓쳐 돈을 벌 기회를 잃기라도 할까 봐 전전긍긍했다." 훗날 미국 경제학자 존 케네스 갤브레이스는 당시 상황을 이렇게 회고했다. "1929년 여름날, 주식시장 관련 소식은 언론을 장악했고 문화를 휩쓸었다. 신중한 전망들은 비웃음거리가 되거나 신뢰도를 의심받았다. 특히 신빙성 낮기로 소문난 논조는 바로 언론계에서 나왔다."[78]

모든 상황은 이처럼 완벽해 보였다. 그 끔찍한 주가폭락이 1929년에 발생하지 않았더라면……. 그러나 어차피 일어날 일은 결국은 일어난다.

1929년 10월 24일, 미국 시장에 '검은 목요일'의 그림자가 드리워졌다. 주가가 전례 없는 속도로 폭락하기 시작했다. 제너럴 모터스(GM)도 '재앙'을 피해갈 수 없었다. 큰손이든 개인투자자든 모두 주식을 처분하기 시작했고, 주식시장 전체가 마비되었다. 이날의 전체 매물은 1,289만 4,650주로 역대 최고 기록이었다. 파장 전까지 이 상황을 견디지 못하고 자살을 선택한 금융가도 11명이었다. 그러나 이는 시작에 불과했다. 이틀 뒤 300억

78 존 케네스 갤브레이스(John Kenneth Galbraith), 《대폭락 1929The Great Crash of 1929》 제4장, 2006.

달러에 가까운 재산이 순식간에 증발해버렸다. 당시 미국의 총 경제 규모가 1,000억 달러에 불과했으니 약 1/3이 증발한 셈이다. 일주일 사이 주가지수가 3분의 1로 폭락했고, 그로부터 장장 6년 동안 미국 경제는 대공황의 그림자에서 쉽게 벗어나지 못했다.

'검은 목요일'이 대공황을 초래했다고 주장하는 사람도 있고, 대폭락은 단순히 대공황의 일부였다고 주장하는 사람도 있다. 어찌 됐건 대공황이 시작되었다는 사실에는 이견이 없었다.

당시의 자료를 찾다가 놀라운 점을 발견했다. 붕괴가 시작되기 전 시장에 대한 전망은 대체로 낙관적이었다. 정치가와 경제학자, 큰손과 개미들 모두 그렇게 생각했다. 시장이 혼란에 빠질 때면 누군가는 꼭 나서서 모든 상황이 정상적이며 문제없다고 이야기했다. 붕괴가 시작되기 전, 경제학자 어빙 피셔는 "주가는 영원히 하락하지 않을 고지대에 도달했다"고 주장했다.[79] 심지어 폭락 직후인 10월 25일 금요일 허버트 후버(Herbert Hoover, 1874~1964년) 대통령은 "미국 기업이 내놓는 제품의 생산과 분배는 완전하고 발전된 기반 위에서 진행되고 있다"고 선언하기까지 했다.

그러나 일은 심각한 방향으로 흘러갔다. 경제공황은 점차 확산되었다. 철학자 칼 포퍼(Karl Popper, 1902~1994년)는 예언이 잘 들어맞는 이유를 예언 자체가 매우 모호하게 말해지기 때문

---

79 원문은 'Stock prices have reached what looks like a permanently high plateau'이다. Edward Teach, The Bright Side of Bubbles, CFO.com, 2007.

에 반박할 수 없어서라고 이야기한다. 안타깝게도 국민들은 경제학자들의 듣기 싫은 충고에는 결점은 없는지 꼬투리만 잡기 일쑤다. 그러면서 경제학자들이 척척박사처럼 미래를 꿰뚫어보기를 바란다. 심지어 사람들은 낙관적이거나 좋다는 전망에 자기도 모르게 더 많이 귀를 기울인다. 피할 수 없던 대공황이 발생한 뒤 여러 학계의 셀 수 없이 많은 예언가들이 퇴출당했다. 그들 가운데에는 유명인사와 유명 단체도 포함되어 있었다. 하버드경제학회와 어빙 피셔가 대표적이다.

잘못을 전부 예언가의 탓으로 돌리는 건 무의미하다. 사실은 이러했다. 1929년에 미국 경제가 정상적으로 운영되고 있었다면 주식시장의 붕괴가 그렇게 지독한 전염병처럼 전이되지는 않았을 것이다. 공황이 발생되기 전에도 경기침체가 있었지만 1929년처럼 지속적으로 폭락한 건 처음이었다. 심지어 유럽과 일본 같은 다른 국가에도 영향을 끼쳤다. 1950년대에 미국 경제학자 갤브레이스는 쓰나미 같았던 월가의 사건과 관련한 역사의 단서들을 재조명했다. 당시 미국 경제는 '고질병'을 앓고 있었다. 예를 들면 수익분배의 불균형, 비합리적 회사 구조, 대외수지 불균형, 경제 관련 지식의 부족, 은행 시스템의 폐단 등이 그것이다. 이 모든 고질병들이 주식시장의 병세를 악화시켰고, 붕괴와 대공황을 낳았다.

처음에는 1929년의 폭락을 전혀 예상할 수 없었다고 판단된다. 마치 한밤중 다들 잠든 사이에 갑자기 습격한 허리케인 같왔다. 그러나 이성적으로 생각해보면 붕괴는 주식시장의 전성기에 이미 실상이 드러났다고 볼 수 있다. 주가수익률이 33퍼센트에 달했지만 여러 다양한 자금들이 앞뒤 안 가리고 시장으로 끊임없이 유입되었다. 갤브레이스는 붕괴 당시 시장에서 활약했던 이들이 "환상에 빠져 터무니없는 기대와 낙관적인 태도를 보였다"고 평가했다. 과잉신용공급은 투기를 활성화했고, 자산가치의 과대평가와 유동성 범람은 시스템 측면에서 금융위기를 불러일으켰다. 공황을 겪은 뒤 경기 쇠퇴는 미국 국내총생산을 30퍼센트까지 하락시켰고 투자는 80퍼센트로 급감시켰다.

고전 경제학자들은 인간의 행위는 이성의 선택에 따른다고 주장해왔다. 하지만 투자자들은 '군중심리'의 영향으로 시장 행위를 결정하는 경우가 다반사다. 그렇다면 시장의 정보는 어떻게 전달될까? 1929년 거품 붕괴가 찾아오기 전까지 사람들은 모두 주식에 매달렸다. 집안에서 살림하던 주부들까지도 모이면 '주식앓이'를 하며 마치 연애 이야기를 하듯 열광했다. 그러나 이런 대화 속에서는 주로 과열, 경솔, 혼란이 만들어낸 가짜 정보만 오갈 뿐, 올바른 정보의 전달은 어렵다. "사람과 사람 간의 교류가 무엇을 알거나 몰라서 이루어지지는 않는다. 사람들은 자신들이 무엇에 대해 모르는지를 알지 못하기 때문에 교류한다."

오늘날까지 이 같은 교류 방식의 본질은 변하지 않았다. 오히려 더욱 빨라진 정보 교환에 힘입어 교류가 더욱 활발해지고 있다. 예컨대 한 기업의 높은 투자수익률 전망은 상호 정보교류 과정을 거치면서 더욱 부풀려지고, 결국 전망치보다 훨씬 높은 가격 상승으로 이어진다. 그리고 이렇게 과대평가된 가치는 유지되지 못하고 거품 붕괴를 초래한다. 2013년 노벨경제학상 수상자 로버트 쉴러(Robert James Shiller, 1946~)는 오랫동안 행동재무학(behavioral finance)을 연구해왔다. 그는 이 시대의 가장 위대한 혁신 중 하나가 심리학을 경제학 연구에 끌어들인 일이라고 말했다. 그는 "거품은 '부자가 된 성공 스토리'와 그에 열광하고 몰입하는 인간이 만들어낸 결과물"[80]이라고 주장한다. 이런 추진력은 오래가지 못해 곧 수그러든다. 자본시장에서 '비합리적 번영'은 시시때때로 일어나지만, 시장 전망이 바뀌면 이런 번영은 거품 붕괴와 별다를 바 없는 처지로 전락하고 만다.

　대공황은 금융위기가 초래된 원인에 대한 통찰과 반성의 계기를 마련했다. 그 결과 미국증권거래위원회(Securities and Exchange Commission, SEC)가 출범했다. 갤브레이스는 경제 번영은 자유기업 이론의 확산을 부추긴다고 주장했다. 한편 그는 상장회사의 금융 사기와 금융 시장의 비합리성을 경계해야 한다고 주장했고, 그의 이 주장에는 선견지명이 있었다. 조지 스티글러(George Joseph Stigler, 1911~1991년)는 금융 규제가 결코 투자자의 이익을 증대하지는 않으며, 오히려 리스크가 높은 발행인들이 시장을 활보하도록 한다고 평가했다. 그러나 최근 새로

---

80 Jim Pickard, The Man and the Bubble, *Financial Times*, 2006.

운 연구에서 금융 규제가 시장 파동을 억제하는 역할을 한다는 사실이 입증되었다. 셰궈중(謝國忠, Andy Xie, 1960~)이 부정적인 사람은 경제학자가 되고 긍정적인 사람은 금융가가 된다는 우스갯소리를 한 적이 있는데, 금융계의 맹목적일 정도로 낙관적인 전망과 투기 욕망은 극히 자연스러운 현상이다. 하지만 시장이 침체에 빠지면 금융 체제의 문제점을 직시하고 올바른 해법을 찾아야 한다. 동시에 관리 감독이라는 명분으로 일어나는 지대 추구[81]에 대한 경계도 필요하다.

최근 들어 상해·심천 주식시장의 규모가 커지고 있다. 이 두 주식시장의 거래량은 연일 신기록을 세우고 있다. 이는 증시·개혁의 도입과 블루칩[82], 우량주 유입으로 인한 시장 확대, 상장회사들의 경영관리 수준 향상, 거시경제에 대한 긍정적인 전망 등과 깊은 관련이 있다. 하지만 한편으로 통화완화정책으로 인한 유동성 과잉과 고금리에 따른 함정과 리스크를 절대로 간과해서는 안 된다. 비교적 과대평가된 주식 가치는 향후 시장에서의 불균형 변수의 증가를 의미한다. 따라서 규제 개선과 리스크 감시 강화는 결코 과장된 조치가 아니다. 발전된, 질서 있는 시장은 빈틈없이 잘 정비된 제도를 기반으로 형성된다.

전 세계 통화거래량이 실제 무역거래량을 넘어선 오늘날, 사람들이 세계적인 금융통합 물결의 확산, 은행체제의 규제와 균

---

81 경제 주체들이 자신의 이익을 위해 비생산적인 활동에 경쟁적으로 자원을 낭비하는 현상, 즉 로비, 약탈 방어 등 경제력 낭비 현상을 지칭하는 말이다 — 옮긴이.
82 오랫동안 안정적인 이익을 창출하고 배당을 지급해왔으며, 수익성과 재무 구조가 건전한 기업의 주식으로 대형 우량주를 의미한다 — 옮긴이.

형 재정 등을 원하지 않는다면, 리스크 발생 가능성은 높아질 것이다. 1637년 네덜란드의 튤립 파동, 영국의 남해포말사건 그리고 닷컴 버블과 같은 위기는 멀리 있지 않다. 역사 속에 존재하는 논리는 언제나 일관성을 지닌다. 탐욕만이 남은 오늘날, 대폭락은 이제 자고 일어나면 깰 수 있는 악몽이 아니다.

루스벨트 대통령의 새 정권
: 공포와 자유

1929년 월가의 주가 대폭락 이후 대공황은 순식간에 쓰나미처럼 세계를 집어삼켰다. 다른 재난처럼 대공황도 영웅 그룹을 탄생시켰다. 그 가운데 빛을 발한 영웅이 프랭클린 루스벨트 대통령이다. 루스벨트 대통령이 없는 1930년대를 상상해보자. 그 이후 과연 미국과 소련의 패권 경쟁이 가능했을까? '뉴딜(New Deal)'이 없었다면 미국의 현재와 미래는 어떻게 바뀌었을까? 만약 대공황 이후 제2차 세계대전이 일어나지 않았다면 미국은 정말 대공황에서 빠져나올 수 있었을까?

미국의 제3차 혁명

대공황 시대는 경기 활황을 누리던 미국에 비극적인 장면이 출현한 때다. 당시 정치 및 경제 상황이 얼마나 암담했는지는,

대공황 시절 뉴욕에서 유행했던 다음의 민간 동요에 잘 묻어나 있다.

멜론이 휘슬을 불고
후버가 종을 울리고
월가가 신호를 보내면
미국은 지옥으로 간다.[83]

허버트 후버는 당시 미국 대통령이었고, 앤드류 멜론은 재무 장관이자 은행가였다. 그렇다면 왜 멜론이 앞에 나오는 걸까? 그의 장기 임기와 관련 있어 보인다. 앤드류 멜론은 워런 하딩, 캘빈 쿨리지에 이어 허버트 후버까지 대통령 셋을 연이어 보좌했다. 후버 정부 말기에 어떤 이들은 이렇게 말했다. 국민의 인내심은 이미 바닥이 났고, 미국의 자금도 곧 바닥이 드러날 것이라고.

대공황은 미국의 거의 모든 사람들을 좌절케 했다. 더욱이 금융 부문의 피해는 눈뜨고 볼 수 없을 정도로 참혹했다. 대공황 속에서 은행 구천여 곳이 문을 닫았고, 사람들은 금과 지폐를 모으는 데 온 정신을 쏟아 부었다. 이는 은행의 상황을 더욱 악화시켰다. 예금주들의 계속되는 인출 요구에 "은행의 금 보유량은 하루에 이천만 달러씩 감소했으며 금을 인출하지 못하는 고

---

83 원문은 'Mellon pulled the whistle, Hoover rang the bell, Wall Street gave the signal and the country went to hell'이다.

객들은 대신 지폐를 요구했다. 지급준비금이었던 금 보유량은 점점 감소했지만, 재정부는 지폐를 더욱 찍어낼 수밖에 없었다. 은행 앞은 예금한 돈을 찾아가려는 사람들로 인산인해를 이루었다. 뉴욕 브롱크스에 사는 어느 젊은 여성은 예금을 인출하려고 줄을 서 있는 여성에게 아이를 빌려주고 25센트를 받아 챙겼다. 아이를 안고 있으면 좀 더 빨리 줄 앞쪽으로 갈 수 있는 혜택을 받을 수 있었기 때문이다."[84]

대공황 기간 동안 미주리 주에서부터 메릴랜드 주에 이르기까지 은행들은 줄줄이 휴업했다. 은행이 연달아 문을 닫자 이미 침체기에 빠졌던 은행 시가 총액이 급하강 곡선을 그리며 떨어졌다. 경기가 좋았던 은행도 불행을 피해가지는 못했다. 미국 전역의 은행은 18,569곳이 넘었지만, 그들이 보유하고 있던 현금의 총액은 60억 달러에도 못 미치는 수준이었다. 게다가 410억 달러의 예금 인출을 감당해야 하는 상황이었다. 1932년에 경제학자 케인스에게 누군가 질문했다. "역사상 대공황과 같은 사건이 발생한 적이 있나요?" 그러자 케인스가 답했다. "물론 있었지요. 이를 '암흑시대'라고 부릅니다. 모두 합치면 사백 년이란 시간이죠." 암흑시대가 계속되던 가운데, 드디어 루스벨트 대통령이 나타난 것이다. 그와 그의 뉴딜정책에 관해서라면 수많은 역사 교과서에 끊임없이 기록되어왔다. 이를 금융제도 면에서 살펴본다면, 무엇을 토론해야 할까?

---

84 《영광 그리고 꿈The Glory and the Dream》에 기재되었다.

인구의 4분의 1이 일자리를 잃고 수많은 은행들이 도산 위기에 처했다. 후버빌(Hooverville)[85]이 도시까지 확대되고 심각한 지역은 90퍼센트 이상의 아이들이 영양실조에 걸린 상태였다……. 암흑의 그림자가 미국 전역을 드리울 때 루스벨트 대통령은 "조치를 취하겠다. 즉시 행동으로 옮기겠다"며 국민들에게 약속했고 "지금 우리가 가장 두려워해야 할 대상은 바로 두려움 그 자체"라고 호소했다.

예금보험제도가 생겨나기 전이라 뱅크런 사태가 일어나면 은행은 지급을 연기하거나 영업을 정지할 수밖에 없었다. 이런 상황은 공황의 도래를 더욱 앞당겼다. 루스벨트의 뉴딜정책에서는 '3R 정책', 즉 구제 정책(Relief), 부흥 정책(Recovery), 개혁 정책(Reform) 외에 금융업도 중요한 부문을 차지했다. 이전에 겪었던 여러 번의 위기 때처럼 은행의 뱅크런 사태는 대공황이라는 '지진'의 '진앙지'와 같았다. 수많은 은행이 뱅크런 사태를 맞아 영업 정지를 피할 수 없었고, 은행 업무가 정지되자 상황은 더욱 악화되었다. 루스벨트 대통령은 취임과 동시에 국회에서 특별회의를 개최한 뒤 4일간 '은행 휴업(Bank holiday)'을 선언했다. 이로써 정부는 은행의 권력을 통제할 수 있었고, 민심도 안정시킬 수 있었다.

1933년부터 루스벨트는 국민에게 친근하게 접근하려고 '노변담화(Fireside chats)'를 시행했다. 이는 대통령과 국민이 소통하

---

85 1930년대 불경기 때의 실업자 수용 판자촌 — 옮긴이.

고 믿음을 쌓는 중요한 수단이었다. 첫 막은 '은행 위기'에 관한 이야기로 시작했다. 루스벨트는 은행에 대해 잘 알고 있는 국민은 극소수라며 일침을 가했다. "저는 국민들과 몇 분 동안 은행에 대해 이야기를 나눈 적이 있습니다. 은행의 운영 체제에 대해 올바르게 이해하고 있는 국민들은 극소수였을 뿐, 대부분 은행을 단순히 예금하고 출금하는 장소로만 생각했습니다. 저는 여러분께 지난 며칠 동안 저희가 한 일, 그 일들을 추진한 목적과 이유, 나아가 다음 계획에 대해 알려드리려고 합니다."[86]

잘 알려진 것처럼 루스벨트 대통령은 국민들을 격려하고 미디어와 잦은 접촉을 하면서 15개 중요 법안을 통과시켰다. "알파벳 머리문자로 통칭되는 연방기관을 만들어 이 법안들을 시행 및 관리하도록 했다. 이는 농민, 노동자와 실업 인구를 구제하기 위한 조치로서, 여기에는 농업조정국(AAA), 민간자원보호단(CCC), 연방긴급구제청(FERA)과 국토회복청(NRA) 등이 있다." 바로 이런 이유로 역사학자들은 루스벨트의 뉴딜정책을 "미국 역사상 전례 없는 지혜와 정책으로 쌓아올린 '대통령의 댐'이었다"고 평가한다.

《타임》지의 저널리스트 아담 코헨(Adam Cohen)은 《두려울 것은 없다Nothing to fear : FDR's inner circle and the hundred days that created modern America》에서 다음과 같은 분석을 내놓았다. 뉴딜정책은 사전에 계획된 것이 아니다. 루스벨트 대통

---

86 프랭클린 루스벨트, 《루스벨트 대통령의 노변담화Franklin Roosevelt and the fireside chats》, 2009.

령이 워싱턴에 입성한 지 얼마 안 됐을 때는, 그 또한 결심을 내리지 못했다. 사태의 실상과 심각성에 대해 정확하게 파악하고 있었는지 의심할 만했다. 그가 중점을 두던 정책들 간에 모순이 존재했기 때문이다. 빈민구제를 추진하면서 재정긴축정책을 취했고, 시장경제를 추종하면서 기업을 믿지 않았다. 그나마 다행스러운 건 그의 주변에 뛰어난 싱크탱크들이 포진해 있었다는 점이다. 게다가 루스벨트는 누구보다도 다른 사람의 의견을 경청해서 종합하는 지도자였다. 루스벨트를 보필하던 어느 참모는 이렇게 평가했다. "루스벨트의 머릿속은 화이트보드와 같다. 그러나 화이트보드 위에 미래에 일어날 중대한 사건들을 정확하게 적어냈다."

그밖에도 많은 기록에서 보이는 루스벨트의 상공업에 대한 태도는 깊이 새겨볼 만하다. 때로는 그 정도가 지나쳐 못 봐줄 정도였다. 예컨대 월가가 등을 돌렸을 때 그는 미국의 모든 경제력(상공업계, 은행 업계, 노동자층, 자본가층 그리고 정부)을 한곳으로 모아 연맹을 맺어야 한다고 제안했다. "이렇게 된다면 최고 수준의 미국 대표 연합팀이 탄생할 수 있죠!"[87]

의견이 분분하지만 2008년의 금융위기가 루스벨트의 명성을 더욱 높이는 계기였음은 분명하다. 루스벨트가 남긴 정치적 성과는, 조지 워싱턴(George Washington, 1732~1799년)이 미국을 영국의 식민지배로부터의 탈출하게 한 업적, 에이브러햄 링컨

---

87 《영광 그리고 꿈》 참조.

(Abraham Lincoln, 1809~1865년)이 미국의 내전을 종식한 업적 이후 '세 번째 위대한 개혁'이라고 평가된다. "루스벨트의 개혁은 현대 미국을 탄생시켰다. 그가 취임한 당시 미국에서는 자유방임주의와 극심한 개인주의가 만연해 있었고, 연방 정부는 안목도 없고 용기도 부족했다."[88] 사람들은 성공과 실패라는 결과만을 기억하지만, 역사 과정을 들여다보면 그보다 훨씬 역설적이고 복잡하다. 역사에는 만약이 없다. 그러나 현실에는 많은 상상이 가능하다. 약 백 년의 시간이 흐른 뒤인 2008년, 금융위기를 안고 취임한 오바마 신정부가 루스벨트에게 존경을 표하는 모습에서 우리는 비슷한 논리가 역사에서 반복됨을 보았다. 물론 존경에 이어 의혹의 목소리와 감탄의 목소리도 계속 귀에 맴돈다. 언론에서는 오바마 대통령의 침실에 책이 넘쳐난다고 자주 이야기하는데, 그런 그가 로널드 코즈를 특별히 지목했다는 점에서 코즈의 위상을 짐작할 수 있다.

거시경제파의 일시적 효과

그렇다 할지라도 아담 코헨의 주장에 대한 논쟁이 전혀 없지는 않았다. 전형적 화폐주의자들은 대공황을 일으킨 최고 근원지가 연준이 실시한 통화긴축정책에 있다고 주장한다. 이들은 또한 뉴딜정책의 지출, 예컨대 증세 정책은 그저 '양의 몸에서 나온 양털'에 지나지 않을 뿐이며, 미국을 대공황에서 벗어나도

---

88 아담 코헨의 말은 《두려울 것은 없다》에서 인용했다.

록 한 결정적 계기는 바로 '제2차 세계대전' 동안 미국으로 끊임없이 온 유럽의 주문명세서라고 이야기한다. 한쪽에 치우친 미국의 주장과는 달리, 중국에는 '다난등임(多難登臨)'이라는 주장이 있다. 통화주의의 대부 밀턴 프리드먼(Milton Friedman, 1912~2006년)과 각별한 사이로 알려진 장우창은 2009년 금융위기와 중국의 전망을 다룬 《다난등임록(多難登臨錄)》을 출간했다.

장우창은 최근 몇 년 동안 책을 손에 잡지 않았다. 그런데 시사 문제에 대한 관심은 계속 이어져 블로그에 자주 글을 올렸다. 그리고 《다난등임록》에 지난 1년 동안 생긴 시국의 변화를 관찰하고 그에 관해 고민한 이야기를 담아냈다. 그는 대공황의 원인이 "주가가 일제히 폭락했지만 '전쟁 피해'가 나타나지도 '천재지변'이 일어나지도 않았다. 주가가 오랫동안 다시 회복하지 못했고, 회복하기도 어려울 것이라는 전망"이라고 적었다.

깊은 관찰과 연구는 본래 학자들의 몫이지만, 대중들은 단지 위험을 극복할 방법에만 관심을 두기 마련이다. 장우창도 책에서 경제를 회복하는 세 가지 방법을 제시했다. 첫 번째는 정부가 투자를 확대하고 소비를 자극하는 거시학파의 방법이다. 매각은 취업과 소득을 늘리는 데 효과가 가장 빠른 특효약이다. 그러나 소득 증가는 그저 일시적으로 나타날 뿐이다. 두 번째는 금리를 대폭으로 낮추어 금융규제를 완화하는 통화주의파의 방법이다. 문제는 인플레이션으로, 채권 가격이 폭락한다는 점이다. 위의 두 가지를 종합하면 '거시경제파의 방법은 효과가 일시적이고, 통화주의파의 방법은 운영상 어려움이 있다'는 폐단이 있다. 이에 그는 마지막으로 미시경제파의 전략을 제안했다. 경제 주체인 개인 스스로 투자와 생산을 늘리도록 격려하며, 최저 노동비와 노동조합의 규제 해소를 그 수단으로 삼는다는 것이다.

또한 경기침체에서 나타난 다양한 국민의 반응을 다룬 내용에서 몇몇 학자들은 이렇게 지적했다. "중국 사람들은 손해를 직접 입었는데 구체적으로 무엇이 잘못되었는지 잘 모른다. 어떤 사람들은 그저 막연하게 '시대적 추세' 때문이라고 탓한다. 이 '시대적 추세'는 바로 후버 대통령이 진상을 은폐하려고 사용했던 말이기도 하다. 몇몇 사람들은 대공황을 1929년의 주식시장 폭락과 섞어서 이야기한다." 이것이 시사하는 바는 역사가 아무리 흘렀어도 대공황에 관한 진상과 교훈은 여전히 고민해볼 가치가 있다는 점이다.[89] 광고에 쓴 비용 중 어떤 부분이 헛돈으로 낭비됐는지 광고주가 알 수 없는 것처럼 정부의 투자가 정확히 얼마만큼 효력이 있을지는 누구도 예상하기 어렵다. 계속되는 개념의 변화와 4조 위안의 부정적인 효과가 나타나면서, 경제공황기에 정부가 어떻게 대응해야 하는지에 대한 끝없는 고민이 시작되었다.

루스벨트의 뉴딜정책은 케인스주의와 깊은 관련이 있다고 흔히 생각한다. 정말 그럴까? 1934년 케인스가 루스벨트를 찾아가 담화를 나눈 적은 있다. 하지만 당시의 담화가 단지 화기애

---

89 《영광 그리고 꿈》, 윌리엄 맨체스터(William Manchester), 중신출판사(中信出版社), 2015.

애했다고 보기는 어렵다. 케인스는 정부가 지출을 늘려야 한다고 주장했지만, 루스벨트 대통령은 그때까지만 해도 정부가 돈을 많이 푼다고 경제가 발전한다는 이론을 쉽게 받아들이지 못했다. 루스벨트 대통령은 미국을 혼란에서 안정시켰지만 경기 침체에서 구해내지는 못한 상태였다. 그런 상황에서 케인스는 매년 4억 달러의 적자를 제안했고, 미국인들은 이에 깊은 인상을 받으면서도 많은 의구심을 품었다.

그 당시 '우리는 모두 케인스주의를 지지한다'는 유행어가 생겨났던 것처럼 중국 정부와 다른 국가 정부들은 거시경제주의를 선택해 단기간에 효과를 보려 했고 이는 당연한 일이었다. 하지만 미시경제도 '만병통치약'은 아니다. 장우창은 미시경제의 단점은 정치 저항에 있다고 봤다. 이런 그의 주장이 다름 아닌 1990년대 중국의 경험에서 비롯되었다는 점은 흥미롭다. 이 경험은 위기 상황에서 '독재자' 정부는 큰 환영을 받지 못한다는 점을 시사해주었다.

역사는 새로운 해석이 가능하다. 우리가 루스벨트 대통령이 대공황을 극복한 역사를 재해석할 때, 루스벨트 대통령 자신도 역사 무대의 꼭두각시가 될 수밖에는 없을 것이다. 루스벨트가 적극적으로 정책에 관여했다는 점에 대해서는 이견이 없다. 하지만 대통령을 향한 불신임은 미국인의 머릿속에 시종일관 남아 있다. 어찌됐든 우리는 루스벨트와 케인스 모두 규제와 상호 제약을 통한 균형을 경계하는 정부와 맞서 싸웠다는 사실을 알아야 한다. 미국 대통령 중에서 손에 꼽힐 정도로 막강한 권력을 휘두른 루스벨트 대통령이었지만, 그런 그도 1941년 언론의 자유, 신앙의 자유, 결핍으로부터의 자유, 공포로부터의 자유 등 네 개의 자유를 구현하는 세계를 재건해야 한다고 엄중하게 역설했다.

대공황
: 진실과 신화

듣기 좋은 구호 한마디로 오십 년을 망칠 수 있다.
— 《망각된 인간: 다시 쓰는 경제위기의 역사》 머리말

케인스혁명, 나치 정권, 두 번의 세계 대전, 소련의 흥망성쇠, 미국의 굴기……. 역사의 결정적 시기는 모두 1930년대 초기의 대공황과 직·간접적인 관계가 있다. 대공황은 20세기 자본주의의 모습을 변화시켰지만, 대공황에 대한 집단적인 기억도 시대가 변하면서 함께 바뀌었다. 대공황 때 무슨 일이 일어났는가? 대공황을 일으킨 진짜 원인은 무엇인가? 이 질문에 대해 시대마다 각자의 대답을 내놓는다. 그러니 이 사건의 진상은 이미 밝혀졌다고 말하기 어렵다. 대공황의 진실과 신화에 대한 심층적인 연구는 여전히 진행 중이다.

심층적 원인은 정부의 간섭으로부터

사람들은 비교하기를 좋아한다. 2007년 글로벌 금융위기가

세계를 강타하자 사람들은 앞다투어 과거에 대한 깊은 성찰에 매달렸고, '대공황 열풍'이 다시 일어났다. 중국 경제학자 우징 렌(鳴敬璉)이 미국 유명 경제학자의 저서《망각된 인간: 다시 쓰는 경제위기의 역사*The Forgotten Man: A New History of the Great Depression*》의 서문에서 "사람들은 이번 글로벌 금융위기를 지난 '대공황'과 비교하는 일에 푹 빠졌다. 그 속에서 위기를 초래한 원인을 찾고 위기를 탈출할 수 있는 출구를 찾고자 한다"고 말한 바와 같다.

대공황에 관해 가장 자주 접하는 미국판 해석은 다음과 같이 간추려 볼 수 있다. 미국에서는 캘빈 쿨리지(John Calvin Coolidge, 1872~1933년) 대통령의 장기 집권으로 '쿨리지 번영'[90]이라는 자유방임이 만연했고, 이것이 경제위기의 도화선이 되었다. 그 뒤 경제 동향은 계속 변했지만, 후버 대통령의 무능함으로 경제침체는 더욱 악화되었고, 미국인들은 실업의 고통 속에서 발버둥쳐야만 했다. 이때 '우리가 두려워할 것은 두려움 그 자체뿐이다(Nothing to fear but fear itself)'를 제창하고 나선 이가 루스벨트 대통령이었다. 그는 은행과 금융 체제를 재정비하는 한편, 산업 부흥, 공공 산업 확대와 실업자 구제, 복지 확충 등의 '뉴딜정책'으로 미국과 미국인을 재난에서 구해냈고, 미국이 독재 정치의 수렁에 빠지지 않도록 막아냈다. 또한 루스벨트는 간접적으로는 '제2차 세계대전'의 어려움을 겪고 있는 수없이 많은 세계

---

90 미국 대통령 캘빈 쿨리지는 1920년대 중반 미국 역사상 처음으로 큰 번영을 가져오게 했다. 이 시기를 '쿨리지 시대' 또는 '쿨리지 번영'이라고 부른다 — 옮긴이.

시민들도 구하면서 미국의 제3차 혁명을 불러일으켰을 뿐 아니라, 평화와 전쟁에서 미국뿐 아니라 세계를 인도했다.

그러나 사회주의자 모리스 알박스(Maurice Halbwachs, 1877~1945년)가 말했듯, 집단 기억은 본질적으로 현재와 과거의 재구성에 바탕을 두는 법이다. 그의 말처럼 시대의 사상과 정세가 변할 때마다 대공황의 발생 원인과 루스벨트 대통령의 뉴딜 정치에 대한 평가와 서술도 천차만별로 달라졌고, 이는 경제학 분야에서도 예외가 아니었다. 1970년대부터 신보수주의가 점점 자신들의 발언권을 되찾으면서 주류를 장악하자, 대공황을 일으킨 근본 원인이 효과적인 수요 부족에 있다는 케인스주의의 주장이 타격을 받기 시작했다. 공공 재정에 대한 지출을 늘려야 한다는 케인스학파의 주장도 정부의 지나친 경제 간섭이라며 비난받았다. 이에 맞서는 통화주의 관점의 대표 인물인 밀턴 프리드먼은 최고의 전성기를 맞이했다. 통화주의자의 주장은 당시 연준 의장인 버냉키를 비롯한 많은 옹호자들의 지지를 이끌어냈다.

프리드먼과 애나 슈워츠(Anna J. Schwartz)는 공동 저서 《미국 통화의 역사A Monetary History of the United States》에서 대공황에 대한 해석에 책의 7분의 1을 할애했다. 그들은 미국에서 대공황이 일어난 핵심 원인은 바로 '화폐공급량'이었다고 주장했다. 신용 대출이 긴축되면 연준이 긴축정책을 실시하게 되고, 이는 '화폐공급량 붕괴'로 이어져, 그 파급효과가 실물경제까지 미치는 대공황의 상황이 도래했다고 분석했다. 통화주의자들은 정부가 통화를 제외한 다른 경제를 간섭할 필요가 없다고 강조했고 통화 정책에 대해서도 고정 통화성장률을 유지해야한다고 거듭 주장했다.

통화주의자들보다 진보적인 입장은 바로 오스트리아학파의 주장이다. 계속 재출간되는 머레이 로스버드(Murray Rothbard, 1926~1995년)의《미국의 대공황America's Great Depression》이 대공황에 대한 오스트리아학파의 주요 입장을 대변한다. 로스버드는 대공황의 주요 발발 원인은 많은 사람들이 생각하듯 '자유방임주의'가 아니라, 경제에 대한 정부의 지나친 간섭이라고 주장했다. 장기 융자의 확대가 위기의 발단이었고, 그 뒤 정부가 지나치게 경제에 간섭하여 위기를 장기화시켰다면서, 정부의 간섭을 최소화해야 시장이 스스로 회복해나갈 수 있다고 분석했다.

이와 비교해볼 때, 미국의 저명한 경제 칼럼니스트이자 외교관계위원회 경제사 연구원인 애미티 슐래스(Amity Shlaes)의 신작《망각된 인간: 다시 쓰는 경제위기의 역사》는 케인스주의에 대한 새로운 관점의 반격임이 분명해 보인다. 그의 관점은 통화주의자와 오스트리아학파의 중간이라고 볼 수 있다. 그는 대공황을 일으킨 심층적인 원인을 정부의 간섭이라고 본다. 이런 주장은 3대 대통령에 대한 그의 맹렬한 질책과 비난에서 극명하게 드러나 있다. 애미티 슐래스가 가장 존경하고 지지한 대통령은 바로 존 캘빈 쿨리지 대통령이었다. 그는 '조용한 캘'이라 불렸던 이 대통령이 경제에 대한 자신만의 원칙을 가졌다는 점을 거듭 강조했다. 쿨리지는 애덤 스미스의 '보이지 않는 손'을 지지했고, 이에 자신의 믿음을 더해 '자신이 최소한 적게 개입해야 세상이 더욱 좋아진다'는 원칙을 고수했다. 반면 같은 당파였던 후버는 극심한 개입주의자였다. 그는 정부가 뻗은 '선행의 손'이 기업이 목표를 달성할 수 있도록 돕는다고 확신했다. 애미티 슐래스는 루스벨트에 대해서는 후버보다 한 걸음 더 진보된 성향이었다고 평가했다. 그는 루스벨트가 후버로부터 '선행의 손'이라는 바통을 이어받아 더욱 거센 숨을 몰아쉬며 질주하는 '무모한 도전자'였고, 많은 공포감을 조성했다고 지적했다. 루스벨트의 '무모한 도전'의 전제는 대규모 '군사화'식의 노력을 한다면 경기를 다시 회복할 수 있다는 것이었다. 그는 행운의 숫자를 금값으로 정한 적도 있었다. 그러나 그가 추진한 뉴딜정책은 실업문제를 본질적으로 해결하지 못했고, 1937년과 1938년에 다시 경기침체를 일으켰다. 결론적으로 1930년대는 미국에 드문 경기침체의 10년으로 기록되었다.

망각과 피해

기존의 주장을 반박하는 저서는 애미티 슐래스 이전에도 많이 있었다.《뉴딜인가, 로딜인가: 루스벨트가 남긴 경제적 유산은 어떻게 미국에 해를 가했는가?*New Deal or Raw Deal? How*

FDR's Economic Legacy Has Damaged America》와 《리바이어 던Leviathan》 등이 대표적이다. 그러나 애티미 슐래스는 대공황 에서 '망각된 인간'들이 수행했던 역할을 다시 언급하고 정리했 다는 점에서 각별하다. 진짜 역사 속에서나 후대 연구에서나 망 각된 인간들의 이야기는 루스벨트에 대한 비난이라는 큰 흐름 속에 거의 가려졌기 때문이다.

'망각된 인간(The Forgotten Man)'이라는 개념은 예일대 사회 학자 윌리엄 섬너(William Graham Sumner, 1840~1910년)가 처음 으로 거론했다. 즉 A가 자신에게 부당한 일을 알게 되고 마침 X 가 그에 고통 받고 있음을 발견했을 때 A는 B와 대화를 나눈다. 이 둘은 X를 돕기 위한 법을 제정해 부당한 일을 없앤다. '이 같 은 법은 A와 B 그리고 C가 항상 X를 돕게 한다. 여기서 C는 누 구인가? A와 B가 X를 돕는 것은 별 문제 없어 보인다. 법이 틀 렸다는 말이 아니다. 문제는 이 법이 계약의 형식으로 C를 이 일과 연루되도록 속박한다는 데 있다. 이때 C가 바로 망각된 인 간, 즉 비용을 부담하면서도 전혀 고려되지 못하는 사람이다.' 허버트 스펜서(Herbert Spencer)의 대표적 추종자였던 섬너는 고 전적 자유주의를 신봉했고, 복지정책에 대해 완전히 부정적인 입장이었다. 그는 납세의 주체인 중산계급이 실제로 '망각된 인 간'에 속하며, 정부의 재분배는 효율성이 매우 낮을 뿐 아니라 중산계층을 복지 혜택의 잠재적인 피해자로 전락시킨다고 주장 했다.

그로부터 30년이 지난 뒤 루스벨트가 이 이론을 다시 언급했는데, 그때는 개념이 완전히 180도 변해 있었다. 루스벨트는 정치적인 입장에서 볼 때 망각된 인간은 C가 아니라 X라고 보았다. 그에 따라 C의 상황이 더욱 처참해졌다. 그들은 계속해서 잊힐 뿐 아니라 '정치적 호소에 부응하는 선행을 베풀어 일부 관련 정치가들의 정신적 안정을 돕자'는 요구까지 계속 받는다. 애미티 슐래스는 세금으로 현금을 착취당하는 수천만의 소공업자가 C가 될 수도 있고, 각광받는 유명 인사가 C가 될 수도 있다고 보았다. 예를 들어 미국 3대 대통령의 재무장관을 지낸 앤드루 멜런(Andrew Mellon), 공기업의 거물 새뮤얼 인설(Samuel Insull), 루스벨트와의 경선에서 패배한 웬들 루이스 윌키(Wendell Lewis Willkie) 등이 있다. 유명한 인사이든 일반인이든 C에 속하는 사람들은 시대적 흐름 속에서 비용은 부담하지만 철저히 망각되는 부류임에는 변함이 없다.

망각된다는 건 피해를 입고 약탈을 당한다는 뜻이기도 하다. 역사를 새로운 관점에서 바라보면, 새로운 평가가 가능하다. 다시 말해 다른 이익집단들의 재분배와 지속적인 이익 다툼은 현대 미국 경제와 사회의 모습을 효율적으로 형성하는 데 일조했다. 미국 경제학계의 떠오르는 샛별 폴 크루그먼(1953~)으로 대표되는 전형적인 주장은 언제나 루스벨트의 뉴딜정책을 높이 평가했다. 그는 뉴딜정책이 나오기 전 시기는 마치 21세기 초 미국을 연상하듯 부와 권력의 불균형이 극심했던 때로, 바로 이 시점에 루스벨트가 뉴딜정책으로 교육, 의료, 환경 등 분야의 불균형을 개선하려고 힘썼고, 나아가 미국 경제가 '장기호황시대(Gilded Age)'로 진입하는 기초를 다졌다고 주장했다. 그는 더 나아가 오바마 대통령이 루스벨트를 더 보고 배워야 한다고 호소하기도 했다. 과거를 되돌아보는 것은 바로 미래를 내다보기 위함이다. 그런데 역사는 다가갈수록 그 본질이 더욱 모호해지곤 한다. 대공황과 뉴딜정책도 결과는 눈에 잘 보이지만 원인에 대해서는 깔끔하고 명확한 결론을 내리지 못한다. 옳고 그름, 원인과 결과, 좌와 우, 간섭과 방임, 자유와 구속 등의 뜻을 정확하게 해석하려 시도하면 할수록 오히려 더욱 복잡해진다. 저명한 미국사가 폴 존슨(Paul Johnson, 1928~)은 일찍이 대공황에 관한 집필이 상당히 까다로운 작업임을 인정한 바 있다. "대공황의 중요성은 역사가들 모두 잘 알고 있지만 누구도 왜 대공황이 그렇게 지독했으며, 왜 그렇게 오랫동안 지속될 수밖에 없었는지에 대해 정확한 답을 내놓지 못한다. 이런 문제들은 현대사 편찬 작업에서 수수께끼와 같다."

뉴딜정책은 신화인가, 현실인가? 정부의 개입이 효과적인가 그렇지 않은가? 단기 또는 장기적인 거시경제 정책을 어떻게 조절할까? 아마도 답은 하나가 아닐지도 모른다. 하지만 문제를 성찰하고 고민하는 과정 그 자체가 우리를 거칠고 독단적인 판단에서 멀어지게 해준다. 그리고 비교 또는 증명을 거치면서 점차 마르크스의 소위 '역사 현상을 이해하는 열쇠'에 가까이 갈 수 있다. 역사란 한 장의 얇고 부드러운 종이와 같기도 하고 마음대로 꾸밀 수 없는 영원한 '소녀' 같기도 하다. 어쨌든 깔끔한 한마디로 규정짓기란 힘들다. 구제강(顧頡剛)은 역사가 '층층이 누적되어' 왔다고 단호하게 말한다. 이것이 바로 역사를 특별하고 매력적이게 만든다.

중앙은행가
: 파멸과 기사회생

　대공황을 겪은 지 많은 시간이 흘렀고 이제는 역사 속으로 모습을 감추고 영원히 사라진 듯했다. 수년 전만 해도 누군가가 '대공황이 다시 발생할까요?'라고 묻는다면 시대에 맞지 않은 질문이라 여겼었다. 하지만 2008년에 금융위기가 발생하자 위의 질문들은 매우 시의적절한 질문이었다며 재평가를 받았다.

　대공황은 어떻게 발생하게 되었나? 대번영의 시대에서 어떻게 대공황의 깊은 골로 빠지게 됐을까? 이에 대한 결론은 아직까지 도출하지 못했고, 이를 둘러싼 학파 간 열띤 논쟁은 여전히 진행 중이다. 어떤 논조와 어느 입장에서 바라보냐에 따라 대공황은 전혀 다른 얼굴과 모습으로 비춰진다. 미국 금융사 작가 리아콰트 아메드(Liaquat Ahamed)는 중앙은행가의 시각에서 대공황이 어떤 단계를 거쳐 전개되었는지를 살펴보는 방법이 가장 효과적이라고 주장했다. 그는 역사를 해부하는 '메스'를 가장 먼저 중앙은행 총재들에게 댄 것이다. 그 대상은 바로 당시 핵심 클럽의 4인 멤버들, 즉 잉글랜드은행, 미국의 연준, 독일의 중앙은행과 프랑스은행을 책임지고 있던 이들이었다.[91]

대공황의 복선은 '제1차 세계대전'이 발발하기 이전부터 이미 깔려 있었다. '제1차 세계대전'의 대포소리가 울려 퍼지면서 좋은 시절도 함께 끝이 났다. 유럽 전역은 폐허로 변해갔고 금본위제도를 중심으로 한 국제 금융 체제도 유지가 불가능해졌다. 대부분의 금은 최후의 참전국인 미국으로 흘러들어갔다. 미국 사람들은 순식간에 불어난 거액의 부를 어떻게 사용할지 감당하지 못했다. 반면 대부분의 유럽 국가는 파산 위기로 내몰렸다. 금이 부족해지자 화폐를 해당 가치의 금으로 보장해줄 수 없게 되었고 오로지 평가절하와 통화 긴축 중 하나를 선택해야만 했다.

이 같은 구조 아래 금본위제도는 황당무계한 '포커 게임(Poker Game)'으로 전락했다. 게임의 '칩'인 금은 미국에 집중적으로 쌓여갔다. 바로 국제 정치 무대에서 이제 막 걸음마를 뗀 미성숙한 국가의 손으로 말이다. 이런 상황은 중앙은행 총재를 무대 뒤의 은밀한 자리에서 경제 정책의 중심으로 나서게 했고 '비공식 세계의 군주'로 자리매김하게 했다. 당시만 해도 금은 여전

---

91 리아콰트 아메드(Liaquat Ahamed)의 《금융의 제왕Lords of Finance》(2011)을 참조했다. 리아콰트 아메드는 투자전문가로 세계은행에서 일했다. 《금융의 제왕》은 2010년 퓰리처상, 《파이낸셜타임스》와 골드만삭스가 선정하는 '올해의 비즈니스 도서' 상을 수상한 바 있으며, 《뉴욕타임스》가 선정한 올해의 '우수 도서 10권'에 선정되었다.

히 부의 초석이고, 금본위제도도 금융 체제 안정의 초석이므로 세계는 하루빨리 금본위제도로 다시 돌아와야 한다는 생각이 주류를 이루었다. 제1차 세계대전이 끝나고 중앙은행 총재들이 모여 머리를 맞대고 국제금융 체제의 재건을 논의할 때도, 많은 부분에서 이 생각이 주로 반영되었다. 이들은 국제외환시장의 안정과 자금 유동의 자유화 등을 강화해 경제를 회복시키고자 했다. 그러나 금을 다시 구제한 대가는 세계 파멸이었다.

1920년대 중반, 세상은 살기 좋아 보였다. 하지만 짧은 기간 찬란해 보이던 겉과는 달리 안에서는 무시무시한 위험이 도사리고 있었고, 마침내 참혹한 대공황을 불러왔다. 리아콰트 아메드의 대표작인 《금융의 제왕》의 부제는 '세계를 파괴한 은행가들(The Bankers Who Broke the World)'이다. 여기에는 작가의 가치 판단이 드러나 있다. "중앙은행 총재들은 넘치는 자만 속에 경제 번영을 파괴했다." 세계 경제를 구해야 하는 네 명의 중앙은행 총재들은 속수무책이었다. 그들이 내놓은 대책과 노력에 대해 작가는 '무질서와 헛된 수고'라는 혹평을 내렸다.

경제위기 속에서 중앙은행 총재들 외에 또 한 명의 핵심 인물이 있었다. 경제학자 케인스다. 그는 젊고 패기가 넘쳤고 재능과 통찰력이 매우 뛰어났으며 행동에 거침이 없었다. 네 명의 중앙은행 총재들이 힘겹게 싸웠던 역사는 케인스가 점차 자신의 목소리에 힘을 실을 수 있었던 이력에 보탬이 되었다. 케인스는 일찍이 전쟁 재정이 유지되기 힘들다는 현실을 통찰했고,

전후 배상금 지불은 경제와 평화를 해치는 일이라고 주장했다. 그는 예전부터 금본위제가 경제 발전을 막는 족쇄라는 점을 깨닫고 있었다

리아콰트 아메드는 케인스를 네 명의 핵심 인물의 반대편에 세우며 그가 세계를 파멸로부터 구원했다고 보았다. 네 인물에 대한 리아콰트의 평가는 케인스가 〈평화의 경제적 결과(The Economic Consequences of the Peace)〉라는 논문에서 국가 원수들을 신랄하게 비판했던 것과 유사했다. "잉글랜드은행의 몬태규 노먼(Montagu Norman) 총재는 예민하고 비밀스러운 성격이었고, 프랑스은행의 에밀 모로(Emile Moreau) 총재는 외국인을 혐오하고 의심이 많았으며, 독일 중앙은행의 마르 샤흐트(Hjalmar Schacht) 총재는 눈부신 재능을 가졌지만 누구보다 고집이 세고 오만했고, 뉴욕 연준 총재 벤저민 스트롱(Benjamin Strong)은 넘치는 활력과 강인한 의지라는 가면 속에 깊은 상처와 누적된 피로를 숨기고 있었다."

이런 점에서 본다면 대공황은 단순히 그 자체로만 평가해서는 안 되며 20세기라는 역사적 배경을 간과해서도 안 된다. 그 배경에는 제1차 세계대전, 금본위제도 전쟁채무와 배상금, 악성 인플레이션, 유럽의 쇠퇴와 미국의 부 축적과 같은 시대적 요소가 복잡하게 얽히고설켜 있다.

역사 속의 많은 사소한 부분들도 논쟁의 대상이 되기에 충분하다. 1914년 당시 각국의 중앙은행은 대부분 민간 은행으로 그

들의 권력과 역할은 미미한 수준에 불과했다. 잉글랜드은행을 예로 들어보자. 이 은행의 최초 설립 목적은 9년 전쟁의 비용을 지불하기 위해서였고, 당시 대중에게 받아들여지기 힘든 독일 위그노교도 출신의 도시 상인이 그 경영을 맡았었다. 잉글랜드은행이 이사회제도로 바뀐 뒤에도 경영자들은 자신의 본업이 따로 있는 경우가 많았다. 따라서 당시 잉글랜드은행의 경영 관리자는 단순히 '시민의 의무를 다한다'는 역할만 수행하면 그만이었다. 일부 음모론자들은 중앙은행이 개인의 소유라는 사실을 세상에 알리기 위해 그들을 비판하는 글들을 쏟아냈다. 하지만 그들이 여기서 간과한 점이 있다. 역사에는 반드시 그 원인이 존재한다는 사실이다.

리아콰트 아메드가 사용한 '세계를 파괴한 은행가들'이라는 부제는 금융위기의 곤경으로부터 세계를 구출해내지 못한 '무능력한 은행가들'에 대한 절제된 표현이었다. 이는 과장에 속하기도 하지만 일부는 사실이기도 하다. 최근 미국 금융위기 당시 재무부 장관이었던 티모시 가이트너는 리아콰트의 책을 읽고 난 뒤 '책장을 끝까지 넘길 수가 없었다', '굉장히 살벌하다'는 감정을 토로했다.[92] 초기 중앙은행이 마치 클럽처럼 운영되었음은 부정할 수 없다. 경영 이론에서 방법에 이르기까지 전부 허술했다. 새삼 평가해보면 당시 금융의 키를 쥐고 있던 총재들이 화폐와 경제에 대해 거의 아마추어 수준이었다는 사실에 다

---

92 티모시 가이트너(Timothy Geithner), 《스트레스 테스트Stress Test: Reflections on Financial Crises》, 중신출판사(中信出版社), 2015.

시 한 번 놀라지 않을 수 없다. 현대의 거시경제학 발전에 발맞춰 중앙은행 총재들도 근본적인 성장을 했을까? 과거에 금본위제를 주장했던 때처럼 현재도 역사와 경제에 대한 전반적인 이해와 통찰을 바탕으로 정책 결정을 하고 있을까?

금융위기는 인류의 역사와 공존해왔다. 단지 20세기 이전에는 금융이 경제에 연루되는 정도가 깊지 않았을 뿐이다. 고성장 발전에 이미 익숙해진 중국인들은 앞으로 경기 쇠퇴와 부흥의 순환에 더욱 익숙해져야 할지도 모른다.

월터 배젓에서 벤 버냉키까지
: 최후대출자

최근 들어 세계 경제 대공황에 관한 연구는 중앙은행의 역할과 작용에 점점 더 포커스가 맞춰지고 있다. 월터 배젓은 대공황을 거시경제학의 '성배(聖杯)'라고 칭했다. 이 '성배'의 해석을 놓고 열띤 논쟁이 계속되고 있지만, 여기서 얻는 기본 교훈에 대해서는 공감대가 형성되어 있다. 바로 대공황이라는 처참한 비극은 중앙은행이 금본위의 족쇄로부터 벗어나지 못했기 때문에 발생했다는 점이다. 현실에서도 금본위제로부터 빨리 탈출한 국가가 경제공황을 더 빨리 벗어났다는 법칙이 이를 증명해 준다.

전 연준 의장 벤 버냉키는 대공황은 과거 연준이 넘어야 했던 최초의 '큰 산'이었다고 말했다. 그러나 연준은 '큰 산'을 넘으려는 적극적인 시도도 안 했고, 결국 좋은 성적을 내지 못했다.[93] 버냉키는 대공황 연구의 개척자로 그의 시선과 주장은 주류 의견을 대표한다. 역사를 되돌아보면 그는 그 이유가 연준이 당시 유행하던 '청산주의'의 영향을 받았기 때문이라고 주장했다. '청산주의' 이론가들은 미국의 은행들이 대출을 대폭 늘리고 은행 시스템을 긴축하면 경제가 자연스럽게 다시 활기를 띠며 회복된다고 믿었다. 안타깝게도 역사는 그들의 예측대로 흘러가 주지 않았다. 연준은 크게 두 가지 실수를 범했다. 첫째, 통화 정책면에서 경기에 활기를 불어넣지 못했고, 실업과 인플레이션을 막지 못했다. 둘째, 금융 안정 측면에서 연준은 최후대출자의 역할을 제대로 수행하지 못했고, 그 결과 은행이 줄지어 문을 닫으며 금융 시장의 붕괴를 일으켰다.

통화 정책에 관해서라면 이미 앞에서 많이 다루었다. 따라서 여기서는 두 번째 실수를 더욱 집중적으로 들여다보고자 한다. 이른바 '최후대출자'라는 원칙은 중앙은행가의 신념과도 같다. 이는 잉글랜드은행의 출범 때부터 2008년 금융위기를 겪은 오늘날까지 금융 시장을 지탱하게 해준 근본 신념이다. 금융위기에서 뱅크런 사태는 가장 흔히 일어나지만 또한 가장 참혹한 사건이기도 하다. 미국 대공황 때도 다를 바 없었다. 대공황 시기에 구천 곳이 넘는 은행이 도산했고, 1933년에만 사천 곳이 문을 닫았다. 신용 동결이나 위축 나아가 붕괴가 발생하는 연이은 위기 속에서 배젓 법칙(Bagehot's Dictum)을 다시 한 번 되새겨

93 벤 버냉키(Ben Shalom Bernanke)의 《대공황Essays on the Great Depression》, 《벤 버냉키, 연방준비제도와 금융위기를 말하다The Federal Reserve and the Financial Crisis》 참조.

보는 일은 매우 가치 있어 보인다.

화폐의 역사에서 확실한 원칙은 딱 하나다. 바로 어떠한 원칙이라도 영원불변하게 옳을 수는 없다는 것이다. 화폐 문제는 언제나 중대한 문제였다. 변혁의 시대에는 각종 금속 화폐와 종이 화폐가 공존했고, 이는 대중을 더욱 혼란에 빠뜨렸다. 마르크스가 19세기 영국 정치가 윌리엄 글래드스턴(William Ewart Gladstone, 1809~1898년)의 다음과 같은 명언을 인용한 이유를 알 수 있을 것 같다. '사랑에 빠져 바보가 된 사람이 화폐에 빠져 바보가 된 사람보다 아직 적다.'

그러나 배젓은 분명 이런 부류에 속하지 않았다. 월터 배젓은 1826년 2월 23일에 태어났다. 그는 《이코노미스트》지 역사상 가장 훌륭했던 편집장이었다. 또한 나는 그가 세계사에서 가장 위대한 금융 칼럼리스트였다고 생각한다. 《이코노미스트》지는 지금도 '월터 배젓 칼럼' 코너를 유지하고 있다. 전 미국 재무부 장관 티모시 가이트너는 배젓의 저서인 《롬바드 스트리트》를 '성배'라고 치켜세우기도 했다.

1860년부터 1877년까지 17년간 월터 배젓은 《이코노미스트》지의 편집장으로 일했다. 150년 가까운 시간이 흘렀지만, 그가 제창했던 배젓 법칙은 아직도 우리 곁에 남아 있다. 배젓 법칙이란 '최후대출자'의 법칙이다.[94] 필자가 배젓을 반복적으로 인용하는 것은 깊이 고민하고 연구한 결과에 의한 것이다. 이 법

---

94 더욱 자세한 내용은 《롬바드 스트리트》를 참조하라.

칙은 금융위기 때 중앙은행이 금리를 높여야 하는 상황에서도, 회사와 은행에 자금 대출을 계속 유지하라는 내용으로 요약할 수 있다. 이 법칙은 오늘날까지도 막대한 영향을 끼치고 있다.

배젓이 살았던 시기는 잉글랜드은행이 소리 소문 없이 조금씩 진화하며 민간은행에서 공공기관으로의 탈바꿈을 시작한 때였다. 19세기에 이르러 정부가 전쟁 자금을 위한 융자를 줄이던 시기는 잉글랜드은행이 '우두머리'로 자리매김한 지 이미 백 년이 넘었을 때였다. 그 기간 동안 잉글랜드은행은 자금원조와 지불정지 사태 등 여러 번의 위기를 겪기도 했지만, 이런 위기를 이겨냄으로써 자체 생존력과 존재 가치를 입증했다. 월터 배젓은 어떠한 면에서 살펴봐도 잉글랜드은행은 런던의 유일한 은행으로 꼽힌다고 강조했다.

'권력이 커질수록 그에 대한 책임감도 커진다'는 말처럼 잉글랜드은행에 대한 외부의 기대감도 변화가 일어났다. 대중은 잉글랜드은행이 금본위제를 유지하는 일 말고도 더 많은 역할을 해주기를 희망하기 시작했다. 1930년대와 1940년대의 의회 조사와 특허권의 변화가 생기면서, 잉글랜드은행은 이 같은 대중들의 호응에 응해야만 했다. 통화 부족 등의 위기를 대처하는 책임을 더는 회피할 수 없었다.

이런 변화를 배젓은 예리한 통찰력으로 일찍이 직시했다. 배젓은 잉글랜드은행을 통해 중앙은행의 기능, 역할 및 정책에 대한 심도 있는 연구를 진행했고, 명확한 결론을 도출해냈다. 그

것은 다름 아닌 '중앙은행의 개입'이다. 즉 경제공황이 발생했을 때 중앙은행이 유동성 조절을 위해 나서야 한다는 것이었다. 또한 도덕적 해이를 방지하기 위해 중앙은행은 위기 속에서 대출 금리를 인상해야 하고 이런 '처벌형 이자'를 통해 '무임승차자' 등을 걸러내는 역할을 맡아야 한다.

1946년 잉글랜드은행은 최종적으로 국가 소유로 넘어가는 변화를 겪었다. 하지만 중앙은행의 기본 형태와 이념은 여전히 19세기 모델을 따를 수밖에 없었다. 이념 부분에서 참고할 만한 본보기나 모델이 없는 상황이었고, 잉글랜드은행은 이를 스스로 찾을 수밖에 없었다. 잉글랜드은행은 여러 차례 위기를 겪으면서, 중앙은행의 '게임법칙' 중 많은 부분을 보완했다. 이런 과정을 거치며 최종 완성된 잉글랜드은행은 훗날 미국, 나아가 세계 중앙은행의 롤모델로 자리 잡았다.

미국 경제는 영국에 비해 자유방임의 역사가 길다. 이런 미국인에게 중앙은행의 설립은 그다지 달갑지 않은 사건이었다. 하지만 뱅크런 사태를 연달아 겪으며, 미국은 최후대출자 역할을 맡은 중앙은행의 부재에 따른 대가를 톡톡히 치렀다. 19세기 말부터 20세기 초까지 미국의 많은 은행이 뱅크런으로 파산했고, 은행의 유동성 위기로 인한 피해는 고스란히 은행 예금자들에게로 돌아갔다. 뱅크런 초기에는 은행들이 인출을 해주지만 시간이 지나면서 결국 인출 업무를 중단하고 영업을 포기하고 만다. 이런 상황은 경제공황을 대공황으로 악화시키는 주범이었다. 1907년의 강력한 금융위기가 미국을 강타하기 직전, 당시 미국을 대표하는 금융가 존 피어폰트 모건이 두 팔을 걷어붙이고 나섰다. 그는 미국 금융시장이 1893년의 전철을 다시 밟지 않도록 자신의 권위를 무기삼아 휘두르며 위험한 국면으로부터 미국을 구해냈다.

두 위기는 많은 점에서 큰 차이를 보였다. 1893년 위기 때에는 오백 곳이 넘는 은행이 파산했지만, 1907년도에는 그보다 훨씬 적은 수의 은행이 문을 닫았다. 하지만 문제는 파산한 은행들의 '몸집'이 1893년보다 훨씬 커진 점이었다. 따라서 1907년 큰 몸집의 은행들이 쓰러졌을 때, 그 막대한 파급력은 금융 시스템 전체에 전달되었다. 이런 의미에서 보면, 모건은 중앙은행이 존재하지 않는 상황에서 중앙은행의 역할을 수행한 셈이라 볼 수 있다. 뱅크런 위기가 계속 반복되자, 미국 의회는 점차 금융 시스템 안정의 중요성을 깨달았고, 그리하여 1914년 마침내 미국 중앙은행이 탄생하게 된다. 연준이 설립된 이후에 발생한 1929년의 대공황이나 2008년의 금융위기 때, 연준이 얼마나 핵심적인 역할을 했는지 우리는 실감하고 있다.

2008년 금융위기를 직접 겪었던 전 연준 의장 버냉키도 20세기에 일어났던 뱅크런 사태를 생각하면 몸서리치듯 두렵다고 회고한다. "공황은 매우 심각한 문제입니다. 한 은행이 뱅크런으로 파산하면 다른 은행의 고객들은 자기가 돈을 맡긴 은행도 문제가 생길까 봐 전전긍긍합니다. 그래서 한 은행의 파산은 그

결로 끝이 아니라 다른 은행의 뱅크런 사태로 전이되고, 나아가 전체 은행시스템의 위기로 크게 확산될 가능성이 매우 큽니다. 하지만 문제는 여기서 끝이 아니라는 점입니다. 많은 은행의 파산으로 인한 은행 업계의 공황은 결국 다른 시장으로까지 그 여파가 미친다는 거예요. 가장 대표적인 예가 주식시장의 붕괴입니다. 이런 상황들이 합쳐져 한 국가 전체 경제에 미칠 충격이 어떨지는 충분히 상상해볼 수 있습니다."[95]

금융은 인류가 진화하고 발전함에 따라 함께 발전해왔다. 이는 금융에도 안전한 보호 장치가 필요하다는 점을 시사해준다. 예컨대 중앙은행, 예금보험, 사회보장과 같은 공적인 '최저안전보장' 장치들이 있다. 하지만 금융에 관한 몇몇 기본 원칙들은 계속 유지해야 한다. 버냉키는 2008년 미국 금융위기가 터졌을 때도 월터 배젓에게 존경을 표했고 배젓이 은행 발전 역사의 '핵심 인물'이라는 찬사를 아끼지 않았다. 그의 태도는 지금까지도 변함없다. 또한 버냉키는 중앙은행이 '배젓 원칙'에 따라 행동한다면 금융위기를 잘 극복할 수 있다고 주장했다. "중앙은행이 시의적절하게 효과적으로 시장에 개입하는 것이 중요하다. 중앙은행은 개입을 통해 단기적으로 자금 유동성을 높여 전반적인 경제시스템의 붕괴를 막거나, 최소한 경제시스템을 안정화시켜야 한다."

'배젓 원칙'은 이미 오래된 것이지만, 다시 이슈로 떠오른 건

---

95 벤 버냉키, 《벤 버냉키, 연방준비제도와 금융위기를 말하다 The Federal Reserve and the Financial Crisis》, 2014.

뜻깊은 일이다. 오늘날 많은 연구자들이 이에 관한 연구와 토론에 참여하고 있다. 경제공황 때 중앙은행이 필요한 은행에 고금리 수준의 충분한 유동성을 제공해주어야 한다는 원칙에 관심의 초점을 맞추고 있는 것이다.

오늘날의 경제 형세는 우리가 이미 금융위기가 빈번하게 발생하는 시대에 돌입했다는 것을 말해준다. 역사를 교훈삼아 인류가 또다시 혹독한 대가를 치르지 않도록 대비해야 한다. 19세기 대공황의 경험과 교훈은 2008년 금융위기 때 많은 점을 시사해주면서 제 역할을 톡톡히 해냈다. 중국도 2013년 6월 '통화 공급량 부족' 사태를 겪었지만 이는 아주 짧고 간단한 금융위기의 예행연습에 불과했다. 이를 계기로 중국 중앙은행도 불안정한 성질을 운명적으로 타고난 금융 체제의 안정을 유지시켜줄 수 있는 조력자 역할을 해야 한다. 이것이 바로 사람들의 입에 종종 오르내리며 자주 거론되는 '큰 중앙은행'의 귀환이다.

'태양 아래 새로운 건 없다.' 하지만 우리는 같은 실수의 반복을 피할 수 있을까? 중앙은행의 역사와 그 역할 형성 과정을 열심히 분석하는 건, 현재 우리가 겪고 있는 불안정한 시장 상황에서 해결하지 못하고 있는 몇몇 문제에 대해 해답을 찾으려는 데 있다. 중앙은행의 '최후대출자' 역할과 역선택의 도덕적 해이 사이에서 균형점을 어떻게 찾아야 할까? 누가 국제사회의 '최후대출자' 역할을 담당해야 할까? 혹은 누가 관리 감독자들을 관리 감독해야 할까?

금본위제를 시행하던 시대에 영국에서도 금 사용에 대한 찬반론이 첨예하게 대립했었다. 1810년 영국에 지금위원회가 설립되었고 경제학자 리카르도도 구성원 중 한 명이었다. 이 위원회는 통화 정책에 대해 다음과 같은 결론을 내린 바 있다. "국가무역 지식은 너무 복잡하고 통화유통 이론은 너무 심오해 누가 됐든 어떤 단체든 이를 시의적절하게 사용해 한 국가의 무역 수요를 조절할 수 없게 한다."[96]

금융은 온전히 인류 지혜의 진화에 기대왔다. 잉글랜드은행, 연준의 운영 또는 지금의 통화제도 등을 진화의 관점에서 본다면 보기에는 역사의 우연으로 보이지만 사실은 논리적 필연이다. 역사는 시간이 만든다. 그러나 역사마다 다른 시간의 주기를 갖는다. 프랑스 아날학파 역사학자 페르낭 브로델은 역사의 시간을 장기지속, 중기지속, 단기지속의 세 가지로 나누었고, 그에 따라 각기 구조, 국면, 사건이 대응한다고 보았다. 바꿔 말하면 우리의 일상에서 또는 전통적으로 논하는 역사는 희극화된 사건의 일부일 뿐이며, 더욱 깊고 심오한 역사의 '외관상의 진동', '조수에 의한 강한 운동 중에 일어나는 파도'에 속한다.

따라서 잉글랜드은행의 탄생이나 1929년 대공황과 같은 역사의 사건들은 인간의 지혜와 무의식의 스위치가 켜졌다 꺼졌다를 반복하는 과정의 결합체로 볼 수 있다. 하지만 이들은 역사 속 깊숙한 곳에서 느린 속도로 함께 진화 발전해온 환경, 즉 경

---

96 월터 배젓, 《롬바드 스트리트》.

제, 국가, 사회, 문화 등과도 깊은 관련이 있다. 반면 중앙은행의 과거와 현재에 관해 이야기할 때 그 은행이 생겨나게 된 배경에 대한 설명이 반드시 필요하다. 이를 통해 우리는 금융사의 진화 과정, 나아가 국가의 흥망성쇠에 대한 큰 그림을 이해할 수 있을 것이다.

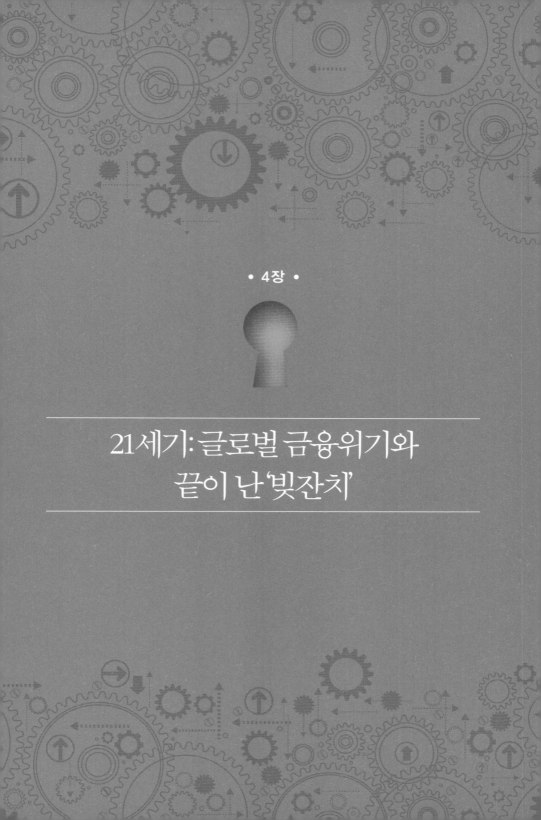

• 4장 •

21세기: 글로벌 금융위기와
끝이 난 '빚잔치'

Ⅰ
2008년 미국 금융위기

인간은 걸작이 아닌가.

이성은 얼마나 고귀하고, 능력은 얼마나 무한한가.

생김새와 움직임은 얼마나 정교하고 놀라우며,

행동은 얼마나 천사 같고, 이해력은 얼마나 신 같은가.

세상의 아름다움, 숨탄것들의 본보기지.

— 영국 극작가 윌리엄 셰익스피어

(William Shakespeare, 1564~1616년)

사람들은 자신들이 아는 것이 실제보다 훨씬 많아야 한다고 생각한다.

그들은 잘 알지 못하는 일에 의견을 말하길 좋아하고

그 의견에 따라 행동을 결정한다.

—2013년 노벨 경제학 수상자 로버트 실러

(Robert J. Shiller, 1946~)

지난 수십 년간 금융계가 발명한 상품 중

혁신적인 것은 현금 인출기밖에 없다.

—전 미연방준비제도이사회 의장 폴 볼커

(Paul Volcker, 1927~)

20세기의 대공황은 거시경제학을 탄생시켰다. 아시아 금융위기는 아시아 경제 모델의 실패로, 2008년 금융위기는 신자유주의, 크게는 자본주의의 실패로 일컬어진다. 그렇다면 내막은 어떠한가? 연준 등 기관의 지도층은 역사가 주는 교훈을 살펴 대공황의 위기가 다시 찾아오는 최악의 상황을 피할 수 있었다. 위기를 이해하는 일은 위기를 대처하는 일만큼이나 중요하다. 역사적 정의란 오랜 시간 갈고 닦아지는 과정을 통해 얻을 수 있는 결과물이다. 따라서 오늘날까지도 대공황에 대해 합의된 분석과 평가는 없다. 금융위기 분석과 연구에 더욱 많은 시간과 열정을 투자해야 하는 이유다. 그렇지 않을 경우, 우리는 지금 코앞까지 와 있을지도 모르는 새로운 위기를 다시 한 번 맞아야 할지도 모른다.

리먼브라더스의 추락
: 자만의 대가

거대한 파도는 대개 잔잔한 물결에서 시작된다. 2008년 9월 15일 리먼브라더스가 파산보호신청을 했다. 이 소식이 뉴욕을 거쳐 중국 상하이까지 전해지면서 세계의 시선은 역사상 최대 규모의 파산 사태인 이 사건에 집중되었다. 미국 4위 규모의 이 대형 투자은행은 개인 박스를 안고 나오는 직원들의 뉴스 영상을 마지막으로 역사의 무대에서 사라졌다.

이후 리먼브라더스 인수 전쟁에서 잠시 물러서 있던 영국 바클레이스은행이 돌연 파격적인 인수 가격을 제시하며 모습을 드러냈다. 바클레이스은행은 리먼브라더스의 핵심 파트인 북미 투자은행 및 자본시장 영업부를 2억 5천만 달러에 인수하기로 합의했다. 시장의 예상 가격이었던 20억 달러에 훨씬 못 미쳤고, 리먼브라더스의 CEO 리처드 폴드(Richard Fuld, 1946~) 회장이 제시했던 가격보다도 훨씬 낮았다. 1850년에 설립된 리먼브라더스 사는 앨라배마 주에서 면화 사업으로 시작했지만 나중에는 월가의 '빅4' 투자은행으로 거듭났다. 이 은행의 한 파산보호신청 관련 문서에 따르면, 파산 당시 리먼브라더스의 자산 규모는 6,390억 달러였으며 부채는 6,130억 달러였다고 한다.

리먼브라더스의 마지막 모습은 '큰 울부짖음'보다는 '처량한 흐느낌'에 가까웠다. 백 년 넘게 큰 별로 빛나던 리먼브라더스는 추락하면서 타협과 양보란 없었던 자만의 얼굴도 함께 떨궈야 했다. 하지만 리먼브라더스의 파산은 그저 시작에 불과했다. 당시만 해도 리먼브라더스의 파산이 블랙 스완[97]으로 일컬어지는 2008년 금융위기로 번질 줄은, 세계 금융위기를 초래한 서브프라임 모기지 사태의 주범이 될 줄은 아무도 상상하지 못했다. 그런데 이러한 위기에 관해서라면 먼저 신용부도스와프, 즉 CDS(Credit Defalut Swap)[98] 이야기부터 시작해야 한다.

CDS: '대량 살상무기'로 간파하지 못했다

서브프라임 모기지 상품은 2008년까지 판매되었는데, 당시 이미 주택시장을 넘어서 상업용 빌딩, 신용카드와 관련된 파생상품까지 시장이 확대되었다. 그뿐 아니라 더욱 많은 영역으로

---

97 도저히 일어날 것 같지 않은 일이 일어나는 것을 얘기하는 것으로, 월가 투자전문가인 나심 니콜라스 탈레브가 그의 저서 《블랙 스완The black swan》을 통해 서브프라임 모기지 사태를 예언하면서 두루 쓰이게 됐다 — 옮긴이.
98 채권을 발행하거나 금융기관에서 대출을 받아 자금을 조달한 기업의 신용위험만을 분리해 시장에서 사고 파는 신종 금융파생상품 거래 — 옮긴이.

손을 뻗어나갔다. 그 중 대표적인 상품이 바로 CDS다.

리먼브라더스와 함께 파산보호신청을 한 AIG는 CDS 시장에 활발히 참여했었다. 리먼브라더스는 시장 10위 규모의 CDS를 거래하고 있었고, CDS가 생겨난 이래 가정 먼저 파산한 시장조정자[99]였다. 채권 관련 파생상품인 CDS는 1990년대 모건스탠리가 처음으로 상용화했고, 처음 몇 년간은 월가에서 상당히 안정적인 투자로 자리 잡아갔다. CDS는 금융 자산 투자자가 대출 원리금을 돌려받지 못할 위험에 대비한 일종의 보험이었다. 채권자는 채무불이행이 일어나지 않으면 거래 가격에 따른 보험료를 수익으로 챙기고, 채무불이행이 발생하면 원리금(보험금)을 받는다. 채무자가 부도나면 금융사가 채권자 자산의 리스크를 책임진다. CDS에 따른 레버리지 효과는 실로 막대하다. 몇 배에서 심한 경우 몇백 배에 달한다. 서브프라임 모기지 사태에서 CDS와 관련된 서브프라임 모기지 파생상품으로는 상업용부동산담보대출(MBS), 상업용부동산저당증권(CMBS), 부채담보부증권(CDO)이 있다.

"물리학은 신과 게임을 즐기고, 금융학은 신의 피조물과 게임을 한다. 따라서 금융학은 물리학보다 훨씬 어렵다." 이는 월가에서 금융파생상품을 개발하는 금융공학자 임매뉴얼 더만(Emanuel Derman, 1945~)이 한 말이다. 그는 금융 리스크에 대해 경각심을 가져야 한다고 강조했다. 하지만 리먼브라더스의 폴드

<hr>

99 Market Maker. 특정의 주식을 소유하고 항상 매매에 응할 용의가 있는 업자, 투자 전문가 또는 기관을 말한다 — 옮긴이.

회장은 그렇게 생각하지 않았다. 리먼브라더스 같은 기업들은 정크본드(Junk bond)[100]를 '두 다리 뻗고 잘 수 있는' 금융 상품으로 포장해서 시장에 내놓았다. 리먼브라더스는 서브프라임 모기지를 가장 많이 판매한 은행으로, 그 중 상당 부분은 투자자들에게 팔아넘겼고, 동시에 적지 않은 규모를 자사로 유입시켰다. 그 결과 리먼브라더스의 자산 규모는 850억 달러에 달했다.

서브프라임 모기지 사태가 일어나기 전까지 금융 시장은 매우 평화로웠다. 채무불이행률은 역사상 가장 낮은 수치를 유지했고, 투자은행이 발행해 판매한 CDS의 회수율도 기대 이상으로 높아 안정적이었다. 월가에서 큰 인기를 끈 CDS는 글로벌 거래시장의 장외 신용파생상품으로 확대되어나갔다. 세계에서 가장 큰 규모의 채권사였던 리먼브라더스는 CDS를 통해 엄청난 수익을 거둘 수 있었다. 하지만 결국 '남을 속이려다 자기 꾀에 제가 속아 넘어간 꼴'이 되고 말았다. 서브프라임 모기지 사태가 발발하자 채무불이행률이 폭증했고, CDS는 시한폭탄으로 전락해버렸다. 특히 관리가 어려운 장외 거래 특성상 CDS의 정확한 규모를 파악하지 못하자, 사람들은 경악을 금치 못했다. 추측에 다르면 상업은행과 연관된 CDS 규모는 62억 달러에 달했고, 투자은행과 헤지펀드[101] 등 관리 및 감독이 비교적 허술한 기관이 보유했던 CDS의 규모는 정확한 집계조차 어려웠다. 금

---

100 신용등급이 낮은 기업이 발행하는 고위험 고수익 채권을 뜻하는 말. 기업의 신용등급이 아주 낮아 회사채 발행이 불가능한 기업이 발행하는 회사채로 '고수익채권', '열등채'라고도 칭한다 — 옮긴이.
101 단기이익을 목적으로 국제시장에 투자하는 개인 모집 투자신탁 — 옮긴이.

융 시장의 '큰손'들도 억대에 달하는 손해를 보자 CDS 앞에서 벌벌 떨 수밖에 없었다. 이때 CDS는 낭떠러지 끝에 매달린 '다모클레스의 칼[102]'이라 불렸다. 투자가 워렌 버핏(Warren Edward Buffett, 1930~)은 일찍이 CDS를 '금융 시장의 대량살상무기'라고 경고했다.

리먼브라더스가 정확히 어느 정도 규모의 CDS를 보유하고 있었는지는 확인할 수 없다. 하지만 CDS의 레버리지 효과로 그 배상액은 경악을 금치 못하는 수준에 달했을 것이다. 바로 이점이 예전부터 자금 부족을 겪고 있던 리먼브라더스가 파산보호 신청을 할 수밖에 없었던 핵심 원인으로 작용했다. 고액의 CDS를 보유하는 건 시장이 공포에 떨던 1년 동안에는 자살행위나 다름없었다. 물론 리먼브라더스에 파산 위기를 피할 수 있는 매각 협상의 기회가 없던 것은 아니다. 하지만 리먼브라더스는 이런 기회를 뿌리치고 낙관적 태도를 고수했는데, 그 이면에는 리먼브라더스의 핵심 인물인 리처드 풀드 회장이 있었다. 그는 과거에 서브프라임 모기지 사태는 이제 거의 끝이 보인다는 성명을 여러 번 발표하면서 낮은 가격의 자산 매각 협상을 거부해왔다. 리먼브라더스의 전성기와 추락을 이야기할 때 리처드 풀드는 절대로 빼놓을 수 없는 핵심 인물이다.

102 어느 날 시칠리아 섬 시라쿠사의 참주 디오니소스 2세는 다모클레스를 불러 말총에 매달린 칼 아래 앉게 했다. 권좌는 칼 아래 앉아 있는 것처럼 위험천만한 자리라는 점을 다모클레스에게 일깨워주고자 함이었다. 이 사건 이후 다모클레스의 칼은 '절박한 위험, 위태위태한 상황'을 상징하게 되었다. 로마 시대 정치가이자 철학자였던 키케로가 자주 인용하면서 유명해졌고, 현대에 들어서는 존 F. 케네디 전 미국 대통령이 1961년 9월 유엔총회 연설에서 핵전쟁의 위험을 강조할 때 언급하면서 더욱 유명해졌다 — 옮긴이.

리처드 풀드 vs 존 테인

어떤 면에서, 리먼브라더스의 문화는 풀드의 문화였다고 할 수 있다. 풀드는 1994년부터 리먼브라더스를 이끌어온 '살아 있는 화석'과도 같은 존재였다. 그가 스쿼시를 즐기고 스테이크를 좋아한다는 사실은 널리 알려져 있다. 부하 직원들은 그를 '고릴라'라고 불렀다. 《비즈니스위크*Business Week*》 지에서는 그를 '월가의 불독'이라 칭하기도 했다. 호전적이고 투쟁적인 기업인으로 그 수법이 악랄하기로 소문이 난 인물이어서 월가에 많은 적을 두고 있다는 설명도 덧붙었다. 풀드는 리먼브라더스가 빛을 발하도록 진두지휘한 '창조자' 역할을 했다. 하지만 리먼브라더스를 위기로부터 여러 번 살려낸 그의 자만 탓에 결국 리먼브라더스는 다시는 돌아올 수 없는 강을 건너고 말았다.

2008년 62세였던 풀드는 당시 40년이 넘는 경력이었는데, 리먼브라더스의 역사와 연결고리가 깊다. 그는 대학을 졸업하고 리먼브라더스에 입사해 기업어음(CP) 중개인에서 CEO의 자리에까지 올랐다. 풀드는 월가에 있는 대형 투자은행의 CEO 중 가장 오랫동안 자리를 지킨 수장이었다. 1984년 아메리칸익스프레스에 인수됐다가 1994년 독립한 이후 주식상장, 1998년 자금순환위기, 2000년의 닷컴 버블 사태 같은 여러 번의 위기를 겪을 때마다 리먼브라더스를 살려낸 이가 바로 그였다. 풀드는 다른 투자은행에서 인원 감축으로 일자리를 잃은 인재들을 리먼브라더스로 데려와 투자은행의 업무를 늘려갔다. 이렇게 리먼브라더스는 기존의 수익 모델을 통해 안정적인 수입을 유지하면서 투자은행 업무에서도 크게 성장해나갔다. 전성기에 리먼브라더스의 직원 수는 이만 오천 명에 달했다. 이런 대성공을 이끈 장본인인 폴드의 힘은 회사 내에서 절대적이었다. 바로 이런 이유로 리먼브라더스 이사회와 리스크 위원회는 서브프라임 모기지 사태가 터진 뒤 폴드 회장의 독단적 결정에 제재를 가하기 힘들었던 것이다.

2004년 《뉴욕타임스》가 월가의 권력 순위를 선정한 적이 있었다. 1위는 재무부 장관직을 지내고 당시 골드만삭스의 CEO였던 헨리 폴슨(Henry Paulson)이 차치했고, 2위에는 리먼브라더스의 CEO 리처드 폴드가 이름을 올렸다. 리먼브라더스가 증권시장에서 매일 기록을 경신하며 큰 수익을 올리기 시작했던 시기가 바로 2004년이다. 그뿐 아니라 토지와 관련된 대량의 자산을 사들였고, 여러 주택 모기지 캐피탈도 계속 인수했다. 그러다 2008년 1분기부터 위기의 징조가 조금씩 나타났다. 4억 8,900억 달러의 순이익을 올린 반면, 적자는 100억 달러에 달했다. 하지만 폴드는 다른 대형 투자은행처럼 대규모 융자를 받아 자금을 늘리지 않았고, 리먼브라더스의 상태는 점점 수습할 수 없는 지경으로 치달았다. 3월에는 베어스턴스가 시장의 신용을 잃고 파산을 신청했지만 리먼브라더스는 위험한 행보를 멈추지 않고 주택담보대출 중 신용등급 알트에이(Alt-A)[103]에 속하는 모

---

103 서브프라임 모기지보다 신용도가 뛰어난 주택담보대출 — 옮긴이.

기지를 계속 늘려나갔다. 4월 리먼브라더스 주주대회에서 풀드는 서브프라임 모기지 사태에서 위험한 고비는 이미 지나갔다고 확신했다.

2008년 2분기, 리먼브라더스에 28억 달러의 첫 손실이 나타났고 리먼브라더스가 보유하고 있던 알트에이 모기지의 가격은 바닥으로 떨어졌다. 위기에 빠진 리먼브라더스는 고심 끝에 자회사를 팔아 살아남기로 결정했다. 그때 영국 바클레이스은행, 뱅크오브아메리카, 노무라홀딩스와 미국계 사모펀드[104] 콜버그크래비스로버츠(KKR) 등이 리먼브라더스에 관심을 보였다. 그 중 협상 타결의 문턱까지 갔던 곳은 한국산업은행이었다. 풀드는 전용기를 타고 한국을 방문해 협상을 진행했고, 한국산업은행은 40~60억 달러를 투자하겠다는 의사를 전달했다. 하지만 풀드는 이 제안을 받아들이지 않았다. 9월이 되자 리먼브라더스에 심각한 적신호가 켜졌다. 3분기에 39억 달러의 적자가 발생했고 주가도 폭락했다. 마지막 희망이었던 뱅크오브아메리카, 바클레이스은행과의 인수 협상도 실패로 끝나면서 리먼브라더스는 파산보호신청을 하게 된다.

풀드에게 자신의 젊음과 열정을 전부 쏟아 부어 일군 회사를 눈물을 머금고 타인의 손에 넘기기란 쉽지 않았을 것이다. 그래서인지 그가 제시하는 가격은 언제나 투자자의 예상보다 훨씬 높았다. 결국은 그 차이를 줄이지 못해 리먼브라더스를 매각

104 투자자로부터 모은 자금을 주식 채권 등에 운용하는 펀드 — 옮긴이.

할 수 있는 기회마저 놓쳐버렸다. 메릴린치증권의 CEO 존 테인(John Thain)은 풀드와 전혀 달랐다. 메릴린치도 리먼브라더스와 상황이 비슷했다. 서브프라임 모기지 관련 모기지 증권을 잔뜩 보유하고 있었고, 그 규모가 수십억 달러에서 수백억 달러에 이르렀다. 하지만 존 테인은 2008년 7월 당시 시장 가격에 훨씬 밑도는 가격을 제시하며 주택담보부증권을 매각했다. 또한 9월 15일 연준의 자금조달에 대한 희망이 없어지자 신속하게 뱅크 오브아메리카의 품에 안기기로 결정했다. 리먼브라더스와 뱅크 오브아메리카와의 매각협상이 결렬된 지 48시간도 채 지나지 않은 시간이었다. 매각 가격은 500억 달러에 불과했다. 주가 최고치의 3분의 1에 해당하는 수준이었다. 지금 되돌아보면 그 당시 회사를 위해 큰 고통과 손해를 감수했던 결정은 메릴린치를 살린 기회이자 행운이었다.

리처드 풀드와 존 테인, 둘 사이엔 어떤 차이점이 있을까? 어느 금융 시장 전문가는 풀드가 리먼브라더스를 독점했던 자만이 테인에게는 없었다고 평가한다. 리먼브라더스가 파산하기 몇 해 전 중국을 방문한 풀드가 기자들과의 인터뷰에서 한 발언, 즉 "자만하면 결국 실패로 끝나기 때문에, 회사가 자만에 빠지지 않도록 하는 것이 가장 큰 고민"이라던 말이 참 아이러니하게 들린다.

그런데 리먼브라더스의 파산은 그저 '전주'에 불과했다. 당시만 해도 리먼브라더스의 파산이 블랙 스완으로 일컬어지는

2008년 금융위기로 번질 줄은, 세계 금융위기를 초래한 서브프라임 모기지 사태의 주범이 될 줄은, 아무도 상상치 못했다. 그 사태에 연루되었던 많은 회사들은 이미 이 세상에 존재하지 않거나 존재하지만 재기불능 상태에 있다.

씨티그룹
: '유니버설 뱅킹'의 꿈 산산조각

씨티는 결코 잠들지 않습니다(The Citi Never Sleeps).

돌이켜보면 씨티그룹이 오랫동안 내걸어온, 두 가지 해석이 가능한 이 슬로건에서는 씁쓸함이 느껴진다. 2008년 11월 23일 늦은 시간, 미국 정부는 최후대출자로서 다시 한 번 팔을 걷어붙였다. 주가가 60퍼센트로 하락한 씨티그룹에 3,060억 달러라는 천문학적인 규모의 채무를 원조해주기로 결정한 것이다. 이렇게 주가 폭락의 위기는 넘겼지만 씨티그룹의 경영층은 회사 분할과 퇴진이라는 불투명한 미래에 대한 공포를 떨쳐낼 수 없었다.

세계 금융 시장을 주름잡았던 최대의 금융회사인 씨티그룹에 서브프라임 모기지 사태는 '아직 깨어나지 못한 악몽'과도 같았다. 그리고 위기에 빠진 씨티그룹을 구제해준 것은 바로 미국 정부였다. 2조 달러의 자산과 2억 명의 고객을 보유한 거대 규모의 씨티그룹은 당시 AIG 그룹과 같은 처지였다. 금융 시장으로부터 받은 작은 영향이 그룹 전체를 존폐 위기로 몰아갔다. 이번에도 정부를 발 벗고 나서게 만든 건 '대마불사'라는 논리였다.

비크람 팬디트의 최후 결정의 순간

정부가 씨티그룹의 '구원자'로 나섰음에도 '자라 보고 놀란 가슴 솥뚜껑 보고 놀라듯' 시장은 앞으로 상황을 더 지켜봐야 한다는 조심스러운 분위기였다. 피치레이팅스(Fitch Ratings)는 씨티그룹의 신용등급을 AA-에서 A+로 낮추었다. 분석가 데이비드 와이드너(David Weidner)는 씨티그룹을 구제하며 미국 정부의 국채가 1조 달러로 늘어나 금융 시장은 더는 구제를 받을 수 없는 한계에 이르렀다고 주장했다.

씨티그룹의 위기가 어느 정도 가라앉은 뒤, 놀란 가슴을 쉽게 가라앉힐 수 없었던 주주들의 분노와 억울함은 경영층에게 분출됐고, 모든 '화살'은 씨티그룹의 CEO 비크람 팬디트(Vikram Pandit)에게 집중되었다. 팬디트는 씨티그룹의 위기는 미국 금융 시장 전체의 신용 위기며, 미국 정부의 구제로 씨티그룹은 더욱 강하고 튼실한 기업으로 거듭날 수 있다고 강조했다. 그러나 위기는 팬디트 본인의 신용에도 찾아왔다.

2007년 12월 위기 상황을 전달받은 뒤 전략적 사고와 리스크

관리 능력이 뛰어났던 팬디트는 씨티그룹 내부의 개편에 힘썼다. 먼저 의사 결정권을 최하급 부서로 이양했고, 지역을 기반으로 하는 업무를 확장해나갔으며, 고객에게 더욱 가까이 다가가라고 지시했다. 둘째로는 씨티그룹의 각 부서들이 독립적인 정산과 성과평가 체제를 갖추도록 했다. 그리고 마지막으로 원가 삭감과 경비 절감을 단행했다.

평화로운 시절 이와 같은 팬디트의 결정은 '단칼'에 자르듯 과감해 보였다. 하지만 위기 상황에서는 아니었다. 특히나 하루 만에 회사를 뱅크오브아메리카에 매각한 메릴린치 수장 테인의 '단번에 무를 자르는 듯한' 대담성과 비교되었다. 씨티그룹의 구조조정과 회사 분할을 요구하는 목소리가 높아지면서 팬디트는 정책 결정이 느리다는 비판을 받기도 했다. 그러나 팬디트는 씨티그룹의 운영 방식을 바꿀 의사가 없으며, 자회사들을 그대로 유지하면서 업무를 관리하겠다는 뜻을 고집했다.

인도에서 태어난 팬디트는 학위를 네 개 가지고 있다. 2008년 그의 나이는 51세였다. 투자은행가로서 그의 인생은 모건스탠리에서부터 시작됐다. 많은 사람들은 그를 월가에 진출한 아메리칸드림의 대명사라 말한다. 하지만 오늘날 그의 '아메리칸드림'은 시험대에 올랐다. 물론 비단 팬디트 한 사람만의 문제 때문이라고는 할 수 없다. 더군다나 '덩치가 크면 넘어질 수 없고' '덩치가 크면 관리하기 어렵다'는 대마불사의 거대 금융기업을 이끌고 있는 상황에서는 더욱 그렇다.

월가의 한바탕 소동에 모두가 어느 정도 적응했을 위태롭던 금융 거장 씨티그룹이 오랫동안 침묵을 지켜오던 모건스탠리와 손을 잡았다는 소식이 들려왔다. 2009년 1월 13일 양측은 두 회사의 중개업 사업 분야를 합병하는 데 합의했다. 역대 세계 최대 규모의 증권 딜러가 세상에 모습을 드러내기 직전, 월가의 금융기관들은 금융위기의 레버리지 효과의 여파로 구조조정의 고통을 겪고 있었다. 유니버셜 뱅킹, 즉 만능은행이라는 모델은 더욱 해체되면서 이들은 점점 독립적인 중개업 모델로 다시 눈을 돌렸다. 정부 발표에 따르면 '모건스탠리 스미스바니(Morgan Stanley Smith Barney)'라는 이름으로 새롭게 탄생할 이 회사가 관리할 고객들의 자산 규모가 1조 7천억 달러에 달하며, 전 세계 680만 가구를 대상으로 서비스를 제공한다고 한다. 이 합작회사는 씨티그룹의 중개사업 회사였던 스미스바니, 스미스바니오스트레일리아, 영국 자산관리 부문인 퀼터 사가 모건스탠리의 글로벌 자산관리 부서와 합병해 탄생됐다.

두 회사의 합병 이후 팔천 명이 넘는 모건스탠리의 브로커와 만 명에 가까운 스미스바니의 브로커들이 줄지어 새 회사의 새 자리로 이동했다. 이렇게 해서 구성된 브로커의 규모는 이만 명에 육박했는데, 이는 뱅크오브아메리카와 메릴린치의 합병 때보다 훨씬 큰 규모였다. 이 거래를 조건으로 모건스탠리는 씨티그룹에 27억 달러의 현금을 지불했고, 합작회사의 지분 51퍼센트를 가져갔다. 씨티그룹은 49퍼센트의 지분을 챙겼다. 합작회사의 순이익은 58억 달러를 기록했다. 대표 이사직에는 모건스탠리의 CEO였던 제임스 고먼(James Gorman, 1958~)이, CEO 자리에는 씨티그룹의 글로벌 자산관리 부서와 미 캐나다 지역 총괄 CEO였던 찰스 존스톤(Charles Johnston)이 임명되었다.

미국 최대의 '금융 제왕'이었던 씨티그룹의 스미스바니 매각은 '몸집 줄이기'를 향해 내딛은 첫걸음이었다는 평가를 받았다. 씨티그룹과 모건스탠리와의 협상은, 지난 1998년 시티코프와 트래블러 그룹이 합병 협상에서 강조했던 '금융백화점'의 이념을 본질적으로 바꾸어놓았다. 이 혁신의 주요 목적은 씨티그룹의 자산부채규모(당시 규모는 2조 달러)를 3분의 1로 줄이고, 소비금융업무 등의 몸집을 줄이는 데 있었다. 여기에는 프리메리카 종합 금융서비스, 씨티 파이낸셜, 상업자 표시 신용카드 그리고 일본에서의 여러 소비자 관련 업무 등이 포함된다. 그밖에도 씨티그룹은 안 그래도 바닥난 회사의 자본금을 '야금야금' 갉아먹는 자기매매 거래 업무도 신속히 줄인다는 계획을 내놓았다.

산산조각 난 '금융백화점'의 꿈

금융백화점이라는 이념은 씨티그룹 전설의 CEO 샌디 웨일(Sandy Weill)이 수십 년간 심혈을 기울여 회사를 경영해온 결과였다. 씨티그룹은 상업은행 업무에서부터 투자은행 업무를 넘어 보험 업무까지 거의 모든 금융 서비스 업무에 손을 대고 있었다. 이는 원스톱 서비스를 요구하는 기업이나 개인의 요구를 만족시켜주기 위해서였다. 회사가 핵심 업무와 고객을 모두 잃어버릴 위기에 봉착했을 때 안전한 모델 구조로 전환해 생존하는 방식은 월가에 있는 회사들이 지향해야 하는 새로운 방향으로 자리 잡았다. 이런 흐름에 맞춰 증권 중개업의 위치가 급상승했다. 이전까지 증권 중개업은 자본시장의 말단 '근육'으로 여겨져 큰 주목을 받지 못했다. 투자은행들은 그저 고수익을 낼 수 있는 자기매매 업무에만 매달렸다. 자기매매 업무가 자본시장을 진두지휘하는 '대뇌'라고 여겼기 때문이다. 자본시장이 불안정하자 자기자본 수익률도 감소했다. 반면 안정적인 증권 중개업은 꾸준한 성과를 냈다. 씨티그룹이 매각한 스미스바니를 살펴보면, 2008년 이전 9개월간 플러스 성장을 유지했다. 같은 기간 씨티그룹의 수익률은 20퍼센트 이상 떨어졌지만 모건스탠리의 증권 중개업은 2년 전부터 안정적인 수익을 올렸다. 이와 비례해 월가 브로커들의 임금 감소폭은 투자 은행가들의 임금 감소폭보다 낮았다.

어떤 사람들은 이번 씨티그룹의 몸집 줄이기가 1998년 당시 트래블러그룹과 합병하기 전 씨티그룹이 보인 모습과 같다고 평가했다. 한편 모건스탠리의 움직임은 1998년 딘위터(Dean Witter)와의 인수합병, 그 연장선에 있었다. 1997년 모건스탠리는 소규모 중개업체였던 딘위터를 합병한 뒤 모건스탠리딘위터

(Morgan Stanley Dean Witter & Co.)를 세웠다. 두 회사를 통합하는 과정에서 모건스탠리는 내부 권력투쟁 등으로 몸살을 앓으며 혹독한 대가를 치렀다. 오랜 시간이 지난 뒤에야 비로소 안정을 되찾았지만, 그 경험이 이번 새 합작회사와의 협력 과정에 어떤 영향을 미칠지는 두고 볼 일이다. 확실한 점은, 피할 수 없는 또 다른 '가혹한 시련'이 있을 것이라는 점이다.

씨티그룹에게 '금융백화점'이라는 화려한 왕관은 더는 쓸 수 없는 버거운 것이 되어버렸다. 시간을 1998년 10월로 돌려보자. 존 리드(John Reed)의 시티코프 샌디 웨일이 이끌던 보험 및 주식 중개사와 트래블러가 합병해 탄생한 회사가 바로 오늘날의 씨티그룹이다. 이 합병은 역대 최고 규모로 기록되었다. 새롭게 탄생한 '뉴' 씨티그룹의 자산 규모는 7,000억 달러까지 껑충 뛰어올랐고, 이는 사람들을 경악하게 했다. 그로부터 1년 뒤인 1999년, 재무부 장관직에서 물러난 로버트 루빈(Robert Rubin, 1938~)[105]까지 씨티그룹의 수석 고문으로 영입되면서 '씨티 제국'의 명성은 하늘을 찌르는 듯했다.

보험업무, 상업은행, 증권업무, 투자은행……. 마치 모든 것을 빠짐없이 갖춘 '금융백화점'을 방불케 했다. 씨티그룹의 이념은 '고객에게 원스톱 서비스를 제공하자'였다. 그밖에도 씨티그룹은 각각 다른 업무 분야의 단일 상품을 서로 교차해서 판매하는

---

105 미국의 금융인으로 1966년부터 1992년까지 골드만삭스에서 일하며 회장을 역임했으며, 이후 1993년부터 1995년까지 백악관 경제정책 보좌관, 1995년부터 1999년까지 재무장관을 지냈다. 2008년 미국 금융위기의 주범 중 한명이라는 비난을 받기도 한다 — 옮긴이.

모델을 개발하기도 했다. 이런 신세계의 청사진은 듣기에는 흠 잡을 곳 없이 완벽해 보였고, 나아가 1998년 이후 은행업 합병 움직임에 활기를 불어넣기도 했다.

씨티그룹은 지난 분기의 주가가 강세를 보임에 따라 투자은 행의 자기매매 분야에서 많은 수익이 발생했다. 그러나 다양한 분야에 손을 뻗어 몸집을 방대하게 키웠기에 한 분야에서 얻은 수익의 효과는 미미했고, 투자자들은 이에 불만을 품기 시작했 다. 이번 월가를 강타한 '금융 쓰나미' 속에서 씨티그룹이 입은 손실액은 상상을 초월한 수준이었다. 투자자들은 그 책임을 바 로 경영층에게 물으며 회사 분할 등의 목소리를 높였다. 두 달 전까지만 해도 스미스바니는 '비매품'이라며 호언장담했던 씨 티그룹의 CEO 비크람 팬디트는 금융위기가 발발한 이후 결국 그 '비매품'의 주주권을 모건스탠리에게 넘기기로 결정했고, 외 부에서는 그 행보를 씨티 만능은행이 해체되는 중요한 첫발이 라고 평가했다.

투자은행에서 만능은행으로 몸집을 키워가는 과정에서 씨티 그룹은 끊임없는 질타와 비판을 받아왔다. 그런데 '만능은행'의 모델은 이미 역사 속으로 사라졌는데 왜 모건스탠리와 뱅크오 브아메리카는 계속해서 만능은행으로 가는 길로 전력 질주하는 것일까? 사실 만능은행이라는 모델 아래서도 효과적인 내부 관 리와 엄격한 외부 관리가 모두 가능하다면, 조직 내부의 '분업' 과 '혼업'은 더는 문제의 본질이 될 수 없다.

골드만삭스와 모건스탠리 출신으로 월가에 오래 몸담았던 조나단 니(Jonathan Knee)는 지난 10년간 투자기관들에 일어난 거대한 변화에 크게 놀랐다. 1990년대 인터넷의 보급으로 한바탕 혁신의 바람이 일자 '일류 방식으로 일류 비즈니스를 하자'는 전통 이념은 단기 이익을 좇는 충동에 묻혀 온데간데없이 사라졌다. 이에 투자은행과 기업 간의 신용은 바닥으로 곤두박질쳤다. 2006년 조나단 니는 그의 저서 《위험한 투자은행가The Accidental Investment Banker: Inside the Decade That Transformed Wall Street》에서 이러한 투자은행의 구조 자체가 위기를 초래할 수밖에 없다고 주장했다.

　불행하게도 조나단 니의 말은 현실이 되었다. 은행 상품은 소수의 전문 상품에서 모든 것을 포함한 상품으로 또는 기존에 포함하지 않던 내용을 핵심으로 하는 상품으로 바뀌는 등 주마등처럼 변화했다. 하지만 바뀐 것은 겉모습일 뿐 본질은 그대로였다. 많은 금융기관이 고객에 대한 서비스, 실물경제에 대한 기여 같은 본연의 역할을 잊은 지 오래다. 은행들은 리스크는 까맣게 잊은 채 고객과의 이익 다툼에만 열을 올렸다.

　달리 말해 이러저러한 유형의 경영 모델이란 기업 경영의 성적을 높이는 촉매제에 불과하다. 자신이 누구를 위해 서비스를 제공해야 하는지, 기업이 자기 정체성을 유지하고 초심을 잃지 않는다면, 투자은행과 만능은행은 영원히 사라지지 않을 것이다.

벼랑 끝에 선
헨리 폴슨

나는 워싱턴에서 국무부 장관 재임 시절에
안타까운 사실을 하나 발견했다.
사람들은 한바탕 위기를 겪고 나서야 비로소 정신을 차리고
자신들에게 주어진 막중한 책임을 진다는 점이다.
―헨리 폴슨(Henry Paulson, 1946~)

인류가 역사에서 얻은 유일한 교훈은 아마도 역사에서 그 어떤 교훈도 인류가 배우지 못한다는 사실일 것이다. 그럼에도 인류는 사태를 조금씩 개선해갈 수 있는 가능성만큼은 줄곧 믿어왔고, 반성과 성찰은 관성적 사고방식의 하나가 되었다. 1920년의 대공황에서부터 전 세계를 강타한 금융위기까지, 매번 문제가 터질 때마다 각 분야에서 굴지의 전문가들은 각양각색의 비판과 해법을 쏟아냈다.

많은 전문가들이 역사가 주는 교훈을 소홀히 하는 사람들에게 일침을 놓았다. 그 중 한 금융 이론가의 주장이 특히 많은 이들의 주목을 받았다. 그는 '9 · 11' 테러조사위원회와 같은 특별위원회를 조직해 지난 10년간의 경제 관리 상황을 철저하게 조

사하자는 의견을 제시했다. 그 중에서도 특히 헨리 폴슨 같은 정책 결정자들이 2008년 가을의 경제공황을 피하기 위해 선택한 '막무가내식' 행동에 그 초점을 맞춰야 한다고 덧붙였다. 이 제안에 미국 대법원 판사와 교수직을 겸임하고 있는 리처드 포스너(Richard Posner)도 적극 동참했다. 그는 "우리는 반드시 정책 결정자들이 취한 모든 행동이 어떤 생각에서 출발했는지, 그들이 어떤 정보를 믿고 이를 정책 결정에 반영했는지, 누구에게 자문을 구했는지, 왜 그 사람들에게 자문을 구했는지, 발생한 부작용이 정확이 무엇인지에 대해 확실히 파헤쳐야 한다"는 의견을 더했다. 또한 리처드 포스너는 이 문제들에 대한 답을 찾아야 비로소 과거의 악몽을 다시 꾸지 않는 해법을 찾을 수 있다고 주장했다. 진상 규명에 대한 목소리가 고조되기 시작한 지 1년 뒤에 전 재무부 장관 헨리 폴슨은 마치 답을 하듯 회고록 《벼랑 끝에서On the Brink》를 출간했다. 이 책에서 그는 당시의 모습을 정확하고 상세하게 담아냈다. 그는 세계 금융 체제 붕괴를 막기 위해 벌였던 '전투'를 다루며 도대체 그가 2008년 여름에 어떤 일을 했는지에 관해 자세한 이야기를 들려주었다.

재무부 장관의 역량

2007년 세계 금융위기가 촉발되면서 헨리 폴슨은 세계 금융 무대에서 최초의 '남자 주인공'이 되었다. 그는 미국, 나아가 세계를 위기로부터 구하는 내용의 '연극 무대'에 올라 생동감 넘치는 연기를 펼쳤다. 할리우드 블록버스터에 못지않은 수준의 스릴감을 지닌 이 '연극'은 크게 흥행했다. 헨리 폴슨의 정책 결정에 이견이 있던 리처드 포스너는 2008년 금융위기에 관해 쓴 《자본주의의 실패A Failure of Capitalism》에서 부시 정부가 비정치계 인물인 버냉키와 헨리 폴슨을 임용했다는 사실을 문제 삼았다. 그는 바로 그 사실 탓에 부시 정부 말기 경제위기 극복을 위한 정책 결정 과정에서 백악관, 국회 그리고 게으른 증권거래소 위원회 등이 모두 큰 목소리를 내지 못했을 것이라고 주장했다. "사실 정부는 월가에서 시작된 경제위기를 잠식시킬 수 있는 권력을 다시 월가의 손에 쥐여 준 셈이다."

2006년 7월은 헨리 폴슨이 이제 막 월가에서 워싱턴으로 입성한 시기였다. 그는 국회의 환영을 받지 못하고 머지않아 교체될지도 모르는 재무부 장관 자리에 임명되었다. 헨리 폴슨은 앞으로 자신에게 어떤 일이 닥칠지 전혀 예상하지 못했다. 당시 미국 경제는 활기찬 성장세를 유지했고, 주식시장은 최고 기록을 갱신했으며, 1분기 미국의 GDP는 5퍼센트에 가까운 성장률을 기록했다. 겉으로는 그럴싸해 보였지만 사실 경제 번영은 끝나가는 상황이었다.

현대 자본시장은 4~8년 주기로 불황을 겪는다. 1997년의 아시아 금융위기와 1998년의 러시아 외환위기를 겪은 뒤 미국 경제는 꾸준히 '화창한 날씨'를 보였다. 이 때문에 금융 체제 붕괴를 대비하는 정책 마련에도 소홀했었다. 미국의 가계 부채 급증과 그에 따른 레버리지 효과가 확산되자, 5주차 신입 재무장관 헨리 폴슨은 금융위기가 현실로 나타나리라고 직감했다. 그는 부시 대통령을 찾아가 "경제위기가 언제 찾아올지 정확한 시기는 판단하기 어렵지만, 현재로서는 위기 대책 마련이 매우 시급한 상황"이라고 호소했다.

위기는 곧바로 찾아왔다. 헨리 폴슨의 예상보다 훨씬 끔찍한 상황이었다. 2008년 3월과 9월 사이에 모두 여덟 개의 대형 은행들이 도산했고, 이 가운데 여섯 번이 모두 9월에 몰려 있었다. 한편 2007년 7월부터 2009년 2월까지 10개국에 걸쳐 총 20개 유럽 은행들이 구제 금융 덕에 간신히 도산의 위기를 면할 수 있었다. "세계 최대 보험회사의 붕괴, 목숨이 위태로운 대형 쇼핑몰, 줄줄이 도산하는 은행과 파산 위기에 몰린 자동차 회사에 관한 뉴스가 끊임없이 보도되었죠. 미국인들은 더 무기력해져 속수무책 상태에 빠진 기업들을 직접 지켜봤지요." 헨리 폴슨이 일찍이 위기에 대한 경계심을 갖추자고 제안한 일은 칭찬받아 마땅하다. 하지만 그런 그도 다른 사람과 마찬가지로 어떤 강도로 금융위기가 몰아닥칠지, 부동산 시장이 어느 정도로 위험에 잠식되었는지까지는 예민하게 감지하지 못했다.

한때는 헨리 폴슨도 재무부 장관이 정부 내각에서 가장 좋은 자리라고 여겼던 적이 있다. "재무부 장관은 국내외 업무를 모두 아우르는 자리죠. 미국의 중대 문제들은 대부분 경제와 관련되거나 중요한 경제 요소들을 포함하니까요." 달리 생각해보면 이 말은 재무부 장관은 경제위기가 발생하는 즉시 경제 구제 활동의 최전방에서 진두지휘를 맡아야 하는 자리라는 뜻이기도 했다. 하지만 미 재무부 장관이 갖는 권력은 미국 국민이 생각하는 수준에 크게 못 미친다. 우선 재무부는 본래 정책 결정을 담당하는 기관이지 정책을 시행하는 기관이 아니기 때문이다. 이 기관은 대통령에게 경제 및 금융 업무와 관련한 자문과 의견을 제시하고 경제 성장을 이끄는 역할을 하는 곳이다. 둘째, 재무부의 재정지출권은 많은 제약을 받는다. 나아가 재무부 장관의 단독 행위는 법률상 미 통화감독청이나 미 연방저축감독기관과 같은 감독기관으로부터 제약을 받는다. 마지막으로 대공황 시기 대통령과 재무부 장관의 긴급 관리 및 규제 권한은 의회에서 통과된 뒤에도 여전히 연준의 제약을 받았다. 또한 투자은행이나 헤지펀드 같은 기구에까지 그 권한을 행사할 수도 없었다. 그런데 오늘날 금융 시스템의 중심이 바로 투자은행과 헤지펀드 등이 아니던가.

그렇다면 재무부 장관이 지닌 권력의 출처는 어디란 말인가? 헨리 폴슨은 자신에게 주어지는 책임, 호소력, 기타 다른 내각 구성원들이나 독립감독기관과 해외 재무관련 인사들을 설득하고 영향력을 행사하며 브레튼우즈체제(예컨대 세계은행이나 국제통화기금)[106] 등을 이끄는 능력은 미국의 대통령이 부여해준다고

---

106 1930년 이래의 각국 통화 가치 불안정, 외환관리, 평가절하경쟁, 무역거래제한 등을 시정하여 국제무역의 확대, 고용 및 실질소득증대, 외환의 안정과 자유화, 국제수지균형 등을 달성할 것을 목적으로 체결된 1944년 브레튼우즈 협정에 의하여 발족한 국제통화체제를 말한다 — 옮긴이.

생각했다. 사실 부시 대통령의 신임(헨리 폴슨의 자서전에서 부시전 대통령은 이상적이고 위대한 인물로 묘사된다)과 헨리 폴슨 자신의 골드만삭스 이력 그리고 국제 정재계에서 쌓아온 두터운 인맥은 정치 초보자인 그가 권력을 행사할 수 있던 든든한 배경이었다. 헨리 폴슨이 모기지 회사인 패니메이와 프레디맥을 구제하고 베어스턴스를 매각하는 과정 등에서 큰 힘이 되어 준 것이다. 미국의 삼권분립체제 탓에 헨리 폴슨은 리먼브라더스를 구제하려는 과정에서 많은 제약을 받았는데, 이는 널리 알려진 사실이다. 또한 리먼브라더스의 파산으로 금융위기는 더욱 악화일로를 걷게 되었고, 그에 따라 헨리 폴슨 등을 포함한 인사들은 질타를 피해갈 수 없었다. 사실 헨리 폴슨은 리먼브라더스가 망해가는 모습을 팔짱만 끼고 방관하지는 않았다. 그는 리먼브라더스를 매각하려고 사방을 수소문하며 두 발로 뛰어다녔다. 베어스턴스가 사라지고 리먼브라더스가 파산보호신청을 하기 전까지 리처드 풀드 전 리먼브라더스 CEO와 오십 번 가까이 통화하기도 했다. 그는 리먼브라더스가 죽어가는 모습을 불구경하듯 지켜본 것이 아니라, 구해내지 못한 것이다.

재무부 장관이었던 헨리 폴슨은 퍼펙트 스톰[107]의 한가운데에서 있었다. 경제 상황은 악화일로에 있었고, 대통령 선거로 국가 전체의 분위기가 한껏 달아오른 상태였다. 이런 비상 상황 아래 재무부가 추진하는 '국유화'를 연상케 하는 정부 개입 행

107 세계 경제가 동시에 위기에 빠져 대공황이 초래되는 상황을 뜻한다 ─ 옮긴이.

보는 자유 시장 이념이 주를 이루고 있는 미국 국회에서 정치
적 지지를 얻기 힘들었다. 자유 시장 신봉자와 포퓰리즘 신도
등 소수의 국민에게 이 대책을 이해시키는 일 또한 꽤나 힘들
었다. 그렇다고 정부 개입을 포기한다면 금융위기가 '미국 전역
으로 퍼져 대국민의 재난'으로 확대되는 일을 피하기 어려웠다.
이렇게 헨리 폴슨은 '정치 플레이'와 '금융 플레이' 사이에서 고
민하는 한편, 각급 기관을 두루 포섭하기 위해 다른 정치 의견
을 가진 의원들을 만났고, 대선 후보와도 자주 접촉해야 했다.
이렇게 수를 두거나 타협을 해나가는 과정에서 헨리 폴슨은 자
기 사람을 늘려갔다. 낸시 펠로시 하원의장에게 무릎을 꿇은 것
이 그 대표적인 예다. 중국인들은 금융위기에서 헨리 폴슨이 보
여준 모든 행동을 민주적 정책 결정에 관한 근본적인 예시로 생
각하거나, 더 나아가 타협과 진보로 이해할지도 모르겠다. 이는
베이징대학의 왕딩딩(汪丁丁) 교수가 "만약 이런 상황이 중국에
서 일어났다면? 앞으로 중국에도 이와 같은 상황이 일어날까?
중국은 국내의 금융 개혁을 위해 앞으로 어떤 대가를 치러야 할
까?"라고 탄식했던 것과 일맥상통한다.

**아침에 눈을 떴을 때 내가 재무부 장관인 모습을 다시는 상상조차 하지
않는다**

　"아침에 눈을 떴을 때 내가 재무부 장관인 모습을 다시는 상
상조차 하지 않는다." 전 미 재무부 장관 헨리 폴슨은 이렇게 한

탄했다. 헨리 폴슨은 세계의 시선을 한 몸에 받았던 무대에서 내려온 뒤 1년 가까운 시간을 투자해 금융위기에 대한 설명과 평가를 책으로 썼다. 이 책에서 그는 '무대' 앞뒤에서 일어난 크고 작은 일을 모두 공개했다. 전형적 갈등이 자주 등장해 줄거리 전개는 긴박했고, 스캔들은 전부 신선해서 마치 한 편의 할리우드 블록버스터를 방불케 했다.

그렇다. 역사상 전례가 없는 심각한 금융위기를 맞이한 상황에서 재무부 장관직을 맡기란 결코 쉽지 않았을 것이다. 세계 금융 체제의 각 부분은 서로 긴밀히 연결되어 있고, 이 때문에 위기 진화에 더없이 취약할 수밖에 없었다. 투자은행과 헤지펀드 등 기관들의 역할은 점점 중요해졌지만, 대외 거래에 대한 규제상의 빈틈은 여전히 많았다. 천둥치듯 폭발적인 속도로 위기가 촉발된다면, 지금까지 우상으로 추대 받아온 영미 자본주의는 대중의 질타를 면할 수 없을 것이고, 세계 각국은 재앙의 원흉으로 미국을 지목할 것이다. 그 폭풍 한가운데에 미 재무부 장관이 서 있었다.

헨리 폴슨은 월가에서 다년간 고군분투하며 살아남았고, 금융위기 경험이 없는 것도 아니었다. 많은 회사들이 도산하는 모습을 직접 지켜봤고, 나아가 롱텀캐피탈매니지먼트(Long-Term Capital Management)가 곤경에 빠지는 모습까지 목격했다. 그런 그이지만, 2008년 금융위기에 느꼈던 공포의 여운은 컸다. 복잡하고 다양하게 묶인 금융파생상품들이 물밀듯이 쏟아져 나왔고, 이는 금융기관들을 '네 안에 나 있고 내 안에 너 있다'는 식의 연결고리로 묶었다. 이렇게 복잡하게 서로 얽힌 관계는, 자본시장에 문제가 발생할 경우 그 문제가 금융기관 어느 한 곳만을 강타했던 과거와는 달리 금융 체제 전체의 위기로 확대될 가능성을 높였다. 일단 형세가 역전되면 신용 거래를 바탕으로 하는 금융의 본질은 매우 취약해진다. "월가에서 오랜 경험으로 깨달은 잔인한 현실은 금융기관은 위기에 빠진 이후 쓰러지는 속도가 매우 빠르다는 사실입니다." 헨리 폴슨은 이런 상황을 금융발 '광우병'에 비유했다. 처음에 몇 마리의 '소'만 감염되어도 소비자들은 광우병을 두려워하며 소고기 자체를 멀리하기 시작한다.

이런 이유로 자유 시장 신봉자인 헨리 폴슨은 '어느 하나도 놓쳐서는 안 된다'는 전략을 고수했다. 그는 처음 겪는 새로운 위기 앞에서 그저 시장에 대한 자신의 직감에 의지한 채 구제 정책을 결정하는 결단력을 보여야 했다. 그는 서둘러 정부 자금 지원 등의 정책을 채택하지 않으면, 금융위기가 '미국 전역으로 퍼져 대국민의 재난'을 피하기 어렵다고 판단했다. 폴슨은 베어스턴스, 리먼브라더스 그리고 패니메이와 프레디맥 같은 모기지사 두 곳과 뱅크오브아메리카 등의 기관들이 위기에 처할 때마다 그들을 구제할 방법을 찾아 두 발로 뛰어다녔다. 예컨대 미국 금융기관들을 매각하기 위해 국내외 투자자들을 찾아다녔고, 국회를 설득하고 대통령의 지지를 얻기 위해 자세를 낮추는 일도 마다하지 않았다. 그는 정부 입장과 납세자의 이익을 지키기 위해 고군분투했다. 모건스탠리가 베어스턴스와 인수 가격을 협상할 때 최대한 가격을 낮추려고 힘쓴 일이 그 예다.

2006년 헨리 폴슨은 미국 제74대 재무부 장관에 임명되었다. 민주당의 성향을 감추고 있는 공화당 당원, 환경보호 지지자, 크리스천사이언스 신도이자 골드만삭스 CEO 출신인 그가 월가를 떠나 워싱턴으로 입성하자 많은 사람들은 의아해했다. 자서전에서 헨리 폴슨은 애초에 재무부 장관직을 거절했지만 차후 마음을 바꾸었고, 그러자 어머니가 크게 상심하셨다고 토로했다. 폴슨에게 재무부 장관직을 받아들이라고 최초로 설득한 사람이 중국 인민은행 저우샤오촨(周小川) 총재라는 사실은 매우 흥미롭다. 기업의 거장을 선호했던 과거와는 달리 부시 대통령이 월가의 대표 엘리트였던 헨리 폴슨을 공화당 임기 중 마지막 재무부 장관 자리에 앉히자, 바깥에서는 온갖 억측을 쏟아냈다. 그 중 사후 가장 널리 퍼진 '음모론' 못지않던 소문은, 미국이 사전 계획에 따라 금융위기를 일부러 일으켰다는 소문이었다.

시간이 흐른 뒤 이 주장은 억측에 가깝다는 사실이 증명됐다. 회고록에서 헨리 폴슨은 재무부 장관직에 오른 지 5주차였을 때, 미국 경기가 겉으로는 호황이었지만 안으로는 곪고 있었음을 인지했다고 토로했다. 그는 금융위기의 발생을 가장 걱정했고, 혼돈에 빠질 금융 체제에 전혀 준비가 되어 있지 않은 상황에도 우려를 표명했다. "테러와 자연재해 그리고 유가 불안부터, 대형 은행들의 도산과 달러화의 가치 폭락까지, 이 모든 위기에 대해 철저히 사전 준비를 해야 한다. 우리에게 곧 위기가 밀어닥칠 거라고 믿어 의심치 않는다." 물론 그 역시 언제 위기가 도래할지 정확히 예측한 건 아니지만, 위기에 대한 철저한 대비를 강조한 것만은 사실이다.

유명인사의 회고록은 객관성을 잃기 쉽다. 그러나 회고록의 가치는 신뢰도에 달려 있다. 과거를 기록할 때 해석을 거치지 않고 오직 기억에만 의존하기란 쉽지 않다. 하지만 헬리 폴슨의 회고록은 달랐다. 정치 플레이에 능하지 않고 오직 정면 승부하는 '허리케인 행크(Hurricane Hank)' 방식을 고수하던 과거의 자신과 판박이였다. 폴슨은 사람들에게 늘 자신을 행크로 불러달라고 요청했고, 부재중 전화에 재빨리 응답해주었으며, 얼굴을 보고 직접 대화하는 방식을 선호했다. 회의 중에 그도 모르는 사이 '주객이 전도'되는 상황이 펼쳐지기도 했다. 다른 세부 사항을 봐도 그의 회고록은 매우 신뢰할 만하다. 아쉬운 점은 손을 대야 하는 중요한 세부 사항이 몇 군데 있다는 점이다. 특히 스캔들을 다룬 부분은 대중의 예상을 완전히 빗겨갔다. 부시 대통령에 대한 높은 평가, 오바마에게 냉대 받았던 쓰라린 기억, 세라 페일린(Sarah Louise Palin, 1964~)의 능력에 대한 문제제기 등이 대표적인 사례다.

어느 역사든, 그 시작은 예측할 수 있다. 하지만 결말을 예측하기란 불가능하다. 더 자세히 들여다보면 그 시작이 어디서부터인지 알 수 없는 경우가 더 많다. 헨리 폴슨을 포함해 사리에 밝고 예리한 전문가들은 헤지펀드와 사모펀드 등이 규제를 받지 않는 자본상품으로 급성장하는 한편 CDS처럼 규제를 받지 않는 장외 파생상품들[108]도 지속적인 상승세를 보인다는 사실을 예의주시하고 있었다. 그러나 그들도 2008년 위기가 부동산 시장 붕괴로 촉발될지는 예상하지 못했다. 그들 중 깊은 수렁에 빠진 리먼브라더스를 구출해낸 이도 없었다. 현재 세계 경제는 다시 정상 궤도로 돌아왔다. 헨리 폴슨도 "우리는 여러 번의 붕괴 위기에 봉착했지만 완전히 쓰러지지는 않았다"고 평가했다. 다행히 금융위기를 겪은 뒤에도 헨리 폴슨의 자유 시장 신념에는 변화가 없었다. 비상시국의 임시 대책은 장기적인 정책이 될 수 없다. 자유 시장이 '전지전능'한 것은 아니지만, 헨리 폴슨이 믿고 따랐던 가장 최선의 선택이었음은 부정할 수 없다.

재무부 장관과 함께 중요한, 아니 더 중요한 위치를 담당하고 있는 곳이 중앙은행이다. 앞에서 우리는 마치 '만화경'을 보는 듯한 2008년 금융위기를 그리고 그것이 촉발된 복잡한 배경을 살펴봤다. 바로 이런 배경으로 인해 중앙은행의 행동 및 역할은 더 중요해졌다. 다음 장에서는 이 책의 본 주제로 돌아가 중앙은행가들이 위기의 앞과 뒤에서 어떤 역할을 했는지 살펴보자.

---

108 파생상품이란 한마디로 기초자산 상품으로부터 파생된 자산 상품을 말한다. 이러한 파생상품은 거래 체제에 따라 장내파생상품과 장외파생상품으로 분류된다. 장외파생상품은 거래소 없이 일대일 거래가 일어나는 파생상품으로 장외옵션, 스왑, 선도거래 등이 있다 — 옮긴이.

앨런 그린스펀의
고백록

금융위기라는 재앙의 원인은 관리 및 규제의 완화인가? 규제를 강화하면 강화할수록 위기관리 효과는 높아질까? 역사는 그 반대에 가까운 답을 제시한다. 금융위기는 기존의 사고방식을 뒤흔들었다. 예를 들어 합리적 이성(객관적 이성)에 대한 믿음이 대중에게 있는데도, 왜 결과적으로는 오히려 대규모 계약 위반이 발생할까? 왜 소수가 저지른 '도박'의 대가를 다수인 대중이 치러야 할까? 이것은 분명 비효율적이고 부당한 일인데, 무엇이 잘못된 걸까?

앨런 그린스펀은 잘못했는가?

전 연준 의장 앨런 그린스펀은 연준의 전설이자 상징과도 같은 인물이다. 앨런 그린스펀은 인플레이션을 효과적으로 잡아

낸 금융의 거장 폴 보커에 이어 연준 의장이 되었다. 대공황의 원인을 연구하고 2008년 위기를 적절하게 잘 이겨낸 벤 버냉키는 그의 후계자였다. 앨런 그린스펀은 후계자들의 롤모델이면서 그들을 가리는 그림자이기도 했다. 미국인들이 앨런 그린스펀에게 거의 신에게나 어울릴 법한 예찬을 아낌없이 보냈기 때문이다. "앨런 그린스펀은 임기 후반기에 대중문화의 '우상'으로 떠올랐다. 그는 경제 금융 분야의 '록 스타'가 되었다."[109]

금융위기는 모든 것을 바꾸어놓았다. 그린스펀도 예외가 아니었다. 금융위기 전후로 그에 대한 평가는 두 갈래로 극명하게 갈린다. 2008년 그리스펀은 청문회에 출두해야 했고 결국 자신의 잘못을 일부 인정해야만 했다. "각 기관(구체적으로 말하면 은행이나 다른 기업들)이 각자의 이윤을 위해 시장의 혼란을 막고 주주를 보호할 것이라고 믿었습니다."[110]

3년 뒤 앨런 그린스펀은 금융개혁법인 '도드프랭크 법안(Dodd-Frank Act)'[111]을 반대하며 다시 한 번 대중 앞에 모습을 드러냈다. 그린스펀은 이 개혁안에 관해 1971년 실시된 임금 및 가격에 대한 규제 조치 이래 "정부 통제와 규제로 인한 가장 심각한 시장 왜곡"이라는 혹평을 내놓았다. 많은 정치 평론가들은

---

109 《벤 버냉키의 미연방준비제도이사회*Ben Bernanke's Fed: The Federal Reserve After Greenspan*》, 이선 해리스(Ethan Harris), 2009, 이선 해리스는 리먼의 수석 경제연구원을 지낸 바 있다.

110 《그린스펀의 잘못인정》, FT, 2008.

111 2008년 리먼브라더스 사태로 촉발된 금융위기의 재발을 막기 위해 오바마 행정부가 마련한 금융개혁법안. 2010년 7월 21일 발효된 이 법안은 시스템리스크 예방 대책 마련, 파생금융상품 규제 강화, 금융 소비자 보호 장치 신설, 대형 금융회사에 대한 각종 감독 및 규제책 신설을 골자로 하고 있다 — 옮긴이.

그린스펀이 잘못을 계속 범하고 있고, 죽을 때까지 뉘우치지 못할 것이라며 격하게 분노했다.

이들 중 과연 누가 옳을까? 항상 제기되어온 문제다. 금융위기는 관리 및 규제의 완화가 초래한 재앙인가? 규제를 강화하면 강화할수록 위기관리 효과는 높아지나? 과거와 현재의 역사는 그 반대에 가까운 답을 제시한다. 그린스펀이 임기 동안 실시했던 규제 완화 정책은 금융위기가 발생한 이후 다방면에서 많은 비난을 받았다. 미국 금융위기 조사위원회는 미국 정부가 그린스펀의 주도 아래 감독과 규제를 완화하는 정책을 고수했고, "이런 규제 완화로 인해 금융 시장의 결정적 보호 장치가 사라졌다. 규제야말로 금융재난을 사전에 막는 보호 장치"라며 그리스펀을 강하게 비판했다.

'관리 및 규제 개선'은 '관리 및 규제 강화'와 동의어처럼 사용된다. 이런 사고방식이 집중적으로 반영된 '도드프랭크 법안'은 미국 오바마 대통령과 국회가 금융업 규제를 강화하는 강력한 '한 방'이었다.

위기를 이해하는 일은 위기에 대응하는 일만큼이나 중요하다. 우리가 앞으로 세계를 어떻게 대해야 할지, 그 모델을 결정짓기 때문이다. 금융 혁신 과열이라는 문제를 잠시 접고 생각한다면, 모든 경제체의 번영은 금융 시장의 발전과 깊은 연관성이 있다. 1947년부터 2008년까지 미국의 경제 규모는 놀랄 만한 성장을 이루었고, 같은 기간 미국 GDP에서 금융업이 차지하는 비중도 2.4퍼센트에서 7.4퍼센트로 크게 증가했다.

과거에는 위기를 일으킨 원인에 대한 답을 찾지 못했고, 강력한 규제가 효과적인지에 대한 이견을 좁히지 못했으며, 결국 규제를 지나치게 풀어줌으로써 세계를 붕괴시켰다. 하지만 정반대의 길을 갔어도 또 다른 재난이 일어났을 것이다. '가장 이상적인 관리 및 규제 체제'가 '가장 엄격한 관리 및 규제 체제'와 동일어는 아니다. 엄격한 규제의 전제 조건은 과도한 금융 혁신과 지나친 규제 완화다. 이런 상황일 때 엄격한 규제는 정의감과 도덕성이 넘치는 입장으로 들린다. 하지만 이에 대해서는 논란이 많다. 엄격한 규제 강화를 옹호하는 이들은 '난세에는 엄격한 법을 운용해야 한다'는 법칙을 신봉하며, 규제 강화를 통해 여러 사달을 사전에 막을 수 있다고 믿는다. 하지만 문제는, 전제 조건은 충분히 형성되어 있지만 엄격한 규제라는 답이 타당한 답인지는 아직 검증되지 않았다는 점이다.

아무리 촘촘한 그물이라도 틈은 존재한다. 이익을 좇는 자본의 습성은 영원히 변하지 않겠지만 다양한 방식으로 위기를 돌파하려는 합리적 노력 역시 발견된다. 대표적인 예가 미국의 새 개혁 법안이다. 이 법안을 입안한 이들은 리먼브라더스 사태, 베어스턴스 사태 같은 비극의 근본 원인을 금융 기관의 과도한 행보에서 찾았다. 또한 수백 조항으로 나누어 세분화한 현 규제 법안을 당시에 적용했다면 이들 금융 기관의 거침없는 행보는 억제할 수 있었을 것이라고 확신했다. 하지만 그린스펀이 제시한 몇 가지 대응 방법을 살펴보면 이 '거대한 그물망'에도 물고기가 빠져나갈 수 있는 구멍이 적지 않다는 점을 확인할 수 있다. 다시 한 번 미국이 실패한다면 다른 국가들도 실패할 수 있고, 중국도 예외는 아니다. 과거 '기금법(基金法)'[112]은 역사상 가장 강력한 규제 조치였지만, '펀드 흑막(基金黑幕)'[113]과 '라오수창(老鼠倉, Rat Trading)'[114] 같은 사건을 막을 수 없었다. 최근 개정된 '기금법' 초안은 회사원의 주식 투자와 사모펀드 관련 규정을 더욱 완화했는데, '막는 것보다 풀어주는 것이 더 효과적'이라는 방향으로 나아가고 있다는 평가를 받았다.

경제학은 무미건조하지만 한편으로는 매우 이성적이다. 경제학은 밝았던 희망이 결국 잊을 수 없는 악몽으로 어떻게 바뀌는지 곧잘 증명해준다. 철벽 같은 관리 감독 체제도 예외가 아니다. 관리 감독 기관은 현행 방식으로는 금융 시장을 뛰어넘을 수 없다는 사실을 인정해야 한다. '시장 혁신의 과열'과 '창조성의 파괴' 사이에서 어떻게 균형을 맞출지 지혜를 발휘해야 한다. 시장은 언제나 효율적이다. 어쩌다 실수(금융위기 등)를 범할 때도 있지만 옳을 확률이 그를 확률보다 훨씬 높다. 즉, 어떤

---

112 중화인민공화국증권투자기금법(中華人民共和國證券投資基金法)의 약칭, 2002년 10월 28일 제10회 전국인민대표상무위원회(全國人民代表常務委員會) 제5차 회의에서 통과한 뒤 2004년 6월 1일부터 시행된 증권, 투자, 펀드와 관련된 운용 및 관리에 관한 법률 — 옮긴이.

113 2000년 《재경》 10월호에 실린 '기금 흑막(基金黑幕, 펀드 흑막)'이라는 보고서. 본래 '펀드 흑막'이라는 글은 상하이 증권거래소 자오위강(趙瑜綱) 감찰원이 '99년 8월 초부터 2000년 4월 말까지 9개월 동안 22개 투자 펀드를 대상으로 증권 조작 경위를 밝힌 일종의 내부 보고서로 주식시장에 투자한 투자펀드의 규정 위반, 위법 조작 사실들을 폭로해 중국에서 큰 파장을 일으켰다 — 옮긴이.

114 중국에서 펀드매니저가 개인구좌에 주식을 먼저 사고 자신이 운용하는 펀드에서 매수해 주가를 올린 후 자신이 보유한 주식을 파는 행위를 말한다 — 옮긴이.

경제 시장이든 철저한 검증을 통해 그에 상응하는 관리 및 규제 체제를 갖추어 가면 된다. 더 많고 더 큰 새로운 문제들이 기존의 문제들을 대체할지도 모르지만.

앨런 그린스펀, 명성의 위기를 맞다

다시 그린스펀에게 돌아가 보자. 앨런 그린스펀이 입을 열면 전 세계가 귀를 기울였다. 그러나 그가 말하는 내용이나 상황 면에서 지금은 적지 않은 변화가 생겼다.

'무대' 위에 있는 사람은 변함없지만 무대 아래 있는 '관중'은 바뀌는 법. 세상도 그 사이에 바뀌었다. 무대에서 내려온 공무원을 대하는 태도도 전과는 달라졌다. 인간의 차가움과 따뜻함은 세계 어디를 가든 큰 차이가 없지만, 그린스펀의 상황은 조금 특별했다.

한때 그린스펀은 신과 같은 존재였다. 미국 경제의 '차르'나 '경제 대통령'이라는 별명도 있지만, 그린스펀에 대한 외부 세계의 존경은 그가 지녔던 경제 파워로부터 나왔다. 하지만 더 중요한 이유는, 아마도 경제 동향에 대한 그의 판단이 업계의 존중을 받았기 때문일 것이다. 그를 '경제학자 중의 경제학자'라고 부르는 사람도 있었다. 그린스펀은 연준 의장직을 근 20년간 맡아왔다. 가장 긴 기간 의장직을 맡았던 그는 자신의 임기 동안 여러 당파 출신 대통령을 위해 일하며 꿋꿋하게 자리를 지켜왔다. 업계 안에서 이런 말이 유행했을 정도다. "누가 대통령이 되든 난 상관없어. 그린스펀만 계속 연준 의장이면 돼."

그린스펀이 의장직에서 물러난 2006년이 그의 명성이 최고조에 달했을 때라는 점은 아이러니하다. 그 시기 미국 경제는 좋았다. 두 번의 경기 쇠퇴와 경기 회복을 경험했고, 주식시장은 거품 및 붕괴를 이겨냈으며, 부동산 시장과 월가는 연일 파티를 즐겼다. '실패자'는 거의 찾아보기 어려웠다. 전쟁과 테러 공격도 미국을 무릎 꿇게 하지는 못했다. 미국인들은 주머니에 쌓인 돈으로 집을 샀고 행복해했다.

따라서 그린스펀의 '연이은 금리 인상' 정책은 '경제 연착륙으로 가는 방법'과 애매모호한 '동의어'로, 미국 경제의 순항을 돕는 중요한 초석이자 상징으로 이해되었다. 사람들은 연신 '그린스펀 효과'를 떠들어댔다. 시장도 그의 한마디, 일거수일투족을 믿고 따랐다. 심지어 경제 언론들이 그의 '서류가방 지수(Briefcase indicator)'에 관심을 갖기도 했다.《뉴욕 타임스》는 "미국이 세계 경제를 이끄는 견인차 역할을 하고 있고, 그 견인차를 이끄는 사람은 앨런 그린스펀"이라며 그를 높이 평가했었다.

앨런 그린스펀은 미국에서 가장 성공한 연준 의장으로 추대되었다. 그의 명성은 미국 내에만 국한되는 것도 아니었다. 영국 여왕 엘리자베스 2세는 그린스펀이 세계 경제 안정에 미친 공로를 치하하며 그에게 기사 작위를 수여했다. 통화주의의 총수 밀턴 프리드먼은 그린스펀이 가격 안정 유지가 실현 가능함을 입증했다고 평가했다. 그린스펀은 퇴직 후 명예와 부를 함께 얻는 영광을 누렸다. 고액의 강연비를 받으며 미국 전국을 돌아다니며 강단에 올랐다. 800만 달러의 선인세를 받고 자서전《격동의 시대 — 신세계에서의 모험*The Age of Turbulence: Adventures in a New World*》을 출간하기도 했다.

안타깝게도 세상에 공짜 점심은 없다. 연준 의장이 새로운 인물로 대체될 때마다 시장은 요동쳤고, 이런 상황이 반복되자 미국은 이를 관례처럼 여겼다. 이는 시장이 새로 부임한 연준 의장의 능력을 테스트하는 통과의례인가? 역사를 살펴보면 그린스펀의 전임이었던 폴 보커가 의장직에 오른 1970년대 말에는 채권 시장이 위기를 겪었고, 그린스펀이 의장직에 오른 1980년대에는 주식시장이 위기에 직면했었다. 그린스펀에 이어 의장직에 오른 버냉키는 더욱 힘든 시험대에 올랐으며, 그 뒤 재닛 옐런(Janet Yellen, 1946~)은 미래가 불투명한 불경기를 겪었다.

앞으로 할 이야기는 이미 잘 알려진 것이다. 미국 정부는 오랫동안 관리 및 규제를 풀고 최저 금리를 유지했다. 이로 인해 부동산 거품이 생겨났고 그 여파는 전방위적인 위기로 확대되었다. 결국 2008년 글로벌 금융위기가 발생했고, 경제학자들의 명예는 크게 실추되었다. 그 중심에 그린스펀이 있었다. 그를 대하는 대중들의 태도에도 변화가 일어났다. '그린스펀이 실수를 했나?', '그린스펀의 음모야!' 같은 의견으로 전국은 떠들썩했다. 이런 분위기 속에서 그린스펀은 청문회에 출두할 수밖에 없었고, 그의 저서를 향한 질책도 쏟아져 나왔다. 노벨 경제학상 수상자 폴 크루그먼은 2013년 그린스펀이 새로 펴낸 자서전 《지도와 영토》에 대해, 지난 과오에 대한 사과를 거부하려고 쓴 책이라며 비꼬았다. 그는 심지어 그린스펀을 '전 세계 최악의 중앙은행장'이라며, 경제학자로서나 개인적 인품으로 보나 질책을 피할 수 없다고 질타했다.

크루그먼의 주장은 옳은가? 첫째, 그린스펀은 공화당 의원으로 아인 랜드(Ayn Rand, 1905~1982년)의 자유 시장 이념에 영향을 받았고, 따라서 민주당 의원인 크루그먼과 자연스럽게 정치적 대립을 보였다. 둘째, 금융위기는 모든 사람에게 시련을 주었다. 역사적 인물로 기록되는 운명 앞에서 그린스펀 역시 자신에 대한 평가를 피해갈 수 없었다.

자서전 《격동의 시대 — 신세계에서의 모험》에서 그린스펀은 어린 시절부터 최근까지 자신의 성장 과정을 이야기했다. 하지만 그는 세계 경제의 전망에 더 많은 지면을 할애했다. 그는 '9·11 사건' 이후 세계는 더욱 예측 불가능해졌기 때문에 이에 대한 연구가 필요하다고 주장했고, 2030년 경제 상황에 대해서는 기본적으로 경기가 좋을 것이라는 전망을 내놓았다. 또한 새로 펴낸 자서전 《지도와 영토 — 리스크, 인간 본성, 예측의 미래The Map and the Territory — Risk, Human Nature, The Future of Forecasting》에서는 시종일관 진지하고 엄숙한 태도를 유지하며 경제 시스템에 대한 자신의 입장을 집중적으로 이야기했다. 그린스펀 자신의 이념으로 바라볼 때, 2008년 금융위기 충격은 '9 · 11 사건'보다 훨씬 심각했다고 평가했다. 또 다른 비교를 해본다면, 《지도와 영토》는 지난번 자서전보다 더 학술적이었고, 관점에도 변화가 있었다.

금융위기를 어떻게 피할 수 있을까?

금융위기는 기존 사고방식을 뒤흔들었다. 예를 들어 합리적 이성(객관적 이성)에 대한 대중의 믿음이 있는데도, 왜 결과적으로는 오히려 대규모 계약 위반이 발생할까? 왜 소수가 저지른 '도박'의 대가를 다수인 대중이 치러야 할까? 이것은 분명 비효율적이고 부당한 일인데, 무엇이 잘못된 걸까?

첫째, 경제 활동에 관한 일반적 가설은 인간의 이성이라는 기초 위에서 시작된다. 인성 가운데 비이성적인 힘에 관해서는 철저히 무시하는 것이다. 그린스펀이 금융위기에 관련한 잘못을 인정한다면, 이는 곧 경제학 모델을 부정하는 일로 연결된다. 즉, 경제 활동에서 동물적 근성(Animal spirits)이 강한 동력으로 작용하고 있음을 인정하는 것이다. "모든 투기 거품은 팽창기에 거의 비슷한 궤도와 수순을 밟는다. 거품은 주로 인간이 장기적 생산율 및 생산속도를 균일하게 유지하면서 물가 상승도 지속적으로 안정화할 수 있다는 믿음이 커졌기 때문에 생겨난다."

이 문제의 답을 찾으려면, 반드시 인간의 본성이 무엇인지를 다시 살펴봐야 한다. 이는 이성의 지배 상태에 있는 인간이라는 모델에 대한 문제제기이기도 하다. 그린스펀은 경제 활동을 하는 인간에 관한 가설의 기초가 되는 이성의 모델이 경제학에서 너무 오랫동안 지배력을 행사해왔다고 비판했다. "우리는 인간을 움직이는 원동력을 이성으로 보며, 다른 생물과 절대 비교할 수 없는 인간의 특성으로 본다. 이 주장은 의심할 여지없이 매우 합리적이다. 하지만 이는 신고전경제학자들이 규정하는 '이성인'의 이상적 원형모델과는 아주 거리가 멀다. 그들의 이상적 원형모델이란 장기 이익만을 고려하는 사고에 이성이 완전히 지배당하는 인간을 말한다."

미래로 나 있는 길은 어디에 있는가? 경제학의 거장 대니얼 카너먼(Daniel Kahneman, 1934~)으로 대표되는 행동경제학자들은 미래로 향하는 한 가지 방향을 제시했다. 우리가 일상생활에서 직감에 의지하듯, 이성적 추론에만 의지하던 분야에서도 직감이 작용할 수 있다는 현실을 객관적으로 바라보는 방법이 그것이다. 다시 말해 일상적 인간의 본성을 경제 분석에 도입하고, 이 모델이 순수이성이 지배하는 경제 활동의 모델을 대체해야 한다는 것이다. "위기를 겪은 인간들은 금융 활동을 지배하는 동물적 근성을 거시경제학 모델에 귀속시키는 방법을 찾게 만들었다."

하지만 아인 랜드 이론의 영향을 받은 앨런 그린스펀은 여전히 이성의 역할을 믿는다. "모든 동물적 근성은 일정 수준에서 이성의 조정을 받는다. '성향(Propensities)'이라는 단어를 사용해 이와 같은 시장 행위에 관해 조금 공식적인 서술을 해보려 한다. 계몽주의 시대 이후 생산율 향상을 위한 기술 개발은 이성적인 사고에 그 뿌리를 두고 있다. 임의적인 비이성은 아무것도 생산해낼 수 없다. 이성이 주도적 위치를 차지하지 못했다고 가정한다면 인류가 2세기에 걸쳐 이룬 생활수준의 비약적인 발전을 설명할 근거가 없어진다."

둘째, 그린스펀은 이번 금융위기의 연구 초점을 오랫동안 이어져온 연구에 맞추었다. 그는 이번 위기를 이렇게 분석했다. 지정학적 변화로 인해 금리 인하가 장기적으로 지속되었고, 이는 부동산 등 자산 가격의 비이성적 상승을 초래했다. "이번 금융위기의 주범은 증권화된 미국의 서브프라임 모기지의 부실 자산들이며, 부실 자산들의 시작은 냉전 종식 이후의 시대로 거슬러 올라가야 한다……. 지정학적 리스크는 장기적 금리 인하 그리고 이와 깊이 연관되어 있는 주택담보 대출 금리의 인하를 가져왔고, 결국 글로벌 부동산 가격 상승을 초래했다."

닷컴 버블을 성공적으로 극복했던 앨런 그린스펀은 '2000년의 닷컴 버블과 1987년의 주식시장 폭락은 왜 2008년의 부동산 위기와 같은 경제 붕괴를 일으키지 않았는가?'라는 문제를 제기했다.

그린스펀은 위기의 근본 원인이 부채의 레버리지 효과이고, 이번 금융위기에서는 증권으로 바뀌어 거래된 서브프라임 모기지의 채무불이행 증가가 '명실상부한' 직격탄이었다고 주장했다. 2008년 초반으로 돌아가 보자. 베어스턴스는 정부 구제의 도움으로 모건스탠리에 매각되면서 파산의 운명을 피할 수 있었다. 사람들은 이 사건이 금융위기의 전조였으며, 몇 개월 뒤 더 큰 규모의 리먼브라더스 파산이 금융위기의 직격탄이었다고 평가한다. 당시 리먼브라더스를 구제하지 않기로 결정한 정부 결정을 질타하는 목소리는 오늘날까지 이어지고 있다. 그러나 앨런 그린스펀은 다른 목소리를 냈다. 그는 정부가 베어스턴스를 구제해주었기 때문에 리먼브라더스에게 '대마불사'라는 신념을 확고히 해주는 결과를 낳았다며, 만약 정부가 베어스턴스가 쓰러지도록 방치했다면 그 뒤 발생한 더 큰 위기를 오히려 막을 수 있었다고 주장했다. "시장이 베어스턴스의 파산이 몰고 온 위기를 스스로 견뎌냈다면 회사들이 줄줄이 파산하는 상황을 피할 수 있었고, 리먼브라더스 사태로 인한 충격을 크게 염려할 필요도 없었을 것이다. 오히려 오랜 시간에 걸쳐 자체 노력을 한다면 주변의 위험 수위를 낮춰나갈 수 있다는 확신이 생겼을 것이다."

마지막으로, 관리 및 규제에 관해 그린스펀이 어떤 입장을 취하는지는 일반 시민의 시선이 집중된 주제 중 하나였다. 관리 및 규제는 금융위기에서 가장 취약한 부분으로, 그린스펀이 직접 개입했던 사안이기도 했다. 다음에 올지도 모를 위기를 우리는 어떻게 피할 수 있을까? 정답은 다름 아닌 이성적 관리 및 규제일 것이다. 시장 주체들이 이성적인 사고를 많이 해야 한다는 데 그 핵심이 있다. 하지만 이러한 원칙은 현실적으로는 진퇴양난이라는 문제와 직면한다. 정책 결정자들이 규제를 풀어주면, 시장 주체들은 모험을 즐기게 되고 이는 곧 위기를 키우는 결과로 이어진다. 반대로 규제를 강화하면 경제는 활기를 상실해버린다. 더욱 핵심적인 문제는 규제 당국이 어떻게 부실자산을 선별해낼 수 있느냐이다. 언제 거품이 생길지 어떻게 판단할 것인가? 특히 오늘날처럼 시장이 급변하는 시기에 누가 규제 당국을 관리하고 규제할 것인가?

앨런 그린스펀은 긴축 통화로 거품을 제거하는 정책은 바람직하지 않다며, 그로 인한 효과가 오히려 원하는 방향과 정반대로 나타날 수도 있다고 말한다. "거품이 커질 때 그 커진 거품을 가려낼 수는 있다. 하지만 그 뒤 이 거품이 어떻게 커질지, 또 어떤 방식으로 사라질지 미리 예상하기란 어렵다. 어쩌면 영원히 불가능할지도 모른다. 이런 상황에서 정책 결정자들은 선택의 기로에 선다. 무수히 많은 시장 활동을 제한하거나 중단시킬 것인가? 그러면서 이런 정책의 시행이 경제 성장에 끼칠 피할 수 없는 부정적 효과를 용인할 것인가?" 만약 규제 당국이 지나치게 개입한다면, 도리어 아무 효과를 얻지 못할 수도 있다.

다시 말해 그린스펀은 여전히 시장의 힘을 신뢰했다. 그는 규제 당국이 시장 특히 상품 생산자보다 더 뛰어난 판단을 할 수는 없다고 믿었다. 이를 뛰어넘으려는 규제 당국의 노력이 헛수고로 돌아간 예는 많다. 규제 당국에게 주어진 임무는 지급준비금 등 관리 수단을 강화하고 금융기관이 대범하게 행동할 수 있는 환경을 만들어 주는 일이다. "규제 당국은 어떤 상품이든 (정해진 범위 안에서) 자신들이 투자하고자 하는 상품을 은행이 구매할 수 있도록 내버려두어야 한다. 또한 발생 가능성이 있거나 사전에 예측 불가능한 손실에 대비하는 적정 규모의 자기자본금을 은행이 유지하도록 요구해야 한다."

앨런 그린스펀은 채무불이행의 도미노 현상이 눈사태와 많은 부분에서 비슷하다고 말한다. "낮게 쌓인 눈이 무너지면서 위치 에너지가 증가하고, 결국 쌓여 있던 눈 전체에 금이 생겨 갈라지다가 온 산을 뒤덮었던 눈이란 눈은 모두 쏟아져 내리고 만다……. 눈 더미에 생긴 작은 균열에서 대규모 눈사태를 예측하기란 쉽지 않다. 같은 맥락에서 어떤 사건이 대규모 금융위기를 가져올지 미리 알아채는 건 실로 어려운 일이다. 특히 2008년 9월 위기와 같은 규모는 더욱 상상하기 어려웠다."

앨런 그린스펀의 주장에 따르면 문제의 해결책은 자기자본금이다. 감당해야 할 위기의 수준이 눈에 띄게 높아졌으니 각 금융기관은 그에 상응하는 자본금을 충분히 보유해야 한다는 것이다. 이렇게 하면 은행의 레버리지 효과의 확산을 막을 수 있을 뿐만 아니라, 위기가 발생하더라도 그에 따른 손실을 일정하게 제한할 수 있다.

여기서 문제는 다음과 같다. 자본금 보유가 주는 효과가 이렇게 명백하다면 왜 이 사안이 중요 사안으로 떠오르지 않는 걸까? 우선, 이 사안이 이미 익숙해서 인지되지 못하는 사각지대에 있기 때문이다. 앨런 그린스펀은 자신의 경험을 예로 들어 설명했다. 그가 연준 의장으로 취임한 지 얼마 되지 않았을 때의 일이다. 간부 회의에서 그는 '천진난만한' 질문을 던졌다. "자기자본금의 합리적인 수준을 어떻게 결정할 수 있나요?" 이때 그에게 돌아온 건 냉담한 시선과 침묵뿐이었다. "그런 기초적인 사안에는 이미 정해진 기준이 있고, 따라서 그런 사안이 언급되는 일은 거의 없죠. 위기가 발생했을 때 말고는요." 그린스펀은 자신이 연준 의장직에 있던 기간 동안에는 은행들이 언제나 충분한 자본금 상태를 유지한 것으로 보였다고 평가했다.

둘째로는 자본금이 늘어나면 그만큼 은행의 비용도 높아진다는 점이다. 은행들은 대부분의 위기 상황에 대비해 파산을 면할 수 있는 자본금을 갖추고 있다. "정상적인 은행 업무에서 갑자기 발생하는, 은행에 불이익을 가져오는 경제 사건은 은행의 자본금을 갉아먹는다. 하지만 거의 대부분의 상황에서는 자본금(대손충당금과 자기자본금)이 파산을 막기에 충분하다. 그리고 시간이 지나면 미분배이익금과 신규자본금이 쌓여, 자본금이 입은 손실을 충당할 수 있다." 자본금 문제가 별다른 주목을 받지 못하는 이유가 바로 여기에 있다. 하지만 문제는 경제위기가 찾아왔을 때 발생하며, 자본금이 자기 역할을 하는 것은 바로 그러한 상황이다. 한 금융기관에 신용 동결이 결정되고 시장 전체가 그 사태에 영향을 받는 그 시점 말이다.

《지도와 영토》에서 앨런 그린스펀은 2008년 사태에 대한 변명을 빼놓지 않았다. 특히 1987년 주식시장 폭락과 닷컴 버블을 성공적으로 극복해냈던 경험을 이야기하며 자신의 경제 이념이 타당하다고 증명하고자 했다. 반성의 태도는 엿보이지 않았다. 그린스펀은 자신의 재임 기간 동안 30퍼센트 정도의 판단 과실이 있었다고 인정했다. 이는 언뜻 보기에 겸손한 태도로 비춰진다. 실제로 경제 전망과 관련한 그의 성적은 매우 좋았다. 그린스펀의 성공과 실패는 한 사람의 차원을 넘어 중앙은행 제도의 변화와 도전에 대해 생각하게 한다.

역사를 거슬러 올라가보면, 미국에서 중앙은행은 다른 선진국에 비해 가장 늦게 출범했다. 20세기 초반까지 미국에는 중앙은행이 아예 존재하지 않았다. 짧은 긴급 상황이라는 두 번의 예외는 있었다. 첫 번째 상황은 1907년 뉴욕에서 발생한 심각한 뱅크런 사태였다. 이때는 존 모건이 개인의 권위와 신임으로 개입했고 그에 따라 시장은 안정을 되찾아 더 큰 위기를 피할 수 있었다. 이 사건을 계기로 미국에도 중앙은행이 필요하다는 목소리가 높아졌다. 은행가들은 조지아 지킬 섬의 어느 별장에 모여 토론했고, 중앙은행 설립 필요성이 처음 제기된 것도 바로 이 자리에서였다. 이런 정황 탓에 이 은행가들은 음모론자들의 질책을 받았다. 그렇다. 미연방준비제도 이사회는 출범 초기 엘리트 클럽이었고, 정부로부터 독립하여 활동했다. 현대 경제가 신용 대출 중심의 경제로 변화하면서 중앙은행의 역할과 위치도 변했다. 중앙은행가들은 인플레이션 조절 및 이를 통한 경제

안정 유지 역할까지 떠안아야 했다. 또한 이와 같은 중차대한 소임을 수행하기 위해 중앙은행은 해당 분야 전문가인 기술 관료에게 의지해야만 했다.

앨런 그린스펀에 관한 역사적 평가보다 좀 더 깊이 생각해봐야 하는 문제는 따로 있다. 그린스펀 이후 연준 의장을 맡은 후임자들은 신뢰할 만한 인물들인가? 중앙은행가들은 오늘날에도 통화에 대한 강한 지배력과 통제력을 지니고 있는가? 통화 정책이 경제 내부의 유동성과 안정성을 유지하기 위해 할 수 있는 일은 무엇이며, 하지 말아야 할 일은 무엇인가? 이 문제들에 대해 만족할 만한 답을 찾지 못한다면, 지난 위기가 우리에게 준 교훈은 무용지물이 될 것이다.

부록: 앨런 그린스펀과 아인 랜드

앨런 그린스펀은 원래 말을 아끼기로 유명했다. 그래서 퇴직 후 펴낸 두 권의 저서는 대중들이 그를 한결 더 잘 이해하는 계기가 되었다. 연준 의장직을 맡았을 당시 그린스펀은 언제나 따뜻한 말을 구사했다. 그가 했던 말 중 명언이 있다. '당신이 내 뜻을 이해했다고 생각한다면 당신은 분명히 잘못 이해한 것입니다.' 사실 그랬다. 그는 일부러 사람들이 잘 알아듣지 못하게 말했는데, 사람들이 추측하거나 때로는 정반대로 해석하게 만들기 위함이었다. 그러던 그가 연준을 떠나고 나서 쓴 두 권의 책에서는 자기 심사를 솔직하게 표현했던 것이니, 사람들이 모호하게 이해하는 상황을 더는 고집하지 않았다고 볼 수 있다.

앨런 그린스펀은 동유럽(아버지는 루마니아 사람이고 어머니는 헝가리 출신이다) 이민 2세 유대인이며, 1926년생이다. 태어난 지 얼마 안 돼 부모님은 이혼했고, 그는 어머니 손에 자랐다. 어린 시절 그는 '은둔형 외톨이'로 지냈다. "어렸을 때 거의 대부분 집에서 보냈어요. 뉴욕 시를 벗어나 여행한 적도 거의 없었죠. 스무 살이 되어서야 외부 세계를 처음 접하게 되었습니다."

그린스펀의 가정은 부유한 편은 아니었다. 하지만 대공황이 그의 어린 시절에 큰 시련을 준 것도 아니니, 아주 가난한 편도 아니었다. 그는 성인이 된 후 일주일 용돈으로 25센트를 받았다고 농담 투로 고백하기도 했다. 그린스펀은 어린 시절 음악과 수학에 천재적인 소질을 보였고, 악단 멤버로 활동하기도 했다. 성인이 된 뒤에는 어린 시절 야구 경기에서 거둔 성적을 떠올려 보기도 했다.

거시경제에는 전혀 관심이 없고 '반주자'의 삶을 꿈꾸기도 했던 이 젊은 청년은 자신이 평범한 사람이 되리라고 생각했다. 하지만 한 여성이 이 젊은 청년의 인생을 송두리째 바꿔놓았다. 그 여성은 구소련에서 건너온 유명한 여성 철학자 아인 랜드(Ayn Rand)였다. 그린스펀은 스물여섯 살에 조안 미첼(Joan Mitchell)과 결혼했는데, 조안 미첼은 바로 아인 랜드가 소개시켜준 사람이었다. 하지만 그린스펀의 첫 번째 결혼 생활은 10개월 만에 끝이 났다.

아인 랜드는 스물한 살에 미국으로 건너왔다. 뉴욕 생활을 시작하면서 다시는 고국으로 돌아가지 않겠다고 다짐했다. 그녀는 일생동안 윤리적 이기주의 철학[115]과 자유방임적 자본주의[116] 경제를 적극 지지했다. 이는 그의 성장 배경과 깊은 관련이 있어 보인다. 아인 랜드는 이런 말을 남겼다. '돈은 한 사회의 미덕을 측정하는 척도다.' 그의 무덤 비석 옆에도 미국 화폐 단위인 '$' 표지가 서 있을 정도다. 아인 랜드의 철학은 그리 심오하지는 않았다. 중국에서 그는 거의 알려져 있지도 않다. 하지만 아인 랜드는 특정 미국인 세대에 큰 영향을 남긴 철학자였고, 그의 '객관주의' 운동은 순식간에 무서운 기세로 확산되었다. 그의 책《아틀라스Atlas Shrugged》는 지금까지도 베스트셀러다. 보수주의자들이 초심으로 돌아갈 때마다 아인 랜드와 그의 작품은 대중 앞에 다시 등장하곤 한다.

그린스펀은 아인 랜드가 마치 '신'이라도 되는 듯 그를 추종했다. 그는 자신이 아인 랜드를 만난 뒤부터 총명해졌다는 말을 자주 하곤 했다. 경제학 모델 밖의 세상을 만난 것이다. 그린스펀은 아인 랜드가 살아 있을 때 자주 그의 집을 찾아갔다. 그와의 만남을 그는 '마음의 데이트'라고 표현했다. 그린스펀이 연준 의장직에 취임할 때 아인 랜드는 그의 옆을 지켰고, 아인 랜드가 세상을 떠났을 때 그린스펀은 그의 장례식에 참석하며 떠

---

115 '각 개인은 자신의 이익을 절대적으로 추구해야 한다'는 것을 규범으로 정하고 이를 준수하여 모든 인간이 자신의 이익만을 추구할 때, 사회적인 이익이 커진다는 것을 기본 전제로 삼는 철학 — 옮긴이.
116 국가의 개입을 최소화하고 개인에게 경제 활동의 자유를 최대한으로 보장하는 형태의 자본주의 — 옮긴이.

나는 그 옆을 지켰다.

이로써 짐작할 수 있듯, 그린스펀의 이데올로기는 철저히 자유지상주의자의 이데올로기다. 2008년 금융위기 발생 후 그를 향한 비난은 모두 자유로운 기업 운영에 대한 그의 지나친 숭배에 집중되었다. 이러한 숭배는 아인 랜드의 영향 때문이기도 하지만 그린스펀이 몸소 겪은 경험 때문이기도 하다. 그는 전통적인 아카데미즘에 속하는 인물은 아니다. 박사학위를 수여받기 훨씬 전부터 이미 업계에 발을 들여 놓고 있었다. 경제 자문 회사를 운영하기도 했고, 여러 회사를 돌아다니면서 대표 이사직을 맡기도 했다. 이런 경험을 통해 기업 운영 시스템을 깊이 이해하고 있었다. 실물경제에 대한 이해도 역시 높았다. 이론만을 강조하는 요즘 경제학자들과는 전혀 달랐던 것이다.

앨런 그린스펀의 재임 기간은 미국 경제의 찬란했던 시절이라고 볼 수 있다. 그 시기는 고성장 저인플레이션이라는, 상상만 해도 즐겁고 환상에 가까운 시간이었다. 다시 말해 번영이 이어지던 꿈같은 시절이었다. 다른 측면에서 이 시기는 기업 및 그룹과 규제 당국 간의 '밀월기'로 일컬어진다. 자유방임주의가 시장의 발전을 촉진하면서도 동시에 자체적인 규제를 한다는 믿음이 있던 시기였다. 그린스펀을 비판하는 무리들은 바로 이런 근거를 제시하며, 그가 금융위기에 대해 책임져야 한다고 주장했다. 그들은 그린스펀이 취임한 이래 유지했던 자유 기업 제도 및 시장의 역할은 타당성 검증을 받지 못했다며 그리스펀을 비난했다.

금융위기는 그린스펀 자신에게도 이념적 충격을 가져다주었다. 그는 2008년 미 하원 청문회에 출두했다. 전 연준 의장이었던 그는 고개를 숙인 채 이번 금융위기는 자신이 생각했던 것보다 훨씬 광범위하게 진행되고 있다고 시인했다. 또한 자신의 믿음에 '결함'이 있었음을 시인하며 반성했다. "임기 시절 저는 오류를 범했습니다. 금융기관들이 자신의 이익을 위해서라도 주주들을 보호할 것이라고 기대했던 것입니다……. 저는 시장은 자율 규제로 잘 작동된다는 이론을 40여 년 동안 신봉해왔고, 이를 증명하는 증거들은 많았습니다. 하지만 작년 여름, 저의 생각이 틀렸다는 사실이 밝혀졌습니다."

이번 금융위기가 자유주의의 종말을 뜻하는가? 최근 '월가를 점령하라' 같은 시위가 자주 일어나고 있지만, 이는 주기적으로 일어나는 이념적 변화에 불과하다. 대공황이 지나가고 나치와 구소련이 다시 한 번 주목을 받았던 과거를 돌아보면, 이번 위기로 전 세계의 자유 시장 이념 자체가 흔들리지는 않을 것이다. 하지만 이런 이념적 변화는 사회 불평등, 빈부격차, 부의 대물림같이 전 세계적인 현상에 대중이 관심을 두고 있음을 시사한다.

간과해서 안 되는 점은, 위기를 이해하는 일이 위기에 대응하는 일보다 훨씬 중요하다는 점이다. 위기는 피할 수 없는 현상이기 때문이다. 현대 경제가 발전하면서 금융위기는 이미 자본주의 시스템의 운영체제 내부로 깊숙이 침투했고, 경제학자 조셉 슘페터(Joseph Schumpeter)가 제시한 개념인 '창조적 파괴'[117]를 가능하게 하는 한 가지 계기가 되었다. 금융위기는 자본주의 시스템의 일종의 자체적 청산 행위다. 금융위기의 불같은 성질과 그로 인한 피해를 싫어한다 해도, 인류는 금융위기와 오랜기간 공존해야 하는 운명에 놓였다.

---

117 기술의 발달에 경제가 얼마나 잘 적응해나가는지를 설명하기 위해 제시했던 개념이다. 슘페터는 자본주의의 역동성을 가져오는 가장 큰 요인으로 창조적 혁신을 주창했으며, 특히 경제 발전 과정에서 기업가의 창조적 파괴 행위를 강조했다 — 옮긴이.

금융위기의
계시록

　언론에서는 금융위기를 포스트 금융위기로 바꿔 말하고 있
다. 그러나 금융 시스템의 관리 및 규제와 정부의 위기 대처 능
력에는 여전히 결함이 많다. 아마도 헨리 폴슨이 말했듯 '우리
는 위기를 겪어야만 비로소 고된 임무를 완수'하는 것인지도 모
른다. 금융위기의 계시(啓示)는 계속 나타나고 있고, 혁명은 알
다시피 아직 끝나지 않았다.

오바마의 신호: '엉클 샘' 구하기

　2009년 말, 한 해를 다시 돌아보던 시기에 미국인들은 유난히
도 추운 성탄절을 보냈다. 1932년과는 달리 미국인의 인내심은
거의 바닥났고, 미국의 자산도 완전히 바닥을 드러내기 직전이
었다. 소비자 지출은 1942년 이래 가장 큰 폭으로 하락했고, 같

은 해 비농업 부문에서 총 191만 명의 실업자가 발생하면서 실업률은 25년 만에 가장 높은 수준으로 솟구쳤다. 반면 제조업 생산량은 1982년 이래 최저치로 떨어졌다. 이 지수들은 미국 경제가 침체기에 빠졌다는 사실을 말하고 있었다.

그해 겨울, 치열했던 대선 경쟁이 끝나고 대통령 취임식이 6주 남은 시점에서 버락 오바마 당선자는 5,000억 달러 규모의 경기 부양책을 발표했다. 그에 따라 하향 곡선을 지속했던 미국과 유럽의 주식시장은 일시적으로 대폭 상승했다. 나스닥 지수와 스탠더드앤드푸어스(S&P) 500 지수[118]는 각각 3.46퍼센트, 3.84퍼센트 상승했고, 원자재와 기계 설비 업체의 주가는 급등세를 보였다.

오바마의 이번 경기 부양책은 1950년대 이래 최대 규모였다. 규모 면에서 루스벨트의 뉴딜정책과 어깨를 견줄 만한 수준이었다. 오바마의 경기 부양책은 다음 다섯 가지로 요약할 수 있다. 정부의 에너지 절감, 대규모 인프라 건설, 최대 규모의 학교 설비 및 장비 개선, 의료 시스템 개선 및 초고속 인터넷 보급 확대 그리고 250만 개의 일자리 창출이다.

스위스 금융그룹(UBS)의 연구 결과에 따르면 당시 세계 각국 정부는 일제히 감세 또는 지출 삭감을 발표했고, 순식간에 모두가 케인스주의자들이 되었다. 또한 프랑스, 영국, 스위스, 오스

---

118 국제 신용평가기관인 미국의 스탠더드앤드푸어스가 작성한 주가지수다. 다우존스 지수와 마찬가지로 뉴욕증권거래소에 상장된 기업의 주가지수지만, 지수 산정에 포함되는 종목 수가 다우지수의 30개보다 훨씬 많은 500개이다. 지수의 종류로서는 공업주(400종목), 운수주(20종목), 공공주(40종목), 금융주(40종목)의 그룹별 지수가 있다. 지수 산정에 포함되는 종목은 스탠더드앤드푸어스가 우량기업주를 중심으로 선정한다 — 옮긴이.

트레일리아 그리고 아시아 몇몇 국가들이 거액의 자금을 인프라 건설에 쏟아 부었고, 이로써 인프라 관련 산업이 가장 큰 수혜를 받을 것이라고 전망했다.

당시 오바마 대통령은 취임 전으로, 이러한 시기에 나온 그의 강력한 발표는 공공 부문 플랫폼에서 자신감을 갖기 위함이라고 해석되었다. 2009년 미국 주식시장은 1929년 이래 최악의 상황이었고, 시장 관련 인사들은 오바마의 경기 부양책이 주식시장에 활기를 불어넣어 줄 거라고 믿었다.

공공지출의 확대가 재정적자에 미치는 영향에 관해서는 아직도 논란이 많다. 2009년 12월 10일, 미국 재정부는 2009년 회기년도 처음 2개월간 연방 예산적자가 4,000억 달러로 급증했고, 2008년 10월과 11월의 연방 예산적자가 2008년 회계연도의 총 예산적자 4,547억 9,000만 달러의 88퍼센트를 차지했다고 발표했다.

2009년 성탄절에 오바마는 경기 부양책에 관한 대략적인 큰 틀만을 공개했지만 그가 앞으로 제시할 경제 정책에 대한 시장의 기대감은 이미 부풀어 올라 있었다. 그 중에서도 자본 사용 효율과 에너지 문제에 관심이 집중되었다. 2009년 12월 10일, 백악관은 150억 달러를 투자해서 미국의 3대 메이저 자동차 회사인 제너럴모터스, 크라이슬러, 포드를 구제하고, 또한 '자동차 총괄관(Car Czar)'이라 불리는 규제 기관을 두어 위기의 자동차 산업을 관리한다고 발표했다. 정부가 발표한 투자액은 '3대

메이저' 기업들이 요구했던 340억 달러에는 크게 못 미치는 수준이었고, 기껏해야 2009년 말까지 버틸 수 있는 수준에 불과했다. 하지만 이것은 금융위기를 벗어나려는 미국의 첫 번째 중요한 움직임이었다. 이야기는 아직 끝나지 않았다.

한 시대의 종말

'한 시대가 끝났다. 음악은 금방 끝이 났다.' 사건은 마무리되었고, 상황은 종료되었다. 전 미 재무부 장관 헨리 폴슨은 2008년 금융위기를 떠올릴 때마다 당시의 공포를 생생히 다시 느끼곤 한다.

다년간 전례 없는 호황을 기록했던 세계 경제 발전 및 번영은 사라졌다. 경기침체의 종소리는 전 세계에서 울려 퍼지기 시작했고, 거의 눈 깜짝할 사이에 파티는 끝나 버렸다. 월가는 깊은 수렁에 빠졌다. 사실 음악이 끝나가기 전, 시대는 벌써 많이 변해 있었다. 세계 금융 체제는 전례 없이 긴밀한 협력 관계를 형성했고, 이 때문에 위기에 더없이 취약해져 있었다. 투자은행과 헤지펀드 등 금융기관들의 역할은 점점 확대되어 갔지만, 이들의 장외 거래는 제대로 관리되거나 규제되지 않았다. 위기는 순식간에 시장을 강타했고, 걷잡을 수 없는 상황으로 확대되었다.

위기가 도래할 때마다 극단적인 보수주의자들은 경제 주기에 따라 위기는 나타나기 마련이라고 주장한다. 이들은 시장에는 자체 필터링이 있으며, 파산하는 금융 기관은 바로 이 과정에서 걸러진다고 믿는다. 문제는 현실 세계에서 경제 운영과 공공 정책이 생각보다 훨씬 복잡한 관계를 형성하고 있다는 점이다. 경제가 바닥을 친 뒤의 '뼈를 깎는 듯한' 비용 지출과 길고 긴 회복의 시간을 모든 정부가 수용할 수 있는 건 아니다. 장기적 시각에서 본다면, 정부가 이러한 정책을 시행하면 모두가 공멸하고 만다. 게다가 금융기관까지 최근 들어 서로 긴밀하게 연결되는 양상을 보이면서 세계 경제는 '한 사람이 부유해지면 모두 부유해지고, 한 사람이 망하면 모두 따라서 망하는' 국면으로 접어들었다.

단일화된 시장 경제체 아래에서 정부가 채택하는 규제 정책은 일반적으로 도덕적 논쟁을 피하기 어렵다. 자유 시장 지지자들이나 포퓰리즘 옹호자들은 정부의 지나친 개입과 원조를 강력히 반대한다. 시장경제주의자 헨리 폴슨도 다른 이들이 걱정했던 것처럼 자신의 선택이 초래할 위험을 잘 알고 있었다. 헨리 폴슨으로서는 자신이 '숭배'하는 것을 구하기 위해 '숭배'하지 않는 것을 강제로 이용해야 하는 상황과 유사했다. 사건 수습 뒤에 나온 평가에 따르면 헨리 폴슨은 자기에게 선택의 여지가 없음을 인식했고 '벼락치기' 하는 심정으로 급한 불을 먼저 끌 수밖에 없었다. 정부 개입과 원조 이외의 해결책은 여러 가지 면을 심사숙고한 뒤에야 시행 가능했기 때문이다. '멀리 있는 샘물로 당장 목마른 사람의 갈증을 풀 수는 없는 법이다.' 그렇다고 그저 수수방관한다면 그 위기는 일반 국민에게까지 피해를 주는 국가 대재난으로 이어질 형세였다.

헨리 폴슨이 재무부를 떠난 뒤 가장 많이 받은 질문은 이랬다. 하나는 '위기를 겪은 소감은 어떠한가요?'고 다른 하나는 '앞으로 발생할 수도 있는 유사한 재난을 사전에 방지하려면 어떻게 해야 할까요? 위기를 겪으며 얻은 교훈을 들려주세요.'였다. 첫 번째 질문에 답하기란 그다지 어렵지 않았을 것이다. 하지만 두 번째 질문에 대한 답을 찾는 것 훨씬 어려웠으리라. 사실 그렇다. 금융위기 전후의 과정은 집을 얻기 위해 치열하게 수 싸움을 하는 한 편의 바둑을 방불케 했다. 평소 자기주장이 뚜렷했던 헨리 폴슨은 자신이 미국인과 세계 경제를 살릴 수 있다고 확신했다. 하지만 이런 확신과 무관하게 그는 정치적 장애물에 부딪쳐야 했다. 정당 간 분쟁, 국회의 반대, 법적 제한같이 피해갈 수 없는 장애물이 그를 가로막고 있었다. 재무부가 요청한 '금융기관 구제를 위한 정부 자금 투입'안은 리먼브라더스가 파산보호신청을 한 뒤에야 비로소 국회에서 통과되었다. 헨리 폴슨은 미국 정부와 정부 관리자들에게는 비 은행권 금융 기관의 파산을 막을 역량이 없다며 불만을 토로했다.

다른 관점에서 보면 이러한 정치적 제지는 자본주의 제도의 특징 중 하나로 볼 수 있다. 헨리 폴슨이 시장과 경제를 잘 이해하고 있는 건 인정하지만, 한편으로는 그를 완전히 신뢰할 수 있는지 아직 의심스럽다는 게 다수의 판단이었다. 어쨌든 개인이 항상 옳다고 보기란 어려운 법이다. 그래서일까, 헨리 폴슨은 자신의 저서에서 미국 자본주의 발달의 역사에는 이익을 도모하려는 시장 권력과 그 권력을 공공 이익의 관점에서 규제하려는 관련 법률, 법규 사이에서 균형점을 찾으려는 노력이 끊이지 않았다고 말했다. 본래 이 균형점을 찾는 과정은 끝없는 시행착오를 겪으며 개선해가야 하는 운명의 과정이다.

오늘날 언론에서는 금융위기를 포스트 금융위기로 바꿔 말하고 있다. 그러나 금융 시스템의 관리 및 규제와 정부의 위기 대처 능력에는 여전히 결함이 많다. 아마도 헨리 폴슨이 말했듯 '우리는 위기를 겪어야만 비로소 고된 임무를 완수'하는 것인지도 모른다. 금융위기의 계시는 계속 나타나고 있고, 혁명은 알다시피 아직 끝나지 않았다.

경험과 교훈

헨리 폴슨이 자리에서 물러난 뒤 가장 많이 받았던 한 가지 질문은, 유사한 위기를 피할 수 있는 방법 그리고 위기를 겪으며 얻은 교훈에 관한 것이었다. 그는 2008년 금융위기에서 얻은 교훈을 다음 네 가지로 정리했다. 첫째, 대규모 다국적 자금을 움직이는 세계의 경제체 내부에서 경제 구조 불균형이 일단 나타나면, 이는 금융 제도를 불필요하게 늘리는 원인으로 작용한다. 둘째, 정부의 관리 및 규제는 여전히 '구제불능'이다. 이것저것 다 가져다 섞어 맛이 변한 잡탕과도 같으며, 지금 시대와 형세에 전혀 맞지 않는다. 셋째, 현 금융 체제에는 지나치게 많은 레버리지가 포함되어 있고, 이는 실제 자본과 유동 자금 등의 완충 효과 결핍으로 이어진다. 넷째, 업계를 이끌고 있는 현 우두머리 금융기관들은 그 규모가 방대하고 구조가 지나치게 복잡한데, 이는 스스로에게 아주 위험한 요소로 작용하고 있다.

금융위기가 어떻게 발생하는지에 대해서라면 다음의 세 가지 해석이 있었다. 첫 번째 해석에 따르면 금융위기의 원인은 인간의 탐욕이다. 두 번째 해석은 자본주의 시스템이 가지는 고정된 변동 주기에서 원인을 찾는다. 경기 쇠퇴는 지극히 정상적인 주기적 현상이라는 시각이다. 세 번째 해석은 정부의 관리에 문제가 있었다는 관점이다. 리처드 퍼스너와 헨리 폴슨도 2008년 금융위기의 주요 원인을 여기에서 찾았다. 이 세 가지 해석은 각각 다른 해결 방안을 제시한다. 먼저 첫 번째와 두 번째 해석은 위기는 시장이 자체적으로 해결할 수 있으니 금융기관에 대한 정부의 원조가 필요 없다는 입장이다. 위기는 자본주의 시장이 자체적으로 자신을 재구성하는 과정이기 때문이다. 반대로 정부의 개입이 방안이라고 주장하는 이들도 있다. 정부가 위기에 빠진 금융 기관을 구조하고 그들에 대한 규제를 강화해야 한다는 주장이다. 금융위기 상황을 주도적으로 타개해갔던 관점은 바로 후자의 관점이었다. 하지만 정부가 어느 정도까지 개입하고 얼마나 공공 부양 정책을 시행해야 하는지에 관해서는 아직도 논란의 소지가 여전하다.

헨리 폴슨은 후자에 속한다. 그는 베어스턴스 구제를 예로 들면서 이렇게 말했다. "베어스턴스의 문제가 그 회사만의 문제였다면 그들의 해가 저물어가도록 그저 지켜보기만 했겠죠. 하지만 저는 베어스턴스가 무너진다면 유사한 문제를 안고 있는 다른 금융 기관도 위험하다는 사실을 알게 되었습니다." 이런 관점은 리처드 포스너의 관점과 완전히 일치한다. 포스너의 주장에 따르면, 위기와 만날 때 이데올로기보다는 실용주의를 중시해야만 한다. 위험이 단일 회사의 파산에 그친다면 묵인할 수 있다. 하지만 국가 수준의 파산은 결코 간과할 수 없는 문제다. 특히 어떤 위험이 '금융 시장의 안정성'이라는 공공 부문까지 영향을 끼친다면, 이는 절대 허용해서는 안 되는 위험이다. 국가에 닥쳐올 위험은 대형 은행 한 곳의 도산이 아니라 은행 업계 전체의 붕괴이기 때문이다. 그러나 "자유지상주의 경제학자들은 금융 시장 규제의 완화가 갖는 위험성을 전혀 인식하지 못하고 있고, 이 때문에 금융위기의 위험과 심각성을 지나치게 과소평가하고 있다."

수많은 시행착오를 겪으며 20세기를 지나온 자본주의 체제의 존재 이유에 관한 한, 오늘날 별다른 이견은 없다. "자본주의를 대체하려 했던 방안은 이제 모두 두 손 두 발 다 들고 물러섰는데, 사실 1930년대까지만 해도 이런 결과는 전혀 예측되지 못한 것이었다"는 포스너의 발언에서도 잘 드러나는 점이다. 그러나 포스너는 자본주의 체제가 끊임없이 수정되는 방식으로 존재해야 한다고 강조한다. 방임과 규제, 자유와 관리 및 규제가 공존해야 한다는 것이다. 또한 포스너는 미국 금융 체제 개혁은 촉진하되, 이 개혁의 전제는 시장 메커니즘에 관한 신념의 유지라고 강조했다. 냉전의 철벽으로부터 인류가 벗어나고 수억의 인구가 가난에서 벗어나도록 도운 것도, 미국의 번영과 발전에 크게 이바지한 것도 결국 시장이었다는 주장이다.

고효율성, 관리 및 규제 시스템이 완비된 자본 시장은 전 세계라는 큰 범위 안에서 경제 발전의 지속적 촉진을 도울 것이다. 이와 같은 필연적인 흐름을 따라간다면, 인류는 더 큰 정치적, 사적 자유를 누릴 수 있을 것이다.

역사의 순환

역사는 언제나 두 번 문을 두드린다. 한 번은 좋은 일로 그리고 나머지 한 번은 나쁜 일로.

1792년 미국의 첫 재무장관 알렉산더 해밀턴(Alexander Hamilton)은 수십만 달러에 달하는 자금을 투입하여 연방 정부의 증권거래소를 매입하는 결단을 내렸다. 이 조치로 해밀턴은 윌리엄 듀어(William Duer)의 과도한 투기 탓에 붕괴 위험에 빠졌던 주식시장을 살려냈고, 미국 경제 전체로 부정적 영향이 퍼지는 상황을 방지했다. 그로부터 216년 뒤 미국 재무부 장관 헨리 폴슨은 파산 위기에 빠진 한 금융기관을 7,000억 달러의 자금을 투입해 구제하기로 결정했다. 해밀턴이 설립한 뉴욕 멜론은행은 이번 부실자산 구제계획(Troubled Asset Relief Program)의 핵심 표적이 되었다. 오랜 시간의 간격을 두고 발생한 유사한 두 사건은 역사가 미묘하게 윤회한다는 사실을 입증한다.

　미국 비즈니스 전기 작가 론 처노(Ron Chernow, 1949~)의 저서《알렉산더 해밀턴Alexander Hamilton》은 2008년 금융위기 때 인기를 끌며 미국에 '국부(國父)' 열풍을 일으켰다. 금융 관련 고위 인사 가운데 이 책을 읽지 않은 사람이 없을 정도였다. 론 처노는 해밀턴을 이렇게 묘사했다. 49세에 결투에서 목숨을 잃고 백악관에서 자신의 소신과 뜻을 이루지 못한 비운의 남자 또는 미국 역사에서 가장 중요한 인물. "해밀턴은 끝내 대통령이 되지는 못했으나 대통령직에 앉아 있던 이들보다 훨씬 오랫동안 더 깊이 미국에 영향을 준 인물이다." 작가에 따르면 워싱턴이 정치적 의미에서 영원한 '미국의 국부'라면, 해밀턴은 최초의 미국 '금융의 아버지'라고 칭해야 마땅하다. 당시 미국은 영국 식민지의 처지를 막 벗어나 미합중국으로 새로 단장한 시기로, 국내외 모든 일은 백지 위에 그림을 그리는 것과 다를 바 없었다. 이때 국내 경제와 금융 체제의 통합을 추진한 인물이 해밀턴이었다. 국채에서부터 상업은행, 중앙 권력을 행사하는 미합중국제일은행(First Bank of the United States)의 설립과 연방 소득세 시스템의 확립에 이르기까지 모든 과정에서 해밀턴은 강력하게 소신을 밀어붙였고, 이로써 국가의 발전이 도모될 수 있었다. 해밀턴은 사후 월가 근처에 있는 트리니티 교회에 묻혔다. 묘의 맞은편에는 뉴욕의 은행들이 늘어선 거리가 있다.

긴급 구제 조치를 할 것인가 아니면 하지 않을 것인가? 이 문제는 실로 난제다. 긴급 구제는 많은 파장을 일으킨다. 첨예하게 대립하는 논쟁의 배경에는 미국이 오랫동안 안고 왔던 문제가 깔려 있다. 자유 방임인가 아니면 적극적인 개입인가? 또는 정부가 시장에 대한 규제를 강화해야 하는가? 더욱 큰 틀에서 살펴본다면 이 문제는 해밀턴과 그의 정치적 원수였던 토머스 제퍼슨(Thomas Jefferson, 1743~1826년)의 관계로 거슬러 올라가 볼 수 있다. 미국의 작가이자 경제역사학자 존 스틸 고든(John Steele Gordon)은 수백 년 넘게 이어져온 북미 금융 역사를 언급하며 중요한 사건들마다 해밀턴과 제퍼슨의 추종자들이 각자 자신들이 믿는 신념을 지키려는 모습들이 희미하게 녹아 있음을 발견할 수 있다며 감탄했다. 미국의 자본시장 역사에서 1792년에서 1987년까지 백 년이 넘는 시간 동안 제퍼슨의 자유방임주의가 주류를 차지해왔으나 그 뒤부터 지금까지는 해밀턴주의가 다시 주목을 받고 있다.

해밀턴의 정치 신념은 33세라는 나이에 '모든 사람은 평등하다(all men are created equal)'를 주장한 제퍼슨과 첨예하게 맞서며 충돌했다. 이 두 개국공신은 의회에서 마치 '닭싸움'을 연상케 할 정도로 치열하게 싸웠다고 전해진다. 해밀턴은 공업과 상업 중심의 국가를 만들어야 한다고 주장한 반면 제퍼슨은 농업국가에 대해 강한 믿음을 보였다. 해밀턴은 강력한 정부를 제창했지만 제퍼슨은 지방자치를 주장했다. 해밀턴이 세운 월가에 대해 제퍼슨은 '인류 본성 타락의 거대한 하수구'라며 질책했다……. 결과적으로 해밀턴이 이끈 연방당과 제퍼슨이 창립한 민주공화당의 정치적 유산은 오늘날 미국의 민주당과 공화당으로 남았다. 두 사람의 당파 경쟁은 결국 아메리카니즘의 모든 방면을 아우르며 갈고 닦았다. 이는 역사학자 클로드 바워스(Claude Bowers)의 말에서도 엿볼 수 있다. '이 위대한 논쟁은 미국 역사의 그 어떤 논쟁보다 중요하다. 이 논쟁은 미국의 과거, 미래와 깊은 관계를 맺고 있기 때문이다.'

미국 정부가 정부 개입의 방식으로 자본시장의 위기를 구제한다는 발표를 했을 때 해밀턴주의가 다시 한 번 주목을 받았다. 그래도 제퍼슨주의의 유령은 항상 주위를 맴돌고 영원히 떠나지 않는다. 금융업의 파티와 고위층 경영자들의 고액 연봉 시대는 이미 끝이 났다. 행동과 생각이 전혀 다른 이념들이 협상과 타협을 반복하는 과정에서 역사 또한 우여곡절을 이겨내며 앞으로 나아갈 수 있었다. 해밀턴과 제퍼슨의 정치적인 이견과 공통점을 잘 파악하는 자가 월가와 백악관의 연관 관계를 잘 꿰뚫어 볼 수 있고 미국 사회 전반에 걸친 비밀로 이어진 통로를 알아낼 것이다.

II
유럽 채무위기

헤겔은 세계사의 큰 사건과 인물들은 서로 다른 모습으로 출현한다고 말했다. 그러니까 두 번 나타난다고 볼 수 있다. 여기에 나는 하나를 덧붙이겠다. 그것들은 한 번은 비극으로, 또 한 번은 희극으로 나타난다.

—칼 마르크스(Karl Heinrich Marx, 1818~1883년)

그리스 섬들아! 아름다운 그리스 섬들아! ……여기에는 전쟁과 평화의 예술이 함께 공존하며 흥했다. 델로스 섬이 우뚝 솟고, 아폴로가 바다 위로 떠오른다! 영원한 여름날 섬을 금으로 바꿔버린다. 하지만 태양을 제외한 모든 것이 가라앉았다.

—조지 고든 바이런(George Gordon Byron, 1788~1824년)

예수께서 대답하여 이르시되, 주 너희 하나님을 시험하지 말라, 하였느니라.

—〈누가복음〉 제4장 12절

또 다른 고통이 기다리고 있을지도 모르는 미지의 세계에 뛰어드는 것보다 차라리 지금 당하고 있는 고통을 참고 견디는 것이 더 나을 것이라고 생각하기 때문이리라. 이러한 판단이 인간을 점점 더 겁쟁이로 만드는구나.

—셰익스피어(William Shakespeare, 1564~1616년)

금융위기가 미국을 강타했던 2008년 유럽은 바다 건너에서 발생한 일을 구경하며 미국식 자본주의를 비판하고 있었다. 그로부터 고작 1~2년 뒤 복지국가주의는 유럽의 국가를 수렁으로 빠뜨렸다. 북유럽 국가인 아이슬란드의 국가채무위기에서 그리스 위기까지, 더 나아가 피그스(PIGS, 포르투갈, 이탈리아, 아일랜드, 그리스, 스페인 등 유럽 5개국)의 위기 확산까지. 도대체 세계에 무슨 일이 일어났을까?

유럽의 채무위기는 현재까지도 악화일로를 걷고 있으며, 불안정 요소로 가득 차 있다. 헛된 시간을 낭비하며 오랫동안 질질 끌고 있는 '만성병'이 다시 한 번 격렬히 도질 가능성을 완전히 배제하지 못한 상황이다. 유럽의 중앙은행은 위기 발생 뒤 쉴 새 없이 바쁜 나날을 보내며, 자신의 역할과 권한을 확대하고 있다. 유럽은행 총재 마리오 드라기는 유로화의 '생명을 살렸다'는 평가를 받고 있다. 하지만 중앙은행의 노력 이외에 정치 · 경제의 개혁도 반드시 함께 이루어져야 한다.

money•mint•economic growth

아이슬란드의
'파산'

총재의 심판에서 본 규제 차익의 아비트리지

미국에서 발생한 금융위기에 이어 북유럽의 작은 국가 아이슬란드에도 위기가 찾아왔다. 2008년 11월 6일 아이슬란드 총리는 처음으로 국가부도 위기를 밝혔다.

은행업 열풍에서 하룻밤 사이에 파산 국면을 맞이하기까지 아이슬란드에는 어떤 일이 일어났을까? 아이슬란드에 이어 위기가 아일랜드 등의 국가로 도미노처럼 이어졌다. 아이슬란드는 금융위기로 국가 부도를 맞은 첫 번째 국가라서 '탄광의 카나리아'로 불렸다. '카나리아'가 죽음으로 유독가스를 경고하듯 아이슬란드는 세계가 위기에 빠질 것이라는 신호를 보냈다는 것이다. 아이슬란드의 전직 정부 관료는 위기 당시의 상황을 이렇게 회상했다. "2008년 가을 아이슬란드의 경제 붕괴가 발

242 돈을 찍는 자

생했어요. 전 세계가 아이슬란드에서 전체 금융 체제의 붕괴가 일어날 것이라는 예측을 쏟아냈죠. 과도하게 몸집을 키웠던 은행들이 1주일이라는 짧은 기간에 줄줄이 무너졌어요. 아이슬란드 크로네(Krone) 대 유로화 환율은 40퍼센트까지 폭락했고, 인플레이션과 금리는 18퍼센트까지 폭증했어요. 국민 생활수준은 급속도로 떨어지고 실업률은 거의 10퍼센트에 육박했어요. 국가 채무는 계속해서 늘어가고, 수입은 주는 반면 지출만 크게 늘었죠."[119]

금융위기 속에서 국가 지도자가 금융위기 때문에 재판을 받는 일이 세계에서 최초로 아이슬란드에서 일어났다. 2008년 아이슬란드 국가부도를 선언한 아이슬란드 전 총리 게이르 하르데(Geir Hilmar Haarde)가 2011년 특별법정에 출두해 재판을 받았다. 그는 두 가지 일에 대해 고소당했다. 금융위기 당시 적절한 대처를 했는지와 적절한 책임 수행을 다했는지에 관한 재판이었다. 당시 하르데는 금융위기의 책임을 지고 사퇴한 상태였다. 궁지에 몰린 그의 운명은 지도자가 처할 수밖에 없는 난처한 입장을 잘 대변해준다. 어떻게 관리해야 잘하는 일인가? 엄격하게 관리해야 하나 아니면 더욱 유연하게 풀어줘야 하나?

아이슬란드의 위기를 시작으로 금융위기라는 '검은 먹구름'은 오랫동안 걷히지 않았고 국가 채무위기는 점점 글로벌 위기로 더욱 확산되었다. 전 세계 부채 증가의 배후에는 어떤 함정

---

119 스테인그리무르 시그푸손(Steingrimur Sigfusson, 아이슬란드 어업, 농업 및 경제사무부장, 전 재무장관), 《아이슬란드 금융위기의 계시Lessons for Europe from Iceland's financial crisis》.

이 숨어 있는가? 미국의 금융 시장은 왜 붕괴했는가? 아이슬란드는 어떻게 하나의 국가에서 실질적인 헤지펀드로 탈바꿈했는가? 그리스에 어떤 일이 일어났는가? 유로존의 난제는 무엇인가? 어떤 의미에서 살펴본다면 이들 사달의 배후에는 공통적인 답안이 존재한다. 전 세계가 앞뒤 안 가리고 돈에 미쳐 공통된 문제점을 키웠다는 점이다.

미국의 작가 마이클 루이스(Michael Lewis, 1960~)는 이 문제를 다른 관점에서 접근했다.[120] 그는 아이슬란드, 아일랜드, 그리스와 독일 등을 포함한 유럽 국가들을 직접 방문해 핵심 정치 인사부터 일반 국민에 이르기까지 다양한 사람을 인터뷰했다. 물론 중앙은행가들과 재무부 같은 기술직 정부 관료들에 대한 인터뷰도 빼놓지 않았다.

마이클 루이스는 아이슬란드에서 이야기를 시작하는데 이는 마치 우연처럼 보이지만 실은 나름의 이유가 있었다. 이 아이디어의 영감을 준 사람은 미국 달라스의 펀드매니저였다. 그는 구사할 줄 아는 외국어도 없고 해외로 여행하는 일도 드문 평범한 미국인으로 보였다. 참여하는 자선 사업이라곤 부상을 당한 '고참병'을 지원해주는 일이 전부였다. 국제 금융 체제에 극단적으로 부정적인 시각을 가졌고, 심지어 총기, 금 또는 5센트짜리 동전에 투자해야 한다고 주장했다. 루이스는 그런 그를 처음에는

---

120 마이클 루이스(Michael Lewis)의 《부메랑: 새로운 몰락의 시작, 금융위기와 부채의 복수Boomerang : travels in the new Third World》, 그의 대표작으로는 《라이어스 포커: 월가 최고 두뇌들의 숨 막히는 머니게임Liar's poker : rising through the wreckage on wall street》 등이 있다.

미친 사람이라고 생각했지만, 그의 생각들이 금융위기에서 여러 번 들어맞자 할 수 없이 그 미스터리한 펀드매니저를 다시 찾아가 인터뷰를 하지 않을 수 없었다. "당신은 어떤 계기로 멀리 떨어져 있는 국가의 금융 미래에 관한 연구를 시작하게 되었나요?" 그 펀드매니저는 이렇게 대답했다. "저는 오래전부터 아이슬란드라는 국가에 관심이 많았어요." 그는 어렸을 때 리스크라는 보드게임을 즐겨했다고 한다. 그때 그는 모든 군사를 아이슬란드에 주둔시켰는데 아이슬란드에서는 누구든지 공격할 수 있었기 때문이었다고 그 이유를 설명했다. 어른이 되어서도 아이슬란드에 대한 그의 사랑은 지속되었고 아이슬란드의 변화 하나하나에 관심을 가졌다. 그 과정에서 아이슬란드의 경제가 붕괴 위기에 놓였다는 사실을 발견했다고 한다. 그는 "이 국가는 수천 년이 넘는 역사 속에서 자연이 주는 시련들을 잘 극복해왔고 항상 올바른 선택과 행동을 해왔는데 어떻게 갑자기 그런 엄청난 실수를 범했을까? 옳지! 이거 아주 흥미로운걸!"이라는 생각이 머릿속을 떠나지 않았다고 한다.

이 펀드매니저가 말한 '흥미'는 현실을 살아가는 대부분의 사람에게는 별다른 흥미를 일으키지 못하는 주제였다. 루이스는 인터뷰 여행을 하며 심각한 분위기를 느꼈다. 그는 아이슬란드는 이제 어업국가가 아니며 국가 전체가 헤지펀드화 되었다는 사실을 발견했다.

베테랑 평론가로서 마이클 루이스는 물론 자신만의 뚜렷한 이론과 주장을 가지고 있었다. 그는 유럽 국가들이 처한 다른 상황의 원인을 밝힐 때 아이슬란드의 남성우월주의 같은 원인을 잠시 잊는다면 위기의 원인을 '신용 대출의 열풍'에 있다고 평가했다. "신용 대출은 그저 돈을 의미하지 않습니다. 거기에는 유혹이 숨어 있습니다. 신용 대출은 바로 그런 유혹이라는 특성을 사회 전체 구성원들이 마음껏 누릴 수 있는 기회를 제공하죠. 하지만 그들에게 이 같은 방임의 대가를 감당할 능력이 없다는 것이 문제였죠. 신용 대출이 전국적으로 모든 계층에게 '이제부터 불을 끄겠습니다. 누구든지 하고 싶은 일을 할 수 있어요. 당신이 무슨 짓을 하든 알아볼 사람들은 없으니 안심하세요'라는 메시지를 보낸 거죠. 불이 꺼진 곳에서 사람들이 빌린 돈으로 각자 이루고자 하는 소원은 모두 천차만별이었죠."

신용 대출의 붐은 양날의 검과 같다. 이는 채무자나 채권자 모두에게 해당한다. 만약 '피그스' 국가들에게 채무위기에 빠진 책임을 묻고, 민족성을 이들 국가 위기를 조장한 또 다른 원인으로 꼽는다면 채권자 국가들의 이미지가 실추되는 것은 피할 수 없다. 예를 들어 유로존의 수호자 역할을 해왔던 독일도 유로화에 대해 취한 조치는 많은 논란을 불러일으켰다.

루이스는 독일인의 신중한 태도가 아이슬란드, 아일랜드, 그리스와 미국 등 다른 국가에서 취한 방법과 뚜렷하게 대비된다고 지적했다. 이들 국가들은 해외 자본을 국내로 끌어들여 다양한 형태의 투자 붐을 부채질하기 바빴다. 반면 독일인들은 국내

은행을 통해 국내 자본을 투자해 외국인들의 투자 붐을 조장했다. 한 학자는 '더러운 일'에 대한 대중들의 관심도(특히 진흙 속에서 나뒹굴어야 하는 열정)를 살펴보면 독일 사람들은 '진흙'에 매우 많은 관심을 갖지만 그 진흙이 자신의 몸에 묻는 것은 굉장히 싫어한다고 평가했다. 바로 이 점 때문에 루이스는 독일인들이 난처한 상황을 구경하기 좋아하지만 스스로 위험에 빠지는 상황은 꺼려하는 성향이 강하다고 주장했다. 이번 금융위기에서 독일 사람들이 어떤 역할을 담당했는지가 바로 그 주장을 명백히 뒷받침해준다.

그렇다. 금융위기는 단순한 보드게임이나 감동 스토리가 아니다. 지난 역사를 관찰하다 보면 지금까지 인간이 얼마나 탐욕스럽고 경솔했는지에 대해 깜짝 놀라지 않을 수 없다. 한 국가 전체가 헤지펀드화 되어가는 상황을 남성우월주의, 규제 완화, 신용 대출 거품만으로 다 설명하기에는 부족하다. 많은 교훈을 삼을 가치가 있는 세부 상황들이 분명 그 빈 틈을 메우고 있다.

아이슬란드는 금융위기가 발발한 지 3년 만에 경기 회복을 시작했다. 아이슬란드의 재정적자는 2008년 국내총생산량 대비 15퍼센트에서 1~2퍼센트로 떨어졌고 그사이에 두 번이나 국제사회로부터 채권을 발행받기도 했다. 여기서 배울 점은 있는가? 자세히 봐도 별다른 비법은 찾아볼 수 없다. 재정 긴축과 자원 개발은 정부 입장에서 본다면 수입을 늘리고 지출을 줄이는 조치로 기존과 크게 다르지 않은 대책이다. 아이슬란드는 누진세를 시행했고 "이 조치는 예상한 목표를 달성했다. 국민소득분배가 더욱 균등해졌다. 고소득층에 비해 저소득층의 구매력은 별다른 영향을 받지 않아 후자는 경제 활동에 적극적으로 동참했다." 두 번째로는 통화인 아이슬란드 크로네의 평가절하로 수출을 늘렸다. 관광업, 저탄소 에너지 산업, 창의 산업, 첨단기술과 지식 산업 등 산업의 경쟁력을 키웠다.[121]

세계를 '공매도'[122]하는 힘은 세계 자체에서 나오는 것 같다. 금융위기라는 희대의 비극은 많은 국가가 똑같은 실수를 범하면서 연쇄작용으로 이어졌다. 지난 20여 년 동안 금융의 세계화가 매우 빠른 속도로 진행되었고 이는 '금융 쓰나미'의 진앙 역할을 했다. 현재는 글로벌 규제가 강화되면서 그 속도에 제동이 걸리고 있다. 규제를 강화해야 하는가, 아니면 완화해야 하는가? 이 문제에 대한 질문은 계속되고 있다. 2011년 미국 재무부 장관 가이트너와 아시아의 관리 감독 담당자 간의 '공간을 초월한 대화'에서 글로벌 관리 인사들도 이 문제에 대해 각각 다른 입장을 보이고 있음을 알 수 있다. 가이트너는 아시아 시장이 파생상품 거래에 대해 미국과 같은 규제 조치를 취하지 않는다면 또 다른 '금융 쓰나미'가 전 세계를 집어삼킬 것이라고 경고했다. 물론 아시아측은 강력하게 반발했다. 홍콩증권선물위원회(SFC) 행정 총재 마틴 휘틀리(Martin Wheatley)는 '황당무계한

---

121 스테인그리무르 시그푸손, 《아이슬란드 금융위기의 계시》
122 '없는 걸 판다'란 뜻으로 주식이나 채권을 가지고 있지 않은 상태에서 매도 주문을 내는 것을 말한다. 약세장이 예상되는 경우 시세차익을 노리는 투자자가 활용하는 방식이다 — 옮긴이.

말'이라며 가이트너의 경고에 강하게 반박했다.

가이트너는 왜 그런 말을 했을까? 가이트너의 주장이 결코 과장된 말은 아니다. 이는 20개국의 기업들이 2012년이 되기 전에 파생상품 관리 및 규제를 표준화하기로 합의한 이념의 연장선으로 볼 수 있다. 가이트너가 아시아 지역 책임자들과 벌이는 논쟁의 배후에는 규제 차익, 즉 '규제의 아비트리지(Regulatory Arbitrage)'에 대한 걱정이 잠재적으로 깔려 있다. 중국 홍콩이나 싱가포르와 같은 새로운 금융 중심지와의 경쟁에서 미국이 이제 막 시행한 '도드프랭크 법안'의 규제 강화로 인해 뒤쳐질 수 있다는 우려 때문이다.

규제의 아비트리지란 금융 기구들이 각각 다른 국가와 다른 제도에서 나타나는 정책상의 차이와 구멍을 이용해 차익을 실현하고자 하는 거래를 말한다. 과거에는 규제의 빈틈을 줄이고 시장을 크게 활성화시키는 힘으로 평가받았다. 하지만 시대가 바뀌었다. 금융위기를 겪고 난 뒤 규제의 아비트리지는 지금까지와는 달리 주요 감시 대상이 되어 각별한 제재를 받고 있다. 많은 규제 당국 인사들이 규제의 아비트리지를 금융위기의 원흉으로 꼽는다. 시장의 효율을 떨어뜨릴 뿐 아니라 주요 시스템의 위기를 초래한다고 판단한다.

규제 열풍은 마치 시계태엽과 같이 조였다 풀었다를 반복한다. 정치, 시사와 깊은 관계를 맺고 있기 때문이다. 얼마 전 세계를 휩쓸었던 거대한 '금융 쓰나미'는 금융 체제상 위험이 언제 어디서나 도사리고 있음을 시사해주었다. 또한 금융계의 거인들이 쓰러지면(리먼브라더스 사건처럼) 많은 금융 기관과 국가가 심한 타격을 입고 줄줄이 위기에 빠진다는 사실도 일깨워주었다. 비효과적인 규제의 외부 효과와 그로 인한 피해는 명백히 드러났다. 이에 대해 거시적이고 주도면밀한 조사의 필요성이 금융 업계의 공통된 인식으로 자리 잡아야 한다. 그밖에 글로벌 규제를 재정립해야 한다는 목소리가 높아지고 있지만 통일된 규제 메커니즘의 출범이 계속 늦어지고 있다. 각 국가의 규제 당국 책임자들과 기구들이 서로 우위를 점하려는 치열한 경쟁 게임을 벌이고 있기 때문이다.

최근 경기가 회복되면서 금융위기 이후 규제 강화의 움직임이 다시 활발해지고 있다. 경쟁은 항상 높은 효율성을 자랑하지만 동시에 외부성도 갖는다. 규제 제도도 마찬가지다. 바로 이 때문에 규제 차익은 전 세계적인 규제 관리에서 논란의 대상이 될 수밖에 없는 운명이다. 현재 업계 내에서는 공통적으로 규제 강화의 중요성을 인식하고 있다. 하지만 한편으로는 각국 규제 당국의 책임자들이 강도 높은 규제 강화로 혹시나 자국이 금융 경쟁력을 잃게 될까 봐 노심초사하고 있는 실정이다. 여기서 가이트너 등의 인사가 결코 쓸데없는 걱정의 목소리를 낸 것이 아님을 미루어 짐작할 수 있다. 가격 차익처럼 규제의 아비트리지는 사실상 금융 차익의 핵심 수단이다.

그렇다면 규제의 아비트리지를 어떻게 이성적으로 바라봐야 할까? 시장 참여자의 입장에서 자본의 이익 추구, 다양한 선택의 폭, 낮은 원가, 높은 수익률을 보장해주는 규제 환경을 기피할 이유가 없다. 그러나 규제 당국 책임자의 입장에서 보면 규제의 아비트리지는 영원히 피해갈 수 없는 '골칫거리'라는 점을 반드시 인식해야 한다. 규제의 아비트리지와 합리적으로 공존하는 방법을 빨리 찾는 것이 지혜로운 대처임을 알아야 한다. 이는 중국 개혁 당시 지방 정부 간의 경쟁으로 처했던 곤란한 상황과 매우 흡사하다.

해결 방안은 무엇인가? 경제학의 시선으로는 메커니즘 설계의 문제로 볼 수 있다. 먼저 거시적인 측면에서 통합된 기준을 세워야 한다. 이를 통해 전 세계 금융 시장에서 나타나는 게임 규칙의 차이점을 줄이고 시스템상의 리스크 발생을 막아야 한다. 두 번째로는 앞의 첫 번째 목표가 이루어진다는 전제 아래 각국의 규제가 완전히 똑같을 필요는 없기 때문에 각국의 시장과 시장 참여자의 창의력을 존중해야 한다. 미시적인 부분에서 시장 참여자들이 각자의 창의력을 발휘할 수 있는 여지를 줘야 한다. 이렇게 해야 금융 시장이 다시 활기를 찾고 발전하도록 도울 수 있다.

위와 같은 주장에 흠잡을 데가 전혀 없는 것은 아니다. 이익을 추구하기 위해서는 규제의 아비트리지가 남용되는 현상을 피할 수 없다. 아이슬란드 이야기로 돌아가 보면 잘 알 수 있다. 아이슬란드처럼 단일한 산업 중심의 체구가 작고 인구가 적은 경제체는 규제의 아비트리지를 이용한 금융업 발전, 해외 자본 유치 등의 방법을 경제 발전의 지름길로 삼기 쉽다. 그런 아이슬란드에게 금융 혁신은 '복음'과도 같았고 어업국가인 아이슬란드가 북유럽 최초의 금융 국가로 도약할 수 있는 디딤돌이었다. 지금에 와서 살펴보면 아이슬란드의 위기로 영국 등 국가들의 예금주들이 큰 손실을 입었지만 가장 큰 피해는 아이슬란드 자국과 아이슬란드 책임자들에게 돌아갔다. 불장난하는 사람은 반드시 제 불에 타 죽게 마련이다. 이런 선례는 유사한 사건의 발생 확률을 떨어뜨릴 수 있다.

지금까지도 이에 대한 완벽한 해결 방안을 찾지 못했다. 규제 당국 책임자들은 끊임없이 금융 혁신과 규제 강화 문제 사이에서 합리적인 균형점을 찾기 위해 노력해야 한다. 실제로 끝없는 논쟁과 일부 경쟁이 금융 체제에 가져다주는 득은 실보다 많다. 시장도 실수를 한다. 하지만 그 확률은 정부 기관들이 실수할 확률보다 훨씬 낮다. 따라서 시장 자체에 가능한 최대한의 기회를 허용해야 한다.

그리스 섬들

: 최초의 그리스 위기

"그리스 섬들아! 아름다운 그리스 섬들아!…… 여기에는 전쟁과 평화의 예술이 함께 공존하며 흥했다. 델로스 섬이 우뚝 솟고, 아폴로가 바다 위로 떠오른다! 영원한 여름날 섬을 금으로 바꿔버린다. 하지만 태양을 제외한 모든 것이 가라앉았다." 그리스의 정치와 경제가 혼란에 빠지면서 유럽 국가 채무위기 상황은 더욱 악화되었다. 백 년 전 영국 시인 조지 고든 바이런이 쓴 명작 〈그리스 섬들(The Isles of Greece)〉은 오늘날 읽기에 안성맞춤인 듯하다.

그리스, 무슨 일인가?

그리스, 무슨 일인가? 그리스는 유럽의 '숨은 결함'이었다. 2009년 10월 초 그리스 정부는 2009년 정부의 재정 적자와 공적 채무가 GDP에서 차지하는 비율이 각각 12.7퍼센트와 113퍼센트를 넘어설 것이라는 전망을 발표했다. 발표 뒤 신용평가사들은 앞다투어 그리스의 신용평가등급을 하향 조정하기에 바빴다. 그리스를 둘러싼 한바탕 소동은 세계의 이목을 집중시켰다. 그리스 등 국가에 쌓인 채무는 경제 구조상에서 나타난 수출력 부족에서 시작되었다. 이들 국가들은 유럽 통합 과정에서 아무런 혜택도 받지 못했고 쌓여만 가는 것은 외채뿐이었다. 2010년이 되자 그리스의 채무 총액은 GDP의 140퍼센트에 육박했고, 재정 적자가 GDP에서 차지하는 비율은 10.5퍼센트에 달했다. 이에 비해 유로존의 평균 채무 규모는 GDP의 80퍼센트밖에 되지 않았고 재정 적자의 GDP 비율도 훨씬 낮았다.

2010년 그리스는 유럽연합, IMF와 협상을 벌였고, IMF는 앞으로 3년 동안 그리스에 총 1,100억 유로의 구제 금융을 제공하기로 협의했다. 그리스 정부가 철저한 긴축정책과 개혁 조치를 취한다는 조건과 3년 안에 재정적자(2009년 GDP의 15.4퍼센트 수준)를 유럽연합의 표준인 3퍼센트대로 낮추어야 한다는 전제가 깔렸다. IMF의 구제 금융 이외에도 국제사회는 그리스에게 국유자산을 사유화하고 민간의 국가채무 상환 조건을 개선해서 자금을 모으라고 충고했다.

하지만 '시간을 공간으로 바꾸는' 이 방법은 아마도 큰 효과를 보지 못할 것으로 보인다. 먼저 그리스가 채무를 더 늘리지 않는 목표를 달성하려면 경제성장률을 8퍼센트대로 유지해야 하는데 이는 현실적으로 불가능하다. 둘째, 그리스가 철저한 긴축정책을 실시한다면 단기적으로 경제 성장을 방해할 뿐 아니라 일반 국민들의 생활수준을 급격하게 낮추는 결과를 초래할 것이다. 그리스의 정치 구조를 볼 때 이 정책에 대한 동의를 얻어내기가 얼마나 힘겨울지 충분히 예상할 수 있다. 마지막으로 IMF가 계속해서 구제 금융을 해준다고 해도 그리스 경제가 또다시 위기를 맞는다면 IMF의 자금 투입은 결국 그리스의 '수명'을 연장시킨 것에 그치고 만다. 다시 말해 그리스의 근본적인 상황을 개선하는 데 아무런 도움을 주지 못하게 된다.

이렇게 여러 가지 열악한 상황과 마주하고 있는 그리스에게 빌린 돈을 약속한 날짜에 상환하라고 요구하는 것은 거의 실현 불가능한 일이다. 회사는 빚이 재산보다 많아져 채무초과 상황이 되면 파산 신청을 하고 문을 닫으면 그만이다. 하지만 주권국가의 파산은 다르다. 따로 처리할 방법을 찾기 어렵다. 역사적으로는 대부분 부채 재조정의 방법으로 처리해왔다. 채권자와 채무자가 상호간 협의를 통해 채무 상환 연기 또는 감면에 관한 합의를 했다. 바꿔 말하면 부채 재조정은 주권국가의 또 다른 방식의 디폴트(채무불이행)다. 당시 도이체방크의 예측에 따르면 향후 2년 안에 그리스가 채무불이행할 가능성은 46퍼센트이고, 5년 안에는 72퍼센트였다. 상황을 고려해보면 그리스는 부채 재조정을 피해가기 어려울 것이며, 그리스의 유로존 탈퇴 가능성도 매우 높았다.

이런 상황이었지만 유로존은 부채 재조정을 원치 않았다. 오히려 IMF 구제 금융으로 위기를 벗어나는 쪽을 원했다. 왜 그랬을까? 먼저 그리스는 유로존에서 파워가 가장 약한 국가 중 하나다. 그리스의 채권국은 독일과 프랑스 같은 유로존 선진 국가가 대부분이었고 바로 이런 이유로 그리스의 채무위기는 유로존에서 '폭풍의 눈'이 되었다. 두 번째로는 그리스의 위기가 수습하기 어려운 상황이 되면 아일랜드, 포르투갈, 스페인 심지어 이탈리아까지 줄줄이 위기에 빠질 수 있다는 점이었다. 이들은 그리스보다 훨씬 큰 몸집의 국가이기 때문에 문제가 발생하면 유럽은 또다시 '금융 쓰나미'에 휩쓸리고 만다. 그에 따라 유로화 가치도 치명적인 타격을 입을 수밖에 없다.

유로화는 유럽인들이 지난 1세기 동안 꿈꿔왔던 원대한 계획이었다. 하지만 그 긴 시간만큼 많은 문제점을 안고 있었다. 유로화는 유럽 경제 통합의 첫 단추를 끼우는 역할을 했다. 유럽 각국의 경제 수준이 천차만별인 상황에서 자격 미달 국가들을 너무 많이 참여시킨다며 영국 등 몇몇 국가들은 유로존 참여를 꺼려했다. 이런 상황 속에서 프랑스와 독일 양국은 유로존에서 힘든 국가들에 원조를 해주는 '큰손' 역할을 맡았다. 하지만 결론적으로 보면 유럽 각국의 경제는 원대한 계획으로 꿈꿨던 '단일화'의 근처도 가지 못했을 뿐 아니라, 국가 간 격차 때문에 오히려 상황은 더욱 복잡해졌다.

시장에서는 디폴트에 대한 우려의 목소리가 격앙되어 가는 한편 유럽은 부채 재조정에 대한 반대 입장을 명백히 밝혔다. 진퇴양난에 빠진 그리스의 상황은 유로존이 안고 있는 많은 문제를 반영하고 있다. 당시의 상황으로는 해결하기 어려운 문제들이었다. '잘못된 일은 반드시 책임을 지며, 해결해야 한다.' 구제 금융 같은 방식으로 그리스가 단기간 내에 안정을 되찾을지는 모르지만, 그것은 언제 폭발할지 모르는 화약통을 여전히 품고 있는 것과 다를 바 없다. 화약통이 폭발하면 유로존 국가들이 초토화될 뿐 아니라 유럽의 채권을 적잖이 소유하고 있는 국제 투자자들 또한 심한 타격을 입는다. 중국도 예외가 아니다. 당시 중국 원자바오(溫家寶) 총리는 그리스의 채권을 사들이겠다는 입장을 표명했다. 여기에는 큰 규모의 중국 무역 흑자에 대한 국제적 비난을 잠재우고 유럽 은행 업계의 환영을 받겠다는 의도가 숨어 있었다. 여기에는 경제적 의미보다는 정치적 의미가 더욱 짙었다.

한편 그리스는 누구의 동정도 받지 못하는 비참한 상황에 빠졌다. 바이런 같은 시인이 애도하며 바치는 시도 없었다. 나태하게 시간을 낭비한다는 비난이 그리스인들을 향해 쏟아졌다. 그리스의 민주주의 체제 또한 위험한 상황에 처할 것으로 보인다. 유럽연합의 정치 엘리트들은 그리스에 긴축재정을 촉구했다. 그러나 그리스 국민들은 대부분 유로존에 남기를 희망했지만 긴축정책을 원치는 않았다.

그리스 국민투표, 채무 이행을 위함인가? 아니면 버티기 작전인가?

2011년 11월 그리스는 국민투표를 하겠다는 발표를 내놓았다. 이는 이미 활활 타고 있는 경제라는 '불'에 '기름'을 끼얹은 것과 다름없었다. 그리스의 이 발표로 온 세상은 시끌벅적해졌다.

다시 되돌아보면 그리스가 국민투표를 실시하게 만든 결정적인 계기는 유럽연합이 그리스의 부채를 50퍼센트 삭감해준다는 데 합의한 유럽연합 정상회의였다. 이 합의는 개인 채권자의 입장에서는 적절한 타협점을 얻은 결과였지만, 채무자인 그리스의 입장에서는 국가 전체가 긴축재정으로 허리띠를 꽉꽉 졸라매는 고통을 감수해야 한다는 의미였다. 집권당에게는 절대적으로 불리한 소식이었다. 민심을 잃고 자리에서 물러나야 할 가능성이 커졌기 때문이다.

바로 이러한 이유 때문에 당시 그리스 총리인 게오르기오스 파판드레우(George Papandreou)가 '그리스 국민과 관련된 일은 그리스 전 국민들이 함께 결정해야 한다'라는 구호로 국민투표를 호소했던 것이다. 그렇다고 해도 그가 뽑은 카드가 아주 현명한 선택은 아니었다. 민주주의의 본질을 실현하지 못했고 위기에 빠진 그리스를 구출해내지도 못했다. 국민투표는 오히려 유로존을 더욱 깊은 수렁으로 빠뜨려버렸다.

국제 신용평가 기관인 피치는 유럽연합의 그리스 구제 금융 방안에 대한 부결이 그리스 채무불이행의 위험성을 더욱 높일 뿐 아니라 그리스의 유로존 탈출을 촉진시킬 것이라는 평론을 발표했다. 어떤 상황이 발생하든 유로존의 금융 안정과 생존력은 심각한 피해를 입는다고 덧붙였다. 이런 상황에서 왜 그리스 집권당은 국민투표라는 마지막 승부수를 던졌을까? 그 원인은 다음과 같다. 그리스의 지도자들이 국내 긴축정책 실시로 국민의 원망과 분노를 사는 일을 극히 꺼려했기 때문이다. 물론 여기에 자신들의 정치 미래에 관한 계산도 포함시켰다. 그들은 국민투표라는 '완벽한 계획'이야말로 본인들과 국민들의 피해를 최소화할 수 있다고 판단했다.

그리스가 민주주의의 발원지라는 사실은 누구나 잘 알고 있다. 그런 그리스였지만 위기에 봉착하자 직접민주주의 실현의 기회를 시험하지 못했다. 국가 채무에 대한 국민투표 결정은 결코 국가나 정부가 선거 유권자들에 대해 책임을 지겠다는 태도로 평가받을 수 있는 일이 아니며, 오히려 세계를 상대로 '도박판'을 벌이자는 것에 더욱 가까웠다. 이와 같은 결정은 리더십 부족의 산물로 그로 인한 피해는 수습하기 어려운 지경에 이르렀다. 그리스에게 가장 효과적인 '처방전'은 집권당의 교체이지 국민투표가 아니다.

그리스의 유로존 탈출을 대비하는 방어벽 설치

이렇듯 혼란한 국면에서 그리스의 뒤에는 '큰 코끼리들(이탈리아 등)'이 줄지어 있었다. 국제사회는 '소 잃고 외양간 고치는 일'이 없도록 그리스가 유로존을 탈퇴할 경우 사용할 대비책을 마련해야만 했다.

지난 몇 년 동안 유럽의 채무위기는 줄곧 이슈가 되어왔다. '그리스의 유로존 탈퇴'에 대한 기사가 연일 신문의 지면을 장식했다. 이런 저런 추측과 전망들은 그 정도가 거의 '양치기 소년'을 방불케 했다. 그러나 이런 위협적 추측 속에도 진실은 분명히 존재했다. 해외투자은행들은 이미 예전부터 그리스의 유로존 탈출 전망을 내놓았고, 그 확률에 대한 전망에서만 차이를 보였을 뿐이다.

그리스의 위기는 채무위기에서 시작되었다. 그러다 경제위기로 발전했고 그 파장은 결국 정치적 위기까지 뻗어나갔다. 2012년에 치른 대선에서 3대 정당의 내각 구성은 연달아 실패했고, 내각 구성을 위한 파판드레우 그리스 총리의 노력은 전부 수포로 돌아갔다.

불안한 그리스 경제 상황을 고려한 IMF 등 기관들은 그리스와의 구제 금융에 대한 협상을 재총선 이후로 연기하기로 결정했다. 하지만 이 같은 배려는 오히려 독이 되었고, 그리스 국민과 국제 투자자들의 근심을 오히려 키우는 결과를 초래했다. 만약 이로 인해 뱅크런 사태가 더욱 가속화 한다면 그에 따른 파급효과는 상상할 수 없을 만큼 끔찍할 것이다.

또한 그리스 선거가 야기한 혼란은 그리스를 둘러싼 국내외 환경을 더욱 악화시켰다. 하지만 이보다 더 심각한 문제는 그리스 선거가 그리스와 유럽 국가들 간의 의견차를 더욱 확대시킨다는 데 있다.

그리스 위기 이후 실시한 여론 조사에서 좌파 정당의 지지율이 크게 높아진 결과가 나왔다. 그렇다. 좌파 정당은 유럽 중앙은행과 IMF 등 국제기구들이 주장하는 긴축재정에 관한 구제 계획에 전면적으로 찬성하는 입장을 보이지 않았다. 좌파 정당이 나서서 그리스가 구제 금융 계획에 따른 긴축재정 정책을 실시하지 않는 방향으로 이끌었다. 이렇게 되면 그리스를 향한 국제사회의 구제 금융은 거의 없던 일이 되고, 그리스의 유로존 탈퇴라는 결과도 그리 놀랍지 않은 일이 될 것이다. 이런 리스크 때문에 프랑스, 독일 등의 지도자 및 경제 고위 관료들은 여러 차례에 걸쳐 그리스 국민을 향해 그리스에서 치러지는 재총선을 존중하며, 이번 대선은 실질적으로는 그리스의 유로존 탈퇴 여부를 결정짓는 국민투표가 될 것이라고 호소했다.

이렇게 그리스의 운명은 온전히 그리스 국민의 손에 쥐어졌다. 그리스 국민은 사실 다시는 긴축재정에 따른 대가를 지불하고 싶지 않았다. 이는 그리스만의 상황이 아니라 유럽 정치 집단들이 좌파 성향을 띠는 큰 흐름과도 일치했다. 유럽 채무위기 이후 긴축재정에 따라 실업률은 더욱 높이 올라갔지 떨어지지 않았다. 그리고 위기는 경제 분야를 넘어서 정치, 사회 등 여러 분야로 확산되었고, 많은 국가의 정치 지도자들은 사퇴를 선택했다. 사르코지 전 프랑스 대통령의 패배 원인도 바로 여기에서 찾아볼 수 있다.

그리스가 위기에 빠진 상황에서 유로화의 독주는 불가능했다. 그렇다면 왜 그리스가 중요할까? 절대적인 수치로 살펴보면 그리스의 GDP가 전체 유로존 경제에서 차지하는 비율은 2퍼센트에 불과하다. 공적 채무 비율도 4퍼센트밖에 되지 않는다. 표면적으로만 보면 그리스의 유로존 탈퇴에 따른 파급 효과는 그다지 크지 않을 것으로 보인다. 하지만 문제는 따로 있다. 그리스의 탈퇴로 다른 남유럽 국가들 예를 들어 포르투갈, 스페인 등과 같은 큰 덩치의 국가들도 함께 곤경에 빠질 가능성이 매우 높기 때문에 결국 유로존은 감당하기 어려운 국면으로 치닫고 만다는 것이다.

이런 이유로 시장은 그리스의 유로존 탈퇴 가능성보다도 그리스가 어떤 절차를 밟아 유로존을 탈퇴할지에 더욱 큰 관심을 가져야 했다. 두 가지 가능성이 있다. 하나는 절차를 밟아 탈퇴하는 방법이고, 나머지 하나는 절차 없이 탈퇴하는 방법이다. 유럽의 정세 변화로 차일피일 미뤄온 정치 협상이 타결될 가망은 희박했기 때문에 그리스가 아무런 절차 없이 탈퇴할 가능성에 더욱 힘이 실렸다. 그리스가 유로존을 탈퇴한 이후 가장 두려운 것은 다양한 형태의 뱅크런 사태와 외환 관리 같은 혼란에 대비할 시간이 절대적으로 부족하다는 점이다. 《블룸버그 통신》은 여러 명의 경제학자들과 분석 전문가들을 초청해서 그리스에게 주어질 시간에 대한 예측을 분석했고 길어야 46시간에 불과할 것이라는 결과를 내놓았다. 이 시간은 다시 말해 금융

시장이 주말에 휴장하는 시간과 같다. 뉴욕 증권거래소의 영업 종료부터 뉴질랜드 증권거래소의 개장까지의 시차와도 같다.

그리스가 예상처럼 절차를 밟지 않고 바로 유로존을 탈퇴하는 사태가 벌어진다면 모든 사람들에게 이는 악몽과도 같다. 시장은 도미노의 첫 번째 패가 쓰러지듯 그리스에 이어 넘어질 대상을 점치기 바쁘게 되고, 투자자들은 남유럽 국가들에 대한 신용도를 점점 낮게 평가하기 시작할 것이다. 이는 그리스라는 하나의 국가가 대규모 뱅크런과 외환 관리와 같은 위기를 겪는 선에서 끝나지 않는다. 더 나아가 유로존 전체 경제와 금융 체제에도 큰 피해를 입히고 말 것이다.

이러한 우려로 그리스가 절차를 밟아 유로존을 탈퇴하게 하는 방향에 대해 충분히 고려해보고 수용 가능성을 높여야 한다. 그리스가 절차에 따라 탈퇴한다면 유로화의 재정 및 통화에 관한 규율을 엄격하게 따를 수 있고, 더 나아가 다른 국가의 탈퇴 또는 재가입에 대한 선례를 개척해줄 수 있다.

유로화
구출하기

그때 우리는 유로존이 이미 해체되고 있음을 파악할 수 있었다.
위기가 점점 확산되자 사람들은 유로존이 붕괴의 문턱에 다가가고 있다고 느꼈다.
— 2011년 칸 회의에 참석한 어느 프랑스 대표단의 일원[123]

이탈리아의 '적신호'

유럽 채무위기의 불똥이 이탈리아에도 떨어지자 전 세계 금융 시장은 벌벌 떨기 시작했다.

2011년 11월부터 이탈리아에 관한 갖가지 유언비어들이 세상을 떠돌았다. 공포 분위기는 점점 고조되었고, 전 세계 시장의 관심이 채무위기가 이탈리아까지 확산되는지에 쏠렸다. 이탈리아의 위기를 알리는 적신호는 국채 시장에 가장 먼저 찾아왔다. 10년 국채수익률이 6퍼센트를 돌파했고, 이는 1997년 이래 최고치 기록이었다. 국채수익률이 오르는 것은 국채 가격의 하락을 의미하며, 미상환에 대한 투자자들의 우려를 반영한다. 또한 앞으로 이탈리아의 금융비용이 급상승할 것을 예견하는

123 〈유로화를 어떻게 구출할까?〉, 《파이낸셜타임스》.

수치이기도 했다.

그리스는 이제 '외톨이'가 아니었다. 유럽의 채무위기를 이어받을 다음 타자에 대한 여러 가지 추측이 난무했고 이는 유럽연합의 지도자들이 2011년 11월 11일 긴급회의를 열게 한 핵심주제였다. 앞에서 이미 거론한 바와 같이 그리스의 위기가 그리스로 끝이 난다면 그로 인한 파급효과는 유로존에서 충분히 감당할 수 있는 수준이다. 그리스는 경제 규모가 크지 않기 때문에 그에 따른 영향력도 크게 두렵지 않다. 하지만 그리스의 위기가 유로존의 경제 규모가 큰 다른 국가들에게 연쇄적으로 확산된다면 상황은 완전히 달라진다. 그 후폭풍은 걷잡을 수 없다.

이런 점이 바로 이탈리아의 위기에 주의를 기울여야 하는 이유였다. 그리스와는 달리 이탈리아는 유로존에서 경제 규모 3위의 핵심 경제체이며 채권 시장 규모가 1위다. 그렇기 때문에 이탈리아의 위기로 인한 파급 효과는 그리스 때와는 비교할 수가 없다. 아마도 유럽 전체를 깊은 수렁에 빠트릴 것이며 유로화의 운명도 '낭떠러지' 앞에 놓일 것이다. 긴급회의가 열린 11월 11일, 스페인에서 이미 불안한 징조들이 출몰하기 시작했다. 이탈리아의 영향을 받은 스페인 국채에 대한 요구수익률이 1997년 이래 최고치를 경신했다. 10년 만기 국채수익률은 6퍼센트를 돌파하며 독일 국채와의 금리차가 큰 폭으로 확대되었다. 1999년 유로화 출범 이후 최고치였다.

문제의 해결은 반드시 사건의 장본인이 해야 한다. 유럽의 채무위기는 이미 그리스에서 다른 국가들로 퍼져나가고 있었지만 해결의 열쇠는 상태가 가장 심각한 그리스가 쥐고 있었다. 그리스의 채무위기를 해결한다면 그리스는 미래 경제 상황을 정리해나갈 수 있게 되고, 다른 유로존 국가들의 부채 문제에 대한 시장의 불안감도 한풀 꺾일 수 있다. 그리스 문제가 드러난 이후 이 년간 유로존의 태도는 '미루다'는 한 단어로 표현할 수 있다. 부채 재조정으로 채무불이행을 해결하자는 똑같은 얘기만 계속 반복하면서 각자의 이익을 극대화하기 위해 머릿속으로는 쉴 새 없이 계산을 했다.

그리스의 구제 방안은 유로존에서 가장 큰 경제력을 가진 독일의 태도에 따라 좌지우지될 것이다. 유럽 채무를 해결하겠다는 독일의 의지에 간접적으로 유로존의 미래가 달려 있다. 본질적으로 유럽의 채무위기를 어떻게 해결할지는 정책 결정의 문제다. 그 중에서 개인 투자자들이 유럽 채무에 대한 손실을 감당할지, 또한 어떤 방식으로 감당할지에 대한 논의가 가장 큰 이슈다. 여기서 개인 투자자들이란 주로 프랑스나 독일의 은행계와 깊은 연관성을 지닌다. 독일과 프랑스가 제안하는 방안은 줄곧 이견을 보여 왔다. 프랑스는 개인 투자자들이 자발적으로 채무 만기를 연장해야 한다는 주장을 폈고, 독일은 채무스와프[124]를 통해 채무 만기를 연장하자는 의견을 제시했다.

---

124 개도국의 채무부담을 경감하기 위하여 외국민간은행이 개도국의 채권을 할인하여 개도국측이 발행한 다른 채무와 맞교환(스와프)하는 것을 말한다. 채무전환(debt conversion)이라고 부르기도 한다 — 옮긴이.

위기를 벗어나기 위해서는 자금이 필요하다. 이런 점에서 봤을 때 유로본드[125]의 발행은 매우 큰 의미를 갖는다.

유로본드의 중대한 의의

'유로본드', 왜 중요한가

2011년 말 유럽의 채무위기는 잠시 안정기에 접어들었다. 그렇다고 위기 경보가 완전히 해제된 것으로 보기는 어려웠다. 어쩌면 더욱 깊은 수렁으로 떨어지고 있었을지도 모른다. 이는 채권 시장의 반응을 살펴보면 잘 알 수 있다. 비록 이탈리아는 5억 6,700만 유로의 2023년 만기 국채 매매에 성공했지만, 독일 국채의 입찰 실패는 유로존 출범 이래 전례 없는 사례를 남겼다. 역사상 가장 큰 실패를 기록한 것이다. 독일은 고작 자금 조달 목표치의 3분의 2만을 달성시켰을 뿐이다.

국채 시장은 유로존 국가들이 자금을 조달하는 가장 보편적인 경로다. 이런 점 때문에 시장의 분위기를 잘 파악할 수 있는 효과적인 방향계로 통한다. 독일은 유로존의 '캐시 카우(Cash Cow)'[126]로 불린다. 독일은 유로존에서 가장 큰 경제 규모를 차지하는 국가로 경제력과 재무 안정면에서 유로존 국가의 모범으로 자리 잡았다. 따라서 독일은 유로존 존망의 핵심축이며 독일의 국채는 줄곧 안전의 대명사로 통했다. 그런 독일 국채의

---

125 통화국 외에서 발행하는 통화국 화폐표시 채권을 말한다. 대부분 유럽 지역에서 발행되므로 이런 이름이 붙었다 — 옮긴이.
126 '현금을 짜내는 젖소'라는 의미의 비즈니스 용어 — 옮긴이.

입찰 실패는 시장의 불안한 분위기를 그대로 반영한 결과였다. 그동안 그리스보다 훨씬 더 위험하다는 평가를 받아온 경제체인 이탈리아는 오히려 국채 조달 목표치를 달성했고 이에 사람들은 적지 않게 놀랐다.

이 두 가지 소식이 전하는 모순적이고 공통적인 신호는 곰곰이 새겨볼 만하다. 투자자들은 유로존의 미래를 불투명하게 전망하지만 동시에 유럽 위기가 해결될 수 있다는 희망을 완전히 저버리진 않았다. 여기서 위기의 결정적인 해답은 바로 유로존의 '공동채권(유로본드)' 출범 가능성에 있었다. 이는 독일로서는 그리 달갑지 않은 소식이었지만 이탈리아 같은 국가에게는 희소식이었다.

어려운 국면에서 유로본드라는 제안은 매우 합리적이다. 유로존 국가들이 공동으로 채권을 발행한다면 이들 국가들이 동일한 비용으로 융자를 진행한다는 의미가 되는 것이다. 결국 유로존 전체 국가들이 공동으로 채권의 신용을 책임지게 된다. 여기서 주요 경제 국가들의 신용으로 채권 사용국들의 보증을 선다는 점은 부정할 수 없는 사실이다. 유로존의 신용등급이 강등하게 된 근본적인 원인은 통일된 통화 정책을 실시했지만 단일화된 재정 정책이 이를 뒷받침해주지 못했기 때문이다. 이는 경제체들 간의 심각한 격차와 불균형을 초래했다. 이런 상황에서 유로본드의 출범은 과거의 착오에 대한 일종의 보완으로 볼 수 있으며, 궁극적으로는 유럽의 정세 안정을 이루려는 의도이기도 하다. 외부 세계는 '공동채권'을 현재 유로존 위기에 가장 효과적인 해결 방법이라고 평가했다. 또한 유로본드는 유로존 국가들이 많은 금융 채권에 대해 공동으로 부담하고 상환하는 것을 의미하기 때문에 과거 심각한 불균형 상태였던 금융 자본과 신용 상황이 일부 개선될 것으로 기대했다.

이런 이유로 국제 사회는 유로본드 도입을 적극적으로 지지했다. 투자계의 큰손 조지 소로스도 이와 비슷한 의견을 제시한 바 있고, 경제협력개발기구(OECD) 같은 기관들도 유로본드의 출범에 각별한 지지를 피력했다. 유로본드는 유로존의 부족한 성장 동력과 불완전한 은행 시스템 같은 문제점을 보완할 수 있을 거라는 기대를 받았다.

'공동채권' 발행은 듣기에는 좋은 아이디어 같다. 이 제안으로 다시 투자자들에게 믿음을 심어줄 수 있을 뿐 아니라 남유럽 국가들이 힘든 고비를 넘기도록 도와줄 수 있다. 문제는 이 아이디어에는 독일과 프랑스 그 중에서도 특히 독일의 희생이 절대적으로 따른다는 데 있다. 이에 대해 유럽에서 가장 영향력 있는 인물인 메르켈 독일 총리는 유로본드의 도입이 부적절한 대응이라며 반대 입장을 분명하게 표명했다. 그 이유는 무엇일까? 유로본드 도입에 따라 각국이 얻는 이익과 손해 사이에 심한 불균형이 존재하기 때문이다. 몇몇 국가들은 분명히 유로본드의 신용을 남용할 것이고 이때 발생하는 리스크는 고스란히 주요 경제 국가들의 몫으로 남는다. 따라서 '공동채권'은 경제적으로는 아무런 문제가 되지 않을지도 모르지만 정치적으로는 많은 논란을 피하기 어렵다.

유로본드 도입은 유로존 나아가 세계 경제에도 유리한 선택이다. 하지만 독일 같은 국가에게는 큰 악재나 다름없다. 이런 상황 때문에 유로본드의 도입은 진통을 겪고 있다. 독일은 신용등급이 높고 재력이 탄탄한 국가다. 독일의 채권은 언제나 안정성의 상징이었고, 독일의 경제력은 유로존의 버팀목 역할을 담당해왔다. 이런 독일이 유로본드 계획에서 빠진다면 유로본드 도입은 무용지물이나 다를 바 없다. 하지만 독일이 동참한다면 독일의 금융비용 상승과 신용등급 하락은 불을 보듯 뻔하다. 그러니까 독일 정부 및 국민의 적지 않은 희생이 따라야 한다는 말이다.

논란의 중심에 있는 유로본드 계획이 결국 실패로 돌아간다면 조지 소로스가 제안한 방안을 차선책으로 선택할 수 있다. 그는 유럽 금융의 안정적인 메커니즘을 이용하고 현행법을 위반하지 않는 범위에서 유럽 중앙은행이 최후대출자 역할을 맡아야 한다고 주장했다.

미연방준비제도가 미국이 금융위기를 겪었을 당시 최후대출자 역할로 나섰고 이에 많은 논란이 있었다. 현재 미국 등 국가들은 유럽 중앙은행이 이 같은 역할을 담당해야 한다고 호소하지만 유로존에서 비슷한 방식을 도입하기에는 많은 애로사항이 따른다. 유로본드의 도입이나 유럽 은행의 최후대출자의 역할

담당이나 모두 외부의 강한 추진력이 절실하다.

유럽의 채무위기는 '활화산'과 비교할 수 있다. 크기가 각기 다른 폭발이 시도 때도 없이 발생하다 중간에 휴지기를 갖기도 한다. 그러면 사람들은 화산 활동이 멈춘 것으로 착각하고 위험 대비를 소홀히 한다. 그러나 그리스의 유로존 탈퇴는 한순간에 발등에 떨어진 불과 같았다. 파괴력은 유로화에 대한 시장의 신용을 완전히 붕괴시킬 수 있을 만큼 엄청나다. 이런 시점에서 유로본드 도입의 절실함은 더욱 부각되고 있다. 이는 어쩌면 천년에 한 번 올까 말까 한 개혁의 기회일지도 모른다. 그리스가 유로존을 탈퇴한 뒤 뒤따를 심각한 부정적 효과를 두 손 놓고 지켜보고 싶지 않다면 독일은 어떤 몸짓이든 보여줘야 한다. 이런 기회에 유로본드를 도입한다면 유로존 내부를 더욱 강하게 하는 개혁으로 이어질 수 있다. 나아가 자격 미달의 남유럽 국가들에게 유로존 탈퇴와 재가입에 대한 명분을 세울 수 있는 체제를 확립할 수 있다. 장기적으로 볼 때 유로본드 도입은 독일로서도 결코 '실'만 있는 것이 아니라 '득'도 많다.

G20도 전 세계 경기침체를 막기는 힘들다.

그리스 위기와 유로존 문제를 둘러싸고 2011년의 마지막 몇 개월 동안 수차례의 국제회의가 개최되었다. 2011년 EU 정상회담은 그리스의 채무를 50퍼센트로 삭감해주기로 합의했다. 이로써 유럽의 채무위기는 일단락되는 것처럼 보이면서 잠시 안정을 되찾았다. 하지만 예상 밖의 일이 벌어졌다. 그리스 총리가 EU의 제한을 받아들일지에 대해 국민투표를 실시한다는 '무모한 결정'을 했고, 이 소식이 알려지자 글로벌 금융 시장은 또 한 번 크게 요동을 쳤다. 그리고 유럽 채무위기는 2011년 11월에 열린 G20 정상회의의 핵심 주제로 채택되었다.

이어 세계는 G20 정상회의에 참석하는 중국의 행보에 모든 시선을 집중시켰다. 중국이 심각한 위기에 빠진 유로존에게 도움의 손길을 내밀어 '백마 탄 왕자'의 역할을 할지에 온 관심이 쏠렸다. 논란의 중심에 있는 그리스의 국민투표 그리고 중국 등 국가의 원조 여부가 정상회의 개최 전부터 큰 화제를 낳았고, G20 정상회의에서 가장 주목받는 주제였다. 또한 파멸과 구제는 이번 정상회의의 핵심 키워드가 되었다.

중국 측 관련 인사들은 칸 정상회의에서 유럽재정안정기금(EFSF)에 관한 투자나 유럽 채권 구입에 관한 논의는 없을 거라는 점을 사전에 밝혔다. 푸잉(傳瑩) 중국외교부 부부장은 "유럽은 자체적으로 회생할 수 있는 능력이 없는 것이 아니며, 중국의 유럽 구제 문제는 성립 불가능하다"는 의사를 사전에 밝혔다. 그렇다 해도 성장 동력이 부족한 세계 경제에서 고속 성장을 유지하면서 대량의 외환보유고를 보유한 중국의 역할이 부각되는 것은 당연지사다. 특히나 경기 약세를 보이는 미국이 G20 정상회의에서 많은 영향력을 행사할 수 없을 거라는 논쟁이 일어나고 있는 상황에서 중국의 역할은 더욱 부각되고 있다.

어찌됐건 간에 이번 G20 정상회의에서 유럽의 채무 문제를 둘러싼 이익 다툼이나 협상은 피할 수 없을 것으로 보인다. 유럽의 채무위기라는 '폭풍'을 어떻게 찻잔 속에 가둘지는 유로존의 존망과 깊은 관련이 있을 뿐 아니라 나아가 세계의 미래 경제에도 결정적인 영향을 미칠 것이다.

G20은 출범한지 겨우 10년밖에 안 되는 조직으로 아직 완전히 성숙했다고 말하기 어렵다. 하지만 위기가 찾아올 때면 세상은 언제나 이제 막 '걸음마를 뗀 아기'와 같은 조직에게 많은 기대를 걸곤 했다. 2011년 프랑스 칸 정상회담에서 G20의 무게감은 더욱 가중되었다. 3년 전 세계를 강타했던 금융위기가 다시 찾아왔고 이번에도 G20이 낭떠러지로 떨어질 위험에 처해 있는 세계를 구해줄 거라는 기대감이 증폭되었다. 금융위기 대응 방안에 대한 각국의 합의 도출이 절실히 요구되는 시점이다.

이번 G20 정상회의의 성명서 초안에 따르면 G20 각국 정상들은 유로존 채무위기를 세계의 경기 회복 속도가 다시 늦어지고 있는 직접적인 원인으로 규명했다. G20 정상들은 경제 성장을 촉진하는 방안을 제정해야 한다는 데 의견을 모았다. 위기에 대응하기 위해 성장에 대해 논하는 것도 물론 중요하지만 글로벌 경제가 안고 있는 심층적인 문제에 대한 논의도 절대로 빼놓을 수 없다. 금융위기 이후 레버리지 효과로 심한 몸살을 앓은 과정에서 경제 성장의 동력 부족 현상이 나타났고, 또한 사회 구조가 안고 있던 많은 병폐들이 노출되기 시작했다. 이는 미국에서 2009년부터 시작된 보스턴의 '티파티 운동'[127], '월가를 점령하라' 같은 항의 시위가 세계로 확산되는 흐름에 잘 드러나 있다. 이로써 전 세계 경제의 구조 변화는 피할 수 없는 상황이며 동시에 장기적인 경기 불황으로 빠질 날이 임박해오고 있음을 알 수 있다.

'기술 관료', 유로존을 구제할 수 있을까

2011년 말이 많았던 그리스의 국민투표가 별 소리 없이 종적을 감춘 이후에 이탈리아와 프랑스가 시장의 새로운 '걱정거리'로 떠올랐다. 유럽 정치계는 이미 재조정을 시작했다. 루카스 파파데모스(Lucas Papademos) 유럽중앙은행 부총재가 그리스의 총리 자리에 임명되었고, 마리오 몬티(Mario Monti) 유럽연합 반독점집행위원장이 실비오 베를루스코니(Silvio Berlusconi)로부터 이탈리아 총리 자리를 이어 받았다. 새로운 두 지도자의 취임으로 유로존에 새로운 변화가 시작되었다.

2012년 보아오 포럼[128]에서 가장 관심 받는 정보는 단연 몬티 이탈리아 총리의 발언이었다. 몬티 총리는 유로화가 다시는 위기에 빠지는 일은 없을 것이라고 강조했다. 그는 이탈리아가 이미 경제 안정을 되찾았고 유럽재정안정기금에 자금 지원 요청

---

127 2009년 미국의 길거리 시위에서 시작한 보수주의 정치 운동이다. 정부의 건전한 재정 운영을 위한 세금 감시 운동을 주로 벌인다 — 옮긴이.

128 Boao Forum for Asia. 매년 4월 중국 하이난성[海南省] 충하이시[瓊海市]의 보아오[博鰲]에서 개최되는 아시아 지역경제 포럼이다. 아시아 국가의 지역경제 협력을 목적으로 발족하여 2002년 제1차 연차총회가 열렸다 — 옮긴이.

을 하지 않기로 결정했다고 밝혔다.

69세의 마리오 몬티는 경제학자이자 사업가 출신이다. 몬티는 유럽연합의 반독점집행위원장을 발판으로 정치적 명예를 얻었다. '슈퍼마리오' 몬티라는 별명을 얻은 것도 바로 그 시기였다. 냉정하고 노련미 넘치는 정치 스타일 때문에 사람들이 붙여준 별명이었다. 이런 이미지 덕분에 2011년 말 유럽의 채무위기가 발등의 불로 떨어진 상황에서 몬티가 화재 진압을 진두지휘하게 되었다. 이로써 유럽에서 기술 관료가 국가의 정상 자리에 앉는 새로운 선례를 남겼다.

보아오 포럼에서 몬티의 발언이 전하려는 메시지는 무엇인가? 먼저 유럽 채무위기가 가장 위험한 고비를 넘어섰다는 것이다. 몬티는 유로화 위기는 발생하지 않는다고 봤다. 한편으론 이를 단순한 견해의 차이로 볼 수도 있지만, 다른 한편으론 그가 유럽의 미래를 비교적 낙관하고 있다는 점으로 해석할 수 있다.

2012년 독일에서 유럽 구제 방안에 대한 투표를 실시하기 이전에 마리오 몬티 총리는 영국의 《파이낸셜타임스》를 통해 독일 등 국가들이 사명감을 갖고 구제 방안을 통해 유로화 위기를 해결해줄 것을 촉구했다. 또한 유로화는 지금까지 많은 풍파를 이겨내면서 제 역할을 담당하고 있지만, 독일은 '유로화가 현재 독일이 이루고자 하는 큰 뜻과 유럽의 공동 가치관에 모두 부합하는 방향으로 유럽 경제체를 변화시키고 있음을 증명해보이고 있다'는 사실을 모두가 인식해야 한다고 호소했다. 그러면서 만약 독일이 이 점을 인식한다면 이탈리아도 유럽의 자체적인 요구에 부합하기 위해 더욱 큰 의무감을 갖고 행동할 것이라고 덧붙였다.

결과는 몬티의 판단이 높이 인정받았음을 증명했다. 독일은 최종적으로 구제 방안을 통과시켰고, 또한 몬티도 이탈리아 정치 일선에 진출할 수 있었다.

둘째, 몬티는 유럽 경제에서 중요한 부분을 차지하는 이탈리아 경제가 이미 안정기에 들었다고 주장했다. 그는 보아오 포럼에 참석하기 전에 외부 세계는 이탈리아에 대해 편견이 많다며 이번 보아오 포럼을 통해 아시아 국가들에게 이탈리아의 메커니즘과 경제 부문의 일련의 개혁 등을 알리는 계기로 삼겠다는 뜻을 밝혔다.

이탈리아가 왜 중요할까? 그리스 같은 국가와 비교했을 때 이탈리아의 경제 규모는 방대하다. 따라서 이탈리아에서 위기가 수습 불가능한 상태로 빠지면 유럽 전체가 깊은 수렁에 빠질 가능성이 크다. 이탈리아는 유로존 3위의 경제 대국이지만 1인당 국민소득은 바닥권이다. 이탈리아 은행이 발표한 자료에 따르면 2012년 1월 이탈리아의 공적 채무 총액은 1억 9천만 유로로 최고치를 갱신했다. 이는 그리스, 아일랜드, 포르투갈과 스페인의 채무를 합한 총액과 맞먹는 수준이다. 또한 2012년에는 채무 상환 압력이 더욱 커질 것으로 전망했다. 만기 국채 총액이 2,600억 유로로 이는 GDP 총액의 5퍼센트에 해당하는 규모다.

그리스 구제에 대해서는 아직은 따지고 재볼 만한 재량이 남아 있지만, 이탈리아는 한 번 발을 헛디디면 다시 회복할 수 있는 힘이 없다. 채무 문제가 악화되고 경제 성장 둔화까지 겹치면서 이탈리아의 장기 국채수익률은 7퍼센트 이상으로 치솟았고 이는 매우 위험한 정세로 판단된다.

몬티 총리는 취임한 이후 '이탈리아 살리기'라는 계획을 내놓았다. 이 계획은 2013년까지 예산의 균형을 맞춰 수입원을 늘리고 소비를 줄이는 것을 주요 목표로 삼고 있다. 또한 7퍼센트에 육박하는 이탈리아 국채수익률을 5.14퍼센트까지 떨어뜨린다는 목표를 내걸었고 시장의 반응도 긍정적이었다.

그러나 긴축재정만으로는 역부족이다. 경제 성장도 함께 이루어야 한다. 여기에 바로 몬티가 전하는 세 번째 메시지가 있다. '이탈리아는 언제든지 투자자들을 환영할 준비가 되어 있다. 특히 아시아 투자자들을 환영한다.' 아마도 외국인 투자 유치는 앞으로 이탈리아의 성장 동력이 되어 줄 것으로 기대된다. 몬티 총리는 중국을 방문하기 이전에 일본을 방문해 이탈리아에 투자해달라고 호소하는 메시지를 전달하기도 했다.

긴축재정 실시에 따른 대가는 언젠가는 치러야 하며 이때 국민의 지지는 큰 힘이 된다. 마리오 몬티는 총리로 임명된 직후 국민에게 '피와 눈물'까지 강요할 수는 없지만 일부 희생은 불가피하다고 호소했다. 문제는 국민이 얼마 동안 그 희생을 버틸 수 있느냐에 달려 있다. 지난 10년 동안 이탈리아의 연간 GDP

성장률은 0.2퍼센트에 그쳤다. 이는 유로존의 평균치를 훨씬 밑도는 수준인데 게다가 1인당GDP는 마이너스 성장을 했다. 위기는 성장을 더욱 어렵게 만드는 한편 성장의 중요성을 더욱 부각시켰다.

유럽 위기는 끝나지 않는 드라마와 같다. 아이슬란드, 그리스, 이탈리아 편에서 끝나지 않고 러시아편으로 계속 이어졌다.

러시아 루블 위기와
달러의 귀환

루블 전쟁

모스크바는 눈물을 믿지 않고 금융 시장은 강한 통치를 믿지 않는다.

과거 러시아는 히틀러를 압도해 전쟁을 승리로 이끌었지만 2014년 통화 전쟁에서는 많은 좌절과 시련을 겪었고, 결국 '루블 보위전'에서 패배하고 말했다. 러시아 루블 통화의 '폭락 질주'는 계속 이어졌다. 루블 대 달러/유로 복수통화바스켓 제도[129] 환율은 45루블로 떨어져 단 7일 만에 하락폭이 2퍼센트에 달하며 지난 1년 동안 가장 큰 하락폭을 기록했다. 러시아 중앙은행이 팔을 걷어붙이고 나섰지만 경기 약세의 행보를 막지 못했다.

러시아 중앙은행은 여러 차례 루블화 일일 환율 변동폭을 조

---

129 Multicurrency basket system. 교역량이 많은 몇 개 국가와의 실세를 감안해 산출하는 환율결정방식 — 옮긴이.

정했다. 달러를 대거 매각해 10일 동안 총 60억 달러를 투입했다. 하지만 루블의 하락은 막지 못했다. 엘비라 나비울리나(Elvira Nabiullina) 러시아 중앙은행 총재는 만약 시장이 계속해서 루블과 맞선다면 러시아 중앙은행도 이를 저지할 방법이 없음을 '울며 겨자 먹기'로 인정했다.

　루블이 왜 폭락했을까? 직접적인 원인은 다음 두 가지로 요약할 수 있다. 첫째는 이미 잘 알려진 바와 같이 지정학적 위기 때문이었다. 러시아는 우크라이나 분쟁으로 미국과 EU의 제재조치를 받았는데 그 제재 강도가 과거보다 훨씬 높았다. 금융에서 에너지 분야를 넘어 군수 산업에까지 제재가 이어졌고 심지어 러시아 개인 기업들도 영향권에 속했다. 러시아의 억만장자 미하일 프리드먼(Mikhail Fridman)이 50억 유로를 투자해 북해 유전을 매입하려던 거래도 바로 이 제재 조치 때문에 물거품이 되었다. 이런 여러 불안 요소들이 투자자들의 전망에 부정적인 영향을 끼쳤고 많은 해외 자본들이 빠져나갔다. 통화 가치 하락은 대부분 자기실현적 위기[130]의 과정을 거치며, 자본 유출은 다시 루블 가치 하락의 지속이라는 전망으로 이어진다. 둘째 원인은 지속적인 유가 하락으로 볼 수 있다. 유가는 최근 4년 동안 가장 낮은 가격을 기록했고, 러시아 중앙은행 총재도 바로 이 점을 루블 하락의 원인으로 지적한 바 있다. 석유는 러시아에 없어서는 안 되는 에너지 산업이다. 석유 국유화로 러시아 정부의 수

---

130 Self-fulfilling crisis 경제학에서 과도한 경제위기의식이 투자심리와 실물경제를 위축시켜 실제로 경제를 더 큰 위기상황으로 몰아가는 현상을 뜻하는 용어 ― 옮긴이.

입은 대폭 증가했고, 지난 몇 년 동안 이어진 푸틴 경제학의 열풍을 든든하게 지탱해주었다. 그러나 석유 가격이 하락하자 시장에서 루블도 동반 하락세를 보였다. 루블의 하락세에 따른 부정적 효과는 러시아군이 우크라이나에서 철수한다는 긍정적인 소식이 묻힐 정도로 기세등등했다.

그러나 한 국가 통화의 장기적 전망은 단기적인 시장 요인(금리, 주가, 환율 등)보다는 해당 국가의 펀더멘탈[31], 즉 기초체력 상황에 따라 크게 좌지우지된다. 루블의 폭락은 러시아 경제에 낀 거품을 걷어내는 시작에 불과했다. 러시아는 '브릭스 국가'의 일원으로 석유, 천연가스 등 자원을 풍부하게 보유하고 있다. 이런 이유로 한때 많은 투자자들의 관심이 쏠린 적도 있었다. 그러나 이런 자원 효과로 러시아가 내부적으로 안고 있는 산업의 성장 동력 부족 같은 기본 문제까지 상쇄시킬 수는 없었다. 러시아는 루블의 가치 하락 이외에도 인플레이션, 성장 동력 부족, 국내외적 분쟁 위험 등 많은 문제를 안고 있다. IMF 같은 국제기구들은 러시아가 앞으로 2년 동안은 경제 성장을 이루기 힘들 거라고 예측했다. 자료에 따르면 2015년 전까지 만기되는 외채 규모는 1,340억 달러에 이른다. 루블의 가치 하락은 투자자들이 러시아의 경제에 대한 기대치를 조정했다는 사실을 반영하는 동시에 그들이 러시아의 미래를 매우 비관적으로 보고 있다는 점을 암시해준다.

131 Fundamental. 한 국가의 경제 상태를 표현하는데 있어 가장 기초적인 자료가 되는 성장률, 물가상승률, 실업률, 경상수지 등의 주요 거시경제지표를 말한다 — 옮긴이.

루블, 아니 러시아는 아직도 꺼내 들 카드가 있는가? 물론 있다. 금융업 측면에서 보면 러시아는 세계 4위의 외환보유국으로 그 규모가 4,547억 달러에 달한다. 달리 말해 외환위기를 막아낼 충분한 자금을 보유하고 있는 셈이다. 그렇다. 총알을 한 번에 다 쏴버릴 수는 없는 법이다. 앞으로 러시아 중앙은행은 적시에 개입하면서 루블에 대한 시장의 기대치를 최대한 끌어올리는 데 총력을 기울일 것으로 전망된다. 그렇다면 정치적인 측면에서는 어떤가? 러시아 푸틴 대통령은 지금의 '고자세'를 계속 유지할 듯하다. 그는 손에 또 다른 '카드'를 쥐고 있기 때문이다. 먼저 푸틴 대통령은 서방의 농산품 및 기타 식품의 수입을 전면 금지하는 등의 조치로 서양의 제재에 맞대응할 것이다. 그 뒤 수입 금지 조치를 점차 다른 산업으로 확대시키며, 서양 항공기들이 러시아 영공을 지나가는 것까지 금지할 계획도 검토 중에 있다. 그 밖에도 러시아는 서양 국가 이외의 에너지 수출 대상국을 찾고 있다. 중국과의 천연가스 부분 협력 등이 그 대표적인 예다.

　결론적으로 정치적, 경제적인 상황을 모두 고려해본다면 루블이 완전히 붕괴되는 위험에 처하지는 않을 것으로 보인다. 하지만 단기간에 원래 수준으로 회복하기도 쉽지 않다. 국제사회 및 금융 시장과 러시아 간의 협상 및 상호 작용의 결과에 따라 루블의 가격은 앞으로도 오르락내리락하는 불안한 운명을 피해갈 수 없을 것이다.

모스크바는 눈물을 믿지 않는다?

2015년이 다가오자 러시아인들은 푸틴, 석유, 루블이 모두 '63'이라는 데드라인 문턱에 서게 될지에 초유의 관심을 집중시켰다. 여기서 '63'이란 푸틴의 나이와 나머지 둘의 가격이다.

이는 어찌 보면 전형적인 '포스트 사회주의' 국가의 반어적 풍자와 자조가 빚어낸 '말장난'에 가깝다. 이 세 '63'이 함께 나타내는 결과는 단순히 경제위기에만 그치지 않을 것이다. 2015년 10월 생일을 맞이한 푸틴의 나이가 2018년 대선에 큰 영향을 미칠 것으로는 보이지 않는다. 하지만 유가의 하락과 루블의 가치 하락이 더욱 악화되는 상황에서 푸틴이 앞으로 짊어져야 할 짐의 무게는 상당하다. 푸틴은 정치적으로 러시아가 미국과 유럽으로부터 고립된 문제뿐만 아니라 현재 당면하고 있는 통화 위기 문제 등 경제적인 측면의 난제들도 해결해야 한다.

이런 상황에서 2014년 12월 크렘린 궁전에서 있을 푸틴 대통령의 연두교서 발표는 세계의 관심을 한데 모았다. 그는 줄곧 강경한 기조와 태도로 일관했지만 루블의 폭락을 막지는 못했다. 통화 흐름은 그 국가의 정치와 경제 상황을 반영하는 척도다. 2014년 이래 루블 폭락의 연이은 기록 갱신은 더는 이슈도 아니었다. 러시아 중앙은행은 여러 차례에 걸쳐 외환 보유액을 매각했지만 루블의 약세에 크게 영향을 주지 못했다. 2014년 12월 1일은 러시아 주가시장의 '블랙먼데이'[132]였다. 주가가 6퍼

---

132 뉴욕 다우존스 평균주가가 하루에 508달러(전일대비 22.6퍼센트) 폭락한 1987년 10월 19일이 월요일이기 때문에 붙여진 이름이다 — 옮긴이.

센트 떨어져 최근 10년 이래 최고의 하락폭을 기록했다. 2015년 이후에도 루블의 약세 행진은 계속되었고 지난 두 달 동안의 하락폭은 25퍼센트까지 치솟았다. 달러당 54루블의 선이 한꺼번에 무너지기도 했다.

이번 루블 위기로 러시아는 5년 만에 처음으로 경기침체 국면에 빠졌다. 하지만 이번 위기는 러시아뿐 아니라 세계도 함께 혼란에 빠뜨렸다. 그에 따라 시장은 루블에 대해 과거 역사를 재현하는 것 아니냐는 전망을 쏟아냈다. 과거 1990년대와 같은 루블 대폭락이 발생해 러시아가 산더미처럼 쌓인 외채를 갚아나가는 초라한 모습을 다시 보게 될지도 모른다는 예측이었다. 사람들은 루블 가치가 70퍼센트까지 폭락했던 1998년 루블 위기를 자주 입에 올렸다. 하지만 사실 그보다 더 이른 1990년대 초에 이미 루블은 큰 위기를 겪었었다. 1992년부터 1993년까지 루블 가치는 80퍼센트까지 폭락한 기록이 있다.

과거부터 현재까지 루블 위기는 거의 금융위기와 맞먹는 수준이었고 대부분 정치와 깊은 연관이 있었다. 1990년대 초에 발생했던 루블 폭락은 '충격요법' 등 내부적인 개혁 실행에 따른 부작용이었고, 이번 위기는 우크라이나와의 지정학적 문제로 인한 금융 고립과 관련이 있다.

'정치 강자'인 푸틴 대통령이 이번에는 '경제 활성화'에 힘써야 할 것이다. 그의 이번 역공이 성공할 수 있을까? 과거의 전적을 살펴보면 루블화 약세를 벗어나려는 푸틴 대통령의 노력들은 지금까지 별다른 효과를 보지 못했다. 푸틴 대통령은 1시간에 가까운 연두교서 발표에서 정치 관련 부문 이외에 많은 부분을 통화 가치 하락에 할애했다. 특히 루블의 공매도자들을 강하게 비판했다. 그는 또한 러시아의 경제침체에 대해 다음과 같은 '여섯 가지 대책'을 내놓았다. 루블을 공격하는 투기자들에 대한 엄격한 대응 조치 마련, 러시아의 은행업 발전, 국부 펀드의 자본 확충, 국제 금융 체제에 대한 의존도 낮추기, 러시아 자본 시장의 자금 회수를 위한 사면 실시 등이다.

　푸틴 대통령은 또한 발표에서 러시아의 찬란한 역사인 '대조국전쟁'[133]에 대한 언급 역시 빼놓지 않았다. 히틀러와 맞서 싸웠던 이 전쟁을 예로 들면서 러시아는 결코 굴복하지 않는다는 사실을 입증해보였다. "제재에는 피해가 따릅니다. 모든 사람들에게 불리한 조치이지요. 물론 여기에는 제재를 가하는 측도 포함됩니다……. 히틀러는 소련을 붕괴시키려고 시도했지만 실패했고, 그가 어떤 결말을 맞이했는지에 주목할 필요가 있습니다." 푸틴 대통령은 '잠자는 사자'의 비유처럼 러시아를 '곰'에 비유하며 서방 국가들이 '곰'을 '봉제 인형'으로 만들려고 안간힘을 쓴다고 주장했다. "그들은 틈만 나면 쇠사슬로 곰을 잡으려고 듭니다. 일단 포획하고 나면 날카로운 이빨과 발톱을 모조리 뽑아버리지요." 위기 국면에서 그가 보인 애국주의의 열정은 국민에게 매우 효과적으로 통했다. 어느 여론 조사에 따르면 응답자

---

133 독소전쟁. 제2차 세계대전 중 독일과 소련이 벌인 전쟁 ─ 옮긴이.

중 과반수가 서방의 제재조치가 러시아에 큰 걸림돌이 되지 않을 거라고 했다. 또한 86퍼센트의 사람들은 러시아에서 사는 것이 자랑스럽다고 답했다. 이는 또 다른 관점에서 보면 최근 자주 거론되는 러시아에 대한 금융 제재가 일반 무역 제재에 비해 훨씬 정확하고 효과가 높다는 뜻이며 정부, 기업 및 은행 등 기관들이 일반 소비자들보다 더 큰 충격을 받음을 의미했다. 하지만 루블화 약세가 지속되었을 때 자국을 향한 러시아 국민들의 자긍심과 만족도가 얼마나 버틸 수 있을지는 미지수다.

경제 이론은 정치와 언제나 약간의 차이를 보인다. 푸틴의 연두교서 발표 뒤에도 루블화 약세는 멈추지 않았다. 정치적 호소는 단기간 내에 효과를 보기 어려울 것이며, 루블은 상당히 '혹독한' 시험대에 올랐다. 러시아의 경제부 관련 인사들도 러시아를 비관적으로 전망하고 있다. 2015년 러시아의 경제 전망치를 2015년 1.2퍼센트에서 0.8퍼센트로 하향 조정했고, 2015년 1분기에는 경기침체에 빠질 것이라는 전망까지 내놓았다.

지난 5년 동안 러시아 경제는 괄목한 만한 성장을 이루었고, '브릭스 국가' 대열에 참여하는 영광도 누렸다. 이를 가능하게 했던 원동력은 석유 등 에너지 가격 상승에서 찾아볼 수 있다. 그런데 오늘날 경제침체의 원인 또한 같은 곳에서 시작되었다. 바로 국제 에너지 가격의 하락이다. 세계는 이른바 '한 사람이 잘되면 전체가 부흥하고, 한 사람이 실패하면 전체가 망하는 꼴'인 상황이다. 러시아 중앙은행이 환율 시장에 개입하면서 특히 대규모의 금을 허겁지겁 매입하자 러시아의 외환보유고가 고갈되는 또 다른 문제가 대두되었다. 이런 상황에서 러시아가 결국은 최후의 카드인 '자본통제'[134]를 꺼내들까? 이런 우려 때문에 러시아에서 자금이 해외로 빠져나가는 추세를 막기는 어려워 보인다. 미래에 대한 예측이 불가능한 상황에서 나오는 비관적 전망들은 대부분 강한 자기실현적 예언의 성격을 갖는다.

한편 서방 국가의 정치 평론가들은 푸틴의 태도가 여전히 강경해 보이지만 그래도 합리적인 범위를 벗어나진 않았다고 평가했다. 그 중에는 '한숨 돌렸다'고 보는 시선도 있다. 어찌됐건 푸틴이 내놓은 관련 정책들과 입장에서 루블 위기를 회복하고 경제를 보완하고자 하는 그의 강한 의지를 내비쳤으며 이는 세계와의 관계를 단칼에 자르고 문을 걸어 잠근 채 '독백'하지 않겠다는 뜻으로 보인다.

"당신은 이해 못 해요. 화학은 인류의 미래라고요."
"미래요? 그보다 현실을 더 생각하세요."

이는 구소련 시절의 영화 〈모스크바는 눈물을 믿지 않는다 (Moscow Does Not Believe in Tears)〉에 나오는 대사다. 서양 국가들의 입장에서는 아직 시간이 충분할지 모른다. 하지만 루블,

---

134 Capital Control. 초단기 투기성 자본의 거래나 수출입 무역에서 외화 자산의 이동을 제한하는 조치를 말한다. 자본통제는 투기성 자본 유입이 억제되어 환율이 안정된다는 장점이 있지만 장기화되면 투자와 생산위축, 물가상승과 같은 문제점이 발생한다 — 옮긴이.

아니 푸틴에게 있어서는 현재 직면하고 있는 난관을 헤쳐 나가는 일이 매우 시급하다. 어찌됐든 루블, 석유와 러시아 같은 이야기는 우리에게 과거 10년여 동안 가속화를 이룬 글로벌의 시대가 이미 지나갔음을 시사해준다. 나아가 세계 경제가 더는 겉으로 보였던 조화로운 모습을 지속할 수 없음을 말해주기도 한다. 세계 경제 불황이 이어지고 지정학적 위기가 세계 곳곳에서 발생하는 사이 '충돌의 시대'는 소리 없이 우리 곁에 찾아와 있었다.

루블 위기, '퍼펙트 스톰'으로 확대될 것인가

루블이나 석유는 잠시 잊는다 해도 2015년 푸틴은 63세를 맞이한다. 그리고 2014년에 역사는 이미 기록을 갱신했다. 2014년 12월 중순, 석유와 루블은 63의 선을 이미 넘어섰다. 유가가 배럴당 60달러를 돌파한 이후 계속 하향곡선을 그리고 있는 반면 달러 대 루블 환율은 12월 16일 20퍼센트 폭락했고, 1달러에 100루블까지 떨어진다는 전망도 나왔다.

루블화 약세의 원인은 무엇인가? 사실 특별히 새로운 내용은 없다. 주요 원인은 여전히 국제 유가의 지속적인 하락에 있다. 나아가 유가 하락은 미국 달러의 강세 회복을 도왔다. 달러 강세는 외환 시장에서 신흥시장 특히 자원 수출국의 통화가 큰 위기에 놓였다는 것을 의미한다. 특히나 루블은 지정학적인 위험까지 겹쳐 가장 먼저 위기에 노출되었다.

루블화 약세는 본질적으로 살펴보면 러시아의 단일 경제 구조에 대한 총체적인 반응이다. 오랫동안 러시아 경제는 오직 자원에만 의존해왔다. 무역에서 자원 의존도는 60퍼센트를 넘어섰고, 석유는 대외 무역에서 가장 핵심적인 효자상품 역할을 했다. 과거 유가가 100달러 선을 넘어섰을 때 러시아의 주머니는 두둑해졌고 바로 이 시기에 '브릭스 국가' 반열에 오를 수 있었다. 지난날 국제 사회는 이런 러시아의 상황을 '자본의 민족주의'라고 평가했다. 유가 상승으로 공적 지출이 늘어나고 이로써 국민의 지지를 받는 구조였다. 그러나 이는 결국 러시아의 경제 구조를 지나치게 국제 유가에만 의존하는 상황으로 이끌었다. 이런 단일 구조가 얼마나 취약할지는 쉽게 짐작할 수 있다. 러시아 경제 모델의 문제점은 외적 단일 요소에 지나치게 의존한다는 점이다. 단일 요소인 유가가 하락하면 러시아의 경제도 바로 침체에 빠지게 되는 구조다.

러시아는 루블화 약세에 대응하기 위해 루블 통화를 필사적으로 보호해야 했으며 이를 위해 투기자들을 공격하는 등 푸틴식의 강력한 대응 방식 이외에 금리 인상 및 외환보유액을 매각하는 등 방법을 중점적으로 동원했다. 루블이 폭락했을 때 러시아 중앙은행은 금리 인상으로 시장의 흐름을 막아보려는 계획을 세웠다. 그러나 시장에서 루블화 약세에 대한 전망이 주류를 이룬다면 금리 인상은 '무용지물'이 되고 만다. 오히려 공공연한 국고 낭비로 자신의 약점을 세상에 폭로하는 정반대의 결과로 나타날 수도 있다.

　러시아가 외환보유액을 매각하는 상황을 살펴보면 '아무리 재산이 많아도 놀고먹으면 다 써버린다'는 실상을 증명해주고 있다. 매일 20억 달러에 가까운 외환 보유액을 매각하는 상황은 지속되기 어렵다. 2014년 10월 러시아 중앙은행은 2016년이 되기 전까지 은행 시스템에 최대 500억 달러 규모의 외화를 공급한다는 계획을 발표했다. 하지만 대중 매체가 내놓은 통계에 따르면 중앙은행은 루블화 약세에 대응하기 위한 목적으로 2014년까지 이미 680억 달러를 매각했다.

　바로 이러한 이유로 러시아 중앙은행의 '융통성 없는 개입'에 대해 외부 세계는 러시아가 통화 위기를 스스로 재촉하고 있다고 비판했다. 남의 피를 빨아먹고 사는 투기자들이 이미 '만신창이'가 된 루블에 벌 떼처럼 몰려들어 함께 공격하도록 자초한다고 평가했다. 루블화 약세가 계속되자 국제 시장에서 루블의 신용도 함께 바닥을 쳤다. 거래할 대상을 찾기 힘들어지자 외환 거래 시장에서는 달러 대 루블의 통화 거래를 포기하는 사태까지 일어났다. 이런 이유로 루블화 약세가 지속된다면 루블은 1998년 이래 가장 큰 폭으로 떨어진 통화가 되고 그 하락폭은 60퍼센트에 가까울 것이다. 시장에서는 루블화에 대한 비판적인 전망을 내놓고 있을 때, 러시아 중앙은행은 국가적 역량으로 전 세계적인 공매도에 맞섰다. 이런 조치를 실행하는 과정은 매우 힘겨운 싸움으로, 환율 리스크의 무덤을 스스로 파게 되는 꼴로, 이런 경우도 거의 드물다. 이 추세는 한 번 시작되면 도중에 다시 반전되는 경우가 거의 없다.

과거 통화 위기를 겪었던 역사를 살펴보면 가장 처음으로 동원된 해결책은 금리 인상이었다. 금리를 인상해도 위기를 잠재울 수 없을 때는 대부분 최후의 카드로 자본통제 조치를 단행했다. 2013년에 만기되는 러시아의 외채는 천억 달러를 훨씬 뛰어넘는 상당한 규모다. 러시아의 외환보유액인 4,520억 달러와 맞먹는 수준이다. 물론 평소에는 크게 문제되지 않는다. 그러나 국제 자본이 유출된다면 상황은 완전히 달라진다. 이미 루블화 약세를 점치고 국제 자본들이 대거 러시아를 빠져나간 상황에서 금리 인상의 시행으로 루블화의 가치는 더욱 하락했고 이는 다시 더 많은 국제 자본들이 유출되게 하는 악순환으로 이어졌다.

루블화 약세가 러시아에 끼치는 영향은 무엇인가? 러시아의 경기 부진을 초래한다는 점은 기정사실이다. 외부 세계는 1998년의 상황이 또다시 도래할까 노심초사한다. 그렇게 되면 러시아의 국가 채무불이행이 발생할 뿐 아니라 세계도 함께 초토화된다. 현재까지 러시아의 외채 규모는 총 6,784억 달러에 달하며, 러시아의 외환보유액 규모로 본다면 이는 사실 충분히 감당할 수 있는 수준이다. 사람들의 시선은 바로 러시아가 금융위기로 빠져들까 하는 문제에 집중되었다. 나아가 루블화 약세가 '퍼펙트 스톰'으로 확대될지에도 우려 섞인 시선을 보내고 있다.

먼저 '퍼펙트 스톰'이란 단어의 어원에 대해 알아보자. 퍼펙트 스톰은 원래 기상 용어로 1992년 북미 지역에서 발생했던 태풍을 일컫는 말이었다. 그다지 위력이 크지 않은 태풍이 허리케인과 만나 강력한 태풍이 되어 동부 해안을 강타해 재난을 일으켰다. 이 태풍의 파괴력은 엄청났다. 자료에 따르면 3만 8천 가구의 전기가 끊겼고, 경제 손실 규모가 2억 8백만 달러에 달했다. 훗날 영화로 제작되어 화제가 되기도 했다. 그러다 2008년 금융위기가 세계를 강타하자 이 단어가 금융 업계에서 금융위기를 지칭하는 말로 쓰이기 시작했다.

현대 경제는 본질적으로 불안정한 상태가 되었고, 금융위기의 발생 빈도 또한 예전에 비해 매우 빈발하다. 사소한 금융 혼란이 어떻게 '퍼펙트 스톰'과 같은 세계 대공황을 초래하게 되었을까? 이는 여러 요인이 동시에 발생해 더 큰 파괴력을 갖게 된 경우가 대부분이었다.

퍼펙트 스톰은 큰 틀에서 본다면 나비 효과의 다른 표현이라고 볼 수 있다. 미국 버지니아대학교 다던 경영대학원(Darden school of business) 총장 겸 경영관리학 교수 로버트 부르너(Robert Bruner) 등 연구자들은 1907년 발생했던 미국 금융위기에 대한 연구 과정에서 하나의 문제제기를 했다. '왜 위기가 작은 것에서 계속 크게 확대되어 가는가?' 연구자들은 1907년의 위기를 예로 들었고 당시 위기가 투기자 두 명의 광산 회사 주가에 대한 조작 시도에서 시작되었다는 사실을 밝혀냈다. 주가 조작이 수포로 돌아가자 신탁 회사가 파산했고 이는 결국 자본주의 역사상 손에 꼽을 만한 심각한 금융위기로 확산된 것이다. 같은 해 뉴욕 증권거래소의 주가가 최고가 대비 50퍼센트 이상 폭락하고 실업률이 급등했으며 뱅크런 사태가 일어나는 등 미국은 대혼란에 빠졌다. 1907년에 관한 연구를 바탕으로 로버트 부르너 등 연구자들은 '퍼펙트 스톰'을 일으키는 일곱 가지 요소를 다음과 같이 꼽았다. 금융 체제의 복잡성, 경제의 급속 성장, 리스크 감당 메커니즘 부족, 지도력 부재, 막대한 경제 손실, 지나친 당황 및 탐욕과 기타 부적합한 행동, 집단행동의 통제력 상실이다.

이런 이유 때문에 러시아가 1998년으로 돌아갈지도 모른다는 예측은 잠시 접어두고 현재 가장 집중적으로 봐야 할 것은 1907년도와 같은 '퍼펙트 스톰'이 발생할지에 대한 문제이다. 루블화의 전망에 대해 러시아 사람들은 미지근한 반응을 보인다. 러시아 전체가 비싼 승용차와 상품을 사재기하는 모습은 러시아의 포스트 사회주의 시대가 보여주는 아이러니한 면을 다시 한 번 우리 앞에 드러내 보여주었다. '우리가 두려워 할 게 뭐가 있어. 이제 60선은 넘었고 높아봐야 88.88일 텐데.' 여기서 88.88은 루블화의 완전한 붕괴, 즉 환율 전광판에 모든 불이 켜지는 상황을 가리킨다. 이런 일들이 실제로 우리 눈앞에 펼쳐질까? 만약 발생한다면 세계에 좋은 일일까?

'퍼펙트 스톰'을 일으키는 일곱 가지 요소로 살펴본다면 러시아의 희망의 불빛은 아직 완전히 꺼지지 않았다. 루블이 구제 불가능한 상황은 아직 아니라는 말이다. 2014년 12월 17일 루블화는 다시 상승세를 보였다. 달러 대 루블 환율과 유로 대 루블 환율은 각각 약 9퍼센트와 10퍼센트 올랐다. 만약 루블화가 안정세로 돌아선다면 러시아 중앙은행은 자신의 신뢰도를 더욱 높이고 나아가 위기 대처 능력도 함께 업그레이드하기 위해 온 힘을 쏟아 부어야 한다. 이런 과정에서 중앙은행은 한 번 실패를 경험한 만큼 더욱 성숙해진 대처 능력을 보여줘야 한다. 루블화의 단기적인 가치 상승에는 물론 러시아 중앙은행의 역할이 한몫했다. 그러나 루블 위기를 완전히 해결할 수 있는 열쇠는 루블 자체에 있지 않다. 한 국가의 통화가 안정세를 되찾는 문제는 국가 신용도의 유지에 달려 있다.

많은 신용평가사들이 러시아의 신용등급을 낮췄다. 그 중 스탠더드앤드푸어스의 평가가 가장 낮아서 투자 부적격 직전 단계인 BBB-로 강등했다. 러시아 위기의 발생 원인이 지정학적 요인에 있다면, 루블화 폭락 등 경제위기는 '줄다리기 싸움'의 결과이다. 게다가 엎친 데 덮친 격으로 유가가 하락해서 루블 위기를 악화시키는 데 일조했다. 게다가 미국 오바마 대통령이 '내우외환'을 겪고 있는 러시아에 대한 제재를 더욱 강화한다는 소식이 들려왔다. 주요 저격 대상은 러시아의 무기 회사 및 최첨단 기술, 석유 사업에 투자한 투자가들이었다. 미국은 '채찍질'에 해당하는 강력한 제재 아래 언제든지 '당근'을 줄 준비가 되어 있다는 점도 함께 암시했다. 미국 존 케리 국무부 장관은 미국과 유럽이 러시아에 대한 제재를 철수할 준비를 이미 마쳤으며 그 전제 조건은 우크라이나 정세의 안정에 달려 있다고 밝혔다. '채찍질'과 '당근'을 함께 선보이는 미국의 태도는 러시아에 더욱 큰 부담을 안겨 주었다. 궁지로 몰린 '정치 강자' 푸틴이 서방 국가들이 바라는 대로 우크라이나 문제에서 타협에 나설지 여부가 관건이다. 그의 지도력이 도마 위에 올랐다.

1907년 발생했던 미국의 '퍼펙트 스톰' 때로 돌아가 보자. 당시 미국 주요 은행들의 신탁은 파산 위기에 내몰렸다. 미연준이 생겨나기 이전이라 위기에 나서서 대응할 수 있는 기관도 없었다. 다행히 미국에는 모건 가문의 인물인 존 피어폰트 모건이 있었고 그는 혼자 힘으로 시장의 붕괴를 막아냈다. 그렇다면 오늘날의 푸틴이 지난 세기의 모건과 같은 기개와 지혜를 발휘해 '눈사태'와 같은 위험이 확산될 가능성이 큰 루블과 러시아를 구출해낼 수 있을까? 여기서 '협상'은 정치 예술 중 하나이자 '퍼펙트 스톰'에서 지도력을 평가받는 중요한 부분임을 잊어서는 안 된다.

푸틴식 민족주의는 민생 문제 부분에서 가장 큰 시험대에 올랐다. 러시아는 유가 상승으로 벌어들인 수입을 복지 정책의 수준을 높이는 데 모두 쏟아 부었고 결국 미래에 수입보다 지출이 많아지는 문제에 직면했다. 통화 안정을 되돌리지 못한다면 국민들의 불만은 쌓여갈 수밖에 없다. 아직은 달러당 60루블 선을 유지하고 있지만 2014년 초부터 시작된 루블의 가치 하락은 이미 40퍼센트에 육박하고 있다. 하지만 러시아 민생을 살펴보면 생필품의 가격은 아직까지 큰 변동이 없는 상황이다. 환율 가치 하락과 국내 인플레이션은 각각 영향을 받는 시간차가 달라 같은 움직임을 보이지 않는다. 따라서 현재까지 상품 가격의 상승폭은 루블 가치의 하락폭만큼 높지 않다. 시장에서도 단지 '구매 열풍'과 '루블화 환전 열풍'이 일어났을 뿐 최악의 위기까지 빠지지는 않았다. 하지만 루블화 가치 하락의 영향이 국내까지 확산되는 것은 단지 시간문제일 뿐이다. 그때에도 푸틴은 국민의 지지를 계속해서 받을 수 있을까?

최근 러시아 미디어들이 이례적으로 푸틴에 대한 비판적인 태도를 조금씩 드러내고 있다. 루블화 가치 하락을 막지 못한다면 경제 문제는 곧 정치 문제로 번질 것이다.

세상에 잘 알려진 바와 같이 루블화 폭락의 직접적인 원흉은 유가 하락과 서방의 제재에 있다. 하지만 더욱 핵심적인 원인은 자원에만 의존하는 단일 경제 시스템 때문이다. 이 점에 대해 푸틴 대통령은 공정한 태도를 취하고 있다. 그는 러시아가 직면한 경제위기 원인 중 25~30퍼센트가 서방의 제재에 있다고 판단했다. 그러면서 러시아 경제의 다원화를 실현하기 위해 다양한 정책을 실시해야 한다고 호소했다. '최악의 상황이라는 가정하에 러시아는 앞으로 길어야 2년 안에 경제위기로부터 탈출할 것입니다.'

푸틴이 이처럼 낙관적인 입장을 보이자 많은 투자자들은 루블의 단기 붕괴에 베팅을 걸기 시작했다. 과연 그들이 옳을까 아니면 틀릴까? 경제 부분으로 살펴본다면 러시아는 아직 최악의 상황은 아니다. 정부 자료에 따르면 2014년 10월 러시아의 GDP는 0.7퍼센트 성장했으며 무역 흑자 규모는 총 1,484억 달러에 달해 133억 달러 증가했다. 또한 러시아의 국가 부채 규모도 크지 않다. 재정 흑자액은 1조 2천억 루블로 러시아 연간 GDP의 1.9퍼센트에 해당한다. 게다가 러시아 중앙은행이 보유하고 있는 외환보유액은 4,190억 달러에 달해 외환시장 위기에 대응하기에 충분하다. 문제는 러시아 기업들의 외채 규모가 높고, 루블화 자산을 내다 파는 현상이 이미 몇 년 전부터 시작되었다는 점이다. 러시아는 자금 통제에 따른 효과를 누릴 수 있는 시기를 이미 놓친 상태다.

그 밖에 푸틴의 연설에서 주목할 점은 러시아가 동방으로 눈을 돌린다는 대목이다. 정치적 목적이 아닌 경제적 입장에서 말이다. 아시아의 경제는 급속도로 성장하고 있고, 2014년 러시아와 중국의 무역액은 900억 달러에 육박했다. "중국, 인도, 일본과 한국 같은 국가의 에너지 수요량이 급증하고 있으며 러시아는 이런 기회를 절대로 놓칠 수 없습니다." 그렇다면 중국이 루블 위기에서 '백마 탄 왕자' 역할을 할 수 있을까? 경제적인 측면에서 본다면 별다른 효과도 없는 그런 역할에 나설 이유가 없다. 최근 루블화 폭락에 따른 중·러 중앙은행 간의 통화 교환으로 인한 중국 측 손해가 점쳐지고 있기 때문이다. 이와 같은 예측이 완전히 틀렸다고 해도 루블의 가치 하락은 중국 국민의 관심을 불러 일으켰고 불안을 가중시켰다. 이와 같은 상황에서 중국이 러시아에 대한 보텀피싱[135]을 하는 건 결코 현명하지 못한 결정으로 보인다. 루블화의 가치 폭락이 아직까지 바닥을 치지 않은 상황에서 중국이 손을 쓰면 이에 대한 국민들의 저항 심리가 나타날 수 있기 때문이다.

달러 강세로 인한 예상치 못한 충격

유가, 루블, 우크라이나 사태 등 정치 및 경제 관련 음적 양적 요소들을 잠시 잊어버린다면 루블화 가치를 위기로 몰고 가는 '보이지 않는 손'은 바로 달러 강세다.

세계 경제가 침체에 빠지면서 국제 자금 도피가 활발하게 일어났다. 달러 자산은 가장 안전한 자금 도피처로 통했고, 달러 가격이 오를수록 미국으로 유입되는 신흥시장의 자금도 늘어났다. 이런 추세는 달러화 강세를 더욱 부추겼고 이는 고스란히 신흥시장(국가와 기업을 막론하고)의 피해로 이어졌다. 루블이 바로 그 직격탄을 맞았다. 지정학적인 요소 외에 불안한 신흥시장의 통화인 루블은 공매도자들의 공격 대상이 되었다.

국제 유가 하락이 지속되면서 달러 강세가 이어지자 러시아와 미·유럽 국가 간의 '제재 전쟁'은 임시로나마 협상 타결을 피

---

135 Bottom fishing. 최저가를 노려 주식을 매수한 후 반등세가 오면 파는 저점매수 투자 기법을 말한다 — 옮긴이.

하기 어려운 상황에 처했다. 이는 앞으로 루블화가 반등과 하락을 거듭할 수 있음을 의미한다. 언제 끝이 날지 모르는 루블 전쟁에 양측은 '시간을 공간으로 바꾸는' 지연 전략을 쓰고 있다. 러시아 측에서는 국제 유가가 반등하면서 러시아 경제가 2년 안에 회복 가능하다고 예상했다. 반면 미·유럽 측에서는 국제 유가의 하락이 지속되고 달러로 된 자산이 더욱 늘어나 루블화의 공매도는 계속될 거라고 전망했다. 이 전쟁의 승자는 과연 누가 될 것인가? 어쩌면 양측의 판단 모두 틀릴지도 모른다.

세계 정세로 본다면 달러 강세는 루블을 위협할 뿐 아니라 다른 통화에도 부정적인 영향을 끼친다. 물론 유로화와 위안화도 예외가 아니다. 2014년 달러 대비 위안화 가치는 약 2.4퍼센트 떨어졌고 2015년 매매기준가도 최근 몇 년 만에 기록을 여러 차례 갱신했다.

몇 년 전만 해도 달러 환율의 최저치 기록 갱신은 연일 뉴스거리였다. 하지만 상황이 완전히 달라졌다. 달러는 이미 익숙해진 약세 상황을 벗어나 강세 주기로 진입했다. 역사적으로 달러의 변동은 주기적이었다. 1971년 닉슨 정부가 브레튼우즈체제의 금본위제를 포기하면서 달러는 주기적 변동을 겪기 시작했다. 주기는 보통 5~6년 단위였다. 2001년 달러의 가치는 최고치를 찍은 뒤 점점 하락세로 돌아섰다. 그러다 2008년에 최저점을 기록했다. 2008년 금융위기를 겪은 후 미국이 경기침체에 빠지자 연준은 여러 차례 양적완화 정책을 실시했고 그에 따라 달러는 강세를 다시 회복했다. 그 강세는 지금까지 지속되고 있다.

달러화 가치가 상승하는 시기에 '미국 달러 초강세'라는 주장이 끊이질 않고 있다. 달러 지수가 고공행진을 하면서 2015년 이후에도 달러의 강세는 지속될 것으로 예측되고 있다. 이렇게 모두가 달러화 강세를 점치고 있었지만 달러에 대한 비관적인 전망도 있었다. 일부 전문가들은 미국의 기초체력이 그다지 튼튼한 상황이 아니기 때문에 달러 강세가 지속되기 어렵다고 전망했다.

미국 달러 시장에 이미 지나치게 많은 자금이 몰렸다고 보는 사람이 많은 오늘날, 투자 자금이 달러화 예금에 몰리는 추세는 계속될까? 달러 강세는 미국의 기초체력보다는 기타 지역의 상황에 따라 좌지우지된다. 최종적으로는 글로벌 자금의 동향을 결정짓는다. 현재 상황으로 본다면 미국 경제는 유럽, 일본보다 월등히 탄탄하기에 달러 강세는 자연스러운 현상이다. 하지만 달러 강세가 미국에게 득이 되는 것만은 아니다. 한편으론 수출 등 분야에 부담을 줄 뿐 아니라 미국의 해외 수익률이 높은 회사의 생산 이윤에도 부정적인 영향을 끼친다. 그런데 이보다 더욱 중요한 사실은 미국 이외의 국가에게 달러 강세는 득보다 실이 훨씬 크다는 점이다.

국제 무역에서 살펴본다면 달러 강세는 신흥 국가의 수출에 자극제 역할을 한다. 하지만 자본 유동성 면에서 본다면 달러 강세는 국제 자본이 빠져나가는 것(외국인 투자자들이 빠져나가는 것)을 의미하기 때문에 신흥시장에게 악몽이나 다름없는 상황이다. 특히 과거 넘치는 국제자본으로 호황을 누렸던 지역일수록 더욱 그러하다. 지금까지 미국 달러 강세 주기 때마다 중국 등 국가들은 많은 충격을 받아왔다.

달러 강세로 인한 외국환평형기금 하락의 영향을 상쇄시키기 위해 중국 중앙은행은 선택의 여지없이 양적완화 정책을 실시했다. 중국의 입장에서 위안화 환율은 여러 방면에서 저울대 역할을 한다. 위안화 환율이 약세로 떨어지면 대량의 수입 상품 가격은 압력을 받게 되고, 위안화 자산에도 큰 위협을 준다. 가장 큰 타격을 받는 자산은 부동산이다. 반면 위안화 강세가 나타나면 수출에 문제가 발생한다.

4조 달러의 엄청난 규모의 외환보유고를 자랑하는 중국에게도 달러 강세로 인한 피해가 이 정도인데 다른 신흥시장이 꾸는 '악몽'은 어떨지 가히 짐작할 수 있다. 2014년 신흥시장의 통화들은 전반적으로 좋은 모습을 보이지 못했다. JP모건 신흥시장 통화지수(EMCI, 신흥 국가의 통화 대 달러 환율의 강약세 수준을 나타낸 수치)가 2014년에 12.1퍼센트 하락했고, 이는 JP모건이 이 수치를 조사하기 시작한 2000년 이래 가장 좋지 않은 성적이었다.

불리한 경제 상황은 결국 정책 결정자의 사고와 우선순위에도 변화를 일으킨다. 자국 통화의 약세를 수출을 이끄는 성장동력으로 이용하던 시대는 이제 끝났다. 지금처럼 혼란스러운 상황에서는 자국 통화의 약세를 시장의 믿음을 약화시키는 '독

약'이라고 보는 시각도 있다. 바로 이런 이유로 2014년 말 국제
결제은행은 지속되는 달러 강세 추세에 경고 메시지를 보내면
서 신흥국들의 금융 시장은 지난 1998년 금융위기 때보다 더
취약한 구조라고 경고했다. 한순간에 '중앙은행의 중앙은행'으
로 불리게 된 국제결제은행의 경고를 결코 웃어 넘겨서는 안 된
다. 하지만 문제는 세계 '중앙은행의 중앙은행'은 사실상 연준
이라는 점이다. 당연하게도 연준은 미국을 중심으로 움직이지
세계를 기준으로 삼지 않는다.

세계는 미국 달러가 약세를 보일 때마다 연준이 대가 없는 지
폐발행을 한다는 전망 아래 미국 채권을 소유한 해외 투자자들
의 수익성을 떨어뜨리기 위해 발버둥을 쳤다. 반면 미국 달러가
강세로 돌아서면 세계는 또한 연준의 긴축 통화 정책은 외적효
과를 전혀 고려하지 않는다며 과거에는 이윤에 집중했다면 현
재는 안전성에 집중해야 한다고 불평한다. 국제통화 시스템에
서 여전히 달러가 주요 통화로 거래되고 있는 오늘날 대다수 국
가들의 통화는 달러의 강세와 약세라는 리듬에 맞춰 춤을 출 수
밖에 없는 현실이다.

다시 되돌아보면, 그리스를 필두로 한 유로존 위기는 아직 끝
나지 않았다. 2015년 위기는 여전히 사방곳곳에 도사리고 있다.

그리스의 유로존 탈퇴
: 회색 백조 재현

바사니오: 들으시오, 삼천 다카트 대신 육천 다카트를 주겠소!

샤일록: 육천 다카트의 여섯 배라도 싫소. 증서대로 하겠소.

공작: 남에게 자비를 배풀지 않고서 어떻게 신의 자비를 바랄 수 있겠는가?

샤일록: 제가 죄진 것이 없는데 무슨 판결인들 두렵겠습니까? 여러분들은 많은 노예들을 사서 부리시지요. 노예들을 당나귀, 개, 노새처럼 천하고 고된 일에 마구 부려 먹고 있지 않습니까. 돈을 주고 샀기 때문이겠죠. 이런 말씀을 한 번 드려볼까요? "노예들을 해방시켜 상속녀인 따님들과 결혼시키세요. 어째서 무거운 짐을 지게 해서 땀을 흘리게 하는 거죠? 그들의 잠자리도 여러분들과 똑같이 푹신하게 해주세요. 음식도 여러분이 드시는 것과 똑같이 입에 맞게, 어때요?" 이렇게 말하면 "그 노예들은 우리 소유물이다"라고 대답하실 테죠. 제 대답 역시 마찬가지입니다. 저 남자에게 제가 요구하고 있는 일 파운드의 살덩이는 비싼 대금을 치르고 산 제 것입니다. 전 그걸 꼭 갖겠습니다. 각하께서 저의 뜻을 거절하신다면 법률이고 뭐고 다 소용없어요! 베니스의 법은 쑥밭이 되고 맙니다. 자, 판결을 내려주십시오. 어떻습니까? 살을 떼어도 좋습니까?

—셰익스피어의 《베니스의 상인The Merchant of Venice》

그렉시트(Grexit)는 마치 유령과 같아서 일정한 간격을 두고 한 번씩 나타난다.

그렉시트란 말은 그리스의 유로존 이탈(Greece exit)의 합성

어로 2012년 2월 씨티은행의 수석 이코노미스트인 윌렘 비터(Willem Buiter)가 보고서에서 최초로 언급했다. 그러다 2015년에 그렉시트는 마치 유행어처럼 자주 등장했다. 그렉시트란 말이 떠돌기 시작하자 그리스의 위기 탈출 움직임이 나타났다. 옛 화폐인 드라크마를 부활시켜야 한다는 목소리가 그리스에서 다시 한 번 높아졌다. 이 모든 상황은 격세지감을 느끼게 하기에 충분했다. 도대체 그리스 위기는 어떻게 되어가고 있는가? 최근 몇 년 동안 무엇이 변했고, 어떤 것이 변하지 않았는가?

그렉시트의 블랙 스완 효과에 대한 경계

유로존의 모든 악몽은 대부분 그리스에서부터 시작한다.

2015년, 예상과 달리 그리스 대선이 앞당겨서 치러지자 연초부터 그리스의 유로존 탈퇴 여부가 다시 한 번 전 세계의 이슈로 떠올랐다. 첫 시발점은 독일의 시사 주간지 《슈피겔Der Spiegel》에 실린 글에서 시작되었다. 이 글에서는 만약 그리스의 급진좌파연합이 정권을 잡아 그리스 개혁안을 부결시킨다면 독일은 그리스의 유로존 탈퇴를 받아들일 거라고 언급되어 있었다. 이후 '그렉시트'라는 말은 순식간에 인기 검색어에 올랐다. 이 '흐린 뉴스'가 세상으로 퍼지자 그리스 주가는 폭락했고 국채수익률은 급상승했다. 그뿐 아니라 유럽 주식시장도 그 영향을 받아 유로 대비 달러 환율이 다시 한 번 기록을 갱신했다. 2015년 1월 4일에는 유로 대 달러 환율이 1.1864로 하락하면서 최근 9년 만에 사상 최저치를 기록했다.

역사는 마치 '도장을 찍듯' 똑같이 재현되기도 한다. 4년 전 그리스 위기도 공개 투표와 선거가 함께 만들어낸 작품이었다. 유럽 채무위기의 발단도 그리스에서부터 시작되었다. 2009년 그리스는 국가 부채가 3,000억 유로에 달한다고 발표했고 이에 그리스 채권 시장은 꽁꽁 얼어붙었다. 신용평가사들은 차례로 그리스의 신용평가 등급을 하향 조정했으며 이에 따라 그리스의 국채 자금 조달은 더욱 어려운 국면으로 접어들었다. 속수무책의 상황에 빠져든 그리스는 외부에 도움의 손길을 요청할 수밖에 없었다.

'세상에 공짜 점심은 없다.' 외부의 원조에는 언제나 까다로운 조건이 따라붙는다. 더군다나 유로존에는 예전에 가입했어도 '승차 후에 티켓을 받은' 그리스가 넘어야 할 '산'은 다른 국가보다 더욱 높았다. 당시 그리스 총리는 명문 정치가 집안 출신인 게오르기오스 파판드레우였다. 그의 아버지와 할아버지 모두 그리스 총리직에 올랐었다. 파판드레우가 정권을 잡은 지 얼마 지나지 않아 그리스 정부는 심각한 재정 문제에 빠졌고 외부 원조의 힘을 빌릴 수밖에 없었다. 문제는 유럽연합의 원조를 받으면 대신 철저한 긴축 조건이 부수적으로 따른다는 것이었다. 이는 그리스 서민의 생활수준을 낮추는 결과를 초래할 게 불을 보듯 뻔했다. 높은 복지 혜택에 익숙한 그리스 국민들은 경제위기를 겪으면서 여러 차례 길거리로 몰려나와 시위를 벌였다. 긴축정책의 실시는 곧 다양한 정치적 혼란을 의미했다.

국내외적으로 난항을 겪는 상황에서 파판트레우 총리는 국민투표 실시를 전격 발표했다. 그는 이를 '애국 행동'이라고 선언했다. 겉으로는 훌륭해 보였지만 사실 정치적 책임 회피를 시인한 것과 다름없었다. 국민투표로 그리스가 위기로부터 완전히 탈출하기는 어려웠다. 유럽연합의 원조를 거절하는 일은 그리스에 현명하지 못한 선택으로, 더 좋은 선택은 없어 보였다. 공개투표는 파판트레우 총리에게 있어 모든 것을 건 것과 같았다. 그는 그리스를 위기로부터 구하기 위해 그리고 자신의 정치 생명을 구하기 위해 전력투구했지만 결말은 총리직에서 물러나고 국민투표를 취소하는 것으로 끝났다.

그리스의 국민투표는 참된 민주주의 실현도 아니며 위기에 빠진 그리스를 구할 방책도 없었다. 오히려 유로존을 깊은 수렁으로 빠뜨릴 뻔했다. 최근 그리스는 과거의 실수를 또다시 범하고 있다. 경제문제에서뿐 아니라 국민의 단체 심리도 마찬가지다. 여기에는 유럽 정치의 '기후변화'가 잘 반영되어 있다. 경제가 침체기에 빠지면서 보수 정당이 추진하는 긴축정책은 또 한 번의 복지 예산 삭감으로 이어지고 국민들의 불만은 더욱 커진다. 또한 유로존의 좌파정당들이 더욱 기세등등해지는 기회를 제공해준다.

이번 금융 시장의 혼란은 2012년에 겪은 '악몽'의 전철을 다시 밟는 듯했다. 하지만 역사의 재현이 그리 간단하지만은 않다.

이는 '역사의 사실과 인물은 모두 두 번씩 등장한다. 처음에는 비극으로, 두 번째는 희극으로 나타난다'는 옛말과 같다. 그렇다면 이번의 그리스 대선은 지난 국민투표의 한바탕 소동과 어떤 차이점이 있는가? 두 번의 정치 소동은 똑같이 '자살' 행위라고 평가받았지만 시장 심리에서는 큰 차이를 보였다. 지난 소동 때에는 유로화가 자리를 지키기 어렵다고 예상했기 때문에 그리스가 유로존을 탈퇴할 확률을 높이 점쳤었다. 최근 외신들은 그리스의 이탈에 대비한 유럽연합의 긴급 방안이었던 'Z 계획(이 계획은 계속해서 극비에 부쳐졌었다)'을 공개하기도 했다. 하지만 이번엔 다르다. 유로화가 안정기에 접어들었다고 평가하면서 지도자층과 미디어 매체들은 원하는 결과를 얻었다며 크게 만족했고 '유로화 구출'의 성공담을 반복해서 떠들어댔다. 이런 분위기에서 그리스의 탈퇴는 거의 발생 확률이 없는 일처럼 받아들여졌다. 지난번과 비교해 유럽연합의 주요 국가들이 그리스의 탈퇴 가능성을 그리 높게 점치고 있지 않는 상황이지만 이 확률이 매우 낮은 사건이 예상을 뒤엎고 현실화된다면 그 결과는 치명적인 '블랙 스완' 위기로 확산될 가능성이 매우 높다.

이성적으로 판단해봐도 그리스의 유로존 탈퇴는 그리스나 유로존 모두에게 손실이다. 게다가 그로 인한 손실을 유로존은 감당하기 어렵다. 현재 상황에서 그리스 탈퇴로 인한 후폭풍은 크게 두 가지로 볼 수 있다. 첫째, 그리스에 대출해준 외국인 투자자들이 그 직격탄을 맞는다. 둘째, '피그스'의 각 국가가 그리스의 전철을 밟아 그로 인해 엄청난 결과를 초래한다.

바로 이런 점 때문에 독일 측도 우회적인 방법을 쓰기 시작했다. 《로이터통신》 등의 매체는 최신 보도에서 올해 들어 독일의 강경파들도 말에 힘을 빼며 시사 주간지 《슈피겔》에 실린 글을 부정하고 나섰다고 밝혔다.

이는 매우 바람직한 분위기임은 틀림없다. 하지만 유로존의 문제를 완전히 해결하기에는 여전히 역부족이다. 엄청난 지역적 경제 격차를 보이는 단일 통화권 안에서 '체인'의 가장 약한 고리 부분은 '시한폭탄'과 같다. 불안한 부분이 일단 터지고 나면 그에 따른 연쇄반응은 가히 엄청나다. 일찍이 '열등생' 그리스는 유로존의 골칫거리였다. 1999년 유로존이 성립할 당시만해도 그리스는 사실 자격 미달 상태였다. 그러나 투자은행 골드만삭스 등 금융기업의 도움으로 부채를 숨겨 2년 만에 기적적으로 유로존의 요구 조건을 만족시켰다. 이렇게 그리스는 '세기의 사기극'으로 유로존에 가입했다.

유로존이 안고 있는 취약점은 단일화된 통화 정책은 갖추었어도 경제 규모는 통일하지 못한 데 있었다. 이 문제점을 유로존 성립 초기에 고려하지 못했던 것은 아니다. 따라서 유로존 가입에 높은 문턱을 두면서 유럽은 재정 예산 측면에서 각 국가들의 리스크를 조정하려고 애를 썼다. 유로존은 '마스트리흐트 조약'[136] 등을 통해 두 가지 수치를 규정했다. 재정 적자와 정부

---

136 Treaty of Maastricht 1991년 12월 네덜란드 마스트리흐트에서 체결된 조약으로, 유럽공동체(EC)가 유럽연합(EU)으로 발전하게 된 기반이 된 조약 — 옮긴이.

부채를 각각 GDP 대비 최대 3퍼센트 미만과 60퍼센트 이내로 억제시켜야 한다는 내용이다. 하지만 이 두 수치에는 모호함이 존재하기 때문에 회계 처리 부분에서 그리스와 같은 방식으로 자격 미달인 국가가 비집고 들어갈 수 있는 여지를 남기고 말았다. 따라서 경기를 다시 살리고, 엄격한 재정에 관한 규정을 제정하고 실행하는 일이 유로존의 시급한 과제라고 할 수 있다. 그렇기 때문에 좌파나 우파 누가 정권을 잡든 간에 긴축재정은 피할 수 없이 겪어야 하는 고통이며 그리스도 그 고통을 피해갈 수 없어 보인다.

유로화 위기

그리스의 비극을 거슬러 올라가보면 그 원인은 유로화에서 찾아볼 수 있다.

세상은 유로화에 많은 기대감을 걸었다. 유로화는 국제준비통화와 유럽 단일화 등 많은 꿈을 싣고 유통되기 시작했다. 예를 들어 《블룸버그비즈니스위크Bloomberg Businessweek》는 유로화를 지난 85년 동안 가장 중요한 85개의 발명품 중 하나로 꼽았다. 1999년 처음 세상에 나온 유로화는 유럽 로마시대 이후 가장 중요한 화폐개혁 중 하나였다. 유로화의 우세는 분명했고 거래 비용을 크게 낮출 수 있었다. 이에 따라 유럽의 단일화 과정을 촉진할 수 있다는 기대를 한 몸에 받았다. 그러나 유로화 자체가 지닌 문제는 피할 수 없었다. 유로화로 통화제도는 단일화했지만 재정제도는 통합하지 못했던 것이다.

이 문제는 사실 유로존 성립 초기에 제기되었었다. 유로존은 '마스트리흐트 조약' 등을 통해 유로존 가입 조건을 제시하며 그 기준을 재정 적자 상한선을 GDP의 3퍼센트로, 누적 부채 상한선은 GDP의 60퍼센트로 제한했다.

유로화가 처음 탄생했을 때의 환호성은 이미 그늘 속에 가려졌다. 경제 불균형이라는 현실과 마주한 유로화 단일화는 아주 긴 여정을 걸어야 할 듯 보인다. 그리스처럼 원래는 유로존 가입 조건을 충족시키지 못하는 국가들이 투자은행인 골드만삭스의 도움으로 국가 신고서를 잘 포장해 '눈 가리고 아웅 식'으로 유로존에 가입했다. 하지만 가입 이후 독일 등 경제력이 강한 국가들의 경쟁력에 눌려 경쟁력이 약한 국가들은 더욱 왜소하게 비춰졌다. 하지만 한편으로 이러한 유로존 내 비주류 국가들은 유로존의 핵심 국가들과 별 차이가 없는 신용 조건을 누리며 주제 넘치는 돈을 빌려다 써댔다.

그리고 결국 국가들 간에 '마태효과'[137]가 나타났다. 즉, '강한 국가는 더욱 강해지고 약한 국가는 더욱 약해졌다.' 통계에 따르면 2001년 유로존에 가입한 이래 2015년까지 그리스의 실제 GDP는 4.5퍼센트, 이탈리아는 3퍼센트 하락했고, 포르투갈은 1퍼센트만 성장했다고 한다.

탄생한 지 사반세기도 지나지 않은 유로존은 세계의 지뢰밭

---

137 Matthew effect. 부자는 더욱 부자가 되고 가난한 자는 더욱 가난해지는 부익부 빈익빈 현상을 지칭하는 용어로 미국 사회학자 로버트 머튼에 의해 붙여졌다 — 옮긴이.

으로 전락했고 이는 예상치 못한 결과라 할 수 있다. 20세기에 두 번의 세계대전이 발생했다. 두 번 모두 유럽 내부에서 발생한 충돌이 세계 전쟁으로 확대된 결과였다. 20세기는 군사력을 중심으로 전쟁이 벌어졌으나 21세기는 금융을 중심으로 전쟁이 벌어진다. 하버드대학의 경제학 교수 마틴 펠드스타인(Martin Feldstein, 1939~)은 1990년대부터 유로화가 가지고 있는 문제점을 지적해왔다. 그리고 2012년에는 유로화가 '시험'에서 떨어졌다는 관련 글을 발표했다. '1999년에 유로화를 사용하기 시작한 지 불과 십몇 년 만에 참패했다. 이는 결코 예상치 못한 결과가 아니며 관료 조직들의 관리가 완벽하지 못했기 때문도 아니다.'

더 나아가 그리스 문제를 대하는 각국의 태도도 유로존에서 많은 쟁점을 일으켰다. 그 중에서도 독일과 그 외 국가 간의 의견차는 앞으로 더욱 벌어질 것으로 전망된다. 금융위기 이후 독일은 줄곧 유로존의 실질적인 리더 역할을 맡아왔다. 그런데 독일에게도 치명적인 아킬레스건이 있었다. 바로 경제능력과 정치적 포부의 불일치였다.

경제적인 측면에서 독일은 유럽 핵심 국가 중 가장 앞서 있다. 수출도 선진국 중에서 최고의 자리를 차지하고 있다. 하지만 정치 면에서는 그렇지 못하다. '제2차 세계대전' 이후 독일은 과거에 저지른 실수로 인해 제약을 받았고 국제적인 책임을 지기를 꺼려했다. 유럽의 리더 국가가 되는 것도 그들은 원하지 않았다. 이런 상황은 평론가들의 비판을 받으면서도 독일이 그리스에 대해 냉담한 태도를 보일 수밖에 없게 만들었다.

과거에는 독일과 프랑스 등 국가 간에 있던 '불협화음'을 꼭 나쁜 일로만 보지 않았다. 이 자체가 유럽의 다양성을 드러내는 증거였다. 그러나 현재 상황은 과거와 달리 위험하다. 메르켈, 사르코지와 올랑드 등의 국가 원수들이 문제 해결에 대한 합의점을 찾지 못하고 있고 이를 지켜보는 대중의 인내심은 이미 바닥을 초과했다. 이런 상황은 극단파 세력이 선거에서 더 많은 표를 확보하고 정권을 장악할 수도 있음을 의미한다. 또한 유럽의 주류 정치권이 대패하여 유럽의 주류 가치관이 위협받을 수 있음을 의미하기도 한다. 이는 절대로 그냥 장난으로 하는 말이 아니다. 집권 정치인들이 현실에 직면한 문제를 해결할 수 없다는 판단이 선다면 대중이 거리 정치의 특징을 띤 극단파로 돌아서는 것은 자연스러운 일이다.

2015년은 평안하지 않았다. 경제 문제는 결국 정치와 사회 충돌로 이어질 가능성이 매우 높다. 이는 미국의 정치 철학자 프랜시스 후쿠야마가 런던에서 한 기조연설에도 잘 드러나 있다. "현재 세계의 상황은 좋지 않습니다. 정치적 혼란으로 보면 2015년은 이미 이례적인 한 해가 되었죠. 저는 세계를 하나의 전체로 본다면 현재 이 전체가 매우 이례적인 방식으로 분열되고 있다고 생각합니다." 유럽은 어떻게 이런 분열을 막아낼 수 있을까? 문제는 반드시 사건을 일으킨 장본인이 해결해야 한다. 본질적으로 유럽 경제의 문제점은 구조적인 것에 있다. 어마어

마한 규모의 복지 예산은 성장을 둔화시키고, 혁신을 늦추며, 경제체의 활력에 제재를 가하는 결과를 초래했다. 유럽 경제에는 규제 완화를 위한 '대수술'이 필요하다. 구조적인 개혁을 단행하겠다는 결심을 해야 한다. 이를 위해서는 강력한 힘을 가진 정치 지도자가 귀환해야 한다. 화폐를 찍어내거나 구호를 외친다고 해결될 문제가 아니다.

역사가 말해주듯 각종 사회의 모순은 한번 축적되면 결국은 종교적 충돌이나 민족주의 또는 인종주의 같은 사회문제를 통해 분출되고 만다. 이는 유럽의 집단적인 '좌경화'란 잠재적인 위협이 아니라 유럽이 극단화될 현실 가능성으로 나타낸다. 이러한 때에 치러진 그리스 대선에서 극좌파와 극우파가 연합해 정부를 출범시킨 상황을 보면 극좌와 극우의 본질은 서로 다르지 않다는 점을 잘 알 수 있다. 이 둘의 근원은 같다.

그리스 대선이 유로화에 끼칠 영향은?

2014년 말에 치러진 그리스 대선은 유로존을 새로운 위기로 몰아넣을 도화선이 되었다. 이를 유럽에 '리먼브라더스의 순간'이 다시 도래하고 있다고까지 지적하는 사람들도 있었다.

2014년 12월 29일 치른 대통령 선거에서 그리스 의회는 새로운 대통령을 선출하지 못했다. 12월에 들어서 이미 세 번째로 선출에 실패했다. 대선 후보 중 누구도 법정 득표수인 180표를 얻지 못했기 때문이다. 현 그리스 총리인 안토니오 사마라스(Antonis

Samaras)가 적극 지원한 스타브로스 디마스(Stavros Dimas) 후보자도 168표를 얻는 데 그쳤다. 2016년에 임기가 끝나면 그리스 의회는 해산해야 하는 상황이라 그 전에 새로운 대통령을 선출해야 한다.

대선 투표일이 몇 주 앞으로 다가왔을 때 사람들은 크게 걱정하거나 문제될 일은 없을 거라는 예측을 속속들이 내놓았다. 그러나 시장의 분위기는 달랐다. 많은 불안 요소들이 나타났다. 그리스의 주식시장이 폭락했고 10년 만기 국채수익률이 최고치를 찍으며 10퍼센트 내외를 웃돌았다. 또한 유럽의 주식시장도 이에 영향을 받아 유로화는 최근 2년 만에 최저치를 기록했다. 이 모두가 어디서 많이 본 듯한 흐름세가 아닌가?

그리스의 대선이 왜 중요한가? 이유는 간단하다. 외부 세계는 그리스 정치를 '좌파' 세력들이 장악하는 상황을 걱정하고 있기 때문이다. 그리스에 좌파 정부가 출범하면 그리스의 긴축정책은 물 건너간 일이 되고, 그리스의 유로존 탈퇴가 현실화될 수 있다. 나아가 유로존 전체에 혼란을 가져다줄 수도 있다. 마지막 대선에서 집권 연립여당의 총리 후보자가 자리에 오르는 데 실패했고 이를 통해 그리스 내부의 정치 분열 상황이 드러났다. 그리고 출구조사에서 가장 높은 지지율을 기록한 곳은 그리스 급진좌파연합 시리자(Syriza)였다. 만약 시리자가 정권을 잡으면 앞으로 공공지출을 계속 확대할지, 대외원조계획을 지속할지 등 정부의 정책 방향에 대한 예측이 불가능해 전체 유로존은 더

욱 심각한 불확실성에 놓일 것이다.[138]

지금의 혼란은 정치에서 시작되었지만 이를 해결하는 출구는 결국 경제 분야에서 찾아야 한다. 지난 몇 년간 그리스의 긴축 정책은 적지 않은 성과를 냈다. 2014년에 그리스 경제는 조금씩 성장 추세를 보이기 시작했다. 이에 따라 2014년부터 그리스는 국채 발행을 재개했다. 그 규모와 수익률을 잠시 잊는다면 이는 그리스가 국제시장에서 자본 신용을 회복하는 중요한 첫걸음에 해당한다. 현재의 정책이 지속적으로 유지된다면 긴축재정은 그에 필수적으로 따라오는 성과로 바뀔 것이다.

그런데 최근 2, 3년 동안 힘겹게 허리띠를 졸라매며 긴축에 힘을 써와 이제 막 희망의 빛줄기가 눈에 보이기 시작한 시점에 왜 그리스 국민은 다시 긴축에 반대하는 쪽으로 시선을 돌렸는가? 채무를 줄이려면 긴축을 해야 하지만 국민들은 긴축을 기피한다. 이것이 바로 그리스 정치가 겪고 있는 진퇴양난의 모순적 위기다. 전체적인 유럽의 패러다임을 통해 본다면 그리스의 이번 민심의 변화는 결코 우연이 아니다. 채무위기를 겪고 난 뒤 유럽에서는 집단적으로 좌파로 돌아서는 물결이 한순간에 분출되었다. 그리스를 제외한 유럽의 다른 국가들의 반대당은 대부분 좌파 정당이다. 이는 현 정부가 직면하고 있는 시련이다.

시장이 불안에 떨자 시리자 대표는 대선 후보로 나선 뒤 그

---

138 총선에서 시리자는 구제 금융과 긴축재정에 반대 입장을 표명했다 — 옮긴이.

리스 정부 부채를 삭감할 것을 공약으로 내걸며 강조했다. 얼마 전 이 정당은 재정긴축을 통해서만 예산 균형을 이룰 수 있는 것은 아니라고 강조한 바 있다. 이런 입장의 표명으로 시장은 더욱 공포에 떨었다. 하지만 그리스 국민이 최종적으로 극좌파 정당을 선택할지 여전히 미지수다. 최악의 시나리오라 해도 좌파 성향의 정당이 그리스 정권을 장악하는 것뿐이다. 선거 공약이 실현될 가능성도 의심스럽다. 어찌 됐건 그들이 선택할 수 있는 정책 노선이 그리 많지 않은 상황이라 긴축정책은 지속될 가능성이 높다.

그보다 문제는 긴축정책만으로는 경제 성장 회복에 역부족이라는 데 있다. 세계 각국의 '경제 활성화' 정책이 필요하다. 그리스의 부채 비율은 GDP의 170퍼센트를 넘어섰고, 경제는 유럽 채무위기 이래 30퍼센트로 쇠퇴했다. 그리스가 부채의 검은 그림자로부터 벗어나려면 구조적 개혁이 절실한 상황이다.

앞으로 그리스 운명은 유로존의 '영웅'이자 '동력'인 독일의 태도에 달려 있다 해도 과언이 아니다. 독일의 강경파는 그리스의 유로존 탈퇴를 받아들이겠다는 입장을 여러 차례 표명해왔다. 그렇다 해도 그리스의 탈퇴에 따라 발생하는 리스크 비용은 '블랙홀'과 같아 그 규모를 전혀 예측하기 힘들다. 예측 가능한 리스크 비용과 예산은 미리 예측 가능한 리스크에 대한 것일 뿐이다. 알 수 없는 리스크에 대한 예산을 짜는 것은 불가능하다. 그리스가 정말 유로존을 탈퇴할 경우 그 뒤를 따라 스페인, 이탈리아와 프랑스까지 바통을 이어받을 가능성이 높으며 결과적으로 유로존 전체의 앞날은 불투명해질 것이다.

그리스 입장에서나 독일 입장에서나 나아가 유로존 입장에서나 단체의 이익은 개인의 이익보다 중요하다. 그러므로 서로 협력을 도모하는 방향으로 나아가야 한다. 이런 방향에 대해 당사자들 간 합의가 이루어진다면 그리스 대선에 따른 후폭풍은 잠시 스쳐가는 바람에 불과해질 것이며 절대로 장기적인 피해를 초래하지 않을 것이다.

그리스: 블랙 스완에서 그레이 스완으로

이념에서부터 경제 분야에까지 오늘날 유럽이 세계의 중심은 아니다. 그렇다면 유럽의 위기가 앞으로 어떤 부작용을 가져올까? 이 부분에 대해 심층적으로 탐구하기 위해 그리스로 가보자.

그리스의 유로존 탈퇴 문제는 과거에 발생 확률이 극히 낮은 블랙 스완 사건으로 간주됐다. 그러던 것이 최근에는 발생 확률은 낮지만 그렇다고 일어날 가능성을 완전히 배제할 수는 없는 그레이 스완 사건으로 분류되고 있다. 그렇다면 앞으로 발생 확률이 높은 사건으로 커질 가능성은 없는가? 이 모든 것을 예측하기란 아직 불가능하다. 투자은행 UBS는 2015년 2월 그리스의 유로존 탈퇴 확률이 20퍼센트며 채무불이행에 빠질 가능성은 그보다 더욱 높다는 예측을 내놓았다. 이는 결코 극단적인 예측이 아니다.

유럽의 채무위기 속에서 그리스는 여러 차례 위기에 빠졌었다. 가장 심각했던 폭풍은 2011년에 휘몰아쳤다. 그해 그리스의 상황은 매우 위태로웠다. 이를 위해 다양한 루트를 통한 협상이 끊이질 않았고 유로화가 위험하다는 전망이 쏟아져 나왔다. 그러다 최종적으로 채무 감면을 받아 위기를 모면했다. 이에 따른 채권자들의 피해 규모는 1,000억 유로에 달한다는 통계가 나왔다. 2012년이 되자 그리스 위기는 잠시 휴면기에 접어들었다. 그리스 정부가 내놓은 개인 채권자들의 국채 교환 계획은 높은 참여율을 보였고 이렇게 디폴트에 빠질 사태를 막아냈다. 채권자들의 양보를 통해 그리스는 유럽연합, 유럽중앙은행, IMF 등으로부터 제2차 구제 금융을 받았다. 2010년에 그리스는 이미 특혜를 누린 바 있다. 유럽연합과 IMF는 그리스의 부채 상환 기한을 연장해주기로 합의했었고 이 혜택은 아이슬란드와 포르투갈 같은 국가까지 이어졌다.

2015년에 그리스는 다시 한 번 폭풍에 휩싸였다. 최근 몇 년간의 긴축 노력은 어느 정도 성과를 내고 있었고, 정부의 재정 지출 삭감 노력도 효과가 나타나고 있었다. 하지만 이 모든 짐은 전 국민이 짊어져야 했다. 그리스 국민들은 긴축정책에서 벗어나고 싶어 했다. 그리고 이 '민주주의 발원지'의 국민들은 직접 투표를 통해 세계를 경악하게 만드는 선택을 했다. 극좌파연합 시리자가 2015년 집권당 자리를 차지하도록 도운 것이다. 긴축 정책과 자본 개편에 반대하고 외채를 줄이자는 것이 이 정당의 기본 논조다. 이는 유럽에 대한 새로운 압력이자 경제나 정치 부분 등의 전방위적 위기였다.

선거 공약 중 하나로 긴축 반대를 내건 이상 그리스의 극좌파 정부는 이전 정부의 정책 방향과 차별화된 정책을 내놓아야만 했다. 그리스의 새로운 총리 알렉시스 치프라스(Alexis Tsipras)는 독일에 '제2차 세계대전' 전쟁 보상금을 그리스에 지불할 것을 촉구했다. 언론 보도에 따르면 그리스의 원로 정치인 마놀리스 그레조스(Manolis Glezos, 1922~)는 독일이 그리스 점령기간(1941~1944년)에 끼친 총체적 피해에 대해 아직 남은 전쟁 배상금이 1,620억 유로에 달한다고 주장했다. 이에 독일은 그리스에 대한 모든 배상금을 갚았기에 더는 법적인 책임이 없다는 강경한 입장으로 맞섰다. 전쟁을 겪은 경험이 없고 정치계의 현대판 '철의 여인'이라 불리는 엥게르 메르켈 독일 총리는 그리스의 도발적인 발언에 대해 "그리스와 현재 논의하고 있는 방안들이 앞으로 모든 논의의 기초가 될 것입니다"라고 강경한 태도로 대응했다. 그 뒤의 시장 반응을 살펴보면 그리스의 유로존 탈퇴는 금융 시장에 큰 악재로 작용할 것으로 보였다. 2015년 2월 그리스의 3년 대출 금리가 21퍼센트까지 상승하면서 3년 이래 최고점을 기록했다. 이에 아테네 주식시장은 5퍼센트 하락폭을 보였다.

그리스에 관해 쏟아져 나온 주장들은 실질적으로는 2015년 초에 열린 유로존 긴급 재무장관회의를 위한 여론을 조장하기 위해서였다. 2015년 그리스 정부는 해외 채권자들과 협상을 벌였고 양측은 최종적으로 합의에 도달했다. 유로그룹(Eurogroup) 의장인 예룬 데이셀블룸(Jeroen Dijsselbloem)은 그리스 정부가 만기 종료 마지막 사십오 분이 남은 상황에서 개혁 방안을 이메일로 보냈다고 밝혔다. 그리스는 구제 협의를 6개월 연장해달라고 요청했으나, 최종적으로는 4개월 연장에 비준했다.

모순적인 독일

독일의 태도에 그리스의 운명이 달려 있다.

유로존의 주요 국가이자 막강한 힘을 소유한 강자 독일은 금융위기를 겪은 뒤 빠르게 원상복귀를 하는 데 성공하면서 유로존을 유지하는 중요한 버팀목이 되었다. 2011년 유로화위기를 해결하는 데도 메르켈 총리가 주도적인 역할을 했다. 그때의 메르켈 총리는 지금과 똑같이 그리스의 유로존 탈퇴라는 변수를 눈앞에 두고 있었다. 강자인 독일의 강경파는 이 변수를 받아들이겠다는 뜻을 밝혔다. 그리스가 유로존에 남는 대가가 엄청났기 때문이다. 하지만 그리스의 유로존 탈퇴 이후 맞이할 리스크도 정확히 파악하기는 어렵지만 매우 클 것으로 보였다. 따라서 눈앞에 보이는 대가와 눈앞에 보이지 않는 리스크 사이에서 물리학 박사 출신인 메르켈 총리는 그리스가 유로존에 남게 하는 쪽을 선택했다. 이성적이고 균형 잡힌 정책적 판단이었다.

일이 이렇게 흐르다 그리스는 2015년 또 한 번의 대선을 치렀고 극좌파가 그리스 정권을 장악했다. 이로써 그리스 극좌파와 독일 내 강경파 세력 간에 직접적 충돌이 일어났다. 그리스의 대선 결과는 유럽, 나아가 세계의 입장에서 봤을 때 나쁜 소식이었을 뿐 아니라 시대적 흐름을 알려주는 경고의 메시지이기도 했다. 경제 문제를 경제 안에서 적절하게 해결하지 못하면 국민이 집권 세력에 대해 강한 의구심을 품는다는 경고 말이다. 그리스의 극단파가 바로 이런 기회를 틈타 정권을 잡았다. 역사적으로도 그 선례는 쉽게 찾아볼 수 있다. 대공황이란 재난을 겪고 난 뒤 독일을 장악한 나치 정권을 생각해보라.

형세가 매우 긴박한 상황에서 유로존의 문제는 경제 부분에서 정치 부분까지 확산되었고, 메르켈 총리와 그리스의 대결은 하나의 '시발점'이 되었다. 2011년에서 2012년 사이에 있었던 그리스의 위기에서 물리학 박사 출신인 메르켈 총리는 최종적으로 그리스가 유로존에 남는 쪽을 선택했다. 이로서 유로존이 지속적으로 건재할 수 있었고, 2013년에서 2014년까지 '유로화 구출'에 관한 낙관적인 정서가 유럽 전체에 가득 찼다. 하지만 그리스 문제가 완전히 해결된 것은 아니었다. 유럽이 제시한 그리스의 구제 방안은 너무 가혹했고 이는 결국 그리스 국민들을 폭발하게 만들었다. 그리스뿐 아니라 스페인 등 남유럽 국가들의 극단파 정치 세력들도 힘을 얻기 시작했으며 유로존을 벗어나려는 원심력이 돌연 커졌다.

독일이 취하는 입장에 따라 그리스의 운명이 정해진다. 그뿐 아니라 유럽 채무위기의 방향도 결정된다. 독일 사람들은 자신들이 유럽의 채무위기를 책임져야 한다고 생각해왔다. 하지만 진실은 언제나 양면성이 존재한다. 먼저, 유로존의 탄생 덕분에 독일은 번영을 이룰 수 있었다. 유로존으로 화폐가 통합되면서 독일의 통화가 상당한 수준으로 저평가를 받았고 그 결과 더욱 막강한 경쟁력을 키울 수 있었기 때문이다. 유로존이 시장을 지탱하는 힘을 키우는 과정에서 독일은 일본 및 미국에서 나타났던 산업 공동화 현상을 피할 수 있었고 제조업 강국으로 선진국이 된 특례가 되었다. 하지만 다른 한편으론 유로존이 붕괴되면 독일의 수출은 막대한 피해를 입으며 제조업의 미래도 불투명해질 것이다. 따라서 독일 강경파의 태도에 대해 그리스 이외의 다른 국가들도 반대하는 입장을 보이면서 그리스뿐 아니라 독일도 유로존을 탈퇴해야 한다는 목소리가 높아지고 있는 상황이다. 이는 유로존을 벗어나려는 원심력의 정서적 반응이다.

홍콩상하이은행(HSBC)의 수석 이코노미스트 스티븐 킹(Stephen King)은 독일 중심의 유로존을 '우주가 지구를 중심으로 도는 천동설 체제(Ptolemaic System)'에 비유한 바 있다. 주변 궤도 국가들의 경제 활동이 부진하고 심지어 경제 활동 속도까지도 둔화된 상황에서 유로존의 '지동설 체제' 중심에 위치한 독일은 저금리와 정상적인 재정 상태를 지속적으로 유지하고 있다고 주장했다. 달리 말하면 지금까지 유로존 체제는 불합리적으로 운영되고 있었다는 의미다. 주변 국가들은 과도한 부채를 떠안을 수밖에 없었다. 게다가 독일 등 핵심 국가들의 저환율과 저물가 유지로 인한 부담도 고스란히 그들의 몫으로 남았다.

채권자 vs 채무자

국가 간의 경쟁과 당파 이익을 잠시 잊는다면 그리스의 유로존 탈퇴 문제는 독일과 그리스 간의 경쟁이자 나아가 채권자와 채무자 간의 싸움이다. 빈곤 국가와 부유 국가와의 싸움이자 국가 안에서 가난한 이들과 부유한 이들 간의 싸움이기도 하다.

유로존 분열이 국가적 측면에서의 빈부격차에 의해 일어났다는 점을 이해한다면 그리스의 많은 행동을 별로 어렵지 않게 이해할 수 있다. 국가가 지는 부채는 믿을 만하다고 사람들은 생각한다. 하지만 국가는 지난 수백 년간 신용 기록이 그다지 좋지 않다. 국가부채 문제는 언제나 일정한 시간 간격을 두고 파장을 불러왔다. 미국 경제학자 카르멘 라인하트(Carmen Reinhart, 1955~)와 케네스 로고프(Kenneth Rogoff, 1953~)가 진행한 관련 연구에서 많은 예를 찾아볼 수 있다.

채권자와 채무자 간의 경쟁은 끝이 없다. 분쟁 속에서 유럽의 단일화라는 꿈을 이루기 위해 유로존이 지금까지 택한 대표 전략은 뒤로 미루기였다. 이번에도 위기를 연기할 수 있을까? 현재 그리스는 빚쟁이로 폄하되었고 독일은 빚을 독촉하는 이미지를 얻었다. 하지만 이와 같이 계약상의 도덕적 역할로만 나누는 단순한 이해 방식은 그리스의 현실적 문제를 해결하는 데 그리 도움이 되지 않는다.

이 장을 시작하며 필자가 인용한 《베니스의 상인》은 사실 사람들에게 불쾌감을 줄지도 모르는 현실을 드러내고 있다. 사람들은 일반적으로 샤일록을 탐욕이 끝이 없는 인물로 알고 있다. 하지만 그렇지 않다. 그가 빚을 갚으라고 요구하는 것은 매우 합리적인 행동이다. 그렇다면 현재로 돌아와 보자. 그리스는 현재 손가락질을 받는 지탄의 대상이다. 하지만 뒤집어 말한다면 채권자는 불량 채권에 대한 책임이 전혀 없을까? 정도를 넘어서는 대출에 대해 검토를 했어야 하지 않았을까?

감정 이외에 이성도 필요하다. 신자유주의가 확산되면서 금융 세계화가 활기를 띠었고, 국가 간 빈부격차가 더욱 뚜렷이 나타났다. 하지만 양자 간에 누가 원인 제공자인지를 판단하기가 쉽지 않다. 왜냐하면 한편으로는 세계화가 전 세계를 아우르지 못해 성장 침체가 나타났고, 다른 한편으로는 세계화를 받아들이는 과정에서 각 나라의 경쟁력이 약화되기도 했기 때문이다. 좀 더 실질적인 측면에서 보면 양측이 모두 원인 제공자일 가능성이 크다. 경제위기를 맞이했을 때 경제 정책을 너무 정치화하거나 이데올로기화시키는 일은 결단코 피해야 할 일이다.

절차에 따라 탈퇴하기 아니면 연장해서 남기

2011년 그리스 위기가 발발했던 직후 많은 학자들이 그리스가 오래 버티지 못할 거라고 예견했다. 그러나 유로존의 정치적 힘으로 그리스는 시간을 벌 수 있었다. 마틴 펠드스타인은 그리스가 다시 되살아나기는 힘들 거라고 일찌감치 단언했었다. 2011년 그리스 정부의 부채는 GDP의 150퍼센트에 달했다. 경제가 붕괴하기 시작했고 정부는 오랫동안 적자를 기록해왔다. 이런 상황에서 그리스는 국가채무위기에 처한 국가들이 상투적으로 선택하는 디폴트와 통화 가치 하락의 길로 가야만 살 수 있었다.

이는 전형적인 경제학의 사고방식이다. 간단하고 직접적이며 핵심을 정확히 짚어낸다. 분명하고 정확하다고 말할 수 있다. 그러나 현실은 경제 말고도 정치나 문화 요인의 영향을 받는다. 그리스는 최근 몇 년 동안 긴축정책을 지속해왔지만 그것이 경제 성장으로 이어지지는 않았다. 이 때문에 부채의 검은 그림자는 더욱 짙어졌다. 2014년 그리스의 공적채무는 GDP의 178퍼센트까지 육박했다. 2015년 2월 스탠더드앤드푸어스는 그리스의 국가신용등급을 'B'에서 'B-'로 하향 조정했고, 더욱 낮은 등급으로 떨어질 가능성도 배제할 수 없다는 뜻을 밝혔다. 스탠더드앤드푸어스는 그리스가 유동성이 부족하기 때문에 새로 출범한 정부에게는 채권자와 융자 방안에 대한 협의를 이끌어낼 충분한 시간이 없다고 지적했다.

현재 그리스 채무위기의 난제는 바로 그리스가 이런 상태로 유로존을 탈퇴한다면 해외 시장에서 허용된 시간 내에 신용을 회복하기 힘들다는 점이다. 그리스는 주로 외채를 빌렸고, 채권자는 대부분 독일과 프랑스의 은행이다. 그리스가 디폴트 위기에 빠진다면 이는 자연스럽게 채권자들에게도 막대한 악영향을 끼치고 외부에 연쇄반응을 일으킬 수 있다. 심한 경우 그리스 이외의 기타 유럽 국가에서 디폴트가 발생할지도 모른다는 예측까지 나오고 있다. 이탈리아와 스페인이 이 검은 체인에 함께 묶일 경우 전 유럽의 금융 시장 붕괴는 면하더라도 힘든 채무 청산 과정은 피할 수 없을 것이다.

위의 예상은 그리스가 단계적으로 디폴트에 빠질 상황을 전제로 했다. 만약 그리스와 다른 국가들이 순서 없이 디폴트에 빠진다면 그 상황은 더욱 끔찍하다. 그 후폭풍은 '리먼브라더스' 파산이 가져온 충격의 몇 배 수준이다. 이런 점을 고려할 때 유로존을 지키기 위해 다음과 같은 두 가지 길을 선택할 수 있다. 첫 번째 길은 그리스 부채에 대해 철저한 합의를 도출해 그리스가 유로존에 남도록 하고 다른 유로존 국가들이 함께 그들의 부채를 떠안아주는 길이다. 두 번째 길은 그리스의 유로존 탈퇴다. 그러나 단계적인 절차를 밟아 탈퇴해야 한다. 훗날 적절한 기회가 찾아온다면 유로존으로 다시 되돌아올 수 있게 말이다. 이때 유로존의 가입과 탈퇴에 관해 올바른 체계가 잡혀 있어야 한다. 탈퇴가 꼭 나쁜 일만은 아니다. 오히려 경쟁력을 회복할 수 있는 기회로 삼을 수 있다.

이것이 유로존의 해묵은 문제를 해결하는 가장 좋은 방법이다. 그러나 구체적인 실현과 실행에 대해서는 정치와 경제 간의 조화가 이루어져야 가능하다. 조지 소로스 같은 투자가들은 여러 차례 유로존에 공동의 재정기구를 설립해야 한다고 주장했다. 지금이야말로 유럽 중앙은행의 역할이 더욱 강조되어야 할 시점이다.

유럽의 위기와 기회

경제 측면에서 보면 그리스에는 2008년 이후 실시한 긴축정책에 따른 성과가 이미 나타나고 있다. 하지만 그리스의 병폐는 오랫동안 누적되어왔기 때문에 경기는 계속해서 침체를 벗어나지 못했고 부채 비율도 고공행진을 멈추지 않았다. 정치 방면에서 보면 그리스 극좌파와 독일 강경파 간의 대립은 일촉즉발의 상황이다. 또한 다른 유럽 국가에서도 각양각색의 극단주의 이념들이 생겨나 유럽의 주류 정치세력에 도전장을 내밀고 있다.

수석 논평가 기드온 래치먼(Gideon Rachman)은 2015년에 유럽이 직면할 3대 위기를 총정리했다. 대외적으로는 '전쟁분자'인 러시아와 불안정한 중동 지역, 대내적으로는 EU의 정치, 경제와 외교 부분의 날로 고조되는 긴장 등이다. 'EU의 국가 대부분은 경기 부진에 빠졌고 이는 우익과 좌익에서 포퓰리즘 정당의 출현을 부추기고 있다. 포퓰리스트들의 힘이 날로 강해지면서 생기는 불안감은 중동 지역 충돌로 인한 '스필오버 효과'[139]의

---

139 Spillover effect 특정 지역에 나타나는 현상이나 혜택이 흘러 넘쳐 다른 지역에까지 퍼지거나 영향을 미치는 것. 경제 용어에서 스필오버는 어떤 요소의 경제 활동이 그 요소의 생산성 또는 다른 요소의 생산성에 영향을 줌으로써 경제 전체의 생산성을 증가시키는 효과를 일컫는다 — 옮긴이.

영향(테러리즘이든 대규모 불법 이민이든지)을 받아 더욱 심화되었다. 그리스와 이탈리아 같은 국가에는 중동 지역에서 건너온(아니면 그 지역을 통과해온) 이민자들이 대거 몰리고 있어 사회의 위기 분위기가 고조되면서 이민 문제 또한 긴축정책과 같이 많은 논란을 불러일으키고 있다.' 원래 3대 위기는 독립적으로 존재했었다. 그러나 정세가 악화되면서 3대 위기가 서로 교차 발전할 가능성이 높아지자 적지 않은 사람들이 이를 1930년대 상황의 데자뷔라며 함께 논하고 있다.

결과적으로 본다면 유로존 위기는 정치가 원인 제공을 했고 경제를 통해 표출되었다. 그리고 해결 방법은 다시 정치에서 찾아야 한다. 유럽 정치계에서는 뒤로 미루는 방식을 선호한다. 이런 방식은 경제면에서 본다면 선견지명의 결핍이라고 할 수 있지만 현재 상황에 비춰봤을 때는 실용적인 행동으로 볼 수 있다. 유럽은 연기를 통해 협상을 진행하면서 '시간을 공간으로 바꾸는' 방식을 이미 지난 5, 6년 동안 반복적으로 사용해왔다. 그렇다면 앞으로도 이런 추세를 계속 이어가야 할까? 정치 부분에서 협의를 이루는 것 이외에 각국은 더욱 강경한 개혁 조치를 단행해야 할 것이다. 긴축정책만으로는 경제 성장을 이룰 수 없기 때문이다. 과거에 누렸던 높은 복지 혜택에 대한 늦은 대가를 치를 수밖에 없다.

유로존의 각국이 서로 대치하는 상황에서는 그 누구도 최후 승자가 될 수 없다. 유로화도 역사적인 위기를 맞아 휘청거렸다. 유로화의 약세로 유로화 대 미국 달러 환율은 하락했다. 미국 달러가 강세를 보였고 상대적으로 유로화 보유가치가 곤두박질쳤다. 주요 기관 투자자들은 유로화에 대한 투자를 꺼려했다. IMF의 자료에 따르면 2014년 3분기 전 세계의 유로화 외환 보유액 규모가 8.1퍼센트 하락했으며 유로화 대비 달러 환율은 7.8퍼센트 급감했다. 이 점은 과거 상황과 다르다. 오늘날 중앙은행 등의 유로화 보유 비율 하락폭은 유로 가치 하락폭보다 높다. 이는 모두가 유로화의 미래를 매우 비관적으로 전망하고 있음을 의미한다.

유로존에 일어나는 변화는 실로 손에 땀을 쥐게 한다. 인류의 제도 수립 과정에서는 성심성의의 협력과 탐욕스러운 무지라는 두 본성이 선명한 대비를 이룬다. 정치 방면에서 보면 유럽연합 내부의 정치 협력에서 논쟁이 끊이질 않고 분쟁과 화해가 반복되어 마치 한 편의 드라마를 연상케 한다. 인도계 작가 비디아다르 수라지프라사드 나이폴(Vidiadhar Surajprasad Naipaul, 1932~)이 처음 런던에 와서 각종 정치 논쟁에 관한 뉴스를 접했을 때의 느낌인 '소꿉놀이'와 비슷하게 말이다. 나이폴은 자신에게 정치적 호기심이 부족하다는 사실을 깨닫고 자신을 되돌아봤고 그 답을 심층적 문화 요소에서 찾았다. '일단 내가 이런 일을 자세히 관찰하기 시작하면서 스스로 그 일에 대해 백지상태(적절한 다른 단어를 찾기 어렵다)였음을 깨달았다. 이런 국한된 사고방식은 아마도 우리 역사와 문화의 한 부분이다. 역사적으로 살펴보면 갠지스 평원의 농민들은 아무런 힘도 권력도 없었고, 우리는 일찍부터 폭군들의 통치를 받아왔다. 폭군은 대개 멀리 떨어져 통치했다. 이들 폭군이 앞에 지나다녀도 우리는 그들의 이름조차 알지 못했다. 이런 배경 아래 공적업무에 관심을 가질 여유가 없었다.'

바꿔 말하면 유로존은 성급하게 억지로 이룬 유럽 단일화의 결과다. 유로존의 위기를 대응하는 과정에서 진정한 의미의 유럽 단일화를 이루기 위해 불필요한 장애물을 걷어내야 한다. 이때 취한 조치가 적절하다면 이는 유럽의 자랑거리이자 세계 인류 발전의 이정표가 될 것이다.

중앙은행
: 포스트 양적완화 시대의
'제신(諸神)들의 난'

포스트 양적완화 시대의 '제신들의 난'

옛 시에서 언급한 것과 같다. '이렇게 세상이 끝나는구나. 쿵 소리 한 번 없이, 흐느낌으로 끝나는구나.' 이 말은 미국이 양적완화를 종료할 때의 모습에 딱 들어맞는 표현이다. 2014년 1월 그 기세가 드높던 통화 정책의 종료를 눈앞에 두고 미국은 '성대한' 기자 회견조차 열지 않았다. 신중하게 말을 골라 넣었지만 여전히 논란의 여지가 있는 성명을 발표했을 뿐이다.

대조적인 점은 미국이 양적완화(QE, Quantitative Easing) 정책을 종료하는 시점에 다른 국가들은 양적완화 시대로 들어섰다는 사실이다. 국제금융 시장의 도미노 효과가 막 '발효'를 시작했을 때다. 미국은 5년 전부터 양적완화 정책을 실시해왔고 뒤를 이어 일본 중앙은행과 유럽 중앙은행, 심지어 중국 중앙은행까지 최근 몇 년간 양적완화 대열에 차례로 참여한 상황이다. 특히 2014년 10월 31일에 일본 정부가 추가 양적완화 계획을 내놓자 시장은 술렁였다. 그날 일본 중앙은행은 양적완화 규모를 80조 엔으로 확대해 종전보다 국채 매입규모를 연간 약 30조 엔 늘린다고 발표했다.

각 국가마다 양적완화 정책을 실시하는 시기도 다르고 이 정책을 통해 얻으려는 목표도 다르다. 이런 정책들 간의 불일치와 불확실성 때문에 국제시장에는 먹구름이 드리울 것이 뻔했다. 이런 점은 2014년 10월 전 세계가 시장 불안에 빠진 상황으로 잘 입증됐다. 벌크 원자재(Bulk commodities)의 부진이 계속 이어졌고 국제 유가는 4년 만에 최저가를 기록했으며 금 등의 시장은 '블랙프라이데이'를 맞이했다. 뿐만 아니라 주식시장도 한바탕 술렁였다. 미국 주식시장은 10월에 하락 후 반등했는데 그 변화폭이 엄청났다. 또한 닛케이 평균지수는 일본 중앙은행이 추가 양적완화 정책을 발표한 지 하루 만에 대폭 상승하며 5퍼센트를 넘는 기록을 세웠다.

각국 간에 계속되는 '유동성 공급' 경쟁은 금융 시장의 모습으로 자리 잡았다. 각국 중앙은행의 대차대조표 확장은 전례가 없는 수준이었다. 경제 부분의 논쟁이든 정치 부분의 분쟁이든, 모두 양적완화 정책으로 더욱 심화되었다.

양적완화의 역사를 거슬러 올라가 보자. 양적완화란 단어는 1990년대 일본에서 최초로 사용되었다고 한다. 양적완화 정책은 대중에게는 통화를 찍어내는 일로 인식되어왔다. 더 정확히 말한다면 대차대조표의 확장이었다. 양적완화 정책은 주로 금리가 0 또는 0에 가까운 정부의 최저금리 국채 등 중장기 금융자산의 매입을 통해 중앙은행이 시중에 돈을 푸는 식으로 시장에 유동성을 공급하는 것이다.

미연방준비제도는 이런 '일본의 모델'을 재삼재사 따라하면서 이 정책에 경의를 표하면서도 당시 일본 중앙은행이 디플레이션을 막아내지 못했던 때와 같은 비극적 결말은 피하려고 했다. 그런데 이제는 일본이 미국의 발자취를 따라 움직이면서 양적완화라는 깃발을 높이 쳐들었다니, 참 아이러니하다. 미국은 양적완화라는 이 거국적인 행동을 이미 세 번이나 실행한 바 있고, 그 중 가장 마지막은 2012년 9월에 있었다.

양적완화 정책의 실시는 미국의 실물경기에 어떤 효과를 가져왔는가? 취업지수로 본다면 미국 경기는 회복되는 조짐이 분명하다. 2012년 8.1퍼센트였던 미국의 실업률은 2014년에 5.9퍼센트까지 떨어졌다. 물론 취업률 자료만으로 미국 경제를 판단하기엔 부족하다. 미국 경제가 성장세로 돌아서고는 있지만 금융위기 이전의 수준으로 올라서지는 못했다. 소매업 판매 기록이 여전히 낮은 수치를 보이는 점에서 알 수 있다. 주목해야 할 또 다른 사실은 양적완화 정책을 종료했던 2014년 10월에 나타난 미국 금융 시장 불안이 이어질 후폭풍의 위기 경보였다는 점이다. 이는 미국의 10년 만기 국채수익률이 2퍼센트 이하로 폭락한 모습에서 가장 뚜렷하게 드러났다.

효과로 본다면 위기를 겪은 뒤의 양적완화 정책이 모두 무의미한 건 아니다. 미국의 첫 번째 양적완화 실행은 적절한 선택이었고, 두 번째는 다소 불필요한 선택이었으며, 마지막 세 번째는 완전히 잘못된 선택이었다. 사실 마지막 두 번의 양적완화 정책은 자본시장에서만 약간의 효과를 냈을 뿐 실질적인 경기 부흥에는 아무런 효과를 내지 못했다. 모건스탠리 아시아 지부의 스티븐 로치(Stephen Roach, 1945~) 회장이 연준이 '유동성 함정'에 빠졌다고 말한 이유가 여기에 있다.

양적완화 정책을 반기지 않은 사람들이 많다. 그런데 미국이 양적완화 정책을 종료한 뒤 전 세계 경제에 큰 변화가 일어났지만 이를 알아차린 사람은 그리 많지 않다. 양적완화 정책이 미국 내의 경기 부양에 끼친 효과는 모호했다. 그에 비해 미국 이외의 해외 금융 시장에서 두드러진 외부 효과를 끼쳤다는 점은 웃지 못할 블랙유머가 아닐 수 없다.

미국이 처음 양적완화 정책을 실행했을 때로 돌아가 보자. 당시 양적완화 정책은 신흥시장 자산 가격을 대폭 상승시켰고 중국, 인도네시아 등 국가들은 이에 큰 불만을 드러냈다. 그들은 미국의 통화 정책에 대해 과도한 외부 효과를 일으키고, 불투명성 높다며 여러 차례 비난을 가했다. 이들이 양적완화 정책을 기피하는 가장 직접적인 이유는 달러 가치의 하락이다. 대규모의 달러화 자산을 보유하고 있는 중국 등 국가의 국민 대부분은 미국의 양적완화를 단순히 달러를 찍어내는 일로 생각해 달러 가치 하락을 우려하며 이에 높은 경계심과 반감을 갖는다. 그런데 IMF의 분석에 따르면 최초 양적완화 정책의 실행이 신흥시장에 막대한 영향을 끼쳤던 것과 달리 세 번째 양적완화로 인한 영향은 비교적 약하게 나타났다.

하지만 양적완화 정책 실행에 따른 자금 유입보다 양적완화 정책 종료 이후에 나타나는 자금 유출을 더욱 심각하게 경계해야 한다. 이른바 중국에 유입된 '핫머니'[140]로 여기에는 이렇다 할 대책도 없다. 규제도 불가능하고 관리 및 통제도 할 수 없다. 필요하지 않을 때 들어왔다가 정작 필요로 한 순간에는 대규모로 빠져나간다. 국제자금이 '길을 잃고' 떠도는 상황은 앞으로 글로벌 금융 안정에 큰 타격을 가져다주고 신흥시장의 환율 안정에도 영향을 끼칠 것으로 보인다. 또한 미국 양적완화 정책의 종료는 필연적으로 달러의 강세 회복을 의미해 각국 통화의 상대 가치가 조정 위기에 놓이게 될 것이다. 이는 결코 세계 경제 성장에 희소식이 아니다. 바로 이런 점 때문에 양적완화 실행의 결과가 미지근한 것에 비해 양적완화의 종료가 더욱 심각한 리스크를 의미한다고 말하는 것이다. 하지만 아무리 바깥에서 양적완화 정책을 비난한다 해도 연준은 미국을 대표하는 중앙은행으로 태생적으로 미국 경제만을 책임진다는 사실을 잊어서는

---

140 각 국가의 단기금리의 차이나 환율의 차이로 발생하는 투기적 이익을 목적으로 하거나 국내 통화의 불안을 피하기 위한 자본 도피를 목적으로 하여 국제금융 시장으로 이동하는 단기자금을 말한다. 정치적·경제적으로 불안정한 국가에서 안정된 국가로 이동하는 자금도피와 국제간 금리 차나 환시세 변동을 예측하고 환차익을 목적으로 하는 투기적 이동 등 두 가지가 있다 — 옮긴이.

안 된다. 미국의 경제 지위와 국제기축통화라는 달러의 위상 때문에 미국 통화 정책의 일거수일투족에 세계는 끌려 다니는 실정이다. 중국 같은 국가도 그 영향권에 속해 있으며 선진국 경제권도 예외가 아니다. 특히 유럽 국가가 그렇다.

예전에 '경제학자들이 위챗(微信, wechat)[141]의 모멘트(朋友圈)[142]에 가입한다면?'이란 질문에 달린 댓글들이 한때 인터넷을 뜨겁게 달궜던 적이 있다. 유럽 중앙은행 마리오 드라기 총재가 '이제는 함부로 말을 하면 안 되겠다'고 한탄하는가 하면, 거기에 미국 오바마 대통령과 전 연준 그린스펀 의장과 현 옐런 의장 등도 줄줄이 동참하며 '좋아요'를 누르거나 따끔한 일침을 놓기도 했다. 여기서 드라기 총재가 보인 한탄은 최근 시장 불안에 대한 그의 입장과 관련 있다. 그는 유로존에게 경기 회복의 동력이 부족한 상황에서 양적완화의 실행으로 인플레이션 문제를 해결하겠다는 암시를 내비쳤다. 이로써 업계는 향후 경기 부양책의 실시 가능성에 당혹감을 드러냈다. 또한 국채매입 계획은 독일 등 긴축정책을 주장하는 주요 국가들의 비난을 받았다.

양적완화건 긴축재정이건 둘 다 단순히 경제문제에만 관련된 것이 아니다. 지금은 전 세계 경제가 뒷걸음질치고 있는 시대다. 각국의 부채 규모는 고공행진을 이어가고, 대차대조표가 불황에 빠질 가능성이 커지고 있다. 이런 상황에서 각국은 상대

141 중국의 카카오톡과 같은 모바일 메신저 — 옮긴이.
142 한국의 카카오스토리와 비슷한 중국의 SNS — 옮긴이.

를 더욱 견제하기 위한 금융정책들을 내놓고 있다. 미국의 양적
완화 정책 종료와 일본의 양적완화 규모 확대로 시장은 단시간
에 혼란의 수렁으로 빠질 것이다. 어떻게 해야 이 깊은 수렁에
서 빠져나올 수 있고, 통화 전쟁 또는 지정학적 분쟁에 휘말리
지 않을 수 있는가? 이는 단순히 양적완화의 종료와 같은 통화
정책에만 의지해서는 불가능한 것으로 보인다. 그보다 각국은
국가 간의 국제 대화를 늘리고, 현실을 올바르게 반영한 구조적
개혁을 단행해야 할 것이다.

스위스 사태로 나타난 중앙은행의 위기

2015년도는 다사다난했다. 새해 국제자본시장의 첫 번째 블
랙 스완은 스위스 중앙은행이었다.

1월 15일 스위스 중앙은행은 프랑화 환율을 1유로당 1.2프
랑으로 묶어둔 것을 풀고 금리를 마이너스 0.75퍼센트로 낮추
겠다고 발표했다. 이는 시장의 예상을 완전히 빗나간 결과였
다. 얼마 전까지만 해도 스위스 중앙은행 토마스 조단(Thomas
Jordan) 총재가 유로화와 프랑화 환율을 유지하겠다는 의지를
굳건히 한 바 있기 때문이다. 시장은 속수무책이었다. 순식간에
유로화가 큰 폭으로 하락해, 유로화 대 프랑화 환율도 13.5퍼센
트로 폭락했고, 프랑화 대 미국 달러는 두 배 가까이 폭등했다.
그에 따라 월가 투자은행들의 손실 규모는 엄청났고 심한 경우
파산보호신청을 하는 외환 브로커도 있었다. 많은 외환딜러들

은 이를 '대학살'이라고 불렀다.

이번 결정으로 스위스 중앙은행의 신용도는 크게 떨어졌고, 스위스 자국에도 단기 또는 중기적인 피해를 끼쳤다. 먼저 단기적인 피해를 살펴보자. 이 정책을 발표한 당일 스위스 주식시장의 하락폭은 10퍼센트에 가까웠다. 하루 동안 수천억 프랑의 시가총액이 증발한 셈이다. 이로 인한 피해는 고스란히 금융업이 떠안아야 했다. 그럼 중기적인 피해는 무엇이 있는가? 통화 강세는 해당 국가에 결코 좋은 일만은 아니다. 특히 수출 산업의 비중이 큰 국가의 입장에선 더욱 그러하다. 스위스 중앙은행의 정책으로 스위스 기업들은 큰 타격을 받았다. 스위스의 효자 산업은 시계 산업과 관광업이었는데 프랑화의 가치 상승으로 수출은 상당히 불리한 국면을 맞이하게 되었다. 스와치그룹 CEO는 스위스 중앙은행의 결정이 한바탕의 '쓰나미'와 다를 바 없다는 뜻을 이들 산업들을 대표해 드러냈다.

그렇다고 해도 모든 행동의 배후에서는 이성적인 해석을 찾을 수 있기 마련이다. 스위스 중앙은행이 '자폭'과도 같은 '격렬한 방법'을 선택한 이유는 나름의 고충이 있었기 때문이다. 3년 반 전 스위스 중앙은행은 스위스 프랑과 유로화를 고정 환율로 묶었다. 그러다 유로화가 위기에 빠지자 스위스는 2퍼센트에 가까운 경제 성장을 이루면서 유로존에서 홀로 독주하는 국가가 되었다. 이는 스위스 프랑의 실질적인 내재가치가 유로화 대비 상승했다는 것을 의미했고, 많은 자본들이 스위스로 몰려들었다.

이런 이유에서 스위스 중앙은행은 유로화 대비 프랑화 환율을 고정시키기 위해 유로화 매입을 계속해왔다. 1유로당 1.2프랑이라는 고정 환율 시절에 스위스 중앙은행은 프랑을 매각하고 유로화를 매입하는 '대표주자'가 될 수밖에 없었다.

스위스 중앙은행은 1유로당 1.2프랑의 선을 고수하면서도 프랑이 변동이 작고 리스크가 낮은 안정적인 통화로 자리 잡기를 바랐다. 하지만 위기에 빠지자 프랑 자체도 불안정한 요소를 가지고 있음이 드러났다. 유로화의 가치 상승이 지속되면서 스위스 중앙은행은 유로화 자산을 계속해서 매입했고, 이로 인해 유로화 가치는 수직 상승했다. 이렇게 되자 스위스의 외환보유액이 전체 GDP에서 차지하는 비율이 70퍼센트에 육박하게 되었다. 3년 전까지만 해도 이 비율은 30퍼센트에 불과했고, 그 중 유로화가 차지하는 비율은 45퍼센트로 거의 절반에 못 미치는 수준이었다.

이 비율은 작은 국가에게 감당하기 어려운 리스크였다. 또한 스위스 중앙은행은 상장회사다. 따라서 유로화의 가치 하락이 예상되는 상황에서 자사의 입장을 고려하지 않을 수 없었다. 높은 외환보유액을 감당하기 힘들었고, 게다가 유럽이 양적완화 규모를 확대한다면 스위스가 더욱 막대한 부담을 떠안을 터였다. 스위스 중앙은행이 갑작스럽게 고정 환율의 종료라는 카드를 선택한 것은 스스로를 보호하기 위한 대책이었다. '오랜 아픔보다는 짧은 아픔이 낫다'를 선택한 결정인 셈이다.

스위스 중앙은행이 갑자기 태도를 바꾼 이유는 곧 실행될 유럽 중앙은행의 양적완화 정책 때문이었다. 스위스 중앙은행이 이를 대비해 선제공격을 한 셈이었다. 이번 시장 불안의 배경에는 주요 중앙은행들의 자국만을 위한 독자적인 행보의 암시와 함께, 유럽의 내부적인 정치 및 경제적 분열이 반영되었다. 현 유럽 은행 마리오 드라기 총재는 양적완화에 총력을 기울이고 있다. 이는 중앙은행이 유로존 각국의 국채를 매입할 가능성을 의미하기도 한다. 그리스와 스페인에게는 매우 유리한 조건이다. 예를 들어 스페인 국채는 한순간에 우선순위 채권으로 도약할 수 있고 수익률을 1.66퍼센트까지 떨어뜨릴 수 있다. 하지만 긴축재정을 주장하는 독일 등 국가들은 양적완화 정책을 강력히 반대하고 있다. 이 정책은 유로존이 '돈을 가불해 쓰던' 과거 방식으로 돌아가는 것임이 명약관화하기 때문이다.

양측의 긴 싸움이 이어지는 가운데 유로존의 양적완화 규모 확대는 구체화되지 못하고 있는 실정이며 오히려 불확실성만 커졌다. 그 결과 시장 양측이 모두 큰 피해를 입었고 언제 또 다른 블랙 스완이 찾아올지 모르는 상황에 놓였다.

경기침체에 빠지자 전 세계 중앙은행들은 앞다투어 양적완화 정책을 실시했다. 미국과 일본에 이어 유럽까지 양적완화 대열에 합류했다. 2014년 12월 유로존의 소비자물가지수(CPI)는 전년 대비 0.2퍼센트 떨어졌고 이는 유로존이 디플레이션 상태에 이미 빠져들었다는 사실을 의미했다. 이 수치는 최근 5년 이래 처음 있는 일로 양적완화를 위한 여론 형성의 밑거름이 되었다. 유럽 중앙은행의 양적완화는 이미 도중에 하차하기 힘든 '호랑이 등에 올라탄' 상황이지만 아직 공감대가 형성되지 않았다. 시장은 유럽 중앙은행이 양적완화 정책의 국채 매입 부분을 각 회원국의 중앙은행에 이양할 것으로 예상했다. 전 세계의 양적완화 '전쟁'에서 스위스 중앙은행이 최초의 낙오자일 뿐, 앞으로 또 다른 낙오자도 분명히 나올 것이다.

세계 경제가 부진한 상황에서 저유가로 인한 혜택만으로는 성장 동력 부족의 그림자를 걷어내기 어렵다. 이 때문에 양적완화 정책은 최후의 카드다. IMF는 2015~2016년의 전 세계 경제 성장 전망을 0.3포인트 낮췄다. 중국의 성장 전망은 0.5포인트 하향 조정했다. 이에 비해 유럽 중앙은행이 양적완화 정책을 실시하리란 예측이 나오면서 2015년 유로존의 경제 성장 전망치는 0.2포인트 낮추는 데 그쳤다. 여기서 유로존의 양적완화에 사람들의 기대가 쏠리고 있음을 알 수 있다.

경제침체의 이유에 대해 크리스틴 라가르드(Christine Lagarde) IMF 총재는 세계 경제의 성장 속도가 너무 느리고 취약하며 불균형하기 때문이라고 지적했다. 그리고 IMF의 정책 제안 목록에 예전과 똑같이 양적완화 통화 정책을 장려하는 내용을 담았다. 문제는 양적완화 정책이 실제로 효력이 있는가다. '이상적인 생각으로는 매우 완벽해 보일 수 있으나 현실은 그보다 훨씬 참혹하다.' 양적완화 정책에 따른 실질적인 경제 성장 효과는 우리의 기대와 차이가 많다. 금융위기에서 양적완화 정책이 금융기관의 도산을 막아줄 수는 있다. 하지만 일반적인 경제주기 상태에서 양적완화 정책으로 경기 회복 효과는 기대하기 어렵다. 디플레이션 우려 상황을 개선하는 데도 별다른 효력을 발휘하지 못한다. 믿음이 안 가는가? 일본 중앙은행이 디플레이션을 이겨내는 과정에서 지난 20년간 고통 받았던 경험을 보면 잘 알 수 있다. 상황이 이런데도 경제계와 정치계는 왜 양적완화 정책 추진을 밀어붙일까? 정치인들이 자신들은 어떤 업적이라도 남겨야 한다는 심리 상태를 항상 지닌다는 점에서 그 원인을 찾아볼 수 있다. 게다가 통화 정책은 그들이 가장 쉽게 손을 댈 수 있는 부분이다.

세계의 최후대출자로 나서는 유럽 중앙은행

스위스 은행의 돌발적인 '반란'은 2015년 유럽 중앙은행이 실행한 양적완화를 겨냥한 것이고, 더욱 깊이 파고들어가 보면 유럽 채무위기 속에서 일어난 유럽 중앙은행의 역사적 전환에 따른 대응이었다.

유럽 중앙은행의 역할 변화는 이미 2010년부터 조금씩 나타나다 금융위기를 완전한 기회로 삼았다. 당시 유럽 중앙은행 총재였던 장클로드 트리셰(Jean-Claude Trichet)는 금융 시장의 안정을 찾기 위해 동분서주했다. '그는 유럽 은행업 시스템의 절반 이상을 혁신했다. 국채 시장에 간섭했고, 은행들에게 '금융시스템 스트레스 테스트'의 결과를 공개하도록 촉구했으며 이는 성공적인 성과를 얻었다. 또한 세상에 모습을 드러낸 지 11년이 지난 유로 단일 통화에 대해 대담한 정치개혁안을 제시했다. 반면 중앙은행의 주요 책임자들은 재정 규율을 내세우며 정계인사들이 취한 긴급조치마다 끊임없이 자신들의 입장을 주장했다.'

당시 《파이낸셜타임스》는 트리셰 총재가 한 일을 위와 같이 묘사했다. 또한 유럽 중앙은행의 영향력 확대는 금융위기 이후 유럽에 나타난 눈에 띄는 변화 중 하나라는 점을 시사했다. 역으로 말하면 유럽 중앙은행의 영향력 증가는 다른 한편으로 '독일 주도'였던 유럽 중앙은행의 변화를 의미하기도 했다. 유럽 중앙은행의 본부는 독일의 프랑크푸르트암마인에 위치하며 주로 인플레이션과 관련된 업무만을 전담하는 보수적이고 존재감 없는 기구였다. 과거 대부분 독일이 주도적으로 운영해왔다. 그러다 오늘날 유럽 채무위기가 확산되면서 유럽 중앙은행은 어디든 자주 등장하는 존재로 바뀌었다.

시간이 흐를수록 독일과 기타 국가들 간의 입장 차이가 더욱 벌어지면서 프랑스 출신인 트리셰 총재의 후임자를 독일 출신으로 하려던 독일의 계획은 수포로 돌아갔고 결국 이탈리아 출신의 마리오 드라기 총재가 선출되었다. 그리고 그는 전임 총재보다 더욱 출중했다. 혼란 속에서 드라기 총재는 유럽 중앙은행의 역할을 확대시켜나갔고, 본인 또한 유로화를 구출한 '히어로'가 되었다.

드라기 총재는 유럽 중앙은행이 지닌 고유 기능의 범위 안에서 최선을 다해 유로화를 보호할 것임을 거듭 강조했고 기회가 될 때마다 유럽 국가의 지도자들에게 유로화의 비전을 잊지 말아야 한다고 호소했다. "유로화가 미래에 발전할 방향을 우리가 함께 명시해줘야 합니다. 앞으로 10년 뒤의 비전이 무엇인지를 말이죠." 유럽 채무위기를 겪은 뒤에 유럽 중앙은행에 대한 독일의 영향력은 많이 약해졌다. 또한 유럽 중앙은행은 금융 안정을 위한 개입을 확대했고 2015년에는 양적완화라는 첫발을 내딛기까지 했다. 그러나 이것만으로는 아직 부족하다.

과거 '인플레이션 억제자'에서 오늘날 '유로화 구세자'로 탈바꿈한 유럽 중앙은행은 이미 유로화의 초기 설계자와 창시자들의 처음 취지를 많이 벗어난 상태다. 하지만 지금 세상은 그들이 살았던 시대와 다르다. 지금 우리는 위기를 겪고 있다. 이런 위기는 유럽 중앙은행이 더 많은 책임을 지도록 했으며, 이는 전 세계 중앙은행들이 나아가는 큰 흐름이 되고 있다.

금융위기를 겪으면서 유럽의 금융시스템이 지닌 취약점이 여실 없이 노출되었다. 시장은 전반적으로 유럽의 금융시스템에 새로운 개혁의 바람이 불 것이라고 전망했다. 그 중 유럽 중앙은행의 역할이 더욱 강화된다는 점에 다 같이 입을 모았다. 유럽 중앙은행의 획기적인 움직임 중 하나로 2012년 은행연합(Banking Union) 설립을 선언한 일을 꼽을 수 있다. 이 선언으로 유럽 중앙은행은 유로존 은행들을 집중적으로 관리 감독할 수 있는 권한을 부여받았다. 또한 새로 취임한 유럽연합의 장 클로드 융커(Jean Claude Juncker) 집행위원장이 '자본시장연맹'을 제의했고, 이를 유로존의 비은행권 금융을 발전시키는 노력의 일환으로 간주했다. 피터슨 경제연구소의 객원연구원이자 브뤼겔(Bruegel) 연구소의 선임연구원 니콜라스 베론(Nicolas Véron)은 유럽 중앙은행의 은행 정책과 유럽연합 위원회의 자본시장 입법화는 결과적으로 유럽 금융시스템의 재구축을 의미한다고 주장했다.

이 두 가지 정책이 나오게 된 배경이 유로존 은행시스템의 통합된 관리 감독 체제 결핍이었기 때문에 유로존의 금융시스템에 알맞은 수술이 필요했다. 첫째, 중단기적으로 은행시스템의 관리 감독 역할을 강화하는 동시에 은행 시스템의 리스크를 줄여야 했고, 둘째는 장기적으로 자본시장을 만들어 은행에 대한 의존도를 낮춰야 했다. 한편 중국의 금융시스템은 미국보다는 유럽에 더욱 가깝다고 할 수 있다. 자본시장보다는 은행시스템에 더욱 의존하는 구조로 소위 '주거래은행 제도'다.

유럽 중앙은행은 재정 및 통화를 조절하는 가운데 IMF와 함께 손을 잡고 국제사회의 '최후대출자'로서의 역할에 용감하게 나서야 한다. 이는 유럽 중앙은행, 유럽연합 위원회와 IMF로 구성된 트로이카가 함께 헤쳐 나가야 할 사명 중 하나다. 이를 절대로 간과해서는 안 되며 국제사회 또한 과거 대공황의 역사를 통해 충분한 경험과 교훈을 얻어야 한다.

금융위기로 인한 중앙은행의 변화

시대가 변했다. 양적완화는 이제 자주 등장하는 정책으로 자리 잡았으며 우리는 국제사회에서 이와 관련된 보고를 많이 접하고 있다.

2015년 2월 10일 터키 이스탄불에서 G20 재무장관회의가 열렸다. 회의 뒤에는 경기침체를 해소하기 위해 필요하다면 가능한 모든 통화 정책 및 재정 정책을 총동원한다는 내용의 공동 선언문이 발표됐다. 이는 실질적으로 회원국들이 양적완화 정책을 지지하는 의사를 표명한 것으로 해석된다. 각국의 이번 입장은 과거 전통적인 입장과 완전히 달랐다. 예전에는 한 국가가 양적완화 정책을 실시하면 그것이 통화의 가치하락을 초래하기 쉽다는 이유로 '이웃 국가에 화를 전가하는' 비우호적 정책(근린궁핍화정책, beggar my neighbour policy)으로 인식되어왔다. 따라서 국제사회에서 동의를 얻기 쉽지 않았다.

하지만 지금은 다르다. 금융위기는 세계를 바꿔놓았고 중앙은행가의 생각에도 변화를 일으켰다. 인플레이션 억제와 취업률을 유지하는 기존의 목표 이외에 중앙은행은 앞으로 경제 성장을 촉진하는 역할뿐 아니라 '인플레이션 억제'와 반대되는 행동으로 화폐를 찍어내서 '디플레이션'에 대응해나가야 한다.

이번 공동 선언문에서 특별히 그리스를 언급하지는 않았지만, 유럽 중앙은행의 양적완화 정책 실시에 대해 긍정적인 입장을 드러내면서 이는 유로존의 경기 회복에 튼튼한 버팀목이 되어줄 것이라고 표명했다는 점에 주목해야 한다. 유로존의 입장에서 양적완화 정책을 장려하는 목소리는 특히 중요하다. 유럽 중앙은행은 2015년에 시장의 예상을 뛰어넘는 규모의 양적완화 정책을 내놓았고 이 문제를 둘러싸고 독일과 그리스로 대표되는 유로존 국가들이 팽팽하게 대립하고 있기 때문이다. 영국 재무부의 조지 오스본(George Osborne) 장관은 이 대립 구도를 '글로벌 경제가 직면하고 있는 최대의 위험'이라고 지적했다.

이번 양적완화 '경쟁'에서 주목해야 할 점은 유럽 중앙은행의 양적완화 정책이 유럽 중앙은행 역사상 전례 없는 일이며, 유로존은 또다시 붕괴 위기에 빠졌다는 사실이다. 몇몇 사람들은 지난번 유럽채무위기에서 유럽 중앙은행이 보여준 능력이 연준만큼 뛰어나지 못했다는 의혹을 제기했다.

유럽 중앙은행이 이런 의혹을 받는 데는 이유가 있다. 먼저 유럽 중앙은행은 설립 초기에 제도적으로 불안정한 면을 가지고 있었다. 1998년 6월 1일 설립된 이래 유럽 중앙은행은 자립성이 부족하다는 비판을 계속해서 받아왔다. 유럽 중앙은행의 정책은 주로 집행위원회에서 결정하는데 총 여섯 명으로 구성된 위원 중 네 명의 위원을 유럽연합의 4대 중앙은행에서 차지한다. 프랑스, 독일, 이탈리아, 스페인의 중앙은행이다. 사실 그렇다. 역사적으로 독일 중앙은행의 의견이 유럽 중앙은행의 정책 결정에 막대한 영향력을 행사했었고, 유럽 중앙은행의 본부도 독일의 프랑크푸르트암마인에 위치한다.

현재 이탈리아 출신의 유럽 중앙은행 총재 드라기는 독일이 독점하는 상황을 변화시키기 위해 부단히 노력해왔다. 그는 그리스의 정부채권 매입과 양적완화 정책의 실시를 강하게 밀어붙였고, 나아가 '유럽 중앙은행은 권한 범위 안에서 유로화를 보호하기 위해 어떠한 대가도 감수할 준비가 되어 있다'는 뜻을 밝히기도 했다. 이런 그의 끝없는 노력과 추진력은 결과적으로 자신을 '유로화 구출'의 '히어로'로 만들었다. 그리고 영국《파이낸셜타임스》가 발표한 2012년 올해의 인물에 선정되는 영광을 누릴 수 있었다.[143]

반면 좀 더 거시적인 측면에서 문제를 해결하려면 중앙은행의 기능과 범위를 재정리해야 한다. 중앙은행은 그 중요성에 비해 비관적인 논조도 많다. 영국《이코노미스트》지에서 중앙은행을 '괴상한 금고(Strongbox of oddities)'라 칭한 것은 이상한 일이 아니다.[144]

각국의 중앙은행들은 대부분 이상하거나 수상한 점들을 가지고 있다. 연준이 민간은행이라는 상식을 알게 되면 대다수 음모론자들은 크게 놀란다. 하지만 그보다 더욱 '수상한' 중앙은행은 한둘이 아니다. 예를 들어 보자. 2015년 1월 초에 묶었던 환율을 풀기로 한 스위스 중앙은행도 주식상장기업이다. 일본 중앙은행, 벨기에 중앙은행과 그리스 중앙은행도 상장기업이다. 각 회사에 따라 시장의 점유율과 겉으로 드러난 모습 등에서 차

143 Lionel Barber, and Michael Steen(2012), FT Person of the year, Mario Draghi.
144 The Economist(2015), 'Broke But Never Bust'.

이를 보일 뿐이다.

　이들이 '수상해' 보이는 원인은 중앙은행의 위치에서 찾아볼 수 있다. 대부분의 중앙은행은 공공기관이지만 통화 정책에서 매우 독립적으로 움직인다. 또한 각 정부 부처와도 독립적이다. '인플레이션 억제' 이외의 목표에서는 소극적인 자세를 취한다. 중앙은행의 이런 모습은 사람들의 이목을 더욱 집중시키고 지나치게 신비감으로 똘똘 뭉쳐 있다는 비난을 받았다. 2015년 초 스위스 중앙은행이 기존의 입장을 한순간에 뒤집으면서 고정 환율을 풀겠다고 발표했던 일이 그 대표적인 예다. 이 발표로 스위스 중앙은행은 자체적으로 수백억 프랑 규모의 자산 손실을 입었고 금융 시장에 피바람을 불러일으켰다. 스위스 중앙은행은 어떤 방식으로 주주들의 손실을 책임질 수 있을까? 더군다나 상장이 안 된 중앙은행이 금융위기 이후에 구제금융 정책을 실시한다면 강경론자든 평화론자든 의문을 제기할 수밖에 없다. 이미 방대해진 대차대조표를 더욱 확대하는 일이 과연 필요한가?

　양적완화 정책을 사람들은 흔히 화폐를 많이 발행하는 일이라고 생각한다. 이를 더욱 규범화된 말로 바꾸면 대차대조표의 확대라고 한다. 금융위기 이후 주요 중앙은행들은 대차대조표를 확대시켰다. 중국 인민은행에서 유럽 중앙은행까지 모두 이 대열에 합류했다. 《이코노미스트》의 통계 자료에 따르면 2006년부터 2014년까지 선진 7개 국가(G7) 중앙은행의 총 자산 규모는 3조

4,000억 달러에서 10조5,000억 달러로 증가했고, GDP에서 차지하는 비율은 10퍼센트에서 25퍼센트로 상승했다.

만약 중앙은행을 하나의 상업기관으로 간주한다면 대차대조표의 확대는 단기적으로는 심각한 상황이 아니다. 현재 주요 중앙은행들의 주요 영업활동은 활발하게 이루어지고 있고 더군다나 중앙은행은 결국 완전한 민간 기업은 아니므로 파산할 위험은 거의 없다고 볼 수 있다. 좀 더 자세히 들여다보면 중앙은행은 실제로 독점적인 경영방식을 취하고 있으며, 매우 복잡하게 들릴지 모르나 알고 보면 매우 간단한 업무를 맡고 있다. 대차대조표를 보면 '자산' 부분에는 각 종류의 채권들이, '부채' 부분에는 저축과 통화가 있다. '자산' 부분에서는 많은 수익을 낼 가능성이 크지만 '부채' 부분에서 거래 비용이 거의 발생하지 않는다. 각종 공개시장의 운영에서 중앙은행은 통상적으로 많은 수익을 얻는다. 유럽 중앙은행의 2013년 배당금이 14억 유로에 달한 것이 그 대표적인 예라고 볼 수 있다.

그렇다면 중앙은행의 양적완화 실시에 따른 문제점은 무엇인가? 첫째, 관련 학술 연구 자료에 따르면 중앙은행은 극대화된 레버리지 효과를 지녔기 때문에 독립성을 잃기 쉽다. 주요 국가의 정부들은 큰 규모의 부채들을 떠안고 있는데 중앙은행이 정부가 신규 발행한 채권을 끊임없이 사들인다면 '재정적자의 화폐화'라는 위험이 발생한다.[145]

145 John Dalton, Claudia Dziobek(2015), Central Bank Loss and Experiences in Selected Countries.

둘째로 양적완화의 효과에 대해 여지를 두고 지켜봐야 한다. 미국은 2013년 이후 경기가 회복되기 시작했다. 하지만 이는 부분적으로 미국의 자체적인 경제 구조 및 달러 강세의 회복에 따른 결과라고 볼 수 있다. 세 번의 양적완화 정책에 따른 효과가 첫 번째 정책 실행에서 이미 모두 나타났는지 여부는 아직 판단하기 어렵다. 양적완화는 시간이 지난 뒤에 효과가 나타나기 때문에 첫 번째 실행은 꼭 필요했고 두 번째와 세 번째에는 과했거나 오히려 역효과가 나타났을지 현재로선 판단하기 쉽지 않다.

외부 세계는 유럽 중앙은행의 운영 상황보다는 2015년 그리스 위기에 대해 더 많은 예측을 쏟아냈다. 유럽 중앙은행의 경제력은 상당했기에 '후폭풍'을 고려하지 않고 두 팔 걷고 나선다면 그리스 위기에 대응하기에는 충분했다. 그러나 유럽 중앙은행은 적극적인 대응을 취하지 않았다. 2015년 2월 5일 유럽 중앙은행은 그리스 상업은행들에 대한 융자 조건의 수위를 높이고 그리스 정부 부채를 담보로 받지 않겠다고 발표했다. 많은 사람들은 당혹감을 감추지 못했다. 다행히 유럽 중앙은행이 그리스를 붕괴로 내몰아치지는 않았다. 그리스 은행들은 그리스 중앙은행으로부터 계속해서 자금을 지원받을 수 있었기 때문이다. 전보다 높은 이자율을 지불하기만 하면 말이다. 위기를 겪는 상황 속에서 '자비'라고 칭송할 정도는 아니었지만 급한 불을 끌 수 있을 정도의 도움을 준 것이다.

한편 그리스 문제는 결국 정치 문제와 직결된다. 다시 말해 정치, 경제와 외교의 '밀고 당기기' 결과에 따라 운명이 달라진다. 유럽연합 재무장관회의와 유럽연합 총회는 합의를 이끌어내지 못한 채 끝났고 메르켈 총리와 그리스의 대결 구도는 더욱 격렬해지고 있다. 이런 점으로 미루어본다면 유럽 중앙은행이 일시적으로 회피하려는 태도를 이해할 수도 있다. 유럽 중앙은행이 직면하고 있는 중요한 문제는 이렇다. '양적완화 정책이 효과를 낼 수 있나?' 유로화의 양적완화를 낙관적으로 평가하는 사람들은 많지 않다. 이는 유럽 중앙은행의 힘이 너무 약해서가 아니라 유럽의 문제가 너무 크기 때문이다. 바꿔 말하면 금융위기 속에서 통화 정책은 이렇다. 유동성 확대를 통해 급한 불을 끌 수는 있지만 양적완화 정책이나 유동성 확대로 궁극적인 경제 성장을 이룰 수는 없다. 미래를 내다보면 양적완화 정책은 시도해볼 가치가 있지만 경제 성장에 미치는 영향에는 한계가 있다. 특히 인플레이션 억제에 얼마나 효과적인지도 확신할 수 없다. 과거 일본이 이런 점을 잘 증명해주는 아주 좋은 예다.

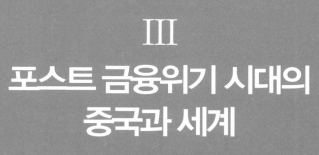

III
포스트 금융위기 시대의
중국과 세계

동양은 동양이고 서양은 서양이니, 양자는 결코 만나지 못할 것이니라.

—영국 시인 키플링(Rudyard Kipling, 1865~1936년)

공리1: 통화량이 늘어나면 인플레이션이 온다.

공리2: 자산 가격 거품은 신용의 증가에 달려 있다.

—경제사학자 찰스 킨들버거

(Charles Kindleberger, 1910~2003년)

양적완화 정책의 실행은 비교적 간단하다. 지폐를 찍어내면 된다. 양적완화 정책을 추진할 때는 다양한 요소들이 서로 복잡하게 얽히고설켜 있지만, 무엇이 되었든 '망망대해'에서 살아남을 것이다. 양적완화 정책의 종료가 어떤 결과를 초래할지 현재로선 예측하기 어렵다.

— 중국 리커창 총리의 영국 경제지 《파이낸셜타임스》와의 인터뷰에서[146]

---

146 2015년 4월 15일, 《파이낸셜타임스》. 중국 리커창 총리와의 인터뷰.

2008년 글로벌 금융위기는 세계를 변화시켰다. 더욱이 세계 무대에서 중국의 위상에 큰 변화를 가져왔다. 중국의 지위는 상대적으로 상승했다. 현대적 의미에서 경제의 본질은 신용경제라 할 수 있다. 따라서 금융위기는 서브프라임 모기지론 형태로든 국채나 부동산의 형태로든 결과적으로는 채무로 드러난다. 막대한 채무는 반드시 위기를 발생시킨다. 이는 역사가 여러 번의 경험을 통해 우리에게 말해주는 진리다. 금융이 진화해온 역사로 본다면 중국은 후발도상국 가운데 가장 성공적인 방향의 길을 제시한 국가이다. 그런 중국도 일단 위기가 발생하면 그 후폭풍은 거의 재난에 가까울 것이다. 중국은 재난에 대비할 수 있을까? 대답은 바로 부채 청산에서 찾을 수 있다.

'브릭스 5개국'의
어려움

역사는 언제나 문을 두 번 두드린다. 하지만 절대로 똑같은 반복은 아니다. 오늘날 '브릭스 5개국'이 그렇다.

2011년 시라카와 마사아키 일본은행 총재는 베이징을 방문하며 브릭스 국가들에 경고의 메시지를 보냈다. 그는 급속한 성장을 이루는 이들 신흥 경제체들의 미래 성장 전망은 매우 낙관적이지만 나중에는 인구 문제와 기타 요인 같은 도전에 직면하게 될 것이라고 역설했다. 당시 세계에서는 브라질, 러시아, 인도와 중국을 포함한 브릭스 국가들이 지금의 경제 성장 속도를 유지한다면, 2040년에 이들 국가들의 국내총생산 총합이 전 세계에서 차지하는 비율이 80퍼센트에 육박할 거라는 예측이 일반적이었다. 이런 전망에 대해 시라카와 마사아키 총재는 "이는 실현 불가능한 예측임을 대중들도 짐작하고 있을 거라 생각합니다"라고 주장했다.

여기서 도전적인 화두가 던져진다. '브릭스 국가들이 계속해서 고속성장을 유지해나갈 수 있을까?'라는 문제다. 브릭스 국가들의 미래를 예측하기 위해 과거로 돌아가 보자. 브릭스(BRICs)란 개념은 어느 투자은행의 경제학자가 보고서에서 처음 사용한 뒤 단순한 투자 개념 중 하나로 경제 분야에서 계속 검증을 받아왔다. 한때는 집중적으로 의문을 받기도 했다. 브릭스는 한때 신조어였지만 이미 사용한 지 10년이 넘어 이제는 그다지 새롭지 않다. 이 단어는 브라질(Brazil), 러시아(Russia), 인도(India), 중국(China) 등 4개국의 영문 머리글자를 딴 것으로 발음이 벽돌(bricks)과 비슷해서 '브릭스 4개국'이라 말하며, 이 단어를 처음 만든 창시자를 '미스터 브릭스'라 부른다.

브릭스란 개념은 오늘날 다시 재구성되고 있고, 더욱 많은 뜻을 내포하고자 힘쓰고 있다. 그 과정에서 신흥 경제국인 남아프리카를 포함시켰다. 나아가 그들의 영향력을 경제 분야에서 정치 분야로 확대하려는 포부도 키우고 있다. 최근 세계 경제가 '굶주림에 시달리며 길을 잃고 방황'하는 동안, 브릭스 국가들의 경제는 독주를 멈추지 않았다. 이는 그들이 세계 경제에서 목소리를 더욱 크게 낼 수 있는 밑거름이 되었다. 일찍이 G20 정상회담과 기후변화협의 등 국제무대에서 그들의 목소리가 커지는 추세는 두드러졌다. 2011년 4월 14일 제3차 브릭스 국가 정상회의가 중국의 산야(山亞)에서 개최되었는데, 이 회의는 남아프리카공화국이 브릭스 회원국에 가입한 이후 5개국의 정상들이 처음으로 함께하는 자리였으며, 중국에서 최초로 개최한 브릭스 정상회의였다.

단순히 경제력만으로 본다면 브릭스 국가는 이미 예전과 많이 달라졌다. 2003년 10월 미국 투자은행 골드만삭스는 〈브릭스를 꿈꾸며: 2050년으로 가는 길(Dreaming with BRICs : The Path to 2050)〉이라는 세계 경제 전망 보고서를 발표하며 2050년 브릭스 국가들이 세계 경제 대국에 오를 것이라고 전망했다. 브라질 경제는 2025년에 이탈리아의 경제 지위를 빼앗고, 2031년에 프랑스를 앞설 것이며, 러시아는 2027년에 영국을, 2028년에 독일을 앞지를 것이고, 인도는 2032년에 일본을 뛰어넘고, 중국은 2041년에 미국을 제치고 세계 최대의 경제 대국으로 등극하게 된다고 발표했다.

지금의 성장 추세를 이어간다면 브릭스 국가들의 국내총생산 규모는 2041년에 G6(G7에서 캐나다를 제외한 미국, 일본, 독일, 프랑스, 영국, 이탈리아)을 추월할 것이라 예상했다. 골드만삭스는 이 보고서에서 2050년이 되면 세계 경제에 큰 변화가 일어나며 브릭스 국가인 중국, 인도, 브라질, 러시아가 미국, 일본과 함께 G6이 될 거라고 결론지었다.

그렇다. 물론 현실에는 상상보다 더욱 많은 변수가 발생한다. 그래도 지금 브릭스 국가들의 성장 속도는 당시 논란의 소지가 컸던 이 문제의 보고서가 내놓은 전망과 비교해봐도 전혀 뒤지지 않는 수준이다.

그로부터 10년이 흘렀다. 현재 브릭스 국가의 총 인구 규모는 전 세계의 42퍼센트를 점하며, 국토는 전 세계 대비 30퍼센트에 달하는 면적을 차지한다. 또한 5개국 국내총생산이 전 세계 국내총생산의 18퍼센트에 달하며, 무역 총액은 전 세계 무역액에서 17퍼센트를 점한다. 브릭스 국가 간 총 무역액은 2010년 2,200억 달러에 달했다.

브릭스 국가들의 부흥으로 세계에 눈에 띄는 변화가 일어났는가? 정태분석으로 본다면 현재 브릭스 5개국의 총 국내총생산은 이미 11조 달러를 넘어섰고, 그 중 중국은 앞으로 8퍼센트 이상의 경제 성장 속도를 계속 유지한다면 2018년에 미국을 앞설 것이다. 물론 이런 전망은 브릭스 국가들이 높은 성장세를 안정적으로 유지한다는 전제조건이 따르며, 후발도상국이 이런 조건을 유지하는 일은 결코 쉽지 않다.

이성적으로 보면 브릭스 국가들의 경제 성장 속도는 매우 놀라운 수준이다. 하지만 각자 자국의 경제 구조 및 정치 제도 등에서 아직 많은 문제를 안고 있다. 주목할 점은 중국의 발전이 브릭스 4개국 중 가장 큰 발전 동력으로 꼽히고 있다는 점이다. 오늘날 중국의 경제 규모는 일본을 제치고 세계 2위에 등극했고, 중국을 뺀 나머지 브릭스 4개국을 합친 규모보다도 크다. 최근 들어 브라질과 러시아의 경제가 비약적인 발전을 이루고 있는데 이는 이들 국가의 석유와 벌크 원자재에 대한 중국의 수요 증가와 밀접한 관련이 있다.

요약해서 말하면 중국의 1인당국민소득은 브릭스 5개국 중 가장 낮지만 다른 브릭스 4개국의 중심축으로서 역할을 하고 있다. 경제 성장 측면에서 지난 10년간 중국의 국내총생산 성장 규모는 러시아, 브라질과 인도 3개국의 국내총생산 총합보다도 크다. 남아프리카공화국이 가입한 뒤에도 상황은 크게 달라지지 않았다. 남아프리카공화국은 브릭스 국가들 중 경제 규모가 가장 작은 국가로 국내총생산은 4,000억 달러에 불과하다. 이는 남아프리카공화국의 브릭스 가입 전에 경제 규모 4위였던 러시아의 20퍼센트밖에 못 미치는 수준이다. 이로 미루어 남아프리카공화국이 가입한 뒤에도 브릭스 국가들 중 중국의 독주는 계속될 것임을 예측할 수 있다.

거대한 경제 규모로 몸집을 키운 중국은 인구 우위와 수출 강세까지 보이면서 다른 회원국에게 위화감을 조성하고 있다. 현재 중국 대외무역량에서 아시아 무역량이 차지하는 비율은 이미 절반을 넘어섰고, 남남무역[147]에서 75퍼센트를 차지하는 신흥국가 간의 무역량에서 중국의 점유율은 40퍼센트를 넘는다. 이런 이유로 중국은 브라질, 남아프리카공화국 같은 국가의 제조업에 적지 않은 충격을 주고 있으며, 중국의 환율 문제는 국제회의 주제에 빠진 적이 없다. 게다가 인도의 안보리 상임이사국 진출 문제를 놓고 중국과 인도가 서로 대립하면서, 중국과 기타 브

---

147 개발도상국 사이에 이루어지는 무역. 개발도상국들이 주로 남반구에 위치해 있어 남남무역이라 부른다 — 옮긴이.

릭스 회원국 간의 관계가 긴장 국면으로 빠져들 가능성이 크다.

양측의 이익이 극명하게 갈리는 상황에서 이들은 어떻게 대립 국면을 극복해 공동의 발전을 도모할 수 있을까? 그 과정은 분명히 쉽지 않다. 좀 더 자세히 들어가 보자. 중국은 정부 투자를 성장 동력으로 삼는 경제 성장 모델을 추진해왔고, 이 모델이 낳은 중국 국내의 문제들은 절대로 가볍게 볼 수 없다. 눈덩이처럼 불어나는 채무 부담과 빈부격차 심화 등의 문제들은 당사자인 중국뿐 아니라 '브릭스 4개국' 발전에 불확실성을 키웠다. 2011년 국제통화기금은 세계 경제 전망 보고서에서 세계 경제가 앞으로 2년 동안 회복세를 유지할 것이라고 전망했다. 그중 세계 주요 신흥 경제체인 브릭스 국가들도 지금의 강력한 경제 성장 추세를 유지할 것으로 예측했다. IMF는 이 보고서에서 특히 중국 경제가 중기적 리스크에 직면했다고 경고했다. 중국 대륙과 홍콩의 신용 인플레이션 및 자산 가격 상승은 '불안한 상태'라며, 중국 부동산 가격이 폭락할 가능성과 그로 인한 피해에 대한 우려의 목소리가 점점 커지고 있다고 지적했다.

'순금은 불로 달구어지는 것을 두려워하지 않는다'는 속담이 있다. 브릭스 국가들의 부흥이 얼마나 오래 지속될지는 각국의 경제 체질에 달려 있다. 그저 '허약' 체질이라면 지금의 부흥은 잠시 반짝이는 빛에 불과하다는 점을 역사는 증명해보일 것이다. 따라서 브릭스 국가들이 변화 속에서 이룬 성공 및 실패의 경험은 글로벌 경제 성장의 핵심 동력이자 나아가 후발국가들이

나 제3세계 국가들에게 더욱 다양한 발전 모델을 제시해준다는 점에서 세계에 갖는 의미가 매우 크다. 이런 측면에서 보면 브릭스 국가들은 각자 문제점을 안고 있다. 그동안 별다른 주목을 받지 못했던 브라질은 최근 몇 년 동안 국민소득을 높이고 소득격차를 해소하는 개혁 조치를 취했고 이는 '중간소득 함정'[148]에 빠진 중국 같은 국가에 오히려 많은 시사점을 던지고 있다.

경제학자들은 세계 경제가 새로운 초고속 성장주기에 돌입했다고 단언한다. 성장은 이제 이슈가 아니다. 역사적으로 두 번의 성장주기를 겪었고 이 시기에 미국과 일본이 각각 급부상했다. 그 가운데 자원을 차지하기 위한 전쟁과 충돌도 있었다. 이번 중국과 기타 브릭스 국가들의 굴기는 결국 끝이 나는가? 역사적 측면에서 보면 세계 경제는 언제나 '추격자' 게임을 연상케 한다. 서로 쫓고 쫓기며 지속적인 성장을 이루어왔다. 지난 경제 성장 주기에서 세계는 '일본제일'을 포함한 패기 넘치는 구호를 경험했고 또한 이들의 최후를 함께 지켜봤다. 브릭스 국가들도 똑같은 최후를 맞이할까? 함께 희망을 걸고 지켜보자.

브릭스 5개국은 각자 도전에 직면해 있다. 그 중 가장 큰 영향력을 갖고 있는 중국이 2008년 금융위기 중 만난 도전은 아직까지 미해결로 남아 있다. 경제 불황에 대응하기 위해 대부분의 국

---

148 1인당 국민소득이 중등 수준에 도달한 국가가 그 뒤 순조롭게 경제 발전 방식의 전환을 실현시키지 못하면서 경제 성장의 원동력 부족 현상을 일으키고 결국에는 경제 정체 상태에 빠져 1인당국민소득이 1만 달러를 돌파하기 힘들어지는 상황을 일컫는다. '중간소득 함정'에 빠진 국가들이 보이는 10대 특징은 경제 성장의 하락 혹은 정체, 민주화 혼란, 부패가중, 빈부차 극심, 지나친 도시화, 사회공공서비스 부족, 취업난, 사회 동요, 신앙 부족, 금융시스템 미비 등이 있다 — 옮긴이.

가들은 정부 차원의 경기 부양과 대규모 부채라는 '카드'를 일단 꺼내든다. 하지만 이 '카드'는 양날의 검과 같다. 과도한 경기 부양과 부채는 본질적으로 미래 경제 발전을 가로막는 걸림돌이기 때문이다. 그 중에서도 중국 정부가 2008년에 실시한 '4조 위안' 경기 부양책은 심각하게 고찰할 필요가 있다.

4조 위안 부양책과
부실 지방채

4조 위안, 한 번으로 충분하다

중앙경제공작회의(中央經濟工作會議, 이하 경제공작회의)는 관례적으로 매년 11월 말과 12월 초 사이에 개막한다. 2011년 발표한 회의 보고서는 지금까지 그래왔던 것처럼 경제 흐름에 대한 정부 입장과 다음 해 거시경제 정책의 방향성을 전망할 수 있는 권위 있는 '나침반' 역할을 했다.

이런 점 때문인지 매년 발표하는 '정책 기조'의 내용은 같으면서도 다르고 다르면서도 같다. 여기에는 중국 한자의 '언어유희'가 최절정에 달한다. 2005년에는 '거시적 조절의 지속적 유지'라는 뜻을 밝혔고, 2006년에는 '좋고 빠른 경제 발전 지속'을 희망한다고 했다. 그러다 2007년에 '물가 안정, 구조 조정, 균형 촉진'으로 말을 바꿨고, 2008년에는 '성장 유지, 내수 확대, 구조 조정'이라고 발표했다. 2009년에는 또다시 '안정적이고 비교적 빠른 경제 발전 유지'로 바꿨다가 2010년에는 '경제 안정, 구조 조정, 인플레이션 방지'로 수정했다. 언론 보도에 따르면 어느 정부 측 인사는 2011년의 정책 기조를 아예 '물가 안정, 성장 촉진, 구조조정, 민생 안정'으로 하자는 제안을 미리 내놓았다.

조금씩 바뀌는 단어의 미묘한 차이에 담긴 정부의 뜻을 해석하기 위해 각계각층의 전문가들은 심혈을 기울여 분석한다. 2011년 '정책 기조'에 대한 궁금증은 비교적 빨리 풀린 편이었다. 경제공작회의가 개막하기 전 중국 공산당정치국회의(中國共産党中央政治局, 이하 정치국회의)가 열렸고 여기서 다음 해 거시조절에 관한 두 가지 큰 방향을 제시했기 때문이다. 첫 번째 방향은 적극적인 재정 정책 및 안정된 통화 정책의 실시였고, 다른 하나는 거시경제 정책의 지속성 및 안정성 유지였다.

안정을 꾀하는 시장의 전망에서 '안정된'이란 단어는 되새김질해볼 만하다. 과거 사례를 보면 실질적 정책의 강도가 '긴축'이든 '완화'든 모두 '안정된'으로 표현되어 왔다는 점을 알 수 있다. 정책 기조가 반대 방향으로 전환하더라도 모두 일괄적으로 '소폭 조정'으로 통일해서 표현하는 것과 마찬가지다.

주관적인 표현인 '~을 해야 할 뿐더러', '~도 해야 한다'는 말의 배후에는 왜곡하기 힘든 경제 본질의 논리가 버티고 있다. 경제 성장, 인플레이션, 구조 조정 등 목표 사이에는 상호 견제하는 작용이 일어나기 마련이다. 이 목표들 중 더욱 복잡하고 신경이 쓰이는 정도에 따라 우선순위가 정해지면 사람들은 거기에 더욱 관심을 집중한다. 그 중 가장 깊은 인상을 남겼던 정책 기조는 2008년의 '성장 유지'였다. 그해는 금융위기가 전 세계를 강타한 해로 중국 정부는 4조 위안이라는 '큰 손'을 투입해 GDP 성장률에서 '바오바'라는 목표를 성공적으로 달성했었다.

정부의 '4조 위안' 투입에 대한 평가는 앞으로 오랫동안 중국의 각 분야에서 빼놓을 수 없는 주제일 것이다. 이 정책의 지지자들은 이번 투입으로 금융위기를 막을 수 있었으며 경제성장률 유지와 취업 기회 확대가 가능했다고 주장했다. 하지만 이들이 주장하는 '눈에 보이는' 성공 뒤에는 '눈에 보이지 않는' 대가가 반드시 존재한다. 모든 정책의 실행은 눈앞에 바로 나타나는 단기적인 효과와 함께 중장기적으로 나타나는 잠재적인 효과도 동반한다는 사실을 잊어서는 안 된다.

시간이 흘러 4조 위안의 투입 이후 나타난 다음과 같은 세 가지 부작용은 부정할 수 없다. 먼저, 이번 경기 부양책 이후 중국 경제는 2년 동안 인플레이션으로 몸살을 앓았다. 2011년 4분기가 되서야 소비자물가지수가 5퍼센트 아래로 떨어졌다. 인플레이션은 본질적으로 정부가 개인 자산을 약탈하는 합법적이면서 매우 음흉하고 악랄한 수단이다. 마이너스 금리와 투자처 부족 등의 문제에 직면한 상황에서 설상가상으로 소득분배의 불균형이 심해지자 재산이 줄어든 가정이 속출했다. 낮은 기준금리 정책으로 매년 은행 저축에 암암리에 포함된 인플레이션세[149]가 1조 위안에 육박했다. 둘째, 이 정책은 '국진민퇴'[150] 추세를 대폭적으로 확대시켜 민간 자본을 크게 위축시켰다. 천문학적 규모의 신용 대출로 정부 내의 각 부처 간 불균형은 더욱 심화되었고, 그 결과 '토지왕'[151] 같은 현상이 순식간에 전국으로 번졌다.

마지막으로 이 정책에 따른 가장 치명적인 부작용은 중국 지방정부의 투자 열풍을 다시 불러일으킨 점이다. 정부 계획은 4조 위안 규모였지만, 그 승수효과는 지방정부에 미친 영향을 보면 '4조 위안'의 몇 배에 달하는, 그 정확한 규모조차 파악하기 힘든 새로운 투자 열풍을 일으켰다.

몇 년 전부터 지방정부들은 부채를 줄여나가던 상황이었는데 이 정책의 실시로 상황은 오히려 악화되었다. 정부 통계에 따르면 지방정부의 부채 규모는 10조 7,000억 위안에 달했다. 신중한 통계로도 중국 국내총생산 대비 70퍼센트를 넘어섰다. 앞으로 국유 은행이 안고 있는 부실 대출의 위험까지 고려한다면 지방정부의 부채 규모가 중국 경제에 끼칠 악영향은 엄청날 것이다.

이번 경기 부양 효과가 끝난 뒤 중국 경제에 어떤 흐름이 나타날까? '가장 혼란스러운 한 해가 될 것이다'라는 대답은 매우 상투적인 대답이라 별다른 감흥을 주지 못하겠지만 '경제 둔화 주기가 시작되었다'는 말에 이의를 제기할 사람은 없을 것이다.

149 인플레이션이 곧 국민이 부담해야 하는 세금과도 같은 작용을 한다는 뜻 — 옮긴이.
150 國進民退. 국유 기업의 발전과 민간 기업의 퇴출 — 옮긴이.
151 地王. 중국에 부동산 광풍이 불었던 지난 2010년대 초 땅값으로 천문학적인 비용을 지불했던 중국 부동산 개발업자들을 지칭했던 별명 — 옮긴이.

4조 위안을 투입한 뒤 몇 년간 나타난 경제 수치를 살펴보면 희비가 엇갈린다. 첫째, 인플레이션이 다소 완화되고 뚜렷한 하락세를 보였다. 2011년 11월 소비자물가지수와 생산자물가지수(PPI)의 상승폭은 전년 동기 대비 각각 4.2퍼센트와 2.7퍼센트로 모두 그해 최저치를 기록했다. 둘째, 정부 측 제조업지수(PMI)가 50 밑으로 떨어졌고, 산업 수익 성장률이 전년 동기 대비 12.4퍼센트 감소했다. 이는 산업의 하향세가 두드러지고 있음을 의미한다. 셋째, 수출 상황은 낙관하기 어렵다. 11월 수출입 모두 증가 속도가 늦춰졌다. 무역 흑자는 25억 달러 감소했고, 수출은 전년 동기 대비 13.8퍼센트 성장하는 데 그쳐 전달보다 2.1퍼센트 포인트 낮은 수치를 기록했다. 유럽의 상황이 점점 더 악화되면서 수출 하락세가 더욱 뚜렷해지고 있어 아직 정확한 수치는 예측하기 어렵다.

최악의 순간은 아직 오지 않았다. 투자, 수출, 소비는 중국의 경제 성장을 이끄는 삼두마차다. 그 중 소비 수요는 장시간 감소 추세이며, 수출은 외부 요인으로 부진을 겪고 있다. 중국 경제가 지나치게 투자에만 의지하며 '돌이킬 수 없는 길을 무작정 달려가는' 상황을 어떻게 바꿀 수 있을까? 필자는 그 답을 지금 현실에 가장 최적화된 정책들을 조합해서 찾고자 한다. 재정 정책 및 통화 정책의 규율 있는 실행을 통해 '바쁘게 움직이는 손'의 속도를 늦추고 동시에 '보이지 않는 손'을 장려해야 한다.

첫째, 재정 정책을 통해 지방정부의 투자 열풍을 식혀야 한다.

중국 지방정부는 법률적 책임의 주체 또는 그와 관련된 책임제에 대한 정확한 이해가 부족한 상태이다. 신중하지 못한 '한 수'로 전체적인 통제력을 잃을 수도 있다. 현재 가장 시급한 일은 지방정부의 경제 활동을 일정한 범위 내로 선을 그어 제한하는 일이다. 지방정부를 얼마나 효과적으로 규제할 수 있는지가 중국 미래 개혁의 핵심이 될 것이다.

둘째, 통화 정책을 통해 민간 경제의 활기를 불어넣어야 한다. 2010년에 기업의 파산 소식은 귀가 닳도록 들었다. 2008년과 비교해도 전혀 손색이 없을 정도였다. 그 원인은 무엇인가? 아마도 2008년에 일어난 신용 대출 과열을 잠재우기 위한 비합리적 통화긴축정책때문에 금융억압(Capital repression)이 최절정에 달했기 때문일 것이다.

금융억압이란 간단히 말해 금융 시스템에 대한 간섭과 규제를 통해 금융 발전을 억제하는 조치다. 심한 경우 금융 시장의 내부 분열을 조장하기도 한다. 이런 조치는 개발도상국에서 대기업 특히 국유기업의 발전에 매우 유리한 조건을 제공해주는 한편 중소기업의 발전은 가로막는다. 게다가 금융 발전이 뒷걸음치면 경제 성장의 기회마저도 잃고 만다.

금융억압을 해결하는 방법은 바로 금융심화(Financial deepening)[152]다. 그러나 문제는 금융 발전이 단순히 규제 완화 정책을 통해 이룰 수 없으며 오히려 금융 리스크를 더욱 심화시

152 금융 혁신, 금융 산업 성장 등으로 수익성 및 유동성 등이 제고된 다양한 금융상품이 출현하면서 경제주체의 금융자산 보유가 지속적으로 증가하는 현상을 의미한다 — 옮긴이.

킬 수 있다는 점에 있다.[153]

예를 들어 1990년대 아시아 금융위기와 라틴아메리카 금융위기 또는 2008년 금융위기 등에서 신케인스주의를 지지하는 많은 연구학자들은 정부의 선택적인 개입이 금융심화를 방해하지 않고 오히려 돕는다고 주장했다. 이것이 바로 '금융제재'[154]다. 2001년 노벨경제학상을 수상한 조셉 스티글리츠(Joseph Stiglitz)의 "내 경제 이론에서 특정 개입 방식으로 모든 사람들에게 이익이 골고루 배분되는 것을 찾는 일은 언제든지 가능하다"는 주장과 같은 맥락이다.

여기서 금융은 경제 성장에 도움을 주지만, 경제가 발전해 어느 임계점(예를 들어 개인 신용 대출이 근대 들어 국내총생산의 100퍼센트에 근접했다)에 도달하면 오히려 경제 성장에 부정적인 효과를 보인다는 결과가 많은 연구에서 나왔다는 사실은 매우 흥미롭다.[155] 신용 대출 수요 부족 및 그림자 은행으로 몸살을 앓고 있는 중국의 해결방안은 무엇인가?

학술계에서도 아직 이에 대한 결론을 얻지 못했다. 해결 방안을 구체화하고 실천하는 과정은 더욱 복잡하다. 이 때문에 중국 중앙은행은 리스크를 예방하고 지속적인 경제 성장을 이루는 데 많은 어려움을 겪었고 나아가 통화 정책 결정 및 시행에도

153 이 이론은 로날드 맥키논(Ronald I. Mckinnon) 등의 관련 연구로 세상에 알려졌다. 로날드 맥키논과 에드워드 쇼(Edward S.Shaw) 참조, 1973.
154 Thomas Hellmann Kebin Murdock and Joseph Stiglitz 참조, 1997.
155 국제기구의 한 연구 결과로 대개 이런 연구는 일부 국가를 대상으로 한다. 예컨대, Jean Louis Arcand 등(2012), Stephen G. Cecchetti, Enisse Kharroubi(2015).

많은 제약을 받았다.

이로 인해 현재 중국 중앙은행의 지급준비금은 최고 기록 갱신을 이어가고 있고, 한편 기준금리의 마이너스 금리가 장기화되고 있어 개인 신용 대출은 활황을 이루고 있다. 그나마 많은 민간 기업들이 2008년 금융위기를 잘 버텨냈고 각 지방의 고리대 거품도 꺼지기 시작했지만 이번 '엄동설한'도 잘 견뎌낼 수 있을지는 아직 미지수다.

4조 위안은 많은 부작용을 낳았고, 중국 국민은 '양적완화' 이야기만 들어도 몸서리를 친다. 통화 정책 완화는 많은 논쟁을 불러일으켰다. 이를 인플레이션의 주범으로 보거나 기득권 집단의 주가 투매로 인식했기 때문이다.

알고 보면 인플레이션의 근본 원인은 많은 돈을 찍어내서가 아니라 과도한 투자 때문에 자발적으로 파생한 통화 때문이다. 재정 정책에 대해 합리적인 규제가 이루어진다면 지난 2년처럼 높은 인플레이션의 출현을 막을 수 있다. 나아가 신용 대출에 대한 규제를 완화한다 해도 그 혜택은 대부분 국유 기업이 받게 될 테지만 적어도 민간 기업의 신용 대출을 증가시킬 수는 있고, 이 정도면 민간 기업이 얻을 '할당량'은 충분할 것이다. 물론 이런 정책은 지급준비금 인하와 기준금리 인상 등의 도움이 필요하다. 언제든지 변동이 가능한 이자율 자유화와 금융독점 부분의 개방은 적절한 시기를 틈타 의사 결정의 주제로 채택해야 한다. 이를 위해서는 관련 책임자들의 확고한 결심이 필요하다.

역사적 시각으로 되돌아보자. 지난 30년간 중국 경제가 어떻게 지속적인 고속 성장을 이룰 수 있었는가? 정부의 역할은 절대로 빼놓을 수 없다. 많은 학자들은 '중성정부(中性政府)'라는 주장을 내놓았다. 달리 말하면 지방정부의 경쟁 이론이라고 볼 수 있다. 그러나 근본 원인은 조직 간의 권한 이양으로 민간경제체제가 활기를 되찾았기 때문이다. 외부 세계에서는 중국의 발전 모델을 '대나무 자본주의(Bamboo capitalism)'라고 부르며, 중국의 고속 발전은 베이징 컨센서스[156]의 승리라고 평가한다. 하지만 관료체제 뒤에 가려 잘 보이지 않은 수많은 민간 경제체들이야말로 '중국 기적'의 주인공이라 할 수 있다.

장기적 관점에서 본다면 중국의 경제 개혁은 현재 갈림길에 놓여 있다. 중국의 민간 기업들은 기업가 정신에만 의존하며 민간 기업에 관한 법률 및 규칙이 완비되지 않은 미개의 '정글' 속에서 당당하게 살아남은 '야생동물'로서 자신의 터전을 개척해왔다. 경제 구조를 수출주도형에서 소비주도형으로 전환하자는 주장은 매년 끊임없이 제기되었다. 그리고 이 개혁의 성패여부는 민간 기업에 달려 있다. 어쩌면 중국 경제 구조의 전환이라는 운명도 민간 기업에 달려 있을지 모른다. 여기서 이른바 거시경제정책의 '범람'이란 정책의 방향성 문제가 아니라 정책이 불필요하게 많거나 세부적이었기 때문이었음을 알 수 있다.

---

156 Beijing Consensus. 중국정부가 주도하는 '권위주의 체제 아래의 시장경제 발전'을 일컫는 말. 골드만삭스 고문이며 중국 칭화대 겸직교수인 레이모(Joshua Cooper Ramo)가 2004년 처음 사용했다 ― 옮긴이.

'4조 위안' 재투입?

2012년 5월 말, 중국판 트위터인 웨이보(微博)에 실린 한 장의 사진이 삽시간에 퍼져 각계 인사들을 혼란에 빠트렸다. 사진의 주인공은 연예인이 아닌 잔장시(湛江市)의 왕중빙(王中丙) 시장이었다. 언론 매체들은 그의 사진을 왕중빙 시장이 국가발전개혁위원회(國家發展和改革委員會, 이하 국가발개위)의 문 앞에서 '감격을 이기지 못해 비준 서류에 키스하다'라고 보도했다. 당일인 5월 27일 오후에 국가발개위는 잔장철강단지 건설 사업을 승인했었다.

잔장철강단지 프로젝트는 그저 시작에 불과했다. 더 큰 규모의 프로젝트에 대한 '승인 릴레이'가 이어졌다. 국가발개위에서 잔장철강단지를 승인하는 날 서우강(首鋼) 이전 프로젝트와 광시(廣西)팡청항(防城港)철강 사업도 승인됐다. 그뿐 아니라 국가발개위의 사업 승인 속도가 현저하게 빨라졌다는 징조는 여러 곳에서 나타났다. 언론 매체들은 국가발개위 사이트에 공개된 통계를 근거로 5월 21일 하루만 해도 백 개가 넘는 사업을 승인했으며, 그날 승인된 사업 총량이 5월 1일부터 20일까지의 합계보다도 많았다고 보도했다.

이 소식이 전해지자 관련 주식들은 '파티'를 시작했다. 은행들도 관련된 신용 대출의 문턱을 일제히 낮추었다. 투자은행마다 새로운 경기 부양에 대한 전망을 속속들이 내놓았다. 타오둥(陶冬) 크레디트스위스아시아 수석 이코노미스트는 중국이 경기

부진을 대응하기 위해 내놓은 경기 부양책의 규모는 총 2조 위안에 달할 것이며, 이는 2008년 4조 위안의 절반 수준이라고 직접 언급하기도 했다.

잔장시 '부모관'[157]의 사진 속 표정이 인터넷 네티즌의 공감을 얻지는 못했다. 어느 네티즌은 '표정이 꼴불견이다'라는 직설적인 댓글을 달았고, '이미 철강 사업은 포화상태인데 왜 계속해서 그 사업에 목을 매는 것일까?'라며 의문을 던지는 댓글도 있었다. 사실 사람들이 이 사진을 보고 느끼는 감정 뒤에는 4조 위안에 대한 집단적인 불안감이 깔려 있었다.

4조 위안이 경제에 끼친 피해가 모두 가시화되어 해결되기까지는 상당한 시간이 소요될 것으로 예상된다. 이에 대해 각계각층은 그 심각성을 인식하며 각성하고 있다. 또한 '규제완화'에 대해 상당히 꺼리는 입장을 보인다. 하지만 경제주기가 전환기를 맞으면 정책의 방향에도 변화가 일어나기 마련이다.

당시 중국 원자바오 총리는 "안정적이고 빠른 경제 발전 유지, 경제의 구조조정 및 인플레이션 관리라는 세 가지 관계를 적절하게 처리하여 적극적인 재정 정책과 안정적인 통화 정책을 실시해나갈 것이며, 성장의 안정을 가장 최우선순위에 둘 것이다"라는 뜻을 밝혔다. 총리의 발언은 2011년 경제공작회의의 정책 기조였던 '경제 안정, 구조조정, 인플레이션 방지'와 크게 다르지 않아 보인다. 하지만 시장은 총리의 말에서 규제 완화와

---

157 父母官. 주(州)나 현(縣)의 지방 장관에 대한 존칭으로 어버이와 같은 관리를 말한다 — 옮긴이.

경기 부양 사이의 미묘한 저울질을 읽어냈다.

　중국 경제로 돌아가 보면 2012년은 그리 낙관적이지 않았다. 중국은 2012년 초에 이미 '바오바'를 포기했지만 제1분기 국내 총생산 성장률이 8.1퍼센트까지 떨어지자 사람들은 크게 놀랐다. 이후 4월 발전량과 수출입 관련 수치가 나란히 하락세를 보인 데다 은행 신용 대출과 화물 운송량도 주춤하자 이를 중국이 경기 둔화 국면에 접어들었다는 뚜렷한 적신호로 여겼다.

　중국 경제 구조의 '삼두마차' 중 외수는 유럽과 미국의 영향으로 경제 불황에 빠졌고, 비록 내수가 성장세를 보였지만 외수에서 본 피해를 상쇄시키기에는 역부족이었다. 이런 상황에서 유일하게 기댈 수 있는 '마차'는 오로지 중국 정부가 자주 애용하는 '투자'라는 마차뿐이다.

　그렇다면 '4조 위안'의 재투입은 피할 수 없는가? 전혀 그렇지 않다. 투자가 중국에게 여전히 중요한 부분임은 분명하나 정부 주도의 투자는 이제 그 자리를 내줘야 할 때다. 정부 주도의 투자가 효율이 낮다는 사실은 역사가 증명해준다. 지방채 만기를 계속해서 연기하는 일이 바로 그 대표적인 증거다. 투자 부문에서 정부와 국유 경제를 중심으로 했던 과거의 투자 방식은 반드시 변화해야 한다. 민간이 투자의 주체가 될 수 있어야 진정한 의미에서 경제 구조 전환이라고 볼 수 있다. 수출과 소비의 밝은 미래도 민간 경제의 활력에 달려 있다.

　경제의 장기적인 성장력은 뛰어난 민간 기업의 경쟁력과 창의력에 의해 좌지우지된다. 바로 이런 이유 때문에 민간 기업의 안정을 '경제 안정'을 위한 장기적인 정책 기조로 볼 수 있다. 민간 경제에 활력을 불어넣으려면 경제 체제의 한계점을 극복 해야 한다. 간단히 말해 '신36조'[158]만으로는 현재의 이익 구조를 '흔들기'에 역부족이다.

정부 주도의 투자가 이루어지는 관습을 왜 쉽게 버리지 못할까? 정부 관리들도 이성을 가진 사람들로 행동 결정은 제도적 동기로 이루어진다. 오로지 GDP 지표만을 기준으로 하는 제도 안에서 '연성 예산 제약'[159]은 실현 불가능하다. 중앙정부가 재정 정책의 규제를 풀면 체제 안의 개인 사업체들은(국유기업이든 지 방정부든) 진행 중인 프로젝트를 최대한 빨리 마무리 짓거나 단 기간에 거액의 투자금을 사용하는 등 더욱 많은 '이익'을 차지 하기 위해 치열한 경쟁을 치를 것이다.

이런 방식은 공무원들의 정치 업적을 높여주고 현지 경제에 단기적인 효과를 불러일으킨다. 반면 기업의 도덕적 해이, 은행 의 회수 불능 부채 등의 문제가 부작용으로 나타난다. 이와 같 이 폐쇄성이 강하고 자체 운영의 효율성이 높은 체제 안에서 프 로젝트를 잘 이끌 수 있는 '부모관'이야말로 그 자리의 최고 적 임자가 아닐까 싶다. 지도자에게나 국민에게 모두 그렇다.

다시 잔장시의 이야기로 돌아가 보자. 약 700억 위안 규모의

---

158 중국 국무원이 2010년에 발표한 민간자본의 공공부분 투자확대 내용을 담은 정책 — 옮긴이.
159 Soft budget constraint. 국가경제의 효율성과는 무관하게 대략 조직 규모에 비례하도록 자원과 예산을 나누어 가지는 것을 말한다 — 옮긴이.

철강 프로젝트 승인이 앞으로 현지 경제 및 취업에 미칠 파급효과가 얼마나 클지는 굳이 설명하지 않아도 알 수 있다. 따라서 많은 네티즌의 감정이 오직 한 사람에게만 집중되는 일은 공평하지 않아 보인다. 왕중빙 잔장시장이 직접 쓴 〈잔장의 철광, 잔장의 꿈(湛江鐵鋼湛江夢)〉이란 짧은 글에 이 프로젝트의 길고 길었던 여정이 여실히 드러나 있다. 이번 승인은 잔장시가 지난 30년간 여러 차례 관련 보고서를 제출한 뒤 얻은 쾌거이기에 그는 베이징에서 잔장시로 돌아가는 비행기 안에서 벅찬 가슴을 안고 이와 같은 글을 남겼다. "10년의 호사다마한 시간을 지나 30년에 꿈을 이뤘다. 잔장의 칠백만 동네 어르신과 마을 사람들에 대해, 둥하이다오(東海島) 건너 이주한 수천만의 농민에 대해 몇 년간 내 마음을 짓누르던 거대한 돌덩어리를 이제야 내려놓을 수 있게 되었구나! 이제야……."

이것이 바로 제도의 역할이다. 관성의 힘은 이렇듯 막강하며 모든 개인을 휘말리게 했다. 경제 발전도 이런 경로를 통해 이루어진다. 중국 경제가 정부 주도의 투자라는 길을 계속해서 걸어가는 이유도 바로 여기에서 찾아볼 수 있다.

지방발 4조 위안

2012년 거시경제 지표들은 하락세를 보였다. 올해 경제는 바닥을 찍고 다시 반등할 거라는 많은 경제학자들의 낙관적인 전망 분위기에 '찬물을 끼얹듯' 각 기관은 그 해의 성장 전망치를

8~9퍼센트대로 조정하기 시작했다. 현재 중국 경제 상황은 얼마나 안 좋은가?

예상을 빗나간 경제지표는 그저 시작에 불과했다. 경제의 연착륙과 경착륙에 대해 열띤 논쟁을 벌일 때 중앙정부 정책 측면에서는 규제완화 결정을 약간 주저하는 상태였지만 실물경제 측면에서 연착륙은 이미 시작한 상황이었다. 동시에 각 지방은 '성장 안정'이라는 구호 아래 자구적인 노력을 쏟았고 여러 프로젝트 계획 및 착수안을 속속들이 발표했다. 닝포(寧波), 난징(南京), 창샤(長沙)는 각자의 지방적 특색에 맞는 경기 부양책을 내놓았다. 그 중 창샤는 800억 위안 규모의 투자 계획을 발표했다. 구이저우(貴州)가 3조 위안에 달하는 발전 투자 계획을 내놓을 것이라는 소문이 나돌기도 했다. 밖에서는 이를 '지방발 4조 위안'이라 불렀다.

2008년의 '4조 위안'과 이번 '지방발 4조 위안'의 다른 점은 무엇인가? 지난 2008년의 '4조 위안' 중에서 정부가 투입한 자금은 같은 해 GDP 총량의 5퍼센트밖에 안 되는 수준으로, 주로 정부 재정과 은행 융자로 운영되는 자금으로 조달했다. 이에 반해 지방발 4조 위안의 자금 출처는 불투명하다. 게다가 그로 인한 경기 부양 효과는 경악을 금치 못할 만큼 엄청날 것이다.

여기서 각 지방정부도 시장의 주요 '플레이어'라는 사실을 잊어서는 안 된다. 경기가 불황에 빠지면 지방정부도 함께 힘들어진다. 재정 수입의 성장 속도가 둔화되고, 인터넷에 지방정부 파산에 관한 소문이 더욱 늘어날 것이다.

중국 재정부 발표에 따르면 2012년 7월 전국 재정 수입은 1조 672억 위안으로 전년 같은 기간에 비해 808억, 8.2퍼센트 증가했다고 밝혔다. 이는 지난 6월 9.8퍼센트 증가율에 비해 크게 둔화한 것이다. 또한 재정부는 조세 수입 성장세 하락의 주요 원인으로 경제 성장 둔화를 꼽았다. 2011년 24퍼센트의 수입 증가 속도와 비교해보면 마치 딴 세상처럼 느껴진다. 특히 지방정부 재정 수입의 주요 공급처인 토지양도금은 2012년부터 대폭 줄어드는 추세를 보이기 시작했다.

돈이 전부는 아니지만 없어서도 안 된다. 조세 수입의 성장세 둔화는 '지방발 4조 위안'을 부추기는 핵심 동기이자 약점이다. 각 지방의 '4조 위안' 이외에 세금 제도와 관련된 소식들도 자주 들린다. 선양(瀋陽)시와 우한(武漢)시 등에서 불법 모조품 판매에 따른 벌금이 무서워 문을 닫는 상인들이 속출했다.

이번엔 창샤시를 살펴보자. 창샤시가 경기 부양 계획에 투자할 목표 자금인 8,000억 위안과 비교해 2011년 한 해 창샤시의 총 재정 수입은 668억 1100만 위안이고 총 지역생산액은 5,619억 3천만 위안이다. 언론 매체 보도에 따르면 2012년 상반기 창샤시의 중점 건축공사 집행액은 총 연간 계획의 31퍼센트에 그쳤고, 핵심 비즈니스 프로젝트의 누적 투자액도 연간 계획의 21.78퍼센트밖에 미치지 못했다고 밝혔다. 비공식 통계에 따르면 6월 말까지 2012년의 중대 공사 누적 완성투자액이 56억 400만 위안에 달한다고 한다.

더 깊이 들어가면 은행과 주식시장 같은 금융 시스템의 든든한 지원 없이 '지방발 4조 위안'에 필요한 자금을 조달할 수 있을지는 미지수다. '지방발 4조 위안'의 출발점 또한 정부 부채로 그저 '성장 안정'이란 명의로 포장한 투자 충동에 불과하다는 사실은 쉽게 알 수 있다.

재정 자금이 절실한 상황에서 지방정부가 마음대로 계획을 진행하는 일은 당연해 보인다. 지역 정책과 산업 정책을 결합해 프로젝트 계획을 따내고, 국가발개위의 비준을 얻은 다음 외국기업 투자 유치를 통해 유리한 조건의 외부 자금을 끌어 모은다. 정부는 자신의 지갑을 열지 못한다.

바꿔 말하면 이렇다. 지방정부가 큰 그림을 그리고 완벽한 청사진으로 탄생시켜 정책 및 자금조달에 대한 각계각층의 전격적인 지원을 받기를 시도한다. 하지만 문제는 전면적인 정책 규제 완화가 이루어지지 못하면 '지방발 4조 위안'은 크게 성공할수 없다는 점에 있다. 남의 돈으로 생색만 낸 '빛 좋은 개살구'가 되고 만다.

앞부분에서 이미 4조 위안에 따른 많은 문제점들을 자세히 다룬 바 있다. 지방발 4조 위안도 비슷한 문제점을 안고 있다. 빠른 투자 촉진 효과가 나타난다지만 지방정부는 아직까지 시장 잠재력이 높은 사업을 선별해낼 수 있는 능력을 갖추지 못했고, 그 사업을 운영해나갈 능력 또한 부족하다. 따라서 이미 생산력이 과잉 초과된 업종에 의미 없는 거대 투자를 하거나 잘못된 기술 방향에 '베팅'을 거는 경우가 많다.

이들 프로젝트에 민간 기업이 참여하기도 하는데 이는 정부와 밀접한 관계 때문으로 정치인과 민·관 이익 공동체로 볼 수 있다. 그 과정에서 발생하는 부정부패는 잠시 접어두더라도 이들 프로젝트의 실패는 쉽게 가시화되지 않는다. 결국 문제점이 쌓여 더는 손을 쓸 수 없는 지경에 이르러 전체 국면에 영향을 끼치는 붕괴라는 결과를 낳는다. 태양광발전 사업에 참여한 모든 기업의 몰살이라는 전국을 떠들썩하게 했던 '참패극'의 배후에는 정부의 '보이는 손'이 부추긴 '공로'가 숨어 있었다.

기적은 현실에서 일어나기 어렵다. 과거 활짝 폈던 꽃도 시간이 지나면 시들해진다. 중국의 경제 둔화 추세는 앞으로 장기화될 것이다. 최근 주변 상황의 악화로 조금 앞당겨지는 것일 뿐 현재의 경제 하락 추세는 그저 시작에 불과하다.

투자, 수출, 소비로 이루어진 '삼두마차'라는 전통적인 분석의 틀 안에서 높은 투자 점유율, 높은 수출 의존도, 가계 소비 둔화 등은 종종 사람들의 비난을 받아왔다. 이런 상황에서 수출 부진이 나타난다면 '경제 구조조정'의 목소리는 더욱 커지게 된다.

그러나 중국의 과잉 투자는 표상에 불과하다. 투자 점유율이 지나치게 높지는 않은가란 문제도 별 의미가 없다. 1인당 자본 스톡으로 본다면 중국은 미국에 훨씬 못 미치는 수준으로 투자가 더 필요한 상황이다. 홍콩상하이은행이 발표한 보고서에서

2010년 중국의 1인당 자본스톡은 1만 달러로 미국의 8퍼센트, 한국의 17퍼센트밖에 안 된다고 밝혔다. 따라서 시급한 문제는 효율적인 투자를 늘리는 일이라 할 수 있다.

중국에서 과잉 투자의 문제는 잘못된 투자에 있다. 그렇다면 그 원인은 무엇인가? 장기적인 금융 규제 강화로 중국 국민은 지나치다 싶을 정도로 저축에만 매달렸다. 이에 금리 인하를 해야 한다는 목소리가 커졌고, 업계 진출의 문이 좁아지면서 '관'과 '민'의 자원 분배 양극화는 더욱 심화되었다.

'정부의 손'이 자연스러운 경제 주기 변화에 깊이 개입한다면 이는 결국 경제에서 상승과 하락의 균형을 깨뜨리고 만다. 지난 '4조 위안' 정책 아래 대부분의 은행 자금은 지방정부 또는 국유기업 관련 사업으로 흘러들어 갔다. 이에 천문학적인 신용 대출로 인한 인플레이션이 나타났고, 또한 대규모의 잘못된 투자를 초래했다. 무의미한 투자는 생산 능력의 과잉을 낳았고 민간 기업의 이윤을 압박하는 결과를 낳았다.

바로 이런 상황이 현재 중국의 투자수익이 하락하는 주요 원인으로 작용했다. 정부가 투자를 주도하면서 대량의 자금을 신용 대출에 투입했고, 이를 통해 '바오바'를 이룰 수 있었지만 그에 따른 대가는 만만치 않다. 지난 30년간 투자융자 체제 개혁에 대한 움직임이 있었지만 두드러진 성과는 거두지 못했다. 앞으로 '정부의 손'이 금융 자본을 독점하는 상황을 변화시켜야 한다. 그래야만 장기적인 성장 동력을 다시 회복할 수 있다.

지금까지 살펴봤듯이 중앙정부의 4조 위안이든 지방발 4조 위안이든 둘 다 경제의 어려움을 해결하기 위해 꼭 필요한 조치는 아니다. 필요한 것은 4조 위안이 아니라 적극적인 개혁이다. 미래 경제 성장은 모든 요소들의 전반적인 성장률 증가에 의존해야 한다. 단기적으로는 역주기 조절정책, 그러니까 통화 정책의 구조적 완화, 전면적인 조세감면 혜택 등을 실시해야 하고, 중장기적으로는 제도의 개혁에 중점을 두어야 한다.

　개혁은 정부 권력의 범위를 제한하는 일에서부터 출발해야 한다. 정부가 '게임장'을 떠나 정책 결정자의 자리로 다시 돌아가 제도화를 통한 관리 및 규제에 대한 권력 강화 등 본연의 역할에 더욱 충실해야 한다.

　이를 다른 말로 바꿔 말하면 '지방발 4조 위안'이 효과를 높이려면 지방정부가 위에서 강조한 정책 결정자로서 역할에 충실하는 수밖에 없다. 한편 지역 간에 격차가 더욱 벌어질 우려가 있다. 적절한 경기 부양 정책으로 미래 권익을 확실히 보장해주며 약속 이행에 대한 신뢰도가 높은 지방정부는 투자 유치에서 다른 지역을 앞서나가게 될 것이다. 이와 반대로 정책적인 특혜 조치만 강조하거나 기본 권익 보장을 해주지 못한 지방정부는 민간 기업의 마음을 결코 움직일 수 없다. 여태까지 '메이라오반'[160]이 석탄 회수만을 강행해온 몇몇 지역은 짧은 시간 안에 투자 자본을 유치하기 어려울 것이라 확신한다.

160 煤老板. 탄광 주인 또는 사장 — 옮긴이.

정부가 약속 이행에 대한 신뢰도를 확립하면 이는 건전한 시장경제 분위기를 조성하는 데 든든한 울타리가 되어준다. 과거 중국의 민간 기업이 단기적으로 빨리 돈을 버는 일에만 매달렸던 까닭은 그저 자고 일어나면 바뀌어 있는 정부 정책에 일일이 대응할 수 없었기 때문이었다. 정부가 민간 기업이 금융 자원을 이용해 독점 산업에 진출할 수 있도록 규제를 풀어준다면, 이는 분명 민간 기업이 장기적인 계획을 세우는 데 도움을 줄 뿐 아니라 총 요소생산율을 높이는 데도 유리하게 작용해 미래 성장을 위한 든든한 지원군 역할을 할 것이다.

막대한 채무는 경제가 앓고 있는 몸살이 드러난 것이다. 이를 잘 치료하지 못하면 경제가 장기침체에 빠질 가능성이 크다. 이런 이유로 '대수축(Great Contraction)'이란 개념을 둘러싼 열띤 논쟁이 펼쳐지고 있다.

대수축
: 글로벌 채무위기 속의 중국

2008년 이후 세계 경제는 큰 변화를 겪었다. '포스트 금융위기 시대'라는 말이 2010년부터 널리 사용되기 시작했고, 2011년에는 글로벌 경제 번영이라는 허황된 꿈이 산산조각 났다. 미국, 독일, 프랑스, 일본, 영국, 이탈리아 등 선진 6개국 중 2011년 2분기 GDP 성장률이 2008년 위기 이전 수준을 회복한 국가는 한 곳도 없었다. 회복이 가장 빨랐던 미국과 독일도 그저 위기 이전 수준에 근접한 것에 그쳤다.[161]

마치 자고 눈을 떠보니 세계 경제가 2008년 미국 금융위기 때와 같이 낭떠러지로 내몰리게 된 듯했다. 미국의 국가 신용도가 하락했고, 세계 주식시장이 폭락했으며, 유로화 채무위기가 연이어 발생했고, 중국 경제 속도가 느려졌으며…… 등등. 2차 주

---

161 영국 《파이낸셜타임스》 보도 내용. http://www.ftchinese.com/story/001040482.

가 폭락에 대한 사람들의 우려는 최근 2년간 경제 회복세에 따라 조금씩 사그라지는 상황이지만 최근 나타나는 시장 지표들의 하락은 또 다른 진실을 말해주고 있다. 바로 공적채무위기의 '새로운 습격'이 곧 시작된다는 현실이다.

미국 채무 상한선 문제든 유로존의 국채 위기든 아니면 중국 지방정부 부채에 대한 걱정이든 모두 앞으로 레버리지 효과가 일어날 가능성을 암시하고 있다. 여기서 중국이 받을 충격은 어느 정도일까? 30년간 지속해온 8퍼센트대의 고속 성장으로 2008년 금융위기의 충격으로부터 벗어난 중국 경제는 얼핏 보아 잘 돌아가고 있는 것으로 보인다. 그러나 이 또한 하나의 환각에 불과할지도 모른다.

이번 글로벌 경기 둔화 속에서 중국 경제는 독보적인 행보를 이어갈 수 있을까? 공개적인 자리와 비공개적인 자리를 막론하고 경제학자들은 중국 경제가 경착륙이냐 연착륙이냐에 대한 논란을 시작했고 지금은 경착륙의 방법과 시간이 중심 화두로 바뀌었다. 그렇다면 경착륙의 판단 기준은 무엇인가?

먼저 끊임없이 경기 쇠퇴를 주장하는 '닥터둠'[162]인 누리엘 루비니의 관점을 살펴보자. 그는 중국 경제 상황에 대해 만약 연간 GDP 성장률이 8퍼센트보다 떨어지고 인플레이션은 5퍼센트보다 높은 수준이 1년 동안 지속된다면 중국 경제의 '경착륙'

---

162 경제비관론자들을 지칭하는 말이다. 1987년 뉴욕 증시 대폭락(블랙 먼데이)을 예견한 미국의 투자전략가 마크 파버(Faber)가 고객들에게 보유 주식을 현금화하라고 권유했는데 이때부터 '닥터둠'이라는 별칭으로 불리기 시작했다 — 옮긴이.

이 시작된다고 주장했다.

왜 8퍼센트가 중요할까? 이 수치는 정부가 추구하는 취업률을 만족시킬 수 있는 수준임과 동시에 중국 경제 성장의 수익률을 보장하는 분기점을 의미한다. 현재 중국의 잠재 성장률이 떨어지고 있는 상황에서 투자 중심의 경제 모델이 경제 둔화에 따른 위기에 빠지게 되면 외부적으로 안정되었던 구조도 불안해진다.

과도한 투자는 반드시 거품을 동반한다. 하지만 이런 법칙을 미리 알고 대응하는 사람이 중국에 그리 많지 않다. 루비니는 중국처럼 한 해 GDP 중 반 이상을 다시 투자에 쏟아 붓는 국가는 아직까지 찾아볼 수 없다며 매우 놀라워했다. 이런 중국 모델은 세 가지 불리한 결과를 초래했다. 은행 부실 대출의 지속적 증가, 거대한 공적 채무의 증가, 여러 산업의 생산력 과잉 문제가 바로 그것이다. 이렇게 누적된 부실 대출과 공적 채무는 결국 경제 둔화를 촉진시킨다. 중국 정부가 과잉 투자와 높은 인플레이션 증가율에 대한 효과적인 개혁 조치를 단행하지 않는다면 중국이 2013년 이후 경착륙에 빠질 가능성은 40퍼센트로 높아진다.

중국 경제학자 샤빈(夏斌)은 루비니와의 면담에서 경제 발전속도가 둔화된 뒤 경착륙에 들어서는 기준을 다음 두 가지로 요약했다. '첫째는 사회의 안정에 직접적인 영향을 끼쳤는지 여부고, 둘째는 전체적인 금융 시스템의 안정에 직접적인 영향을 주는지 여부다.' 공적 채무는 금융 시장에 큰 타격을 줄 뿐 아니라 중국의 체계적 위험[163]에 끼치는 파급효과도 절대 간과할 수 없다.

중국 국가회계국이 집계한 2011년 통계에서 전국 성, 시, 현 (省市縣) 지방정부의 총 부채 규모는 10조 7,000억 위안으로 2010년 GDP의 27퍼센트를 차지했다. 이는 많은 경제학자들이 내놓은 전망치보다 낮은 수치다. 스티븐 그린(Stephen Green) 스탠다드차타드은행(Standard Chartered Bank) 중국 리서치 팀장은 중국 중앙정부와 지방정부의 공적부채총액이 GDP에서 차지하는 비율이 70퍼센트에 육박할 것이라고 예상했고, 루비니는 GDP의 80퍼센트에 달한다고 예상했다. 사실 2015년 각 성급 정부가 신고한 지방정부 부채 총액이 16조 위안을 넘어서면서 외부 세계가 이 수치를 저평가했었다는 사실을 입증해보였다.

많은 금융위기 관련 연구에서 과도한 부채는 신용 대출 붕괴로 이어진다는 점을 여러 번 강조했다. 하버드대학 케네스 로고프 교수 등이 참여한 연구에 따르면 팔백 년 동안 역사적 금융위기 관련 통계 자료에서 국가, 은행, 기업과 개인은 경기가 좋을 때 채무를 계속해서 늘려가지만 나중에 경기 쇠퇴를 피할 수 없게 되었을 때 나타날 위험에 대해서는 전혀 고려하지 않는다. 더욱 심층적으로 분석해보면 가계 부채보다는 국가 부채나 정부 담보 부채 문제가 더욱 심각하며, 후자는 금융위기를 일으키는 원흉이라고 주장했다. 국가 부채와 정부 담보 부채는 '초월

---

163 Systematic Risk. 투자이론에서는 베타계수라고 하는데 증권시장 또는 증권 가격 전반에 영향을 미치는 요인에 의하여 발생하는 투자위험을 말한다 — 옮긴이.

적인 신용'을 갖기 때문이다. 이들 부채는 규모를 무한대로 늘릴 수 있으며, 장기적으로 시장의 검열을 받을 필요도 없다. 게다가 이런 채무는 최소한의 담보 조건도 생략되고 대부분 은밀하게 진행되기 때문에 '부채가 더는 버틸 수 없는' 임계점에 달할 때야 비로소 그 심각성이 세상에 공개된다. 케네스 로고프 교수는 현행의 관리 규제 제도 아래에서 채무위기는 피할 수 없으며 실패도 마찬가지라고 주장했다.

이를 위해 공공부채에 대한 투명성을 높이고 또한 과거의 평가 기준을 현실에 더는 적용할 수 없음을 인정하는 실무적 태도를 확립해야 한다. 다시 말해 정부 신용으로 저금리 대출을 받는 시대는 이미 끝났다는 말이다. 18세기 철학자가 말한 것처럼 모든 가치를 재평가해야 하는 시대가 왔다.

대수축: 같은가, 아니면 다른가?

2011년 세계경제포럼 하계 회의인 다보스포럼의 주제는 '질적 성장 주목, 경제 구조 통제'였다. 언론 매체의 '스타'로 다롄(大連)포럼에 참가한 주민(朱民) 국제통화기금 부총재는 많은 이들의 이목을 집중시켰다. 주민 부총재는 업계가 보편적으로 안고 있는 세 가지 우려를 제시했다. 첫째, 유럽 국가들의 채무위기가 은행 업계까지 확산될 것인가? 둘째, 미국 적자 위기의 심화가 미국 경제 회복의 발목을 잡아 2차 주가 폭락이 발생할 위험은 없는가? 셋째, 강력한 긴축정책을 추진할 가능성은 어떠하며 레버리지화 과정에서 정체 현상이 나타날 위험성은 없는가?

결론적으로 말하면 주민 부총재는 2차 주가 폭락의 가능성은 거의 희박하다는 의견을 밝혔고 그해 많은 언론 매체들은 이를 머리기사로 다루었다. 그러나 주민 부총재는 경기 하락을 피하는 조건에 대해 "현재는 위기에서 가장 결정적이고 위급한 단계이다. 정부가 결단적이고 효과적인 대책을 취하지 않는다면 경제 하락으로 떨어질 가능성은 배제할 수 없다"라고 지적했다.

보아하니 대중은 이번 위험 경고를 심각하게 받아들이지 않을 것으로 보인다. 최근 몇 년 동안 위기 대응을 위한 여러 정책들이 시행착오를 겪으면서 정책 결정자든 시장 참여자든 정도에는 차이를 보이지만 모두 미래 거시정책에 대한 선택의 폭이 점점 좁아지고 있음을 인식하고 있다. 앞으로 재정 정책과 통화정책은 더욱 심각한 한계에 부딪칠 것이다. 먼저 시장 혼란에 따른 중국의 체제적 위험이 더욱 심화될 가능성은 점차 현실화되고 있다. 한편 세계 금융업에서 레버리지화는 아직 진행 중이기 때문에 경제 재편성 과정에서 피할 수 없는 정치적인 대가를 치러야 하며 이에 많은 국가들의 성장이 제자리걸음을 하게 될 것이다.

이와 같은 패러다임의 변화 속에서 2차 수축, 2차 주가 폭락 또는 새로운 금융위기를 잠시 잊는다고 해도 금융위기 이전 10여 년 동안 급성장을 이룬 글로벌 경제 주기가 이미 지난 추억이 되었다는 점은 부정할 수 없는 사실이다.

'제2의 대수축(The Second Great Contraction)'이라는 개념은 케네스 로고프 하버드 대학 교수 등의 연구에서 처음 사용된 뒤 널리 퍼졌다. 케네스 로고프 교수가 피터슨국제경제연구소 (PIIE)의 카르멘 라인하트 선임 연구원과 공동으로 저술한《이번 엔 다르다*This Time is Different*》에서 21세기 이후 십 년 동안 발생한 미국발 전 세계 금융위기를 '제2의 대수축'이라고 정의 했으며, '제1의 대수축(The First Great Contraction)'은 1930년대의 대공황을 지칭한다.[164]

　그들은 팔백 년 동안 66개국에서 반복된 호황과 불황의 역사 자료를 통해 금융 흐름의 일정한 패턴을 발견했고, 어떤 패턴이 든 위기의 가장 근본 원인은 과도한 부채에 있다는 사실을 찾 아냈다. 정부나 은행, 회사나 소비자들이 호황 때 과도하게 늘 린 부채는 반드시 시스템의 위기를 불러온다는 내용이었다. 영 국《파이낸셜타임스》의 마틴 울프(Martin Wolf) 수석 경제논설위 원도 이 '제2의 대수축'을 집중적으로 논의했다. 그는 '2차 주가 폭락'에 대해서 부정적인 관점을 확실히 밝히면서 더욱 비관적 인 이유를 들어 자신의 주장을 뒷받침했다. "제가 이렇게 주장 하는 이유는 아직도 제1의 대수축은 끝나지 않았다고 생각하기 때문입니다."

　위기를 이해하는 일은 위기를 해결하는 출발점이다. 케네스 로고프 교수는 인성은 불변하므로 금융호황이나 금융위기는 매

---

164 케네스 로고프의 〈대공황을 끝내기 위해 필요한 새로운 조치는 무엇인가?〉 참고, http://www.ftchinese.com/story/001040047.

번 많이 달라 보일 수 있으나 모두 다른 국가들 또는 자신들이 과거에 겪었던 위기와 아주 많은 공통점을 갖는다고 주장했다. 그는 채무증서를 둘러싼 피할 수 없거나 잠재해 있는 리스크를 인식하고 채무에 관련된 위기와 기회 간에 알맞은 균형을 조절할 수 있어야 하며 이는 정책 결정자, 투자자와 일반 대중 모두 간과해서는 안 되는 도전이라고 덧붙였다.

바쁘게 두 발로 뛰어다니는 각급 정부의 역할 이외에 중앙정부의 역할도 중요성이 점점 커지고 있다. 2013년에 갑작스레 발생한 자금경색으로 인해 중국 금융 체제의 취약성은 여실히 드러났다. 사실 모든 위기의 전과 후에 중앙정부는 언제나 가장 중요한 힘을 발휘한다. 큰 틀에서 본다면 중앙정부가 이런 힘을 제대로 발휘할 수 있는지 여부가 바로 중국 경제의 미래를 결정한다고 볼 수 있다.

중앙은행발 자금경색의
진상

중앙은행, 개입이 필요할 때는 손을 써야 한다.

큰 폭풍우는 나비의 날갯짓처럼 작은 변화에서 시작된다.

2013년의 해가 뜨기 직전 중국발 금융위기에 관한 다양한 관측이 쏟아져 나왔고, 시장의 관심은 은행 간의 시장으로 쏠렸다. 그러다 2013년 6월 시장에 큰 이변이 일어났으며 이는 역사상 최초의 기록이었다. 유동성을 나타나는 방향계로서 역할을 해온 중국 상하이 은행 간 대출금리(SHIBOR)가 6월 20일 하룻밤 사이에 13.444퍼센트로 최고치를 찍으며 역사적인 기록을 갱신했다. 2013년 초반 이후 이 금리는 그저 3퍼센트대를 유지해왔다. 그러던 금리가 일주일 사이 11.004퍼센트를 기록하면서 10퍼센트대를 돌파했다.

이 놀라운 소식은 순식간에 전국으로 퍼져나갔다. 은행의 채무불이행부터 정부 개입에 이르기까지 많은 추측과 루머가 쏟아져 나왔고, 그 진위 여부를 밝히는 일이 계속 반복되었다. 같은 하늘 아래 막막한 먹구름과 짙은 안개서 고통 받는 사람과 그들의 고통을 즐기는 사람이 함께 숨쉬었다.

중국 경제의 기초체력이 하루아침에 나빠질 수는 없다. 그렇다면 은행 간 시장에서 촉발된 최악의 자금경색은 어떻게 된 일인가? 세계에서 가장 규모가 큰 중국 중앙은행은 전 세계에서 가장 많은 자금을 확보하고 있는 중국 은행업이 '자금경색' 흐름에 빠지는 상황을 냉담한 태도로 외면하면서 딜러들에게 많은 화젯거리를 남겼다. 이런 상황은 무엇을 말하는가? 중국 중앙은행은 수수방관의 자세를 취하며 아무런 발언도 하지 않았지만 사실 적지 않은 신호를 보냈다. 통화 정책의 방향을 바꾸기 시작했으며, 리커노믹스[165] 중 통화 정책의 일부분이 처음으로 그 모습을 드러냈다. "시중의 자금 저장량의 유동성을 확대해 실물경제의 발전을 돕는다." 이 말에 대한 해석은 다양했지만 공통적으로 통화 공급의 증가 속도 억제를 의미한다고 전망했다. 이런 논조는 대중의 뜻을 충분히 고려한 결과로 보인다. 대중에게 가장 익숙한 광의통화(M2)[166]와 국내총생산(GDP) 비중을 살펴보면, 2012년 말 중국의 GDP대비 M2 비중은 188퍼센트에 달했고, 이는 선진국과 신흥시장보다 높은 수치로 여전

---

165 Likonomics. 2013년 들어선 제5세대 시진핑 지도체제에서 중국 경제 정책을 책임지고 있는 리커창(李克强) 총리의 이름과 이코노믹스(economics)를 조합한 단어 — 옮긴이.
166 시중에서 유통되는 돈의 흐름을 파악하는 기준으로, 협의통화(M1), 광의통화(M2), 총유동성(M3) 등이 있다 — 옮긴이.

히 증가하는 추세를 보이고 있다. M2는 같은 해 말까지 100조 위안을 넘길 것으로 예상되며, 위안화 예금 잔고는 5월에 99조 3,100억 위안에 달할 것으로 점쳐지고 있어 중국 경제는 '바오 바'를 달성하기 힘들 것으로 보인다.

GDP 대비 M2 비중은 금융심화를 나타내는 지표로 처음 사용되면서 중국에 널리 잘 알려졌지만 한편 이 지표에 대한 오해도 함께 확산되고 있다. 이 지표를 인플레이션 증가 또는 통화 발행의 과잉으로 해석하는 것이 가장 전형적인 오해다.

이른바 재정 저축량의 활성화란 신용 대출에서 새로 늘어난 부분에 대해 관리 및 통제를 하겠다는 의도가 숨어 있다. 즉, M2의 증가율을 높이겠다는 의미다. 포부는 원대하지만 현실은 냉혹하다. 통화는 아무런 근거 없이 활성화되지 않는다. 보기에 많아 보여도 통화량이 실물경제에서 사용되는 비중은 그리 크지 않다. 하지만 이 통화량은 이미 실물경제 안에서 유통되고 있기 때문에 실물경제 운영과 떼려야 뗄 수 없는 깊은 연결고리를 가지고 있다. 여기서 자금 저장량은 시장에서 '무용지물'로 유동성이 멈춰져 있는 '재정 저축량'을 말하는 것이 아니라 각각의 거래에서 효율적으로 유통되는 '자금 저장량'을 가리킨다.

통화시장과 주식시장은 모두 금융시스템의 유기적 구성 부분으로 이들 시장의 효율적인 운영은 경제 안정에 큰 영향을 끼친다. 중국의 금리가 아직 시장화를 이루지 못한 상황에서 은행 간 시장에는 분명 여러 다양한 '유혹적인 기회'가 넘쳐나게 된다. 이 점으로 미루어 볼 때 본질적인 면에서 이자율과 대부분의 상품 간에는 별다른 차이가 없다고 할 수 있다. 철저한 시장화가 이루어지지 않는다면 다양한 방식의 암시장 뒷거래와 금리차익거래가 성황을 이룬다는 점에서 모두 같다. 몇 년 전 주식시장의 활황으로 돈을 번 사람들에게 적지 않은 시기와 질투가 쏟아졌었다. 그러다 주식시장 상황이 안 좋아지고 그들이 손해를 보자 많은 사람들이 박수를 치며 좋아했다. 문제는 금리차익거래에 대한 규제가 실행되고 있지만 여전히 차익거래는 성행하기 때문에 비난을 받아야 하는 대상자는 사실 금리차익을 사고 판 당사자가 아니라 정책 결정자다.

바로 이런 점 때문에 중앙은행은 은행 간 시장에 대해 무관심으로 일관하면서도 고의든 아니든 '자금 저금량을 활성화하자'는 제안을 내놓았다. 그래도 여전히 '최후대출자'라는 중앙은행의 역할에는 전혀 근접하지 못했다. 유동성이 낮아지면 시중에 돈을 풀어 유동성을 높이고, 유동성이 넘쳐나면 돈을 묶어 유동성을 낮추는 역할이 바로 중앙은행의 본분이다. 은행이 금융 신용 대출 역할을 잘 수행할 수 있는 기본 밑바탕은 안정적, 정상적으로 돌아가는 은행 간 시장의 존립에 있다.

더 나아가 많은 경제학자들은 이번의 긴축이 과거의 양적완화 통화 정책을 보완하는 수준에 불과하다고 입을 모은다. 과거의 양적완화 통화 정책에서 과오를 범했을 수도 있다. 그런 상황에서 이번에도 시장의 목소리에 귀 기울이지 않고 긴축을 강행한다면 지난 과오를 또 다른 과오로 대체하는 꼴밖에 되지 않는다. 이번의 주식시장 폭락은 중국 거시 정책과 금융 시장 간에 수많은 관계들이 뒤엉켜 있다는 점을 마치 거울처럼 반영했다. 거시경제의 정책을 조절하기 위해 은행 간 시장의 무질서한 혼란을 실행 수단으로 삼을 수는 없다. 유동성 위기를 해결하기 위해 신용 대출의 증가 속도를 억제하는 것도 분명 최선의 방법이 아닐 것이다. 거시경제 자체가 지니는 문제점을 '수박 겉핥기'식으로 금융 시장을 통제하는 방식으로는 해결할 수 없다.

오래전 영국《이코노미스트》편집장이었던 월터 배젓이 확립한 잉글랜드은행의 원칙은 현재까지 적용되고 있다. 대공황시기에 중앙은행은 필요로 하는 은행에게 충분한 고금리 수준의 유동성을 제공해주어야 한다는 원칙이다. 중앙은행의 '묵묵부답'은 더 많은 추측과 루머들이 판을 치게 만들어 시장의 동요를 일으킬 뿐이다. 개입이 필요할 때는 나서야 한다.

필자는 출판사로부터 위기 이후 이번 사건을 드라마틱하게 묘사한 소설 한 편에 추천사를 써달라는 요청을 받았다. 필자는 이렇게 썼다. "2013년 6월 발생한 '자금경색사태'는 중국인이 경험한 금융위기와 가장 근접한 사건이었다. 중국의 '리먼브라더스 사태'로 칭해도 전혀 손색이 없을 정도였다. 유동성이 넘쳐나는 상황에서 나타난 '자금경색'은 깊이 성찰하게 만든다. 세계에서 가장 큰 규모의 중앙은행이 세계에서 가장 많은 자금을 가진 중국의 은행들이 '자금경색' 대열에 이름을 올리도록 수수방관한 점은 매우 역설적으로 보인다. 그 가운데 합리성은 어디에서 찾을 수 있는가? 이 사건은 분명히 중국 금융사에 길이 남을 것이다. 그 중 관계 당국의 관계자, 책임자, 시장과 대중 등 각 계층이 각자의 위치에서 어떤 역할을 수행했는지 어떤 업적을 남겼는지에 대해 당장의 단기적인 평가와 미래의 장기적인 평가는 분명 큰 차이를 보일 것이다. 하지만 장기적인 평가는 앞으로 후대의 평가를 기다려봐야 한다."

중국 금융위기는 얼마나 남았는가?

2013년 6월 25일은 '블랙먼데이'였다. 중국 상하이 종합지수가 일순간에 1,900선 아래로 대폭락한 날이다. 이날 필자가 사무실 안으로 바쁘게 걸어 들어갈 때 경제부서가 아닌 다른 부서에서 일하는 직원이 물었다. "금융위기가 발생할까요?"

이런 질문은 이제 새롭지 않다. 일반 투자자들이 이 같은 질문을 한다면 시장에 대한 집단적 심리가 변하고 있음을 의미한다. 중국 A주식은 실물경제와 동떨어져 있다는 문제점을 자주 지적받았다. 그러나 최근 들어 A주식은 거시경제의 방향성과 많은 연관성을 보이기 시작했다. 주식의 폭락은 시장의 불안 심리를 반영할 뿐 아니라 나아가 미래 A추세에 대한 비관적 심리를 더욱 깊게 반영했다.

장기적인 요소를 배제하면 유동성은 시장의 가장 큰 골칫거리다. 현재 중국을 뜨겁게 달구고 있는 '자금경색'이란 단어의 출처도 바로 이 유동성이다. 훗날 자본시장의 암흑 시기를 되돌아 본다면 진정한 중국판 '리먼브라더스 사태'는 6월 25일의 A주식 폭락이 아닌 6월 20일의 주식시장 위기로 봐야 한다. 왜냐하면 전자는 후자의 여진에 불과하기 때문이다.

그렇다면 중국에서 왜 '자금경색'이 발생했는가? 먼저, 은행에서 단기적인 유동성 관리라는 자연적인 수요가 발생했고 중국의 저금리 상황은 이런 수요를 더욱 증가시켰다. 시장은 언제나 자금에 대한 큰 수요를 필요로 하기 때문에 '자금경색'은 계속해서 시장을 배회하고 있는 셈이다. 단지 규모에서만 크고 작은 차이만 있을 뿐이다. 둘째, 중앙은행은 유동성의 최종공급자로서 통화시장에 유동성의 문제가 발생할 징조가 나타나면 바로 개입해 균형을 유지하도록 조절해야 한다. 이를 통해 통화시장이 자체적인 순환만을 반복하며 얼어붙는 상황을 막아야 한다. 그렇지 못하면 금융 시장의 전체적인 질서가 무너진다. 앞에서 6월 20일 이후 중앙은행이 행동에 나서야 한다는 점을 강조했던 이유가 바로 여기에 있다. 중앙은행은 월터 배젓의 원칙에 따라 시장에 긴급 유동성을 제공하는 역할을 수행해야 한다.

6월 25일, 몇 년과도 같았던 나흘의 시간을 기다린 후, A주식시장이 붕괴 직전까지 가는 초긴장 분위기에서 중국 중앙은행이 드디어 시장에 손을 내밀었다. 중앙은행은 거시 건전성 관리 요구 조건을 만족시키는 금융기관에 유동성을 지원하겠다고 발표했으며, 시장을 안심시키기 위해 통화시장의 금리가 이미 안정되었다고 밝혔다. "시기와 감정 등의 문제들이 해결되면서 금리불안과 유동성부족에 대한 우려도 점점 수그러들 것이다." 이에 따라 중국 상하이 은행 간 대출금리의 변화에서 긴장 국면은 다소 해소되었음을 감지할 수 있었다.

지금에 와서 보면 주식시장이 '규모 9.0의 지진(중국의 시장파 경제학자 가오산원高善文의 말)'을 비교적 평탄하게 잘 견뎌냈지만, 그에 따른 대가는 실로 엄청났다. 일각에서는 이를 '스트레스 테스트'로 보기도 하고, '악동들 벌주기'로 보는 시각도 있다. 또한 습관적으로 정치적 해석을 하는 사람도 적지 않다. 하지만 금융 시장은 자체적인 논리와 규율을 가지고 있으며 당시의 상황도 매우 급박하고 위태로웠다고 볼 수 있고, 이번 일로 중국의 방대해진 금융 시스템의 취약점들이 적나라하게 드러났다는 사실을 잊지 말아야 한다. 화폐는 가지고 노는 '장난감이' 아니다. 한 번의 결정적인 실수로도 '악동들(말 안 듣는 상업은행, 신탁회사 등등)'은 그에 따른 벌을 받게 된다. 경제 호황이 금융위기로 확산될 가능성은 더욱 크다.

역사를 살펴보면 금융위기는 대개 '자기실현'의 과정이라 볼수 있다. 그 과정 사이에 열풍, 거품, 공황, 붕괴 같은 다양한 변주를 동반할 뿐이다. 2008년 글로벌 금융위기에 대한 어느 연구에서 금융위기의 확산은 무역 같은 실제 요소 때문이기도 하지만 그보다 더욱 핵심적인 이유는 공황 자체의 '자기실현'에 있다는 결과를 내놓았다. 이런 점으로 미루어 볼 때 중국 중앙은행이 냉담한 태도를 바꾸고 시장에 유동성을 공급하기 위해 내민 손은 '공급 확대'라기보다는 '급한 불 끄기'로 평가받아야 마땅하다.

지금 되돌아보면 중국의 관리 감독자들은 최근 들어 투자 과잉, 생산 과잉, 그림자 은행 등 다양한 폐단에 대해 강조를 거듭해왔다. 여기서 그들이 경제동향을 상당히 명확하게 판단하고 있었음을 알 수 있다. 시장도 '리커노믹스'에 따른 변화를 기대하고 있다. 개혁은 반드시 필요하다. 그에 따른 대가도 반드시 치러야 한다. 그렇다 해도 '수박 겉핥기'식으로 은행 간 시장을 휘젓는 일로 첫 단추를 끼우는 일은 피해야 한다.

은행업은 금융시스템에서 가장 핵심적인 부분이면서 가장 취약한 부분이기도 하다. 은행은 선천적으로 갖는 불안정성 때문에 거시경제 차원에서 자주 큰 파장을 일으킨다. 은행업의 외부성 초과는 다른 업종에 비해 상당히 크다. 따라서 은행 업계에 일단 빨간불이 켜지면 모든 사람들은 양성 또는 음성적 비용을 피할 수 없다. 그 누구도 예외가 될 수는 없다. 바로 이런 점 때문에 은행 간 시장이 안정성을 잃게 되면 은행업의 신용 체제가 영향을 받게 되고, 그로 인한 파급효과는 상당히 심각하다.

일단 금융위기가 터지고 나면 그 손실은 고스란히 은행 시스템에 남으며, 위기를 벗어나기 위해 발생하는 비용은 전체 은행업 규모에 따라 달라진다. 일본을 예로 들어보면 1990년 은행 파산으로 인해 발생한 손실은 고스란히 납세자의 부담이 되었는데, 총 손실 규모가 국내총생산의 4분의 1수준에 달했다. 현재 중국 은행 업계의 규모는 엄청나게 방대하다. 이는 1980년대 일본을 방불케 하는 수준이며, 중국 은행 중 세계 대열에 이름을 올린 은행도 한두 곳이 아니다. 《루자쭈이포럼(陸家嘴論壇)》에서 호주뉴질랜드은행(ANZ BANK)의 중국 지부 수석 이코노미스트 겸 《파이낸셜타임스》 중국 사이트의 칼럼리스트 류리강(劉利剛)은 현재 중국 은행의 자산 규모는 국내총생산 대비 250퍼센트에 달하며, 국내총생산 대비 은행의 자산 규모가 세계에서 가장 큰 국가에 올랐다고 지적했다. 한편으로 이는 중국발 금융위기가 발생하면 그에 따른 손실 또한 세계 역대 최고에 이를 것이라는 점을 시사한다며 우려하기도 했다.

이번 글의 제목인 '중국 금융위기는 얼마나 남았는가?'의 문제로 다시 돌아가 보자. 금융위기는 아직 중국으로부터 멀리 떨어져 있는 것 같다. 중국 경제는 아시아 금융위기 때 개혁을 단행하여 운 좋게 위기를 피했고, 2008년 금융위기 때는 투자에 의존해 '단독콘서트'를 성황리에 끝내기도 했다. 그렇다 하더라도 금융위기는 현대 경제에서 나타나는 현상으로 어떤 경제체이든 그로부터 완전히 자유로울 수는 없다. 중국 실물경제가 안고 있는 '고질병'은 강도 높은 구조개혁을 통해 고쳐야 한다. 그 과정은 물론 매우 고통스러울 것이다. 그렇다면 이를 위한 정확한 정책 노선이란 무엇인가? 이미 앞에서 여러 번 강조한 바 있듯 투자에 의존하는 중국 노선의 변화를 추진해야 한다. 여기에는 물론 전통적인 중국 지방 간 경쟁 모델에 대한 철저한 개혁도 포함되어야 한다. 이런 의미에서 해석한다면 정치적 의사 결정과 경제 논리를 한 세트로 묶어서 다루어야 한다.

신탁위기 뒤에 숨어 있는 은행위기

'자금경색'의 배후에는 중국 금융 운영의 팽팽한 긴장 상태가 깔려 있었다. 주요 '플레이어'는 다름 아닌 세간의 주목을 받아온 신탁업이었다. 최근에 이룬 급속한 발전으로 많은 리스크가 쌓였고, 신탁의 약속 불이행에 대한 불안감이 고조되고 있었다.

2014년 말띠해 새해가 밝아 웨이신 홍바오[167]가 행운을 전달하고 있을 시기, 중국 신탁업계에는 '원금 보장'의 마지노선이 무너질지도 모른다는 그림자가 짙게 깔렸다. 이와 대조적으로 신흥 산업이 기존 산업을 대체하는 뚜렷한 현상이 나타나기도 했다. 중성신탁(中誠信託)이 발행한 '성지금개(誠至金開) 1호'[168]의 신탁상품 위기는 잘 마무리되었지만, 대부분의 사람들은 비슷한 위기가 또 찾아올 것이라고 확신했다. 지린신탁(吉林信托) 등이 그 대표적인 예다.

2014년에도 그들의 운명을 바꾸기는 쉽지 않을 것으로 보인다. 2분기, 3분기에 상당한 규모의 자산관리 신탁상품들의 만기일이 다가와 최절정에 이를 것이다. 문제는 만기에 상품 약속 불이행의 발생 여부 정도가 아니다. 신탁상품 위기가 언제 어디

167 중국의 소셜 네트워크 서비스인 웨이신에서 지인들에게 세뱃돈을 줄 수 있는 서비스 — 옮긴이.
168 2014년 1월 중국 공상은행(工商銀行)에서 판매된 중성신탁의 신탁상품 — 옮긴이.

서 일어날지 예측 불가능하며 그에 따른 파급효과도 막대하다는 데 있다. '성지금개 1호' 하나였을 때에는 상황을 파악하기가 어렵지 않았다. 하지만 하나였던 문제가 전체로 퍼져나가면 그 후폭풍은 사람들을 공포에 떨게 만든다.

신탁업은 왜 이렇게 중요할까? 이 업계에 대한 규제의 틀 안에서 다양한 분야의 영업허가증을 보유하고 있는 신탁업체들은 중국에서 특수한 지위를 확보하고 있다. 그들은 증권, 신탁, 부동산, 자산관리 등 각기 다른 루트를 하나로 연결해 '금융백화점'으로 불리기도 한다. 바로 이런 이유로 신탁업의 흥망성쇠에도 중국만의 특색을 보인다. 개혁개방 이후 '풀어주면 혼란을 겪고, 긴축하면 바로 쓰러지는' 혼란의 반복적인 순환을 벗어나지 못하고 있으며, 거의 5~6년마다 혼란과 회복이 반복되고 있다.

최근 몇 년간 이 상황은 거시적 정세 변화로 더욱 심화되고 있다. 먼저 투자가 크게 호황을 누리면서 중국 내의 M2가 두 배 이상 불어났다. 그에 따라 넘쳐나는 자금은 황급히 갈 곳을 찾아야만 했다. 다음으로 장기적인 금융억압으로 투자 경로가 막혔고, 부동산 같은 업종에는 자금이 많이 부족했다. '신탁 열풍'은 이런 시대적 요구에 따라 자연스럽게 나타났고, 주택구입자, 은행, 부동산 등 업종 내에서 매개체 역할을 했다.

이에 따라 신탁업은 중국에서 레버리지 비율[169]이 가장 높은 업종으로 떠올랐다. 최근 신탁회사들이 증자해서 주식을 늘렸

---

169 기업이 타인 자본에 의존하고 있는 정도를 나타내는 비율로 '부채성 비율'이라고도 한다 — 옮긴이.

다는 뉴스를 자주 접한다. 통계 자료를 살펴보면 2013년 45곳의 신탁회사들이 달성한 총수익은 662억 6,300만 위안으로 전년 동기 대비 23.91퍼센트 증가했다. 더욱 놀라운 사실은 신탁회사들이 관리하는 자산이 2013년에 10조 위안을 넘어섰으며, 이는 전년 동기 대비 60퍼센트 늘어난 규모로 2007년 신탁 자산 규모는 4,000억 위안에 불과했다는 점이다.

신탁 자산 규모가 크게 증가하자 업계 내에서는 그림자 금융에 대한 규제와 제2의 '광신(廣信) 파산' 사태가 발생할지도 모른다는 우려의 목소리가 높아지고 있다. 관리 및 규제 당국은 이와 관련한 각종 문서를 끊임없이 발표했다. 하지만 냉정하게 말하면 현재 신탁업이 떠안고 있는 문제는 과거의 문제와는 완전히 다르다. 1990년대 말 신탁이 맡은 주요 역할 중 하나는 증권업과 신탁업을 분리하는 일이었다. 그 당시 신탁업의 중대한 리스크는 증권 업무에서 발생했기 때문이다. 그러나 현재는 다르다. 대부분의 리스크가 은행 업무에서 발생한다.

이를 바꿔 말하면 신탁의 리스크는 표면적으로 드러난 리스크에 불과하기 때문에 이보다는 은행 시스템상의 리스크에 대한 경계심을 더욱 높여야 한다는 뜻이다. 신생 산업인 인터넷 금융거래든 전통적인 금융인 신탁거래든 이 두 거래는 보기에는 전혀 달라 보여도 은행이라는 공통분모를 가지고 있다. 이 둘은 비즈니스와 자금 출처 등에서 모두 은행과 긴밀한 연결고리를 가지고 있다. 많은 자금은 돌고 돌다가 결국은 은행시스템으로 돌아간다. 시장에 떠도는 더욱 구체화된 표현을 빌리자면 신탁은 은행을 위해 일하는 '똘마니'에 가깝다. 은행은 규제를 받기 때문에 공개적으로 나서서 업무를 보기 어려워 신탁이라는 루트를 이용해 다른 방식으로 업무를 진행하는 것이다. 본질적으로는 신탁이 아니라 은행을 위한 사업을 벌이는 과정에서 신탁을 끌어들여 여기서 얻은 수익을 좀 나눠주는 것뿐이다. 가까스로 디폴트 위기를 모면한 '성지금개 1호'의 신탁상품에서 은행이 받은 비용은 신탁회사의 몇 배에 달했다. 이런 관점에서 접근한다면 '그림자 은행'이 중국 은행의 그림자에 불과할 뿐이라는 기존의 말은 틀리지 않다.

하지만 금융위기의 역사로 보면 은행위기는 가장 치명적인 아킬레스건에 해당한다. 특히 중국을 포함해 주거래은행 제도를 시행하고 있는 국가에서 은행의 중요성은 말로 형용할 수 없을 정도로 크다. 2000년 중국의 국내총생산이 9조 위안에 아직 미치지 않았을 때부터 중국인들은 이미 수조 위안에 달하는 4대 국유 은행의 악성 부채에 대한 비용을 부담하고 있었다. 그로부터 10여 년이 지난 지금 겉으로 보기에 중국 은행업의 모습은 과거와 많이 달라 보인다. 비록 불량대출잔액은 지속적으로 상승하지만, 불량대출률은 여전히 1퍼센트보다 낮다. 역학적 추론에 따르면 신탁 등의 그림자 은행 업무에 상환 위기가 발생한다면 은행의 불량대출도 막대한 압력을 받게 될 것이다.

은행 혁신, 민영 은행, 인터넷 금융 등의 새로운 개념은 잠시 제쳐놓는다면 '인터넷 시대의 공룡'이라 불리는 상업은행이 여전히 중국 금융의 미래를 결정짓는 심장 역할을 맡고 있다. 신탁업의 리스크가 은행 업계까지 확산되는 사태를 막고 싶다면 이 분야에 대해 진지하게 고민해야 한다. 현재 관리 및 규제가 강화되고 있지만 통제력을 잃었을 때 적절한 대응력을 발휘하기에는 아직 미흡하다. 또한 유동성의 수축 및 확대를 규제의 효율성을 평가하는 척도로 사용해서는 안 된다. 그보다는 유동성의 방향에 초점을 두어야 한다. 구체적으로 자금이 생산성 있는 기업으로 흘러 들어가는지, 부실기업에 '밑 빠진 독 물 붓기'를 하고 있는 건 아닌지, 자산 거품은 확산되고 있는지 등의 문제를 잘 지켜봐야 한다. 만약 기존의 게임 관성을 그대로 고수한다면 미래는 그다지 낙관적일 수 없다.

따라서 규제 강화는 언제나 '경찰이 뛰면 도둑은 난다'식의 고양이와 쥐게임으로 끝나기 쉽다. 정부 당국이나 시장이 규제 차익을 어떻게 방식으로 진행해야 사람들의 기대에 부응할 수 있을까? '성지금개 1호' 사태가 끝난 직후 필자는 어느 노년의 투자가와 우연히 대화를 나눌 기회가 있었다. 그는 새해에도 고수익률을 내는 신탁상품에 고액을 투자할 계획이라고 털어놨다. 필자가 리스크에 대해 묻자 그는 머뭇거리지 않고 바로 대답했다. "지난 몇 년이 신탁업의 황금기였는데 저는 시작과 중간 과정에 참여하지 못했었죠. 그래서 막차라도 타려고요. 문제가 생기면 결국은 누군가가 '모든 책임'을 지겠죠." 도대체 누가 책임을 진다는 말일까? 은행일까 아니면 정부일까? 아니면 둘 다일까?

부록: 중앙은행의 권위는 어디서부터 오는가?

금융위기가 발생하자 각국의 중앙은행은 시중에 돈을 풀었고 민간은행들이 다시 일어설 수 있었다. 중국 인민은행도 예외가 아니었다. 각 계층의 금융, 정치, 경제 관련 엘리트들이 한 자리에 모인 루자쭈이포럼에서 중앙은행은 뜻밖의 쟁점으로 떠올랐다. 포럼 참석자들은 마치 약속이나 한 듯 이 관련 주제를 앞다투어 거론했다. 먼저 저우샤오촨(周小川) 중국인민은행 총재가 추진하는 재정 정책과 통화 정책의 확대는 부정적인 영향을 불러왔다는 평가를 받았다. 우샤오링(嗚曉靈) 전국인민대표대회(全國人民代表大會) 재정경제위원회(財政經濟委員會) 부주임은 현재 중국 중앙은행의 권위가 너무 낮으며, 이는 금융 리스크 대응에 잠재적인 불안감을 조성하고 있다고 주장했다.

최근 몇 년 동안 자영업자들은 천문학적 신용 대출과 통화 공급 등에 많은 관심을 보였고, 이는 중앙은행의 부담감을 극대화시켰다. 또한 언론 매체들도 고위 경영층들의 언행과 실제 정책과의 괴리감에 관한 기사들을 자주 다루었다. 이런 분위기는 중앙은행의 권위에 대한 도전으로 당국을 당혹스럽게 만들었다. 금융위기 이후 세계 각국 중앙은행들의 권위와 지위는 모두 높아졌지 낮아지지 않았다. 그렇다면 중앙은행의 권위는 어떤 의미를 갖는가? 필자는 소위 말하는 중앙은행의 권위란 주로 통화 정책의 공신력에서 발휘되며 여기서 전제는 중앙은행의 독립성이라고 생각한다.

중앙은행의 독립성은 자주 등장하는 주제로 학자마다 각자 다른 정의를 내린다. 중국 사람들이 이 주제를 다룰 때 가장 자주 등장하는 정의는 경제학자 로버트 먼델(Robert Mundell)의 '삼위일체 불가능 이론[170]'이다. 바로 이런 점 때문에 로버트 먼델 교수는 중국 통화 정책의 독립성이 위협을 받는 이유를 환율 안정과 수입 인플레이션 등을 포함한 외적요소에 있다고 주장했다. 또한 미국의 양적완화 정책은 타국에게 손해를 끼칠 뿐 자국에게 별다른 이익이 없다는 주장이 비일비재하다며 이를 강하게 비판했다.

듣기만 해도 속이 뻥 뚫리는 것 같다. 사실 먼델의 '삼위일체 불가능 이론'은 정책 선택의 구체적인 방향을 제시했을 뿐이다. 중국의 통화 정책에서 독립성 문제의 심층적 원인은 중앙은행의 설립과 밀접한 관련이 있다. 중국 중앙은행의 독립성은 1980년대에 처음 형성되기 시작했다. 그러다 1990년대 '중화인민공화국 중국인민은행법(中華人民共和國中國人民銀行法)'에서 중앙은행의 직책을 입법의 형식으로 확립했다. 이 규정에서 중앙은행의 재정 및 지방정부와 분리된 독립성을 강조하였다.

이 규정이 갖는 진보성을 저평가해서는 안 된다. 먼저 중앙은

---

170 Impossible trinity 한 국가가 독자적 통화 정책과 환율 안정, 자유로운 자본 이동 등 3가지를 모두 쟁취할 수는 없다는 이론 — 옮긴이.

행이 재정적자를 막는 방법을 금지시켰다. 이는 중앙은행이 돈을 찍어내 재정적자를 막는 '악몽'이 끝났음을 의미했다. 이로써 악성 인플레이션의 가능성은 크게 줄어들었다. 그러나 중국 중앙은행은 국무원 산하에서 '상대적인 독립성'만을 유지하고 있다. 각 부와 위원회는 통화 정책에 상당한 의결권을 갖고 있어 중앙은행이 조직과 인사 나아가 재정관리 부분에서 완전한 독립성을 발휘할 수 없어 무거운 직책에 비해 대응 권한은 결여된 상태다.

통화 정책은 모든 사람을 만족시킬 수 없다. 대중들은 중앙은행의 지도층들이 경제를 판단하는 능력을 가지고 있는지에 대해 끝없이 의심한다. 그러나 사실 중앙은행의 기술 관리들이 갖춘 전문성은 다른 부서의 전문성과 비교해도 전혀 손색이 없다. 문제는 중앙은행 지도층들이 통화 정책에 대해 얼마만큼의 결정권을 갖느냐에 있다. 전 중국인민은행 화폐정책위원회 위원을 지낸 바 있는 경제학자 위융딩(余永定)은 "중국에는 '버냉키'가 존재할 수 없다. 모든 중요한 정책 결정을 집단적 결정에 따르기 때문이다"라고 주장했다.

이런 이유로 중국 중앙은행이 골머리를 앓고 있는 것은 세상이 다 알고 있다. 오늘날 많은 통화 정책이 출범하기 전에 고려해야 할 요소는 한두 가지가 아니다. 시기와 강도도 고민해야 하고 재정 정책과 행정 규제 등의 다른 배경도 감안해야 한다. 이 때문에 최근 중앙은행은 양적 통화라는 정책을 더욱 선호할 것이며 그 성공 여부는 각 정부 부처의 이익 경쟁에 달려 있다.

그러나 통화 정책이 '정치판 힘겨루기의 희생물'로 전락하는 상황이 지속되면 그로 인한 피해 또한 적지 않을 것이다. 해외 관련 연구에서 중앙은행의 독립성이 그 국가의 경제 발전과 정적 상관관계에 있다는 점이 밝혀졌다. 연구 결과에서 알 수 있듯 중앙은행의 독립성은 매우 중요하다. 이는 통화 정책의 효율성과도 직결되는 문제다. 또한 전체적인 경제 성장을 위해서라도 하루빨리 독립성을 높이는 편이 좋다. 믿고 따를 규칙이 없는 통화 정책으로 선순환의 경제 환경을 형성하기는 매우 어렵다.

통화주의의 대부 밀턴 프리드먼은 중앙은행은 입법, 사법, 행정부와 동등한 독립된 정부 기관이 되어야 하며, 이 기관의 행동은 사법부의 해석권의 영향을 받아야 한다고 주장했다. 이와 비교할 때 중국 중앙은행의 상대적인 독립성이나 비독립성은 모두 제도의 보호를 받지 못하고 있다. 현재의 제한적인 조건 아래에서 중앙은행이 더욱 높은 권위를 얻을 수 있는 방안으로는 다음 몇 가지가 있다. 첫째, 통화 정책은 최대한 시장의 자체적인 조절 기능에 맡겨야 한다. 둘째, 중앙은행의 독립성이 다른 행정부서와 동등한 수준에 미치지 못한 상황에서 중앙은행이 통화 정책에 관한 목표를 제정해야 할 때는 우선 제도화가 이루어져야 하며, 통화 정책을 결정하는 과정에서 투명성과 공개성을 극대화해야 한다.

위안화와 자본개방의
진퇴양난

위안화 국제화의 추동력이 될 브릭스 5개국

위안화 국제화는 이미 국가적 전략으로 기정사실화되어 최근 수년간 실질적으로 적지 않은 진전을 거뒀다. 그 중 2011년 브릭스 5개국이 체결한 '브릭스 은행 협력 메커니즘 금융 협력 기본 협의'에서 처음으로 자국통화 무역 결제가 언급되었는데, 이는 매우 의미 있는 진전이라 할 수 있다.

자국통화 결제란 무역 거래시 발생하는 화폐 결제를 자국의 화폐로 진행하는 것을 말한다. 이전까지는 국가 간 무역 결제시 미국 달러 등으로 전환한 뒤 지불이 이뤄졌다. 최근 미 달러와 유로화의 변동성이 커지면서 신흥국은 직접적인 환율 변화 리스크뿐 아니라 결제통화의 신용 리스크 등 각종 리스크를 짊어지게 되었다. 경제학자 차오위안정(曹遠征)은 환율의 변동을 제대로 파악하지 못하면 사업을 할 수가 없다고 말했을 정도다.

자국통화로 결제를 하게 되면 우선 결제가 편리해진다. 두 번째로 환율 변동 및 달러화 리스크를 회피하는 데 크게 유리할 뿐 아니라, 국제 통화 시스템에서 신흥국 통화의 지위를 높이는 데도 큰 도움이 된다. 중국은 매년 러시아, 브라질 같은 국가로부터 석유 등을 대량 구입하는 동시에 각종 상품들도 대량 수출한다. 자국통화로 결제할 수 있다면 양측 국가 모두 이익이 될 뿐 아니라 두 국가 통화의 국제적 지위도 상승할 수 있다. 특히 이제 막 첫걸음을 떼기 시작한 위안화 국제화에 있어서는 더욱 의미가 있다.

중국은 수출주도형 경제를 빠르게 발전시켜왔고 이제는 명실상부한 세계 무역 대국으로 우뚝 서게 되었다. 그러나 무역 규모가 3조 달러에 달함에도, 자본계정[171]의 자유교환성[172]이 없다는 등의 이유로 무역 결제 중 불과 2.5퍼센트만 위안화로 이뤄지고 있는 실정이다. 이토록 큰 무역 규모에 이토록 낮은 수용도를 보인 통화는 역사에서도 찾아보기 힘들다. 이는 위안화 국제화의 진전이 더딘 이유이기도 하다.

일반적으로, 한 국가의 화폐가 국제적인 통화가 되기 위해서는 적어도 국제무역결제통화 단계를 거쳐야 하며, 그다음으로

---

171 Capital account. 국제수지표의 작성에 있어 자본의 유입과 유출을 계상하는 계정. 자본계정에 있어서 자국 자본의 유출은 자산의 증가, 유입은 자산의 감소이고 외국 자본의 유출은 부채의 감소, 유입은 부채의 증가가 된다 — 옮긴이.

172 일국의 화폐를 타국의 화폐(혹은 금)로 교환할 수 있을 때 그 화폐에는 자유교환성이 있다고 한다 — 옮긴이.

국제투자통화, 마지막으로 준비통화[173]의 세 단계를 거쳐야 한다. 위안화 국제화는 여전히 첫 번째 단계 주위를 배회하고 있다. 중국 내 위안화 국제 무역 결제 시범지역이 확대됨에 따라, 국제 무역에서 위안화의 위상은 어느 정도 상승했다. 그러나 위안화 국제화라는 목표까지는 아직은 거리가 있는 것이 사실이다.

현재 브릭스 5개국의 경제 파워는 무시하기 어려운 수준이다. 5개국의 국토 면적이 전 세계 30퍼센트에 이르고, 인구는 42퍼센트를 차지한다. 5개국 간의 무역은 더욱 엄청나다. 2010년 한 해만 해도 5개국의 GDP가 전 세계의 18퍼센트, 무역액은 15퍼센트를 차지했다. 5개국 간의 무역액은 2,300억 달러에 달한다. 만약 이 부분을 자국 통화로 결제할 수 있다면, 중국이나 다른 4개국에 있어서는 어마어마한 기회가 될 것이다.

장기적으로 보면 자국통화 결제의 발걸음은 브릭스 5개국에 국한되지 않을 것이다. 천더밍(陳德銘) 상무부 부장은 2011년 4월 15일 보아오 아시아포럼에서, 현재 중국의 대외무역액 중 절반이 아시아 국가와의 무역에서 발생하며 지난 10년간 연평균 21퍼센트씩 증가하여 총 4.5배 성장했다고 공표했다. 중국의 1~10위 무역 대상국 중 아시아 국가(또는 지역)가 6개를 차지한다. 앞으로 중국의 수출입에 있어서도 신흥시장이 최대의 초점이 될 것임을 쉽게 알 수 있다. 브릭스 5개국 간의 자국통화 결제가 진전됨에 따라 위안화 결제의 범위가 더욱 확대된다면, 이 '파이'는 더욱

173 Reserve currency. 금과 더불어 대외 지급을 위해 각국이 보유하고 있는 통화 — 옮긴이.

매력적인 크기로 커질 수 있을 것이다.

중국은 2011년 브릭스 정상회의에서 국제 통화금융 시스템은 반드시 '공평, 공정, 포용, 질서'의 원칙에 따라 이뤄져야 하며, 신흥국과 개발도상국의 발언권과 대표성을 높여야 한다고 주장했다. 그런데 이 모든 것들은 자국통화 결제가 바탕이 되어야 가능하다. 하지만 자국통화 결제를 실시하는 것이 생각만큼 간단하지는 않다. 국내외 기업들에게 신흥국가의 통화를 보유하고자 하는 의향이 있어야 하고, 브릭스 국가들 간의 환율 분쟁은 어떻게 조율할 것인지 문제와 수출 확대와 무역 보호주의 같은 문제도 여전히 존재한다. 합리적인 메커니즘을 설계하는 것이 다음 단계의 중요한 제도적 변화가 될 것이다. 중국의 경우에는 역외 위안화 시장을 확대하는 동시에 위안화 환율 시스템을 구축하는 것이 자국통화 결제, 나아가 위안화 국제화에 있어서 매우 중요하다.

추락을 멈춘 위안화, 어디로 갈 것인가

위안화 국제화는 더 큰 폭의 위안화 환율 변동을 가져온다. 2011년 말, 달러 대 위안화 현물환율은 6거래일 연속 하한가를 쳤다. 여러 언론 매체들이 3년 만에 최대 하락세라며 떠드는 통에 자본 유출과 위안화 평가절하라는 혼란이 연출되었다. 중국 내에서는 핫머니의 공작이라는 이야기가 나왔고, 국외에서는 환율 조작이라는 소리도 들려왔다.

소위 말하는 '하한가'라는 말은 사실 정확하지 않다. 먼저 중국외환거래센터의 데이터를 살펴보면 이 기간 달러 대 위안화 환율은 소폭의 절상을 기록했다. 달러화가 최고점을 찍었던 11월을 기준으로 계산하면, 달러 대 위안화의 절상폭은 약 0.3퍼센트였다. 두 번째로, 하한선을 넘겨 거래가 중단된 것이 아니라 달러 대 위안화의 현물 환율 하락폭이 당일 중간가(中間價, 기준환율) 기준 플러스마이너스 0.5퍼센트 구간(여기에는 두 가지 변수가 있는데 하나는 중간가이고, 또 하나는 0.5퍼센트 구간이다)의 기준선에 도달했다는 것이다. 이 두 가지가 중첩되면 주식시장에서 말하는 하한가처럼 그 효과가 강하다고는 할 수 없다.

이 두 가지 변수의 역할로 인해 세간에서 말하는 '6일 연속 하한가'라는 말이 생겨난 것이다. 중간가라는 것은 정부 측의 설명에 따르면 국가외환거래센터가 매일 은행 간 시장 개장 직전에 위안화를 거래하는 외환시장의 시장조성자[174]에게 조회한 가격으로 결정한다. 그 계산 방식은 '최고가와 최저가를 제외하고 시장조성자별로 가중평균하여 나누어 당일의 달러 대 위안화 중간가를 도출한다. 가중치는 외환거래센터가 은행 간 외환시장의 거래량 및 호가 상황 등을 종합하여 확정한다'라고 되어 있다.

여기서 알 수 있듯, 중간가에도 적지 않은 요인들이 존재한다.

---

174 Market Maker. 주로 단기적 가격 변동이나 수급상황의 변동을 이용하여 이익을 얻을 목적으로 자기구좌거래를 활발히 하는 거래인 또는 거래회사를 말하며 증권거래소의 스페셜리스트들과 장외거래시장의 딜러들이 이에 속한다 — 옮긴이.

중간가가 너무 높게 책정된 것 같다는 의혹이 발생할 때가 있는 데 그렇게 되면 거래 가격과 차이가 있기 때문에 간접적으로 달러의 수요를 높일 뿐 아니라 위안화가 '하한가' 마지노선에 걸릴 수밖에 없게 된다. 시장과 중앙은행이 벌이는 줄다리기의 배후를 보면 중앙은행이 중간가를 이용하여 절하 수요를 억누르고 있다는 것을 알 수 있다.

이번에는 0.5퍼센트라는 기준을 살펴보자. 이 역시 너무나 폭이 좁다. 마지막으로 위안화 환율 시스템이 개혁된 것은 2005년 7월 21일이었다. 당시 중국 정부는 위안화 환율 형성 메커니즘 개혁을 실시하겠다고 선언했고, 달러 대 위안화 환율을 1회성으로 2퍼센트 절상시켰다. 과거에는 변동폭 기준이 이보다 더 협소한 0.3퍼센트였던 적도 있다지만, 현재의 변동폭이 과도하게 협소하다는 사실을 무마시킬 수는 없다. 최근 들어 하한가로 인한 거래 중단이 종종 일어나고 있는 현실은 필연적으로 이 변동폭이 더는 적절하지 않다는 사실을 반영하고 있다. 변동 구간이 과도하게 좁으면 하한가로 인한 거래 중지 리스크로 인해 기업의 투기 의지를 꺾을 순 있지만, 위안화의 양방향 변동이라는 것이 단지 형식에 그치게 될 수 있다.

위와 같은 기술적인 요인 외에도 이번 위안화 약세는 달러화 수요의 강세에서 기인하는 측면이 강하다. 적지 않은 중국 기업들도 달러 약세 시기에 대출을 했는데 최근 들어 상환 문제에 부딪히게 된 것이다. 바로 이러한 이유로 필자는 이번 위안화

'하한가 행진'을 과도하게 우려할 필요가 없다고 생각한다. 이는 환율 시장의 정상적인 반응으로 볼 수 있고 환율 정책의 폐단으로 인한 면이 강하기 때문이다.

그러나 이번 파동의 이면에 드러나는 신호에 대해서는 깊이 생각해볼 필요가 있다. 위안화는 절상되어야 하는가, 절하되어야 하는가? 위안화 현물 환율의 변동폭이 거의 변화가 없는데 비해 위안화 환율에 미치는 정치 경제적 영향력은 훨씬 크다. 중국 국내에서는 위안화 절하에 대한 우려가 있지만, 해외에서는 여전히 위안화가 더 절상될 것으로 기대하고 있다. 미국의 전 재무장관 헨리 폴슨은 위안화 절상의 발걸음이 둔화되면 미국 국내에서 중국에 대한 정치적 문제가 발생할 것이라고 경고한 적도 있다.

2012년은 전 세계적으로 선거가 있던 해였다. 경험적으로 봤을 때, 위안화 환율은 미국 대선이 있는 해에 정치 쇼의 주인공 중 하나로 등장하는 경우가 많았다. 특히 2012년 미국 대선은 더욱 그러했다. 그럼에도 필자는 위안화 환율이 빠르게 절상될 필요는 없다고 생각한다. 이전 2년간 위안화 환율의 변화를 돌아보자. 글로벌 경제 회복과 함께 2010년 6월 중국은 위안화 환율 형성 메커니즘의 개혁을 선언했고, 그 목적은 '위안화 환율의 탄성을 강화하고 시장의 수요와 공급을 기초로 하며, 통화바스켓을 기준으로 환율을 조절한다'는 것이었다. 얼마의 시간이 지난 후, 위안화의 일방적인 절상 기대가 매우 강해졌고, 1년이 넘는 기간 동안 위안화는 달러 대비 5퍼센트 이상 절상되었다. 절상 추세는 4분기, 즉 2011년 11월 이후 어느 정도 수그러들었다.

여기에서 알 수 있듯 2011년 위안화의 약세는 그 이전 절상 추세에 대한 조정이었을 뿐이다. 국외의 연구 중에는 위안화가 40퍼센트 가량 절상되어야 한다는 주장도 있는데 이는 과장된 주장이다. 그러나 달러 대 위안화 환율의 균형점이 구체적으로 얼마인지는 판단하기 힘들다. 최근 차액결제선물환(NDF) 등 수치로 보면, 위안화는 앞으로도 여전히 절하될 여지가 있는 듯하다. 위안화 결제 총액 및 딤섬본드[175] 하락 등의 해외 현상 역시 시장에서 위안화의 일방적인 절상에 대한 믿음이 사라지고 있음을 보여준다.

모두가 아는 것처럼, 2011년 이후의 경제는 더욱더 복잡 미묘한 추세를 보이고 있다. 중국의 중앙경제공작회의가 늦춰진 사실도 고위 지도자들이 불확실성에 대한 우려를 갖고 있음을 보여준다. 결국 성장이 다시 정책적인 주제로 등장할 수밖에 없다. 계속되는 '하한가 행진'의 이면을 들여다보면 우리가 걱정해야 할 것은 위안화 절하가 아니라 오히려 절상의 잠재적인 리스크임을 알 수 있다.

글로벌 경기가 하락 주기를 맞고 있는 가운데 중국 경제에서 수출의 중요성이 뚜렷하게 높아졌다. 2011년 1~3분기 순수출

---

175 Dimsum bond, 역외 위안화표시채권. 홍콩에서 많이 먹는 만두인 딤섬에서 따온 말로, 홍콩 채권 시장에서 발행되는 위안화 채권을 뜻한다. 중국 정부는 2010년 2월 홍콩 금융 시장 확대를 위해 외국계 기업의 위안화 표시채권을 발행을 허용했는데 이 채권을 중국 본토에서 발행하는 위안화 채권인 판다본드와 구분하기 위해 딤섬본드라 지칭한다 — 옮긴이.

은 중국 경제의 성장률을 0.1퍼센트포인트나 끌어내렸다. 10월 수출의 전년 대비 증가율은 8개월 만에 최저치를 기록했다. 향후 수출 상황이 더 악화될 것임은 분명하다. 대외무역 의존도가 70퍼센트를 넘는 중국 경제에 있어 위안화 환율이 계속 절상되는 것은 실제로 좋지 않은 일이다. 외부의 압력 속에서도 최소한 절상의 속도는 늦춰야 한다. 글로벌 경제의 변동성이 높아지고, 달러가 최고의 안전자산으로 등극하면서 앞으로 달러 강세는 계속될 전망이다. 만약 달러 대 위안화 환율이 계속해서 절상되면 기타 통화 대비 위안화 환율은 더 큰 폭으로 절상될 것이고 이것이 수출에 미치게 될 악영향은 불 보듯 뻔하다.

더욱 자세히 들여다보면, 위안화 국제화와 위안화 환율 개혁을 단순하게 위안화 절상과 동일한 것으로 볼 수는 없다. 필자는 장기적으로 위안화의 전망에 대해 밝게 보고 있지만 단기적으로 위안화의 절상은 득보다 실이 더 크다. 빈번하게 발생하고 있는 위안화의 '하한가' 행진과 외부의 환율 조작 비난을 피하기 위해서 방대한 양의 외환보유고를 가지고 있는 중국은 좀 더 유연하고 시장화 방식에 따른 위안화 환율 방식을 채택해야 한다. 한편으로는 환율 중간가 책정 방식을 더욱 합리적으로 개선하여 인위적으로 거래 가격과 격차를 두는 일은 없어야 한다. 또 다른 한편으로는 환율의 양방향 변동 구간을 확대하여 환율의 탄성을 높여야 한다.

환율 탄성 높여 경제 둔화에 대응해야

중국 중앙은행은 2012년 4월 16일부터 은행 간 현물환 시장의 달러 대 위안화 거래 가격의 변동폭을 기존의 0.5퍼센트에서 1퍼센트로 확대했다. 환율 시장에서 매일 거래되는 위안화 환율이 외환거래센터가 당일 아침 발표하는 중간가를 기준으로 상하 1퍼센트 범위 내에서 변동할 수 있게 된 것이다. 외환 지정 은행이 고객에게 제공하는 달러의 최고 환율 매매가와 최저 환율 매입가 간의 격차도 당일 중간가 환율 기준 1퍼센트에서 2퍼센트로 확대되었다.

이번 변동폭 조정 조치는 2007년 5월 이후 5년 만의 일이었다. 그동안 위안화 환율 개혁에 대한 목소리가 끊임없이 나왔으며 외부에서도 줄곧 변화를 기대하고 있었다. 이번 조정폭은 0.5퍼센트포인트로, 2007년의 조정폭 0.2퍼센트포인트에 비해 더욱 폭이 커졌다. 시장의 기대를 넘어선 긍정적인 신호였다. 많은 분석가들이 위안화가 양방향 변동의 시대에 접어들었다고 평가했다. 물론 이 말은 과거 몇 년 동안 이미 신문의 헤드라인을 장식했었지만 말이다.

사실 이번 조치는 예상 밖의 사건이긴 했지만 바람직한 일이었다. 첫째, 지금까지 업계에서 위안화 환율 변동폭을 확대해야 한다는 목소리가 끊이지 않았고 필자 역시 위안화 환율의 변동폭이 과도하게 작아 외부로부터의 압력이 높아지는 것 역시 위안화가 빈번하게 '하한가'를 맞는 직접적인 원인이라고 지적했었다. 동시에 '위안화 환율의 양방향 변동 구간을 확대하여 위안화 환율의 탄성을 높여야 한다. 예를 들면 현재의 변동 제한폭 0.5퍼센트를 1.5퍼센트까지 확대해야 한다'고 건의한 바 있다.

둘째, 이번 변동폭 확대는 2012년 이후 진행되었던 금융 개혁 노선의 진전이라고도 볼 수 있다. 2011년 말 중국 중앙경제공작회의에서는 금리 시장화와 환율 형성 메커니즘 개혁 심화를 제기했다. 저우샤오촨 인민은행장도 2012년 《중국금융(中國金融)》이라는 잡지에 위안화 환율 메커니즘 개혁에 관한 글을 기고했다. 이는 중국 경영층이 환율 개혁에 대해 갖는 최근의 시각과 함께 기존 원칙을 고수하겠다는 태도를 보여주는 것으로 해석할 수 있다. 그러나 원저우(溫州) 등 지역의 금융 개혁 시범운영과 적격외국기관투자자(QFII)의 투자한도 확대 등은 모두 금융 개혁이 가속화될 것이란 외부의 기대를 높여주었다.

물론 위안화의 자유로운 변동이 환율 개혁의 최종 목표이긴 하지만 그 과정은 반드시 점진적인 단계를 거쳐 신중하게 진행해야 한다. 이 목표는 단기간 내에는 이룰 수 없다. 그렇기 때문에 이 시기에 위안화 변동폭 확대라는 방식을 선택한 것이다. 환율 개혁의 속도를 높여야 한다는 외부의 목소리 외에도 실물 경제의 둔화에 대한 대응으로 볼 수도 있다.

중국 경제의 둔화는 이미 추세가 되었다. 2012년 중국 양회[176]

---

176 양회(兩會)는 중국에서 3월에 연례행사로 거행되는 전국인민대표대회(全國人民代表大會. 약칭 전인대)와 전국인민정치협상회의(中國人民政治協商會議. 약칭 정협 또는 인민정협)를 통칭하는 용어다. 양회를 통해 중국 정부의 운영 방침이 정해지기 때문에 중국 최대의 정치행사로 주목을 받는다 ― 옮긴이.

에서는 처음으로 GDP 증가율 목표를 8퍼센트 이하로 잡았다. 게다가 실물경제의 둔화 속도는 정부의 예상보다 빠르다. 또한 수출의 둔화 추세에 더욱 주의를 기울여야 한다. 2012년 1분기 증가율이 7.6퍼센트까지 떨어졌는데, 전년에는 두 자릿수였다.

돌아보면 변동 구간의 폭보다 더 의미가 큰 것은 위안화의 변화 추세와 방향이다. 사실 이전의 0.5퍼센트라는 변동폭도 채 달성하지 못했고, 중간가 책정 역시 편파적이라는 의혹이 많았다. 기본 전제로 돌아가 보면, 위안화 환율 개혁을 단순하게 위안화 절상과 같다고 볼 수는 없다. 경기가 부진할 때 위안화의 적절한 변동성을 높일 수 있다면 국내외의 절상 압력을 해소하는 데도 유리할 뿐 아니라 관리 감독자, 정책 결정자, 시장참여자 등 각종 역할로 구성된 '생태계' 모두 위안화 환율이 이미 합리적인 수준에 근접하거나 도달했다고 받아들일 수 있을 것이다. 어쩌면 이것이 바로 원자바오 전 총리가 2012년 양회 기간에 언급했던 '위안화 환율이 이미 균형적인 환율 수준에 도달했을 수 있다'는 발언의 의미일지도 모르겠다.

위안화, 거품과 함께 춤을 추다

2013년 5월 이후 위안화는 2012년 하반기의 절상 추세를 이어받아 줄곧 강세를 보여 왔다. 5월 27일 달러 대 위안화 중간가는 6.1811로 또다시 신기록을 세웠다. 게다가 신기록은 5월에 처음이 아니었다. 중간가로 보면 위안화는 연초 이후 누적 절상

폭이 이미 2012년 한 해 수준을 넘어섰다.

위안화는 왜 절상되었는가? 이 문제에 대해 시장은 두 가지 전혀 다른 시각을 내놓고 있다. 첫 번째 견해는 주로 경제학자들의 시각인데, 이들은 경제의 기초 체력을 통해 위안화 절상의 논리를 설명하곤 한다. 자본의 유동과 무역 흑자 등 요소를 위안화 절상 압력의 유효 요소로 보는 것이다. 《파이낸셜타임스》 중문판에 게재되었던 경제학자 왕타오(汪濤)의 글 〈위안화 계속 절상될까〉가 그 대표적인 예다. 또 다른 견해는 위안화 환율에 대해 더 민감하게 느끼는 사람인 딜러들의 의견이다. 그들 중 적지 않은 이들이 이번 절상의 원인을 중앙은행의 관여 때문으로 보고 있다. 특히 중앙은행이 자본계정 개방 기대 속에서 의도적으로 위안화 강세를 유도했다는 것이다. 몇몇 경제학자들도 이 견해에 동의하고 있다.

두 가지 견해 모두 일리가 있다. 하지만 어느 쪽이 더 정확할까? 중앙은행이 위안화 환율에 관여하는 수단은 여러 가지인데, 가장 전형적인 지표가 중간가이다. 2011년 말 위안화가 여러 차례 '하한가'에 도달했던 이유는 바로 중간가를 과도하게 낮게 잡았기 때문이다. 필자가 위에서도 분석한 바 있다. 그러나 필자도 이번에는 경제학자의 의견에 좀 더 동의한다. 즉 이번 위안화 절상의 주요 원인이 중앙은행의 간섭이 아니라 경제의 기초 체력에서 기인한다고 본다.

그 이유는 무엇일까? 매우 중요한 원인은 바로 중국의 거시경제가 현재 레버리지를 높이는 단계에 있다는 점이다. 유사한 상황에 있던 다른 국가의 예에서 알 수 있듯 다음 단계에 중국은 아마도 자산 거품이 나타날 것이다. 그런데 투자 회수율을 추구하는 합리적인 사고에 기반을 두었을 때 위안화로 가격이 매겨진 자산은 비교적 큰 가치 상승 기대가 존재하므로 이는 더 많은 자금의 중국 유입을 촉진할 것이다. 레버리지 확대라는 판단은 거시경제의 기초 체력이 그다지 낙관적이지 못하다는 것에 기반하고 있다. 그러나 실물경제에서 단기 금융상품의 수요는 매우 높다. 이는 상장회사의 매출채권 증가에서도 나타난다. 현금 흐름 상황은 금리 수준에 비해 좋지 못하다. 또 2013년 이후 사회융자 총량이 빠르게 증가하고 있다는 점에서도 알 수 있다. 1분기 사회융자 규모는 6조 1,600억 위안이었다. 이는 전년 동기의 2조 2,700억 위안보다 무려 58퍼센트나 늘어난 수치다.

그렇다면 중앙은행은 이번 절상에서 어떤 역할을 맡았을까? 물론 당국은 이를 숨기고자 하겠지만 수치로 봤을 때 중앙은행이 의도했건 하지 않았건 자금은 분명 끊임없이 유입되고 있다. 2013년 4월 외환매입액이 2,944억 위안 증가했다. 5개월 연속 증가세를 보인 것이다. 시장에서는 누구도 중앙은행과 맞설 수 없다는 것을 알고 있다. 그러나 중앙은행이 시장의 단독 플레이어는 아니다. 만약 중앙은행이 시장의 내재적인 추세에 따르지 않는다면 중앙은행의 강력한 개입도 유지하기 힘들다. 2011년 말의 위안화 '하한가' 해프닝이 그 예다. 그렇기 때문에 자금의 국내 유입 중 일부는 중앙은행이 유도한 결과라 하더라도 중요한 원동력은 위안화의 절상 기대 때문이다. 중국 중앙은행의 조치는 '바람을 거스른' 행동이었다기보다는 '순풍에 돛을 달았던' 것으로 설명할 수 있다.

위와 같은 판단을 기반으로, 위안화가 지난 몇 년간 절상해왔던 것이 내재적인 논리에 따른 것임을 알 수 있다. 2013년 국무원은 국가발개위의 '2013년 경제 체제 개혁 심화에 관한 중점 공작 의견'을 비준하고 발표했다. 그 중 금융 체제 개혁 분야에서는 다시 한 번 금리와 환율의 시장화 개혁에 대해 언급했다. 바꿔 말하면 앞으로 몇 년간은 중국 경제가 변화를 맞게 될 것이란 뜻이다. 위안화에 대한 이야기는 앞으로도 계속될 것이다.

자본계정 개방, 아이디어는 'good', 시기적으론 'bad'

중요성이 높을수록 논쟁의 여지가 많다. 자본계정 개방이 바로 그렇다.

자본계정의 개방 여부는 중국 금융 개혁이라는 큰 틀에서 언제나 매우 중요한 위치를 차지했다. 최근 수년간 위안화 국제화의 목소리가 사방에서 들려오면서 자본계정 개방이라는 주제는 더욱더 논란의 중심에 자리하게 되었다.

시장의 의견은 두 갈래로 나뉜다. 한편에서는 중국이 자본계정의 개방을 강력하게 추진해야 한다고 주장한다. 시기가 무르익었으며 심지어는 전략적인 기회의 시기라고 주장한다. 관리 감독 부문과 적지 않은 시장 인사들이 이와 같은 견해를 가지고 있다. 또 다른 한편에서는 거시경제와 금융 시장의 안정 유지를 위해 중국이 자본계정 개방에 대해 신중한 태도를 보여야 한다고 주장한다. 학계와 시장에 이러한 견해를 지지하는 인사들이 적지 않다. 얼마 전《파이낸셜타임스》중문판에서도 중국 사회과학원의 위융딩(余永定), 장밍(張明), 장빈(張斌) 세 명의 글이 게재되었는데 그들은 중국이 자본계정 관리를 한층 더 완비해야 하지만 대폭적인 개방으로 인한 단기 자본 유동 관리에 대해서는 매우 신중해야 한다고 주장했다.

자본계정의 개방이란 IMF의 정의에 따르면 국가 간 자본 거래에 대한 통제와 세금 부과 및 보조금 지급 등을 없애고, 최종적으로 자본계정의 완전한 자유화를 실현하는 것이다. 그러나 이론과 실제는 종종 서로 다른 모습을 보인다. 중국의 자본계정 개방은 1990년대부터 논의되기 시작해 몇 차례나 반복되었다. 많은 학자들이 자본계정 개방이 자본계정의 자유태환 실현과 같은 의미는 아니라고 보고 있다. 자본계정의 자유태환에 대한 정의도 각자 다르다. 저우샤오촨 중국인민은행 총재는 자본계정의 자유태환이 대외채무에 대해 관리를 하지 않는다는 뜻은 아니며, 국가 간 금융거래에 대해 감독과 통제를 하지 않는다는 의미도 아니라고 기고를 통해 밝힌 바 있다. 나아가 전 세계적으로 이상적인 변동을 보이는 시기에는 자본계정 중 단기성, 투기성 자본의 이동에 대해 적절한 관리와 통제를 하는 것 역시 합리적이라는 것이다.

현실적인 문제는 중국의 자본계정이 완전히 폐쇄되어 있지는 않으며 자본에 대한 관리 및 통제의 유효성에 대해서도 의구심이 존재한다는 점이다. 핫머니의 습격 소식도 끊이지 않는다. 중앙은행 고위 관리 역시 여러 차례 밝힌 바와 같이 IMF의 기준에 따라 중국의 자본계정 관련 항목 중 약 80퍼센트가 이미 자유화되었거나 일부 자유화가 실현되었다. 인민은행의 조사통계사(司)에 따르면, 중국의 자본 계정 40개 항목 중 14개 항목이 기본적으로 태환이 가능하고, 22개 항목이 일부 태환이 가능하며, 태환이 불가능한 부분은 자본과 통화시장상품 거래, 파생상품 및 기타 금융상품 등 네 개 항목뿐이다.

그렇다면 자본계정 개방의 장점은 무엇일까? 2013년 양회 기자회견에서 저우샤오촨 총재는 자본계정의 태환은 위안화 국제화에 도움이 될 뿐 아니라 중국이 개방형 시장경제를 실현하는 데도 유리하다고 말했다.

"중국인뿐 아니라 외국인에게도 좋고, 국내 실물경제뿐 아니라 글로벌 실물경제에도 좋다. 중국과의 교류에서 편의성이 크게 개선될 것이고, 통화와 거래에 대한 신뢰도도 크게 제고될 것이다."

이는 자본계정 개방 지지파들의 사고방식을 대변한다고 할 수 있다. 필자는 관리 감독 부문 관련 인사와 이야기를 나눈 적이 있는데 자본의 유동은 매우 작은 부분일 뿐이며 중국 경제 전반에 개방이 미치는 영향은 훨씬 더 크다고 보고 있다. 자본계정의 개방이 가져올 최대의 보너스는 '개방을 통해 개혁을 촉진하는 것'이란 뜻이다.

　중국 중앙은행 통계조사사의 보고서에 따르면 거시경제의 안정, 금융 감독 완비, 외환보유고 충족, 견실한 금융기관 이렇게 네 가지가 자본계정 개방의 기본 조건이라고 보고 있다. 그러나 이러한 조건이 자본계정 개방의 승패를 결정짓는 절대적인 요소는 아니라고 강조하고 있다. 보고서의 결론은 '자본계정 개정의 리스크는 기본적으로 통제 가능하다'였다. 이러한 조건 속에서 그들은 중국 자본계정 개방의 로드맵을 제시하고 있다. 단기적(1~3년)으로는 실제 거래를 기반으로 삼는 직접 투자에 대한 규제를 완화하여 기업의 '저우추취'[177]를 독려한다. 중기적(3~5년)으로는 실제 거래를 기반으로 한 상업 신용 대출에 대한 규제를 완화하여 위안화의 국제화를 추진한다. 장기적(5~10년)으로는 금융 시장을 강화하며, 먼저 유입을 개방한 뒤 유출을 개방한다. 부동산, 주식 및 채권 거래를 순서에 따라 신중하게 수량적 관리를 가격적 관리로 점차적으로 대체하도록 한다.

　경제학의 핵심 중 하나는 비용이다. 자본계정 개방의 장점은 분명하게 드러나는데, 그 속에 숨겨진 위험 요소는 어떤 것이 있을까? 중국 경제는 현재 레버리지를 높이는 단계에 있다. 이로 인해 또다시 자산 거품이 일어나게 될 가능성이 높다. 향후

---

177 走出去. 직역하면 '밖으로 나간다'는 의미로 중국 기업들의 해외 진출을 뜻한다 — 옮긴이.

경제성장률이 점차 하락함에 따라 눈덩이처럼 불어난 거품은 유지하기가 어려워지고, 결국 거품이 붕괴해 자본이 유출될 리스크가 높아진다. 역사 속의 금융위기를 살펴보면 금융 자유화와 리스크는 실과 바늘처럼 붙어 다닌다. 자본계정의 개방과 거품 붕괴 간에도 역시 모종의 시간상 선후관계가 존재한다.

우리가 자본계정 개방을 논할 때, 마땅히 논해야 할 것은 무엇일까? 개방을 해야 할지 여부인가, 아니면 개방의 시기인가? 개방은 필연적 추세로 볼 수 있지만 그 시기의 판단은 매우 중요하며 이것이야말로 구체적으로 결정해야 할 문제다. 경제 상황을 종합해보았을 때 필자는 지금이 자본계정 개방의 '중요한 전략적 시기'라고는 보지 않는다.

학자 마융(馬勇), 천위루(陳雨露)는 2010년 자본계정의 개방과 금융위기의 관계에 대해 연구했다. 전 세계적으로 대표성을 지닌 55개국의 데이터를 취합하여 실증 연구한 결과 중요한 것은 개방의 정도가 아니라 개방 방식의 선택이었다는 것을 밝혀냈다. 장기간 자본계정 개방도를 높인 경우 금융위기를 유발하지 않았지만 급진적인 개방 방식은 금융위기의 발생 확률을 뚜렷하게 높이는 것으로 나타났다.

생각해보면 '개방을 통해 개혁을 촉진한다'는 사고방식은 합리적이라 할 수 있다. 중국 경제 성장의 기적 역시 점진적인 개혁으로 가능했다. '특구(特區)'라는 중국적인 특색이 강한 제도야말로 '개방을 통해 개혁을 촉진하는' 핵심 방식이었다. 문제는 거시경제에서 금융 자본 체제로 넘어가는 과정의 논리가 계속 통할 수 있는가. 금융 산업은 외부성이 매우 큰 산업이기 때문에 이 논리를 그대로 적용하기는 어려울 것으로 보인다.

더욱 중요한 것은 중국 개혁의 특색 중 하나가 '증량(增量)' 개혁[178]으로 '존량(存量)' 개혁을 대체한다는 것 그리고 저항이 가장 적은 곳에서부터 시작하여 성과를 낸다는 것이다. 이 선택은 역사적으로 봤을 때도 합리적이다. 그러나 개혁이 심화기에 접어들면서 존량 개혁을 대체한 증량 개혁에 대한 의존도가 높아지고 있고 또 존량 개혁의 시급성도 커졌다. 이 두 가지 요인의 중첩으로 인한 영향을 간과해선 안 된다. 각 영역에서 개혁을 다시 시작해야 한다는 목소리가 높아지는 것도 개혁의 동력이 부족하다는 의미를 내포한다. 구체적으로 금융 분야를 보면 자본계정 개방에 대한 목소리가 이렇게 높아지는데 왜 금리 시장화는 아무런 진전이 없을까? 그 원인 중 하나는 존량 개혁을 외면해왔기 때문이다. 단기간 내에는 자본계정 개방에 신중해야 하지만 이것이 금융 개혁의 발걸음을 멈춰야 한다는 뜻은 아니다. 학자 웨이샹진(魏向進)은 중국 금융 분야에서 최소한 다섯 가지의 개혁이 필요하다고 주장했다. '대마불사'의 은행, 금리, 환율, 자본계정 개방, 위안화 국제화가 그것이다. 우선순위에 대해 그는 가장 먼저 개혁해야 할 것이 '대마불사'의 은행, 두 번

---

178 중국이 시행한 점진적 개혁의 특징의 하나다. 기존의 산업 즉 존량을 새로운 산업으로 개조하여 경제 성장과 개혁을 이루려는 것이 아니라 이를 그대로 둔 채 새로운 산업을 일으킴으로써 경제 성장과 개혁을 달성하는 방식이다 — 옮긴이.

째가 금리 및 환율 개혁이라고 말한다. 자본계정의 개방과 위안화 국제화는 순서상 마지막이다.

로마가 하루아침에 만들어진 것이 아니듯 금융의 국제적인 신용도에는 시장의 인정이 필요하다. 역사적으로 국왕이 자신의 얼굴을 화폐에 새겨 넣을 수는 있지만 사람들에게 그것을 사용할 것까지 강요할 순 없었다. 오늘날도 마찬가지다. 한 국가의 화폐를 국제화한다는 것은 해당 국가의 행정 역량에만 의존해선 안 되며 개방에 의한 개혁을 회피해서도 안 된다.

결론적으로 자본계정의 개방이 장기적으로 추구해야 할 목표임은 분명하나 구체적인 시기는 신중하게 판단해야 한다. 중국 경제의 상황에 비추어 봤을 때 급격한 개방은 경제의 변동성을 높여 금융위기를 유발할 리스크를 높인다. 중국 정부는 '금융 시스템 위기가 발생하지 않도록 분명히 선을 지킬 것'이라고 수차례 강조해왔다. 자본계정을 안정적으로 관리하는 것이야말로 위기의 시대에 금융 리스크에 맞설 수 있는 강력한 무기가 될 것이다. 만약 지금 성급하게 일을 추진하다가는 앞으로 '전쟁터의 북소리를 듣고서야 훌륭한 장수를 아쉬워하게' 될지 모른다.

중국 경제의 총량이 이미 세계 2위에 올라선 지금, 경착륙의 위기를 극복하고 금융 리스크를 막아내는 것은 매우 중요한 일이다.

중국의 1위 등극과 세계의
'새로운 평범' 시대

중국 GDP 세계 1위로 등극?

중국 사람들은 '19세기는 영국의 시대였고, 20세기는 미국의 시대였으며, 21세기는 중국의 시대다'라는 이야기에 관심이 많다. 민족 부흥에 대해서도 자나 깨나 생각한다. 그런데 이상하게도 '세계 제1위의 경제대국'이라는 타이틀에는 별다른 열정을 보이지 않는 것 같다.

이는 세계은행의 보고서에 대한 중국인의 반응에서도 잘 드러났다. 보고서에서는 경제 규모에서 중국이 2014년에 미국을 제치고 세계 제1위의 경제대국으로 등극하게 된다고 전망했다. 그러나 보고서는 중국 내에서 큰 호응을 얻지 못했다. 《파이낸셜타임스》는 '중국은 1년이라는 시간을 투자해 이 통계 결과에 따른 효과를 상쇄시키려고 노력했다'는 기사를 내놓기도 했다.

지난 2011년 중국이 일본을 제치고 세계 제2위의 경제대국에 이름을 올린 이후, 미국은 언제쯤 따라잡을지에 대해 여러 관측이 나왔다. 그런데 시간이 지날수록 그 시기에 대한 전망이 점점 앞당겨지기 시작했다. 골드만삭스는 처음에 그 시점을 2027년으로 점쳤었는데 그다음에는 2019년으로 바꿨다가 또다시 2016년으로 앞당겼고 최근에는 2014년으로 수정했다.

중국이 세계 최대의 경제 대국이 되는 일이 정말로 머지않아 현실로 나타날까? 만약 이 예측이 실현된다면 앞으로 중미 관계와 세계에 어떤 의미를 부여하는가? 이 문제에 대해《파이낸셜타임스》의 마틴 울프 수석 경제논설위원과 데이비드 필링(David Pilling)《파이낸셜타임스》아시아판 편집장이 각각 의견을 내놓았다. 이 두 경제학자는 중국이 세계 최대의 경제대국 자리에 오른다고 해도 그것이 세계 최고의 경제 강국으로의 부상을 의미하지는 않는다는 데에 의견을 모았다. 둘 다 미국의 패권은 오랜 시간 지속될 것으로 전망했다.

큰 틀에서의 해석은 일단 제쳐두더라도 세부적인 기술면에서 접근한다면 세계은행의 이번 연구 결과는 얼마나 신뢰할 만할까? 보고서는 국제비교프로그램(International Comparison Program, 이하 ICP로 약칭)의 데이터를 사용했다. 즉 구매력지수(Purchasing-Power Parity, PPP)를 사용하였다. 여기서는 통화 구매력을 기준으로 산정하며, 시장 환율은 고려하지 않는다. 바꿔 말하면 ICP가 위안화 구매력을 평가하고 그 결론을 도출해내는 데 큰 영향을 끼쳤다. 보고서를 좀 더 자세히 살펴보면 위안화의 구매력은 1달러당 3.506 위안으로 나왔는데, 이는 현재 위안회 시장 환율(현재 달러 대 위완화 환율은 6.25위안이다)보다 훨씬 높은 수준이다. 거의 두 배 가까이 차이 나는 이 두 수치를 기준으로 각각 계산한 중국과 미국의 경제 규모의 결과는 하나는 '땅'이고 하나는 '하늘'일 만큼이나 큰 차이가 났다. 그 중 낮은 기준(시장 환율)으로 계산했을 때 중국 경제 규모는 미국의 60퍼센트에 미치지 못하지만, 높은 기준(구매력지수)으로 보면 중국은 이미 미국의 경제 규모를 뛰어 넘었다.

ICP의 구매력지수를 기준으로 한다면 중국의 경제 규모가 미국보다 커졌을 뿐 아니라 중국 위안화도 큰 폭의 평가절하 여지를 갖는 셈이다. 그러나 시장 이자율을 기준으로 한다면 중국이 미국을 따라잡으려면 아직도 먼 길을 가야 한다. 필자는 ICP가 전문 주석에서 '이 평가는 중국통계국의 허가를 받지 못했다'는 사실을 밝혔다는 특이한 점을 발견했다.

어느 통계가 위안화의 진정한 가치에 더욱 가까울까? 시장 환율일까? 아니면 구매력지수일까? 필자는 전자에 한 표를 던지고 싶다. 최근 들어 미중 간 무역불균형 상황이 어느 정도 해결되면서 위안화 환율에 대한 조절이 여러 차례 있었고, 현재 시장 환율이 위안화의 진정한 환율에 많이 가까워졌을 가능성이 크기 때문이다.

그렇다면 구매력지수 이론으로 위안화를 평가하는 것을 합리적이라고 볼 수 있는가? 꼭 그렇지는 않다. 학계의 많은 연구 결과에서 구매력지수는 위안화에 있어 완벽한 평가수치가 아니라는 점이 밝혀졌다. 이강(易綱)과 판메이(范敏, 1997) 등은 구매력지수로 개발도상국을 평가할 때는 수정 작업이 필요하다고 주장하기도 했다. 구매력지수라는 이 이론은 똑같은 상품이 각각 다른 국가에서 똑같은 가격으로 팔려야 한다는 '소박한' 직감에서 출발했다. 이렇게 각각 국가에서 각각 다른 통화로 계산된 상품가격 리스트를 비교한 뒤 각국 통화 간의 구매력을 비교하는 것이다.

이 이론이 더욱 정밀화되는 과정을 거쳐 탄생한 결과물이 바로 위에서 언급된 ICP, 즉 국제비교프로그램이다. 1960년대부터 시작한 ICP의 역사는 이미 50년에 가깝다. 소박한 직감에서 출발한 이론이 오늘날 막대한 자금과 무한의 지적능력을 필요로 하는 국제연합의 프로젝트로 성장했다.

지금까지 상식에서 알 수 있듯 이론이 세상에 처음 모습을 드러낼 때는 여러 가지 한계점에 쉽게 부딪친다. 업계 내에서는 구매력지수의 한계점에 대해 자주 토론하며, 그 핵심적인 문제는 두 가지로 요약할 수 있다.

먼저, 구매력지수 이론은 똑같은 상품의 가격 비교를 해야 한다. 그러나 각 국가의 발전 상황이 다르기 때문에 완벽하게 대응하는 상품을 찾기가 쉽지 않다. 예를 들어 짐바브웨이의 식탁 위에 놓인 죽을 미국의 오트밀과 똑같이 볼 수 없다. 〈혀끝으로 만나는 중국(舌尖上中國)〉[179]에서 소개된 일반 가정의 '산해진미' 와 서양의 미슐랭 별등급 레스토랑의 음식을 똑같은 잣대로 비 교할 수도 없다. 이 두 가지는 맛이야 모두 뛰어나겠지만 가격 과 위상 등에서 큰 차이를 보인다.

둘째, 그렇다면 이들 목록의 가중치는 어떻게 처리할 것인가? 전문가들은 갖은 고생 끝에 수만 가지 상품의 가격을 수집했지 만 가격들의 가중치를 도출해내지는 못했다. 통상적으로 일반 가정의 각각 다른 상품에 대한 지출을 기준으로 상품 가격 총합 의 가중치를 도출해낸다. 여기서 또 한 번 국가별 차이 문제가 대두된다. 예를 들어 미국과 중국의 소비와 지출 구조가 완전히 다른 상황에서 미국의 지출 구조에 따라 총합을 내야할까, 아니 면 중국의 지출 구조를 따라야 할까?

이 문제를 해결하기 위해 전문가들은 여러 다양한 처리 방법 을 사용했으며 지출법과 생산법 등 각종 방법을 모두 대입시켰 다. 필자는 그들의 피나는 노력과 전문성에 대해 경의를 표하는 바이지만 결론적으로는 다양한 기준에 따라 각각 다른 결론을 얻는 데 그쳤다. 구매력지수 이론의 통계는 총합과 계산 방법에 서 차이를 보이기 때문에 그에 따른 결과도 천차만별이다. 그 차 이는 적게는 몇 퍼센트에서 크게는 몇 배 이상에 이르기도 한다.

사실 알고 보면 세계경제학은 '칠판 경제학(Blackboard Economics)'처럼 완벽하지 못하며 더욱 복잡하다. 이런 현실 속

---

179 CCTV에서 방송된 중국 미식 관련 다큐멘터리 — 옮긴이.

에서는 위안화의 구매력지수를 바탕으로 얻은 통계 결과에 대해 신중한 태도를 보이면 그만일 뿐, 전혀 과잉반응을 보일 필요가 없다. '중국이 세계 제1위의 경제대국'이란 타이틀이 말해주듯 그 결과의 실질적 가치는 높지 않다.

중국 경제는 세계 정상을 향해 나아가고 있다. 하지만 아직 최고봉까지 오를 단계에 이르지는 못했다. 현재 중국 부흥에 따른 영향력은 주로 경제 분야에 집중되어 있다. 반면 군사, 정치, 문화 등의 분야는 아직 발전의 여지가 많다. 경제 분야만 놓고 본다 해도 중국의 미래를 낙관할 수만은 없다. 앞으로 중국의 잠재적인 성장 증가율은 6퍼센트대로 떨어지고 다시 5퍼센트대로, 심한 경우 더 낮게 하락할 가능성이 크다. 현재 전망치와의 간격이 좁아지는 속도가 점점 빨라질 가능성이 커지면서 중국이 미국 경제를 뛰어넘을지에 대해서는 결코 쉽게 예언할 수 없다. 1980년대 호황을 누렸던 일본과 비교해보자. '일본제일'이라는 구호로 세상을 한바탕 흔들어 놓았지만 일본의 거품 낀 경제모델은 오래 지속될 수 없었고, 그 결과 '일본제일'의 종착역은 '대패배'라는 역이었다.

물론 중국은 일본과 다르다. 경제 규모나 발전모델에서 모두 차이를 보인다. 중국 경제의 부흥이 세계를 변화시키고 있다는 사실을 인정하든 안 하든 간에 중국 부흥을 둘러싼 반응과 토론은 그 부흥의 한 구성 부분이 될 것이다. 양분화된 주장은 양측이 갖는 지식의 차이를 보여준다. 중국이 부른 세계의 변화, 특히 경제 이외의 부분에서의 변화가 갖는 중요성에 대한 충분한 이해는 아직 미흡한 수준이다.

대국의 굴기는 제국 권력의 교체를 의미하는 경우가 많다. 좀 더 넓게 역사를 관찰해보자. 서양은 18세기부터 세계를 지배하기 시작했다. 영국은 동서양 사이에 '대분기(Great Divergence)'로 격차가 확대되던 시기에 지배권을 잡았고, 이어 미국이 권력을 키우면서 '대분기'의 역사는 계속되었다. 미국이 19세기 이후에 영국을 제치고 세계 제1위 자리를 석권한 지 벌써 백사십 년이 흘렀다. 한 제국의 부흥은 '강한 배와 위력적인 포'의 승리일 뿐 아니라 가치관의 승리이기도 하다. 역사학자에 따르면 영국이 전성기(1870~1913년) 때 지출한 국방비 총액은 국민총생산의 3퍼센트를 조금 넘는 수준이었고 그 전에는 더욱 낮았다고 한다. 이를 가능케 했던 배경으로 영국은 당시 자유무역이라는 가치관을 세계에 전파시켰고 그 과정에서 상당한 이익을 챙길 수 있었기 때문이었다.

세월이 빨리 흘러가는 가운데 제국의 부흥과 몰락은 이어졌다. 각각의 제국이 경쟁하는 과정에서 '문명의 빛'은 계속 밝게 빛났다. 세상 사람들은 '제국'이라는 단어를 언제나 사갈시(蛇蝎視)한다. 이는 동서양 공통의 현상이다. 강대 제국은 전 세계 질서 안정의 중심에 있었다. 이는 그에 따른 비용 부담을 의미하기도 하지만 더 큰 책임감을 의미하기도 했다. 과거의 영국이나 현재의 미국이나 사실 이들의 존재는 세계 질서를 형성하는 데 있어 중요한 부분이었다. 이는 한 국가의 소프트파워, 즉 국가가 쌓아올린 국제적 영향력을 강조한 예로 볼 수도 있다. '감투를 쓰려면 그 무게를 견뎌야 한다.' 권력의 상승 뒤에는 책임감의 증가라는 의미가 내포되어 있다. 자, 중국이여 그 감투의 무게를 견딜 준비가 되었는가?

'새로운 평범'

'새로운 평범(New Mediocre)'이라는 유행어는 크리스틴 라가르드 국제통화기금 총재가 처음으로 사용했다. 그는 2014년 세계은행 추계 연차총회에서 회원국들에게 대담한 정책 결정으로 경제 성장을 촉진해야 한다고 호소하면서 그래야만 세계 경제 성장이 '새로운 평범'에 빠지지 않을 수 있다고 촉구한 바 있다. 세계는 정말 '새로운 평범'에 빠질까? 이에 대한 각국의 시선은 각각 다르다. 《파이낸셜타임스》 마틴 울프 수석 경제논설위원은 글로벌 경기 둔화가 더욱 확대되어서는 안 되며, 세계 경제를 바라보는 시각 차이도 더욱 확대되고 있다고 경고했다. 신흥 경제국의 발전 둔화와 유럽의 경기 하락에 대해서는 큰 이견이 존재하지 않는다. 오히려 가장 큰 쟁점은 중국의 경기 둔화와 미국의 경제 회복에 있다.

세계 경제가 온도차를 보이고 있다. IMF 국제비교프로그램은 구매력지수를 기준으로 중국이 17조 6,000억 달러의 경제 규모로 세계 제1위의 경제대국이 되었고, 미국의 규모는 17조

4,000억 달러라고 평가했다. 이 보고서의 결론이 시사하는 바는 두 가지다. 먼저 비록 표면상의 명의가 바뀌는 것에 불과할지 모르지만 중국의 세계 제1위 경제대국으로의 부상이 갖는 상징적인 의미는 곰곰이 되새겨볼 만하다는 점이다. 세계 경제 성장을 이끈 주역이라는 말 그 자체는 세계 경제의 패러다임을 변화시켰음을 의미하기도 한다. 중국의 경제 규모가 커진 상황에서 중국의 성장 둔화가 하나의 추세로 자리 잡는다면 앞으로 세계 경제 성장에 미치는 영향은 그 이전과 비교하기 어려워진다. 다시 말해 글로벌경제에 성장 둔화가 나타난다는 의미다. 중국 정부 측은 성장률 '7.5퍼센트 내외'는 용인할 수 있다는 뜻을 내비쳤다. 이는 지난번과 같은 대규모 경기 부양책은 다시 내놓지 않겠다는 뜻으로 중국 경제성장률의 하락에 큰 의문을 품지 않겠다는 의미이기도 하다.

둘째, 경제학자들은 1인당평균소득의 변화를 더욱 중요한 자료로 삼는다. 이 점은 경제학자 더글러스 노스가 한 말에 잘 드러나 있다. "우리는 1인당평균소득의 장기적인 성장을 기준으로 경제 성장을 판단하죠. 진정한 의미에서의 경제 성장이란 사회의 총소득 증가가 인구 증가보다 훨씬 빨라야 합니다. 한편 경기 침체는 1인당평균소득의 비지속적인 성장을 초래하죠. 물론 1인당평균소득은 상당히 긴 시간을 주기로 상승하고 하락하지만 말이죠." 중국이 과거 세계 제1위 자리를 차지했던 시간은 매우 길었다. 경제사학의 권위자인 앵거스 매디슨의 자료에 따르면,

1820년, 중국 선종[180]이 황제에 자리에 오른 해이기도 한 그 해에 중국의 GDP가 전 세계에서 차지하는 비중이 32.9퍼센트에 달했다. 당시 중국이 세계 제1위의 경제체였음은 의심할 여지가 없어 보인다. 당시 유럽 12개국(영국, 프랑스, 독일, 이탈리아, 오스트리아, 벨기에, 네덜란드, 스위스, 스웨덴, 노르웨이, 덴마크, 폴란드)의 GDP를 모두 합쳐도 20.9퍼센트에 불과했고, 그 중 영국은 5.2퍼센트였다. 일본은 3.0퍼센트에 이르는 수준이었다.

　바로 이런 점 때문에 통계의 구체적인 변화보다는 변화 추세, 특히 1인당평균소득의 변화 동향이 더욱 중요하다. 중국의 경제 규모의 변화는 중국의 1인당평균소득의 변화에 어떤 본질적인 영향을 끼칠까? 이는 중국이 중진국의 함정(Middle income trap)을 빠져나올 수 있을지 여부에 달려 있다. 현재 상태가 지속된다면 경기 둔화와 인구 주기의 변화에 따른 중국 1인당평균소득의 증가 속도는 조금 늦춰질 수 있지만 향후 중진국의 대열에 한발자국 다가설 수 있다.

　되돌아보면 '새로운 상태(신창타이, 新常態)'와 '새로운 평범'은 모두 성장 둔화에 대한 인내심이 이미 바닥나고 있음을 여실이 드러낸다. 그렇다고 해도 외부 자극이나 기술 변화의 확산이 없다면 둔화는 지나치게 오랫동안 지속될지 모른다. IMF는 '세계 경제 전망' 보고서에서 2014년 세계 경제 성장 전망치를 3.3퍼센트로 하향 조정했으며, 2015년은 3.8퍼센트로 낮췄다. 이 기

---

180 宣宗. 중국 청나라 제8대 황제. 연호에 의해 도광제(道光帝)라고도 일컬어진다 — 옮긴이.

관은 지금까지 여러 차례 이 수치를 하향 조정한 바 있다. 사실 3퍼센트대 이상의 성장률이면 경기침체를 면할 수 있으며, 이를 인간의 경제 역사에서 결코 낮은 수치로 보기 어렵다. 이보다는 새로운 위기가 도래할지 여부가 세계 경제의 시급한 과제이다. 지난 20세기 동안 인류는 넘치는 부를 창조하면서 경제 기적을 직접 경험했다. 특히 최근 20~30년 동안 새로운 경제체 발전을 '하사' 받으면서 경제 성장은 당연한 일로 여겨졌다. 그러나 경제 성장은 주기적인 변화와 지역적 규제를 받기 때문에 과거에 기술발전에 힘입어 이룬 비약적 경제 발전 경험을 우리가 규정한 경제의 정상적인 경우에 포함시킬 수 없다. 소위 '새로운 평범' 또는 '새로운 상태'도 그저 경제 성장이 정상 속도로 회복되는 과정일지 모른다.

지난 30년간 세계 경제 번영은 본질적으로 중국을 중심으로 하는 개발도상국들이 세계화 흐름에 대거 합류했기에 가능했다. 1990년대에 '냉전'이 종식된 이후 미국 학자 프랜시스 후쿠야마는 '역사의 종결'이라고 환호하면서 자유민주주의가 결정적인 승리를 거두었고, 이제 어떤 방식을 통해서든 서방 체제로 진출하는 일만 남았다고 선언했다. 그의 낙관적인 태도가 역사를 잘못 이해했다고 볼 수도 있겠으나 최소한 많은 국가들이 자유 시장을 품에 꼭 안기 위해 최선을 다했다는 점은 틀리지 않았다. 중국을 중심으로 거대한 노동력이 전 세계 산업 체인으로 유입되었고, 이에 러시아, 브라질, 호주 등의 자원국은 '성장으로 가는 차'에 쉽게 올라탈 수 있었으며, 미국 같은 국가들은 앉아서 '소비 보너스'를 챙겼다. 이렇기 때문에 중국의 경제 성장 속도가 둔화되면 그 영향을 받는 국가는 중국 하나가 아니라 전 세계 거의 모든 국가가 될 것이다.

설상가상으로 서방국가 중에서 경기 회복이 가장 빠른 미국도 과거 화려했던 활황 시대의 수준에는 여전히 못 미친다. 가장 중요한 점은 지난 30년간 누적되어온 경제의 '고질적 병폐'를 아직 완전히 치료하지 못했다는 사실이다. 정부 부채가 GDP에서 차지하는 비율은 전후 이후 최고점을 달리고 있고, 전체 부채의 레버리지율도 역사상 최고점에 달한 상황이 그것을 반증하는 예다. 개혁, 시장청산[181], 기술혁신을 추진하는 데 시간을 투자해야만 그 '고질적 병폐'를 완치할 수 있다.

신G7이 구G7을 대체한다고?

'뉴노멀(새로운 상태)'은 잠시 잊자. 이 단어는 이제 뉴스 사이트의 인기검색어가 아니라 우리 눈앞에 마주하고 있는 냉혹한 현실이다.

뉴노멀은 원래 2008년 금융위기 이후 미국 태평양투자관리회사에서 처음 사용하면서 급격히 떠오른 유행어로, 거시적 경제가 경기침체에서 번영으로 회복해가는 과정을 말한다. 그로부터 몇 년이 흘렀지만 세계 경제는 여전히 뉴노멀의 '수렁'에서

181 주어진 시장 가격에서 생산자와 소비자가 원하는 물건을 모두 팔거나 살 수 있는 상태를 뜻한다 — 옮긴이.

헤어 나오지 못하고 있다. 세상을 놀라게 할 만한 구조적 개혁도 없었고, 오히려 전체적으로 보면 더욱 굳게 문을 걸어 잠근 면이 없지 않아 있다. 이 단어를 최초로 사용한 주인공도 시대적 악몽으로부터 벗어나지 못한 사실은 참 아이러니하다. 최초 사용자인 모하메드 엘 에리언(Mohamed Erian)은 2014년 다니던 회사를 떠나고 말았다.

맥킨지의 최신 통계에 따르면 오늘날까지 세계화 수준은 아직 금융위기 전의 수준으로 회복되지 않았다. 맥킨지는 다섯 가지 항목을 분석해 세계화 정도를 평가한다. 각각 상품 무역, 서비스 무역, 금융 이동, 인구 이동, 통계 교환과 국제 교류다. 그중 금융 부분에서 나타난 세계화 약세가 가장 주의 깊게 살펴야 할 부분이다. 금융 이동은 금융위기 이전의 70퍼센트 수준밖에 미치지 못하고 있다.

중국의 경제 상황을 자세히 살펴보면 희비가 엇갈리고 있다. 먼저 IMF의 정식 통계에서 중국의 GDP는 17조 6,000억 달러로 미국을 꺾고 세계 최고의 자리를 차지했다. 정부와 국민은 이 '기쁜 소식'을 덤덤하게 받아들였지만 1등에 오른 것은 언제나 뭔가 다름을 의미한다. 하지만 한편으론 경제 규모가 커지면서 중국 경제의 성장 둔화 추세가 확실시되고 있다. 지금까지 중국의 잠재성장률이 20년 동안 8퍼센트를 유지할 수 있다고 주장한 경제학자 린이푸(林毅夫)도 최근에는 외부의 상황이 좋지 않으면 중국의 2015년 목표 성장률을 7퍼센트로 낮춰야 한다고 입장을 바꾸기도 했다.

현재 세계 경제 성장의 엔진 역할을 담당하고 있는 중국 경제
가 뒷걸음치기 시작하자 세계 경제도 디플레이션의 위기를 피
할 수 없는 상황이다. 무역은 세계화와 세계 경제의 상태를 알
려주는 온도계다. 세계 무역의 약세는 2014년에도 이어져 성장
률이 3퍼센트~4퍼센트 수준에 그칠 것이라는 견해가 보편적이
다. 경기 부진이 이어지면서 다시 부활한 보호주의자들은 무역
이 성장 동력을 방해한다고 주장한다. 무역에서 실물경제의 상
황이 잘 드러난다면, 금융 부분에서는 채무가 그 중요한 방향
계 역할을 한다. 경제 둔화가 나타나고 있지만 전 세계 경제 부
채 규모는 여전히 빠른 속도로 증가하고 있다. 특히 국가 부채
가 위기에 빠지면서 상황은 더욱 악화되었다. '제네바 보고서'
에 따르면 세계 부채의 총 부담액이 국민소득에서 차지하는 비
율은 2013년에 215퍼센트에 달했는데 이는 2001년의 160퍼센
트와 큰 차이를 보인다. 어느 정도의 레버리지는 경제에 도움을
준다. 그러나 이 수치는 경제학계에서 생각하는 안정적인 수준
을 이미 넘어서 반어적 풍자의 수준이다. '사람들은 모두 레버
리지화를 추진하자는 목소리를 높이지만, 사실 사람들은 이미
레버리지를 확대시키고 있다. 특히 정부 기관들이 그렇다.'

부채가 너무 많아도 걱정이다. IMF의 '세계경제전망'보고서
에 따르면 중국은 오랫동안 학수고대했던 '영국을 추월한 다음
미국을 따라잡는다'는 목표의 성공이 코앞으로 다가오고 있으

며 세계 제3위가 세계 제1위의 자리를 넘어설 수 있는 희망이 생겼다. 신흥 7개국이 G7을 대체할 가능성이 커져 브라질, 러시아, 인도, 중국, 멕시코, 인도네시아, 터키까지 7개국이 캐나다, 프랑스, 독일, 이탈리아, 일본, 영국과 미국을 뛰어넘을 것이라는 전망도 나왔다. 물론 이 결론도 중국이 세계 최대의 경제 대국이 된다는 결론처럼 구매력평가를 통계 기준으로 삼았다. 하지만 적어도 선진 경제체가 전체적으로 뒷심이 부족하다는 사실은 반영하고 있다.

이를 보고 투자은행의 연구원이 '신G7이 구G7을 이끈다'라는 철지난 말을 떠들고 있다 생각한다면 큰 오산이다. 지난 얼마 동안 신흥 경제체의 성장 속도가 하락하는 추세를 보이고 있다. 물론 충분히 이해가 가는 부분이다. 등 뒤로 바람이 불면 체구가 작은 사람이 바람을 타고 더욱 멀리 날아가지만 반대로 역풍이 불 때면 상황이 변해 다른 사람에 비해 바람의 영향을 덜 받는 법이다. 이렇게 비교해보면 선진 경제체의 상황은 더욱 심각하다. 일본 아베노믹스는 지금 '최후의 발악'을 하고 있고, 유럽도 점점 일본의 상황을 따라가고 있는 실정이다. 그나마 상황이 괜찮은 국가는 오로지 영국과 미국뿐이다. 여기서 미국 경기가 호전되면 자연스럽게 달러 강세로 이어질 가능성이 크며, 이는 기타 경제체에 위기가 될 수 있다는 점은 아이러니하다.

그렇다면 앞으로 성장은 무엇에 기대야 하는가? 뉴노멀을 되돌아보면 사실 그렇게 두려운 상황도 아니다. 다만 바로 얼마

전 눈부신 성장을 이루어서 투자자의 전망에 너무 안주하고 익숙해졌을 뿐이다.

지난 '황금기'는 세계화, 규제 완화, 저금리, 인구 보너스 등의 요소들이 합쳐진 결과였다. 그 중 일등공신은 아무래도 기술혁신이다. 1990년대 정보 혁명은 거품과 환상이라는 부작용도 있었지만, 결과적으로 구글, 마이크로소프트, 애플, 아마존 같은 훌륭한 기업을 탄생시켰으며 경제 활동에서 생산가능곡선을 확장시켰다.

노동력 주도의 성장이 한계점에 달한 상황에서 경제 생산력이 증가할 수 있던 데에는 기술혁신의 공이 가장 크다. 지금은 그다지 중요하게 생각하지 않는 철도가 과거에 세계의 모습을 얼마나 격동적으로 바꾸어 놓았는지를 상상해보자. 서양의 어느 평론가는 이렇게 주장했다. "19세기를 전후한 오십 년 동안 철도는 당시 거의 모든 세상 사람들이 자신의 마을과 가까운 주변 지역만을 다닐 수 있었던 세상을 한 달이 아니라 단 하루 만에 국경까지 넘을 수 있는 세상으로 바꾸어 놓았다. 그뿐 아니라 철도의 발전은 대량의 제조업 발전을 촉진시켰고 산업혁명이 이 지구상에 사는 사람 모두에게 실질적인 영향을 미칠 수 있는 밑거름이 되었다. 이렇듯 철도의 출현은 모든 것을 가능하게 바꾸어 놓았다. 외곽 지역 멀리까지 가서 휴가를 보내고, 신선한 우유를 배달주문해서 먹을 수 있게 했다."

이런 이유로 겉으로는 경제의 '신흥 세력'이 나타나 과거 세력이 사라진 것처럼 보일 수도 있지만, 향후 중단기적인 경제 번영은 기술혁신에 변함없이 의지해야 할 것이다. 경제 성장을 이끄는 원동력은 반드시 자주 혁신에서 출발해야 한다. 차세대 이슈인 인공지능이든 3D 프린터든 우리는 현재 미개의 세계에 대해 일종의 '미친' 실험을 하고 있는지도 모른다.

'뉴노멀' 경제는 무한한 기회를 안고 있지만 막대한 위험도 그 안에 도사리고 있다. 이처럼 기회와 위험이 공존하는 경제 세계에서 중앙은행은 더욱 막중한 책임을 어깨에 짊어져야 한다.

미래의 뉴노멀
그리고 5대 리스크

중국, 한국 다음 역?

다른 동아시아 경제체처럼 한국 경제도 1960년대부터 비약적인 발전을 이루었고 크게 보아 경제 발전의 몇 단계를 거쳤다. 인프라 건설 주도기, 수출 주도기, 레버리지 주도기 등이다. 인프라 건설 주도기는 정치적 개혁을 동반하는 경우가 많다. 이는 많은 개발도상국이 첫 단계를 뛰어넘기 위해 거쳐야 하는 과정이다. 당시 한국은 박정희 대통령이 추진하는 정책에 힘입어 그 과정을 마쳤다. 이 단계의 주요 특징은 자본 형성이 경제에 기여하는 바가 크다는 점이다.

2단계는 수출 주도기로 1단계에서 이 단계에 순조롭게 진입하는 국가는 일부에 불과하다. 이런 점에서 일본, 한국과 중국 같은 국가들은 '행운아'라고 불릴 만하다. 브라질 같은 국가들은 1단계 과정을 마쳤지만 여전히 2단계의 문 앞에서 배회하고 있다. 수출이 경제에 기여하는 바가 가장 크다는 점이 2단계의 주요 특징이다.

광주민주화운동 이후 한국 경제는 새로운 단계에 진입했다. 바로 '레버리지 효과'가 주도하는 단계다. 이때 '대재벌화 현상'이 점점 두드러졌다. 이 단계에서 가장 전형적으로 나타나는 특징은 또다시 자본 형성이 수출을 제치고 경제 성장에 가장 높은 기여도를 보인다는 점이다. 또한 각각의 '대재벌'이 원대한 목표를 세우고 다원화 추진을 위해 내부 수익률(Internal rate of return)을 보장받지 못하는 사업에 투자했고 대량 자금이 경제 단기 고속 성장의 발목을 잡았다. 이에 따른 대가로 부채의 레버리지율이 급상승했다. 게다가 넘쳐나는 자금은 투기 열풍이 일어난 각종 자산(토지, 부동산 등)으로 몰려 자산 거품을 키웠다. 주식시장, 채권 시장, 환율이 다 같이 폭등했고, 이 호황은 금융위기가 터지기 직전까지 계속되다가 끝났다.

위의 요소들은 중국에도 전혀 낯설지 않다. 그저 '장면'과 '주인공'이 다를 뿐이다.

중국도 1980~1990년대를 개혁이 주도한 인프라 건설의 전성기라고 말할 수 있다. 그러다 1990년대 말부터 WTO 가입으로 수출 주도 단계에 진입했고, 2008년 이후 점차 레버리지 주도 단계로 진입했다. 그 중 '4조 위안'이라는 엄청난 규모의 자금 투입은 그 레버리지 효과를 더욱 조장하고 극대화했다. 관련 통계와 실물경제의 모습은 중국에서 '레버리지 열차'가 이미 가동되고 있음을 증명해보였다. 유동성 '범람'은 이미 시작되었고, 이는 20년 전 한국의 모습과 매우 닮았다.

한국은 실패했다고 봐야하는가? 어떤 사람은 한국이 운이 없었다라고 생각하고, 또 어떤 사람은 1998년 금융위기는 외부 세계 영향이 컸다고 본다. 사실 이런 시기적 운명은 우연히 이루어지지 않는다. 대부분 경제체 내부의 발전 이론 간에 상호 작용을 거친다. 이후 한국은 살을 깎아내는 듯한 '청산'의 시기를 보냈는데 그 과정과 결과는 우리에게 많은 시사점을 던져준다. 한국은 다시 정상적인 국가의 대열에 합류했으며 '따라잡은 국가'라는 합격자 명단에 이름을 올렸다.

중국은 중국의 기적을 이루었고, 한국도 한강의 기적을 이루었다. 고속 성장은 특례가 아니며, 도저히 경제 법칙으로 설명할 수 없는 인간의 기적은 더더욱 아니다. 세계은행의 통계에 따르면 '제2차 세계대전' 이후 전 세계에서 약 13개의 경제체가 성공적으로 경제를 극복해 저소득의 굴레에서 벗어났으며, 그 성장 속도는 연간 7퍼센트에 달했고 이는 약 25년 이상 지속되었다고 한다. 이들 경제체들에서 나타난 공통적인 특징으로 개방 경제, 거시적인 안정, 고저축, 고투자, 시장경제체, 고효율과 적극적인 정부 등을 꼽았다.

1998년 한국이 겪은 금융위기가 중국에도 찾아올까? 과거로 돌아가 보면 2014년은 세계은행이 '동아시아의 기적'이라는 보고서를 발표한 지 20주년이 되는 해다. 보고서에서는 동아시아 기적의 국가로 홍콩, 한국, 인도네시아, 말레이시아, 태국 등 떠오르는 8개의 '스타경제체'를 선정했다. 당시 중국은 그 대열 근처에도 가지 못했었다. 하지만 그로부터 겨우 몇 년 동안 상황은 완전히 바뀌었다. 세계인의 눈앞에 아시아 금융위기와 중국의 놀라운 성장이 펼쳐졌다.

20년의 경험과 두 번의 금융위기에서 얻은 교훈은 역사가 똑같은 잘못을 반복하지 않도록 하기에 충분한가? 시장은 단순하게 반복하지 않으며 이는 우리가 겪은 과정과 앞으로의 선택에 따라 달라진다. 중국은 30년 넘게 8퍼센트대의 성장 속도를 유지해왔고, 중국이 쇠퇴할 거라 제창하던 중국의 정치 평론가들이 고개를 들지 못하게 만들었다. 나아가 일부 민족주의자들을 부추기며 꾸미던 적들의 음모가 하나씩 실패로 끝나갔다.

그러나 문제는 남는다. 우리는 진상을 알고 싶은 것인가, 아니면 오직 좋은 소식을 전해주는 페르시아 전령[182]들을 기다리는 것인가? 희망과 현실이 불일치할 때 희망을 수정할 것인가, 아니면 현실을 리모델링할 것인가? 귀를 기울여 자세히 들어보면 아마 '몽골'의 '정예기병'들이 중국의 경계에서 진을 치고 있는 소리가 들릴지도 모른다.

---

182 페르시아 황제들은 전쟁에서 패하면 패전의 소식을 전한 전령의 목을 베었다고 한다. 패전의 원인은 분석하지 않고, 실패 그 자체를 문제 삼지 않고 실패의 소식을 전한 전령의 입을 막기 위해 목을 쳐버렸다. 현대에는 실패를 지적한 언론을 탓하는 행위를 '페르시아 전령 증후군(Persian Messenger Syndrome)'이라고 한다.

중국 경제의 뉴노멀 시대: 'GDP 마니아'에서 벗어나자

"최근 서방국들은 중국이 GDP 세계 제1위로 등극할 것이라고 전망합니다. 이런 '띄워주기'는 과거 이웃 국가 일본이 당한 것처럼 세계 제2위의 자리에서 '잃어버린 10년'의 수렁으로 빠진 것과 유사한 상황은 아닌가요?" 어느 독서회에서 사회자가 던진 질문이었다.

이런 질문이 처음은 아니다. 그날 필자는 정치학자 류칭(劉擎) 교수와 함께 게스트로 초대받아 미국 역사학자 이언 모리스(Ian Morris)가 쓴 저서 《서양의 지배 얼마나 남았나(西方將主宰多久)》[183]에 대한 토론을 했다. 원래 제목인 "Why the West Rules-For Now"를 직역한다면 제목은 '왜 서양이 오늘날까지 지배하는가?' 또는 '서양은 왜 지금도 지배하고 있는가?'로 해야 옳다. 두 시간 남짓 토론하며 '서양'이라는 단어를 백 번 이상(더욱 흥미로운 사실은 모리스가 서방의 정의만을 설명하는 데 이십 분을 넘겼다는 점이다)은 들은 것 같았다. 게다가 토론 장소가 공교롭게도 라오상하이(老上海) 분위기를 물씬 풍기는 쓰난공관(思南公館)이라 현재를 과거와 비교하며 오싹하게 만들었다. 먼저, 중국 정부 당국은 '세계 제1위의 경제 대국'이란 타이틀에 대해 겸손하게 '사양'의 뜻을 표명했고, 국민들은 이런 정부의 태도에 오히려 큰 관심을 보였다. 만약에 서양에서 이런 분위기가 이미 오래전부터 내부적으로 '숙성'되어온 것이라면 서양의 '띄워주기'

---

183 이언 모리스(Ian Morris), 《서양의 지배 얼마나 남았나Why the West Rules—For Now》, 중신출판사, 2011.

의 대상은 누구이며, 그 목적은 무엇인가? 과거 일본이 겪은 위기가 '서양의 띄워주기' 때문이 아니라는 사실은 말할 필요도 없으며 일본의 현재 상황을 그렇게 '참혹하다'고 보기도 어렵다. 또한, 중국의 '세계 제1위 경제 대국'이라는 타이틀은 가장 낙관적인 통계(이 자료도 그 '서양'의 세계은행이 보도한)인 구매력지수 이론에 따른 것으로 그에 따르면 빠르면 2014년에 중국의 경제 규모가 미국을 넘어설 것이라고 밝혔다.[184]

'중국 세계 제1위'라는 정서는 사실 대중에게 그리 낯설지 않다. 중국에서 《서양의 지배 얼마나 남았나》를 둘러싼 열띤 논쟁은 이런 주장을 뒷받침하는 근거로 삼을 수 있다. 이 책의 중문판은 중신(中信) 출판사에서 출간한 뒤 독자들의 폭발적인 인기를 끌기까지 3년이 걸렸다. 한정(韓正) 상하이시 위원회 서기에서 '올해의 인물'로 주목 받았던 리루(李錄)까지 이 책에 추천의 글을 남기기도 하고 인용도 했다. 그 배후 동기에는 분명 민족주의 정서의 부흥과 깊은 관련이 있었을 것이다. 세계 최고의 자리를 다시 되찾고자 하는 꿈은 근대에 겪은 치욕의 기억으로 더욱 강렬해졌다. 이를 '국민집단감정'의 현대판 표출이라 볼 수 있다.[185]

심지어 이 독서회는 소개 책자에 시진핑 국가주석의 말을 인용하기도 했다. "왜 명대 말, 청대 초부터 우리 나라의 과학기술이 점점 낙후되기 시작했는지에 대한 생각이 머릿속을 떠나지

184 쉬진(徐瑾), 〈중국 경제 세계 제1위로?〉, FT 중문판, 2014.
185 쉬진, 〈이약슬 난제(李約瑟難題)와 부흥의 꿈〉, FT 중문판, 2013.

않는다." 경제 측면으로 본다면 근대 말기 이후 중국의 경제 상황이 뒷걸음쳤다고 보기는 어렵다. 다만 상대적으로 낙후되었을 뿐이다. 당시 서구 국가들이 산업혁명과 제도 개혁으로 산업의 시대를 열어갈 때 중국은 전통적인 농업 중심 성장의 길을 계속 걸어왔다. '맬서스의 덫'[186]에 빠진 것이다.

여기서 짚고 넘어가야 하는 점은 《서양의 지배 얼마나 남았나》는 맬서스가 만든 에너지 획득, 사회 구조, 전쟁 능력, 정보 기술을 기초로 하는 사회발전지수 통계를 기준으로 삼았고, 서양의 중심 지역은 메소포타미아 지역에서 지중해를 거쳐 유럽과 미국으로 이동해왔다는 대목이다. 한편 동양의 중심 지역은 1900년에 일본이었던 때를 제외하면 거의 대부분 중국의 황허(黃河)와 양쯔(揚子)강 유역이었다. 사회발전지수로 비교한다면 중국이 기원전 오백 년 이후부터 서양 국가를 지배한 역사는 거의 천 년이 넘는다. 책에서 저자는 '서양의 지배'는 장기적으로 정해져 있던 것도 단기적인 우연도 아니라고 말했다. 이처럼 중국을 세계에 포함된 한 국가로 보고 비교를 하는 것은 중국인들이 지금까지 버리지 못했던 중국 중심의 사고를 버리게 만들고, 또한 객관적인 자료의 검증으로 중국의 자리를 되찾고 자신감도 회복하기 위함이다.

과거를 되돌아보는 것은 현실을 잘 관찰하기 위한 것이다. 해

---

186 Malthusian Trap. 맬서스의 이론이라고도 함. 수확체감의 법칙으로 식량은 산술급수적으로 증가하는데 비해 인구는 기하급수적으로 증가하여 인구 과잉, 식량 부족 문제가 발생하고 이러한 문제가 실질임금을 최저생계비수준으로 감소시킨다고 주장한 이론 — 옮긴이.

묵은 명언인 '바보야, 중요한 건 경제야'는 여전히 사용된다. 그러나 진짜 바보는 중요한 것이 오로지 경제뿐이라고 믿는다. 경제력이 높아지면 그에 따라 영향력도 커진다(물론 이 둘이 함께 움직이진 않지만)는 사실은 쉽게 간과한다. 최근 30년간 중국은 경제 성장으로 중국인에게 경제 이외의 분야에서 존재감을 찾게 만들었다. 그러나 역사 비교 분석 과정을 거쳐야 중국의 경제 기적이나 중국의 모델에 대한 본질이 어떠한지가 더욱 분명해질 수 있다. 통계를 바탕으로 1980년 중국의 경제 침체 상태를 살펴보면 1인당국민소득이 《레미제라블》이라는 소설 속 상황보다 약간 괜찮은 수준에 불과했다. 바로 이런 기초 위에 개혁 개방이 이루어져 '제도 보너스(制度紅利)' 효과가 쏟아져 나왔고 여기에 인구 보너스(人口紅利) 효과가 시장경제에서 중요한 몫을 해내며 30년간의 고속성장을 가능하게 할 수 있도록 도왔다. '후발주자의 이점(late-moveradvantage)'에 따른 역량을 최대한 발휘할 수 있는 전제 조건은 바로 매우 낮은 시작점에서 출발하는 것이다.

오랜 역사 속에서 경험했듯 인간은 언젠가는 죽는다. 이는 호모사피엔스인 인간이 단기적인 일에 집중할 수밖에 없는 운명에 놓이게 했다. 2014년 거시적 경제 상황은 많이 복잡하다. '약 7.5퍼센트'의 목표도 확신할 수 없는 상황이다. 그래도 경제 정책의 방향은 일부 미세한 변화를 보이고 있다. 많은 현상이 중국 경제가 중속성장(신창타이) 단계에 진입했다는 주장을 뒷받침해주고 있다. 중국 정부 당국도 더는 '바오바'를 제창하지 않는다. 시진핑 국가 주석도 2014년부터 '신창타이'를 여러 번 언급해왔다. 신창타이, 즉 뉴노멀은 원래 2008년 금융위기 이후 미국 태평양투자관리회사에서 처음 사용한 신조어로 일반적으로 거시적 경제가 번영에서 쇠퇴 주기로 정상적으로 회복해가는 과정을 말한다.

시진핑 주석이 취하는 경제적 입장에 대해 외부 세계에서는 다양한 해석을 내놓지만 사실 정확한 해석은 아주 명확히 드러나 있다. 중국의 '신창타이'에는 과거 눈부신 성장은 이미 막을 내렸다는 현실을 인정하고 그에 따라 대응하겠다는 의도가 들어 있다. 영국《파이낸셜타임스》의 아시아판 편집장 데이비드 필링이 GDP의 변화와 결점에 대해 분석한 칼럼을 썼는데, 최종 결론은 우리는 결국 GDP의 틀에서 벗어날 수 없다는 사실이었다. 수치는 매우 간단명료하다. 그러나 수치는 그저 수치에 불과하다. 경제 성장이 점점 국민 생활의 행복도와 위배되는 시기에 정부 당국은 지금까지 의존해오던 GDP 비교 모델방식에 조금씩 변화를 추구하거나 아예 포기하고 있다. 물론 단순히 하나의 비교 수치를 포기한다고 즉시 중국 정치, 경제의 운영 체제에 큰 변화가 나타날 수는 없지만 올바른 방향을 향해 내딛는 중요한 첫 발이라는 의미가 있다.

"중국이 미국 경제를 추월하는 부분에 대해 언급하셨는데요, GDP의 총량이든 1인당GDP든 GDP가 그렇게 중요한가요?"

독서회가 끝나갈 무렵 '지우링허우(九零後)'[187]로 보이는 여학생이 필자에게 던진 질문이다. 필자는 이 질문은 아주 좋은 질문이며, 의미 있는 출발이라고 생각한다. 중국 경제가 전환하면서 점점 더 많은 사람들이 GDP만을 총애하지 않는다. 특히 젊은 세대인 '바링허우(1980년대생)' 세대나 '지우링허우' 세대는 더욱 그러하다. 이들 세대는 부모 세대와는 달리 발전에 대한 이해가 한층 다원화된 성향을 보인다. 막중한 전환을 눈앞에 둔 중국이 직면한 문제는 만약 GDP의 고속 성장이 없다면 도대체 무엇을 정치적 정당성의 근거로 삼을 수 있는가다. 21세기라는 새로운 문명의 시대에 '낙후하면 얻어맞는다'는 서술 방식은 현재 수정되고 있다. 아편전쟁 때나 중국갑오전쟁(청일전쟁) 때나 중국의 GDP는 상대 국가보다 높았지만 근대 치욕의 시작이라는 결과를 남겼다는 점은 여기서 한 번 짚고 넘어갈 가치가 있다.

다시 처음 문제로 돌아가 류칭 교수는 '중국은 왜 세계 최고가 되려고 하는가?'에 다소 예민한 의문을 제기했다. 그는 먼저 자신은 중국이 베이징에서 선언한 '평화 방식으로의 굴기'를 따라 발전할 것을 믿는다는 뜻을 밝혔다. 그는 또한 서양은 아마도 중국이 세계를 지배한다면 그 '신(新)' 세계의 규칙과 정보에 대해 확실한 예측이 불가능한 점에 대해 불안해하고 있다고 주장했다. 역사를 돌아보는 것은 미래를 내다보기 위함이다. 아마 우리는 살아생전에 중국의 1인당GDP가 세계 제1위에 오르는

---

187 중국의 1990년대생을 부르는 말 — 옮긴이.

순간을 보지 못할지도 모른다. 하지만 이것이 중국인들이 더욱 안정적인 경제 복지와 더욱 안정화된 법치 환경을 누리는 데 큰 영향을 주지는 않을 것이다. 다원화되고 있는 세계는 자체적으로 낮은 경제 성장에 대한 높은 수용도를 의미한다. 또한 동서양 문명이 최종적으로 지향해야 하는 방향은 상호 공생하며 상호 보완해나가는 관계다. 절대 '너 죽고 나죽자'는 치열한 경쟁 관계가 아닌 것이다.

중국 경제의 5대 리스크

대형 투자은행마다 연말이나 연초에 각자의 투자 전략을 내놓는다. 이제 파티는 끝났고, 앞으로 몇 년 동안 중국 경제 문제의 핵심 키워드는 '리스크'가 될 것이라고 필자는 전망한다. 리스크는 아래 다섯 가지로 요약할 수 있다.

첫째, 국제 환경이 불안한 상황 속에서 금융위기가 도래한 이후 성급하게 세운 허술한 질서가 점차 무너지고 있다. 여러 경제체의 경기부진이 지속되고 있을 뿐 아니라 여러 가지 자산가격도 대란을 겪고 있다. 2014년 중반 이후 전반적인 흐름은 지역적 불안 상태가 세계화되는 추세로 확산되었다. 유가가 배럴당 50달러 선을 돌파했고, 루블도 반 토막이 날 위기에 빠졌다. 유로존은 공식적으로 디플레이션 상태에 진입했으며 그리스의 유로존 탈퇴 문제는 다시 한 번 핵심 쟁점으로 대두됐다. 이런 상황에서 유로화 가치는 9년 만에 최저치 기록을 갱신했다. 일본의 아베 신조는 총리 재선에서 또 한 번의 승리를 거두었지만 앞으로 아베노믹스도 풀어야 할 숙제와 도전이 많이 남아 있다.

각국의 경제는 여전히 경쟁 관계에 놓여 있다. 하지만 최근 세계화 흐름을 따라 세계 경제는 '한 사람이 부귀해지면 모두 따라서 부귀해지고, 한 사람이 망하면 모두 따라서 망한다'는 상태로 전환하고 있다. 다시 말해 각국은 서로 양질의 상품과 서비스를 교환하면서 성장을 도모하고 있다. 중국은 값싼 인건비로 수출주도형 경제 성장을 이루었고 동시에 같은 방식으로 세계 경제 발전에도 크게 이바지했다. 이는 과거 세계 번영의 시대를 주도했던 시장 논리에 해당한다. 오늘날 세계 각국의 경제가 약세를 보이거나 불황에 빠지면서 이 논리적 사슬은 오히려 세계 경제 성장의 발목을 잡고 있다.

그 중 가장 큰 걸림돌은 미국 달러의 강세 회복이다. 이는 분명 자본이 미국으로 몰리는 현상을 동반할 것이다. 미연방준비제도가 통화 정책에 대해 모호한 입장을 표명하는 속내는 다른 경제체들을 '진퇴양난'에 빠지게 하려는 데 있다. 연준이 금리를 인상한다면, 자본은 계속해서 미국으로 유입될 것이며 이는 신흥시장의 자금이 해외로 유출되는 불리한 상황을 일으킨다. 반면 연준이 금리를 변동하지 않는다면 미국 경제는 시장 전망에 못 미치는 성적을 거두어 세계 경제 환경에도 부정적인 영향을 끼칠 것이다.

둘째, 중국 지방정부의 재정 및 세수 상태가 곤경에 빠졌다.

중국을 하나의 '기업'으로 간주한다면 과거 중앙정부는 '본사'에 해당하고, 각 지방정부는 '지사'에 속한다. 지사는 해당 지역에서 토지 등의 자산을 소유하며, 각종 세제는 재정 수입의 공급처로 유동 자금으로 사용한다. 지사의 부채는 전부 본사로부터 보이지 않는 담보 혜택을 받아 빌렸고, 이런 상황은 지방정부에게 절대 파산하지 않는다는 인상을 심어주었다. 이에 은행들은 지방정부와 관련된 도시건설투자 회사에게 흔쾌히 돈을 빌려주었다. 이런 구조 아래 지방의 실행 권한과 재정 권한의 불균형이 더해지면 중국 지방정부의 부채가 산더미처럼 쌓이는 결과를 낳는다. 중국 국가회계국의 2013년 자료에 따르면 잠재적인 부채를 포함한 중국 각급 정부의 부채 총액은 약 30조 2,800억 위안으로 그 중 지방정부의 부채 규모는 17조 9,000억 위안에 달한다.

경제 성장이 계속 지속된다면 위의 패턴도 무난하게 유지될 수 있다. 그런데 경기가 둔화되고 세제 개혁이 시행되면 이 패턴도 위기에 봉착한다. 세재 개혁의 목표는 실행 권한과 재정 권한의 균형에 있기 때문에 지방정부의 파산을 허용하며 지방정부에게 국채 발행의 일부 권한을 양도한다. 중앙정부가 '본점' 역할을 담당하고 지방정부는 그에 속한 '가맹점'으로 바뀌는 셈이다. 2014년에는 중앙정부가 나서서 지방정부는 빌려 쓴 부채를 책임지고 상환해야 한다고 공개적으로 강조했으며 이번 기회로 예산 제약의 수위를 높이려는 의도를 내비쳤다.

이 주장의 출발점은 옳아 보인다. 그러나 부담을 지방정부에만 집중적으로 짊어지게 했다는 점에서 오류를 범했다. 경기부진으로 지방정부는 앞으로 몇 년간 추운 겨울을 보내야 한다. 2010년부터 2012년까지 20퍼센트를 웃돌던 재정 수입 증가율은 2014년 들어 이미 한 자릿수로 떨어졌다. 도이체방크 보고서에서는 토지양도금 수입이 지방정부와 중앙정부에서 차지하는 비율이 각각 35퍼센트와 23퍼센트이며, 토지양도금의 수입이 줄어들면서 중국은 1981년 이래 가장 치열한 재정 경쟁에 직면하게 될 것이라고 발표했다. 이 은행은 2015년 중국의 토지양도금 총 수입액이 20퍼센트로 떨어지며, 그 하락폭은 10퍼센트에 달하고, 지방정부의 수입 증가율은 2.2퍼센트 오르는 데 그칠 것으로 전망했다.

이렇게 되면 지방정부는 수입이 급감하는 상황에서 부채를 갚아야 하는 부담까지 떠안게 된다. '예산법(五算法)'의 새로운 개정안은 지방정부에 채권 발행의 여지를 주었지만 이제 곧 지방채의 상환만기일이 최절정기에 이르기 때문에 현재의 채권발행 속도로는 부족한 예산을 메울 수 없을 것으로 보인다. 2014년과 2015년에 총 4조 2,000억 위안의 지방채를 상환해야 하며, 2015년 동안에만 1조 8,000억 위안이 만기된다. 2014년 지방정부가 발행한 채권 규모는 4,000억 위안으로 2015년에 그 규모가 두 배로 늘어난다 해도 지방 부채에 대한 원금 상환과 이자 지급에는 여전히 많이 부족하다. 스탠더드앤드푸어스의 통계에 따르면 중국의 31개 성(省)급 정부 가운데 신용 상황이 투자적격등급(BBB-)에 해당하는 정부는 절반뿐이다. 달리 말하면 다른 절반의 상황은 좋지 않다는 점을 시사해준다. 이런 점으로 미루어 볼 때 상황이 더욱 악화된다면 신용 상태가 불안한 성급 정부가 더욱 늘어날 것으로 예측할 수 있다. 이와 같은 우려가 현실로 나타난다면 지방정부는 곤경에 빠지게 된다. 그 산하에 있는 기업들의 상황도 불 보듯 뻔하다.

바로 이런 점 때문에 세 번째 리스크는 바로 기업 리스크다. 기업 리스크는 주로 생산 과잉에서 출발하며 대개 다음과 같은 두 가지 측면에서 살펴볼 수 있다. 먼저 기업은 경영환경 악화, 수익성에 대한 평가, 원가 및 수익률의 불균형에 따른 부담을 안고 있다. 황명푸(黃孟復) 중화전국상공업자연합회(中華全國商工業者聯合會) 부주석은 중앙은행의 새로운 금리 정책이 기업에 아무런 영향을 주지 못했다고 지적했다. "많은 기업들은 자신들이 은행을 위해 희생한다며 한탄합니다." 그 주요 원인은 바로 민간 기업에 대한 대출금리와 이윤의 불일치에 있다. 황명푸 부주석은 지방정부와 국유기업이 적용받는 대출 연이율은 6~7퍼센트인데 비해 민간 기업의 대출 연이율은 15~20퍼센트로 훨씬 높다고 강조했다. 다음으로는 부채의 고공행진이다. 그동안 중국의 기업 리스크는 과소평가 받아왔다. 선진 국가들은 리스크를 평가할 때 대개 국가부채와 가계부채 상황을 고려하는데 이 두 지표에서 중국의 상황은 결코 나쁘지 않기 때문이다. 원래 중국 기업들의 부채 규모는 그다지 크지 않았다. 하지만 4조 위안의 투입으로 투기 열풍이 일어났고, 그 뒤 중국 기업들의 부채는 기하급수적으로 늘어났다. 통계에 따르면 중국 민간 부문의 부채총액 대비 GDP의 비율은 2012년 말에는 131퍼센트로 낮았다. 이렇게 남몰래 커져가는 리스크는 큰 주목을 받지 못했었다.

중국 경제 모델은 지나치게 투자에만 의존한다는 문제점을 안고 있다. 실적 없는 투자는 생산 과잉이라는 부작용으로 나타났고, 금융 분야에서는 부채 문제를 낳았다. 이것이 바로 중국의 네 번째 리스크인 금융기관의 리스크다. 중국의 금융업은 개혁 과정에서 가장 뒤쳐진 분야다. 금리 등 관련 지수가 여전히 정부의 통제를 받고 있기 때문에 법정이자율은 시장이자율보다 언제나 낮다. 이와 같은 '이원화'에다 '연성예산제약'[188]까지 더해져 신용 대출의 균등 분배에 필연적인 결함이 드러났다. 먼저 은행이 얻는 거액의 이윤은 예금주들이 장기적으로 부담해온 '마이너스 금리'를 기초로 발생하며 국유기업과 지방정부는 합법적인 금융 체제 틀 안에서 대부분의 자금을 조달받는다. 이에 비해 취업 부분에서 큰 역할을 담당하는 민영기업, 특히 중소기업들은 비정규적인 경로로 자금을 융통할 수밖에 없다. 그림자 은행이 그 대표적인 예다. 최근 2년간 해외투자자들의 관심은 중국의 그림자 은행 문제에만 쏠렸다. 그런데 중국의 그림자 은행은 은행시스템에서 파생된 문제다. 그림자 은행 리스크의 배

---

188 Soft Budget Constraint. 기업이 오랜 기간 손실을 보지만 계속해서 자금을 조달하거나, 실패의 위험을 부담하지 않고 신규 투자를 하는 것을 말함 — 옮긴이.

후에는 더욱 큰 금융기관의 리스크가 버티고 있다.

은행 업계의 상황을 살펴보면 과거 은행의 이윤 및 자산 상태는 양호했다. 2014년 3분기 상업 은행의 순이익은 2,645억 위안으로 전년 동기 대비 12.6퍼센트 증가했다. 그러나 은행주(Bank Shares)는 그다지 좋은 성적을 거두지 못했다. 여기에는 불량채권의 바람이 다시 불어올 가능성에 대한 우려가 반영되었다. 중국은행업관리감독위원회(中國銀行業管理監督委員會)가 발표한 2014년 3분기 자료에 따르면 상업 은행의 불량채권율은 1.16퍼센트로 현재 증가 추세를 보이고 있으며, 지난 분기에 0.09퍼센트 포인트 증가한 것과 비교해보면 대손충당금 적립비율은 247.15퍼센트가 된다. 아직까지 이 수치는 이상적인 수준으로 볼 수 있다. 그러나 불량채권 문제는 은행의 리스크 조절만으로 해결할 수 없다. 만약 은행 클라이언트에 문제가 생기면 은행은 깊은 수렁으로 빠질 수밖에 없다.

나아가 인터넷금융 열풍은 최근 들어 가장 큰 이슈로 중국 리커창 총리는 최초로 설립한 민간 인터넷은행인 쳰하이웨이중은행(前海微衆銀行, 위뱅크)에 처음으로 자금을 빌려주었고, 여덟 곳의 정신(征信, 신용검증) 회사들도 중국 중앙은행의 비준을 받았다. 이는 인터넷금융이 중국의 금융을 포함한 경제 분야의 문제점을 바로잡기 위해 내딛은 중요한 첫걸음으로 평가받는다. 필자도 인터넷금융에 많은 관심을 가지고 지켜봤고, 주변에 이 분야로 뛰어든 지인도 적지 않다. 인터넷금융이 수요층을 다양화시키는 데 크게 이바지할 것임은 믿어 의심치 않는다. 하지만 인터넷금융의 이윤 추구는 여전히 중국 금융업의 '이원화' 틀을 벗어나기 힘들기 때문에 중국 금융 기관의 리스크를 낮추는 데 별다른 성과를 거두지 못할 것이다. 더 나아가 '좋은 사람과 나쁜 사람이 섞여 있는' P2P 대출(은행을 거치지 않고 온라인을 통해 돈을 빌려주는 대출서비스) 같은 시장에서 리스크를 낮추지 못할 뿐 아니라 오히려 위험 요소를 키우는 결과를 초래했다. 이것이 바로 마지막 리스크인 가계 리스크다.

가계 리스크를 가장 마지막으로 꼽은 것을 뜻밖이라 여길 수도 있다. 필자는 필자의 웨이보(@徐瑾微博)에서 네티즌에게 최근 가장 관심 있는 주제에 대해 물은 적이 있는데, 많은 사람이 민생 문제, 즉 물가와 임금과 집값에 가장 많은 관심을 쏟고 있다고 답했다. 소비자인 중국 국민은 높은 저축률과 낮은 주택담보대출 비중으로 보아 큰 리스크가 없다고 여겨왔다. 하지만 중국 국민은 투자자로서는 아직 그 역사가 짧아 미성숙한 단계에 머무르고 있다. 최근 주식시장과 인터넷금융의 열풍에서 이를 쉽게 관찰할 수 있다. 이런 점으로 미루어 볼 때 위에서 언급했던 국제시장, 지방정부, 기업과 금융 기관 등의 4대 리스크는 크든 작든 최종적으로는 국민에게 이어진다. 이는 동시에 국민들이 앞으로는 투자 리스크에 더욱 많은 신경을 곤두세워야 하며, 경기부진 속에서 개인 경제 활동에 더욱 많은 경계심을 갖추어야 한다는 의미이기도 하다.

지금까지 설명한 상황이 바로 중국이 서 있는 '바둑판'의 모습이다. 중국 중앙은행에게 있어 중국 경제를 관리하는 매우 위협적인 임무를 수행하는 가운데 가장 걱정스러운 리스크는 무엇인가? 미래를 고려해본다면 이미 낡은 이슈인 인플레이션 리스크보다는 디플레이션 리스크에 더욱 주목해야 한다.

중앙은행의 고민
: '디플레이션의 묵인'은 '인플레이션 소란' 보다 더 치명적

중국 중앙은행의 지급준비율 인하든 해외 양적완화 정책의 시행이든 해당 국민이 말과 글을 통해 쏟아내는 비난과 질타는 피하기 어렵다. 많은 논설은 이에 대해 정부가 '돈을 푼다'거나 '돈을 찍어낸다'고 비판한다. 그런데 사실은 그와 반대일지도 모른다. 경제학자들은 디플레이션이 위험하다고 입을 모으고, 정책 결정자들은 그 위험을 피부로 더욱 실감하고 있다. 디플레이션을 '식인마'로 비유한 크리스틴 라가르드 IMF 총재의 말이 이런 점을 잘 반영하고 있다. 필자의 생각도 라가르드 총재 쪽에 더욱 가깝다.

"나는 내가 한 행동에 절대 걱정을 한 적이 없습니다. 하지만 오직 행동하지 않은 것에 걱정을 하죠." 2015년 4월 19일 중국 중앙은행이 취한 지급준비율 인하 결정에 대해 필자는 윈스턴

처칠의 말로 총평을 대신하고자 한다.

2015년 4월 20일부터 중국인민은행은 각종 금융기관의 위안화 지급준비율을 1퍼센트포인트 하향조정한다고 발표했다. 필자는 중국인민은행이 지급준비율 인하뿐 아니라 금리 인하도 함께 시행해야 한다고 여러 차례 강조해왔다. 이번 인민은행의 지급준비율 인하는 중국의 경제 하락에 대한 부담 때문이기도 하지만 잠재적인 디플레이션 위험에 대한 우려도 의식했기 때문이다. 중국 경제의 잠재적인 디플레이션 위기는 먼 미래가 아니라 이미 눈앞으로 다가와 있다. 따라서 이 시기에 양적완화는 꼭 필요한 조치인 동시에 유일하게 올바른 길이다.

중국이 디플레이션에 빠질지에 대한 논쟁은 끊임없이 있었다. 주로 소비자물가지수와 생산자물가지수의 서로 다른 변화 추이 때문에 찬반이 엇갈렸다. 2014년 필자는 이미 디플레이션에 대해 경고를 한 바 있다. 2014년 1분기부터 지금까지 통계 수치를 살펴보면, 그 징조는 더욱 뚜렷하다. 생산자물가지수가 37개월 연속 마이너스 성장을 기록했을 뿐 아니라 GDP디플레이터[189]도 1.2퍼센트로 떨어졌다.

글로벌 디플레이션이라는 큰 흐름 속에서 중국이 WTO에 가입한 지 10여 년이 지났을 때 발생했던 디플레이션 때처럼 이번 디플레이션에서도 똑같은 논쟁이 벌어졌다. 글로벌 디플레이션의 흐름이 중국에 디플레이션을 일으키는가, 아니면 중국의 디

---

189 국민소득에 영향을 주는 모든 경제 활동을 반영하는 종합적인 물가지수 — 옮긴이.

플레이션이 세계를 전염시키는가? 이는 결코 간단히 대답할 수 있는 문제가 아니다. 중국 리커창 총리는 2015년《파이낸셜타임스》와의 특별 인터뷰에서 중국의 디플레이션이 외부의 영향을 받았다는 점을 강조했다. 그러나 해외에서는 중국의 디플레이션 리스크가 세계로 전염되고 있다는 주장이 더욱 힘을 받는다.

국내에 문제가 발생하면 그 원인을 외부로부터 찾는 것은 고유한 사고 습관에 속한다. 미국도 예외가 아니다. 중국의 제조업, 위안화 환율에 대한 미국의 압박만 봐도 잘 알 수 있다. 필자는 중국과 세계의 중간 지점에 서고자 한다. 디플레이션은 양방향으로 상호 영향을 주고받는 관계일 수밖에 없다. 2014년부터 세계 유가가 거의 50퍼센트 가까이 하락해 중국 가격지수 하락에 부담을 키웠고, 또한 중국 수요의 하락은 유가 하락의 원인(가장 핵심적인 원인은 아니지만) 중 하나로 작용했다.

역사적으로 중국 경제는 심각한 디플레이션을 두 번 겪었다. 첫 번째는 1990년대 말에 시작해서 중국이 WTO에 가입하기 전후까지 이어졌다. 일각에서는 중국의 디플레이션 현상이 어느 정도 수준에서 세계에 영향을 주었다는 국제 논쟁이 있었다. 두 번째는 더욱 짧았다. 2008년의 금융위기 이후인 2009년에 잠시 발생했다.

이 문제와 연관해 그렇다면 대중은 왜 지급준비율 인하를 둘러싼 뜨거운 논쟁을 벌이는 것일까? 필자는 그 본질이 대중이 인플레이션과 디플레이션에 대해 보이는 확연히 다른 반응에

있다고 생각한다. 또한 그 두 현상에 대한 이해 정도에서도 편
차를 보인다.

쓸데없이 많은 경제학 지식을 풀어놓을 것도 없이 대다수 사
람들(필자도 포함된다)은 인플레이션을 극도로 원망한다. 특히
악성 인플레이션의 대부분은 '돈의 발행'으로 발생한다. 20세기
의 금원권과 21세기의 짐바브웨이를 그 전형적인 예로 뽑을 수
있다. 세계 중앙은행들의 수장 역할을 맡고 있는 미연방준비제
도이사회는 1960~1970년대에 심각한 인플레이션을 겪고 난 뒤
로 낮은 인플레이션 유지를 취업률을 상승시키거나 유지시키는
하나의 정책 목표로 삼아왔다.

반면 디플레이션은 크게 대수롭지 않은 일로 여기거나 좋은
일이라고 생각한다. 중국과 해외의 금융학 교재들에서 인플레
이션과 디플레이션을 다룬 분량의 차이가 비교할 수 없을 만큼
크다는 사실은 이미 잘 알려져 있다. 20년 동안 디플레이션의
늪에 빠진 일본에서도 디플레이션은 더욱 쉽게 받아들여진다.
2009년 일본인을 대상으로 한 여론조사에서 44퍼센트의 응답
자가 디플레이션이 도움이 된다고 답했고, 디플레이션 때문에
피해를 봤다고 답한 응답자는 20퍼센트였으며 나머지는 중립적
인 태도를 보였다.

대중은 일반적으로 소비자의 입장에서 문제를 바라보기 때문
에 물가 하락은 매우 좋다고 생각한다. 이는 마치 대공황의 한
장면과 같다. "대공황도 그렇게 상황이 나쁘진 않아요. 대공황

시기에 일을 한다면 말이죠."

그런데 문제는 기업에게 디플레이션이란 이윤 삭감, 채무 부담 확대, 신용 대출의 자금 부족을 의미한다는 점이다. 기존 빚이 갖는 가치는 변하지 않기 때문에 디플레이션이 발생하면 빌렸을 때보다 실제 빚이 늘어난다. 이로 인해 기업은 부담을 받고 이는 그 기업의 직원들 나아가 전체 사회에도 악영향을 끼친다. 임금 동결, 실업부터 심각하게는 대공황까지 연달아 발생할 수도 있다. 지속적인 디플레이션은 지속적인 유동성 함정(liquidity trap)[190]의 가속화를 의미한다. 아무리 금리를 낮추더라도 경제주체들은 소비 및 투자를 꺼려하고, 오히려 돈을 모두 저축하고자 한다. 이는 결국 시장과 경제 불황이라는 악순환으로 이어진다. 또한 분명 경제주체들은 손에 들고 있는 돈을 움켜쥐고, 내놓는 대신 보관하려고 들 것이다. 은행에 저축을 하나 침대 밑에 숨겨 놓으나 이익 면에서 큰 차이가 나지 않기 때문이다.

유동성 함정은 저명한 경제학자 케인스가 미국의 대공황을 겪은 이후 제기한 가설로 오늘날 일본과 유럽에서 일부 현실로 나타났다. 중국에서 케인스는 여러 잘못된 편견과 오해로 큰 인정을 받지 못하고 있다. 그러나 경제에 대한 그의 통찰력은 앞으로 몇십 년이 지난 후에도 현실적 의의를 갖게 될 것임은 부

---

190 경제주체(가계, 기업, 정부)들이 돈을 보유하려고만 하여 시장에 내놓지 않는 상황을 일컫는다. 시장에는 현금이 흘러넘치나 기업의 생산, 투자, 가계소비가 증가하지 않아 경기가 회복하지 못하고 불황에 빠지는 현상을 함정에 빠진 것에 비유한 것 ─ 옮긴이.

정할 수 없는 사실이다.

다시 중국으로 돌아와 현재까지는 중국이 유동성의 함정에 빠질 위험은 거의 없어 보인다. 통화 정책은 적절한 통화 환경을 조성하는 데 그 의의를 두어야 한다. 이런 점에서 2015년 이래 시행된 연속적인 지급준비율 인하는 시작에 불과하며 앞으로 지속적인 금리인하와 지급준비율 인하를 시행해야 한다. 이는 경제 내적 수요에 부응하기 위함이기도 하지만 더 나아가 통화 정책에서 특히 지급준비금 부분을 정상화하기 위해 반드시 밟아야 하는 과정이다.

현대 중앙은행의 제도 아래 과거 금은본위 제도에서 지급준비금 제도가 갖고 있던 의의는 이미 퇴화한 '맹장' 취급을 받는다. 많은 국가가 이미 지급준비금을 최저 수준으로 낮추었고, 아예 없애버린 국가도 있다. 반면 중국에서 지급준비율은 수치를 조절하는 도구로 통하며, 높은 변동폭으로 사람들이 혀를 내두르게 만든다. 사실 금융 리스크를 예방하기 위한 용도라면 지급준비율은 기본적으로 아무런 역할도 수행하지 못한다. 현재 중국 은행 시스템의 신용 대출은 정부의 과도한 규제를 받고 있는 단계이므로 지급준비금이 각별히 중요하게 작용하고 있다.

경제도 역사처럼 상상이 불가능한 순환을 종종 반복할 때가 있었다. 중국의 인플레이션과 신용 대출의 주기적인 번영은 밀접한 관계를 맺고 있다. 다시 말해 디플레이션 또는 인플레이션이 쉴 새 없이 번갈아가며 나타나고 있다. 이런 현상에 대해 10년 전 중국 중앙은행의 한 관련 인사는 "인플레이션과 디플레이션은 한 줄기 하늘(一線天)과도 같다. 더위와 추위가 반복되는 과정 속에서 발전을 추구한다"라고 비유했다. 이 현상의 배후에는 어떤 논리가 숨어 있는가? 중국 경제의 '풀어주면 곧 혼란이 일어나고, 잡으면 바로 사라진다'는 순환적인 혼란 국면을 다스리는 배후의 본질을 연구할 때 '통화'라는 핵심 단서는 빠질 수가 없다. 먼저 신용 대출의 붐이 인플레이션을 일으킨다. 인플레이션이 심화됨에 따라 경기가 과열되고 그에 따라 신용 대출이 주춤하면서 발생하는 현상이 바로 디플레이션이다. 이 과정에서 통화 정책이든 거시적 조절이든 모두 실제로는 '적극적'인 역할을 한다. 때로는 경제의 혼란을 잠재우는 역할을 하기도 하고, 때로는 경제 혼란을 야기하는 역할을 하는 등의 차이를 보일 뿐이다.

과거를 되돌아보는 것은 미래를 예측하기 위함이다. 디플레이션이 이미 문 앞까지 와 있는 상황에서 중국은 어떻게 대응해야 할까? 중국 경제 규모가 지속적인 성장세를 이어오면서 중국 중앙은행의 움직임 하나하나는 더욱 중요성을 갖게 되었다. 인민은행의 고위급 인사들도 전문가와 비교해도 전혀 손색이 없다는 평가를 받고 있다. 저우샤오촨 인민은행 총재는 2015년 IMF 회의와 보아오 아시아포럼에서 중국 경제가 풀어야 하는 난제에 대해 정확한 분석을 내놓았다. 그는 미래의 재해를 사전에 방지해야 하며, 디플레이션 리스크에 경계심을 갖추자고 강조했다.

비록 이런 상황이지만 중국인민은행은 위로는 통화 정책에 대한 '집단지도체제'의 제약을, 아래로는 대중이 빠진 포퓰리즘의 눈치를 봐야하기 때문에 내놓는 정책마다 질책과 비난을 면치 못하는 상황이다. '4조 위안' 투입 이후 투자 열풍과 금융 심화 등의 부작용이 나타나자 중국인민은행은 금융시스템에 대한 규제를 강화했다. 이는 '잠재적인 누락 범위'가 지속적으로 확대되고 최근 여러 통화 정책 혁신의 효력이 떨어질 것임을 시사한다.

중국 중앙은행의 지급준비율 인하든 해외 양적완화 정책의 시행이든 해당 국민이 말과 글을 통해 쏟아내는 비난과 질타를 피하기 어렵다. 경제학자들은 디플레이션이 위험하다고 입을 모으고, 정책 결정자들은 그 위험을 더욱 피부로 느끼고 있다.

두려운 인플레이션이 모습을 드러내기 전에 중국 중앙은행은 먼저 디플레이션이라는 '식인마'와 싸워 이겨야 한다. 디플레이션은 '너', '나' 모두의 가까이에 와 있다.

중앙은행에 대한 회계감사

좋습니다. 그렇게 돈을 찍어내는 것이 좋다면 왜 더 많은 돈을 찍어내지 않는 겁니까? 그들은 돈을 찍어내거나 컴퓨터에 4조 달러 가치의 자산을 매입했다고 입력했는데 왜 시중에 유통되는 통화는 많지 않을까요? 음, 잘 모르겠습니다. 9조억 달러의 가치, 그들이 두 배가 넘는 소위 이윤을 얻은 거죠.

우리는 한 민간은행이 미국 국회로부터 독점적 특권을 부여받아 돈을 찍어내는 일을 걱정의 시선으로 바라봐야 합니다. 나아가 관리 및 규제를 강화하는 입법에 대해 반대 시위를 벌여야 합니다. 국회가 이렇게 거대한 생물체, 자신들의 돈을 스스로 찍어내고 정부에게 로비를 하는 생물체를 창조해냈다는 사실은 매우 충격적입니다

―미국 상원의원 랜드 폴(Rand Paul)[191]

'모든 속세의 권력은 인간들을 포악하게 만들었다.'

영국의 극작가 겸 소설가 조지 버나드 쇼(George Bernard Shaw, 1856~1950년)는 오래전에 "오늘날 '신단(神壇, 신의 경지)'에서 내려와 고문을 당하는 자들은 과거 하늘의 총애를 받았던 그 중앙은행가들이다"라고 조롱하듯 말했다. 언제나 대중의 주목을 받는 돈을 찍는 자, 즉 '화폐 발행자'들은 그들 직분에 맞

---

191 Rand Paul responds to hit piece over his 'audit The Fed' stance, 2015년 2월 랜드 폴(Rand Paul)과 TV 사회자 글렌 벡(Glenn Beck)과의 대화 내용에서 인용함. http://www.glennbeck.com/2015/02/19/rand-paul-responds-to-hit-piece-over-his-audit-the-fed-stance/?utm_source=glennbeck&utm_medium=contentcopy_link.

는 능력을 갖추었는가? 이들의 행동에 투명성을 더욱 높여야 하지 않을까? 중앙은행이 은행들을 관리 감독한다면, 또한 누가 그 관리 감독자들을 관리 감독할 것인가?

미국 대선이 치러지는 해가 다가오자 정치적이지 않은 것들까지도 전부 '정치화' 되었다. 최근 미연방준비제도와 미국 국회 상원의원 간에 '연준감사법안(Audit The Fed)'을 둘러싼 권력 다툼이 가장 큰 이슈로 떠올랐고, '연준을 회계감사하라'는 운동에 대한 논쟁이 뜨겁다. 이 운동의 주제는 연준이 내놓는 통화 정책의 투명도를 더욱 높이고 연준에 독립성을 보호하던 기존의 법률을 폐지하라는 내용으로 요약할 수 있다. 정황상 연준의 통화 정책은 미국 정부의 회계감사와 문책을 피할 수 없을 것으로 보인다. 이 운동이 바라는 목표에는 논란의 여지가 많지만 동시에 사람들이 반박할 수 있는 여지도 거의 없다. 오히려 문제는 무엇을 회계감사하며 누가 할 것인가에 있다.

이 운동은 켄터키 주 상원의원 랜드 폴이 주도하고 있다. 그는 2015년 4월 미국 대통령 선거 출마를 선언했다. 미국 자유파 상원의원 론 폴(Ron Paul)의 아들로 이들 부자가 지지하는 이념은 거의 일맥상통한다. 정치에서는 작은 정부를 믿고 경제에서는 오스트리아학파의 이념을 지지한다. 그러니 이번 운동에서 말하는 회계감사가 경제뿐 아니라 정치 나아가 권력까지도 관련되어 있음을 누구나 다 잘 알고 있다.

중앙은행의 독립성을 둘러싼 논쟁은 언제나 이슈였다. 그러나 민주국가에서 중앙은행의 독립성은 논쟁이 될 수 없는 당연한 진리와도 같으며, 특히 이런 관점을 강조한 논문들이 적지 않다.[192] 여기서 주목할 점은 이들 논문은 하나같이 마지막 부분에서 중앙은행의 독립성은 실질적 경제성장률과는 기본적으로는 무관하다는 결론을 도출한다는 사실이다. 이미 앞에서 중앙은행의 독립성은 인플레이션과 역상관관계에 있다고 밝혔는데 이 둘 중 무엇이 원인이고 무엇이 결과인지는 정의내리기 힘들다. 한 국가가 중앙은행의 높은 독립성을 허락해준다는 것은 그 국가의 인플레이션에 대한 용인도가 낮아짐을 의미할까, 아니면 한 국가가 인플레이션의에 대한 낮은 용인도를 드러내기 때문에 중앙은행에게 더 높은 독립성을 부여해주는 것일까? 세계 최초의 은행인 스웨덴 중앙은행부터 가장 오랜 기간 리더의 자리를 맡았던 잉글랜드은행, 다시 후발주자이지만 오늘날 글로벌 금융을 지배하고 있는 미연방준비제도이사회까지 중앙은행의 역사적 기록을 살펴보면 전체적으로 순탄했지만 중간에 울퉁불퉁한 길을 만난 경험을 통해 교훈을 얻기도 하면서 결국 통화에 대한 인류의 이해도 함께 변화해왔다.

연준을 예로 들어보자. 현재 가장 큰 규모의 '화폐 발행자'인 연준은 선진국가 중 가장 독립적인 기구로 평가받지만 언제나 사람들의 비난의 눈길을 피할 수는 없었다. 이들은 민간 기업이면서 행정의 공권력을 행사하는, 정부기관 같으면서 정부기관

192 Alesina, Alberto and Lawrence Summers. 1993. 'Central Bank Independence and Macroeconomic Performance,' *Journal of Money, Credit and Banking*, vol 25, 151~62쪽

이 아닌 곳이었다. 한 연준 연대기 작가는 일찍이 1980년대에 연준을 '기형 태아'로 불렀다. 대의민주주의에서 매우 중요한 역할을 하는 '기형아'이자 자치(自治)와 민권(民權)의 신화(神話)가 공존하는 '이상한 모순체'로 본 것이다.[193]

일반적으로 미국 국민은 이런 모순을 받아들인다. 연준의 독립성은 큰 틀에서 본다면 이 기관의 기밀성에서 비롯된다. '미국인들의 눈에 연준은 자신들의 일을 마치 기계적으로 결정하는 것처럼 보인다. 또한 이 기구는 비정치성을 띠며, 너 죽고 나 살자는 경제 단체들의 이기주의로부터 자유롭다. 이 기구는 미국 생활 곳곳에 많은 영향력을 끼치지만 정치 관련 토론에서는 항상 열외되곤 한다. 연준의 여러 결정, 내부 논쟁 그리고 이들이 끼치는 막대한 영향력은 눈에 보이는 국가 정치적 업무 속에 은밀하게 녹아 있다. 그러나 사람들 대부분은 이를 가까이 하기에는 너무 멀고 희미해 잘 구분해내지 못한다. 그저 연준의 모든 활동과 세부 사정들이 일반 미국 대중에게는 지나치게 심오하고 난해한 부분일 뿐이다.[194]

정상적인 미국 정치에서 국가는 연준의 이런 제도적 역할을 수용하며 연준이 은밀하게 막대한 영향력을 행사하는 상황을 묵인했다. "연준에 역임했던 의장들은 정치 및 경제 관련 업무 중에서 가장 핵심적인 문제들을 결정해왔다. 여기에는 누가 번

---

193 194 《사원의 비밀Secrets of the Temple : How the Federal Reserve Runs the Country》, 윌리엄 그라이더(William Grieder), 경단(耿丹) 역, 중국우의출판공사(中國友誼出版公司), 2013.

480　돈을 찍는 자

영할지, 누가 쇠퇴할지를 결정하는 일도 포함된다. 그러나 그들의 역할은 언제나 불투명하고 신비감에 가려진다. 또한 연준은 매우 안전한 기관이다. 이는 연준이 자체적으로 갖는 정부 당국과의 긴밀성 덕분이기도 하지만 이들이 언제든 소리 소문 없이 미국 국민의 눈앞에서 사라지는 일이 가능하기 때문이기도 하다." 독립성이란 자체적으로 하나의 권력을 의미하며, 권력이란 책임감을 의미한다. 외부 세계가 변화하면서 중앙은행의 투명성을 높여야 한다는 목소리가 커지고 있고 여러 다양한 음모론이 물밀듯이 쏟아져 나왔다.《돈의 주인The Money Master》같은 저서에서 중국의《화폐전쟁(貨幣戰爭)》까지 일일이 다 열거하기 힘들 정도다.

이미 하원의원에서는 '연준을 회계감사하라' 관련 결의안이 통과되었지만 이 결의안이 상원의원에서 가결될 가능성은 그리 높지 않다. 많은 경제학자들이 이 결의안에 대해 반대 입장을 표명했고, 월가와 백악관도 손을 잡고 '연준을 회계감사하라'는 운동은 정치가 경제를 제압하려는 행동이라고 강하게 비판했다.[195]

어쨌든 이 결의안은 많은 사람의 주목을 받았고 대선이 치러진 이후 행보에 초유의 관심이 쏠렸다. 필자는 극단적인 보수파 또는 티파티 운동가들의 주장에 무조건적으로 동의할 수는 없지만 그들이 포기하지 않고 정진하며 때로는 훼방을 놓는 방식을 통해 중앙은행의 투명도를 높이기 위해 노력하고 있는 점은

195 'Wall Street seeks to stall push for Fed audit', The financial Times, 2014.

인정한다.

현재 연준은 투명성 부분에서는 이미 많이 양보한 상태다. 일정 기한이 지난 회의 기록을 공개했고, 미국회계감사원(GAO)이 연준에 대한 회계감사 권한을 일정 부분 가지게 되었다. 물론 통화 정책 등 영역에만 권한을 행사할 수 있는 등 여전히 회계감사의 제한은 따른다. 다른 중앙은행들도 연준의 행보를 뒤따르고 있다. 잉글랜드은행은 연준을 본보기 삼아 통화 정책 회의의 관련 기록을 8년이 지난 후에 모두 공개하기로 결정했다.

중국 중앙은행은 은행의 대차대조표가 급속도로 확대되고 있고 규모에서도 세계 최고로 앞서나가고 있으며 이를 진두지휘하는 은행장은 《유로머니Euromoney》지가 뽑은 세계 최고의 중앙은행장이라는 명예도 얻었다. 하지만 중국 중앙은행은 독립성 문제에서 통화 정책의 실천 등 아직도 가야할 길이 멀다. 통화 정책은 여전히 불확실성이 많고 때로는 '불의의 행동'을 마치 '본래의 목표'인 듯 삼기도 한다. 모든 것은 '4조 위안' 투입 때문이었다. '4조 위안' 투입 이후 광의통화(M2)는 폭발적인 성장세를 보였고 국민총생산 대비 광의통화의 비중은 200퍼센트 가까이 육박해 상황이 더욱 중요하고 복잡하게 변했다.

일부 중앙은행에 대한 청산 절차를 진행하기도 했으나 여기서 정치적인 방식의 개입은 피해야 한다. 정치적 방식은 단기적으로는 신속하고 결단력 있는 조치로 보일 수 있으나 정기적으로 보면 중국 중앙은행의 기초를 송두리째 뒤흔든다. 어쨌든 통화 정책의 효율성 여부는 장시간에 걸친 검증이 필요하다. 결과적으로 경제학이 알려주는 바는 전문가에 대응하려면 전문가를 내세우는 편이 가장 효과적이라는 것이다. 즉 전문가가 전문가를 관리 감독하는 일이 바람직한 미래의 방향이다. 비전문가가 그 분야의 전문가를 관리하는 일은 중국에서 통하지 않으며 중앙은행 영역에서는 더더욱 용납할 수 없다.

통화주의자를 대표하는 밀턴 프리드먼은 예전부터 통화가 갖는 중요성이 중앙은행가에게 그 모든 권한을 다 넘길 수 없을 정도로 높다(이 문장은 중국어 특성상 '통화가 갖는 중요성으로 보아 중앙은행가에게 이 권한을 다 넘기지 않으면 안 된다'로 잘못 풀이되는 경우가 많다)라고 주장했다. 시간도 변했고 상황도 변했지만 현재까지 세계의 중앙은행은 몰락하지 않았고 오히려 이들 역할의 중요성은 날로 커져가고 있다. 프리드먼은 통화주의 이론의 대가로 평가받고 있지만 정책의 세부적인 면에서 그의 이론에 오류가 아예 없는 것은 아니다. 프리드먼은 앨런 그린스펀이 2006년에 퇴직한 이후 쓴 기고문에서 자신이 중앙은행가의 능력을 과소평가했음을 인정했다.[196]

2008년 금융위기를 겪고 난 뒤 중앙은행의 권력이 급속도로 확대되었음을 부정할 수 없는 현실이다. 많은 사람의 이미지 속에 중앙은행가들은 대공황의 전철을 밟지 않도록 막아준 '히어로'로 자리 잡았다. 금융위기 이후 시대를 거스르는 조치, 양적

---

196 'A heavyweight champ, at five foot two', *The Economist* Nov 23rd 2006.

완화, 마이너스 금리 등 다양한 통화 정책의 혁신이 계속되었고 이에 따라 무한대의 지폐를 '허공에 대고 손을 흔들 듯', '자판을 두드리듯' 중앙은행의 대차대조표가 확장시키며 돈을 '찍어냈다.' 처음 이 글의 시작부분인 미국 상원의원 랜드 폴과 미국 TV 사회자 글렌 벡과의 대화 내용에서 랜드 폴이 어째서 연준을 '국회가 창조한 거대한 생물체, 그러니까 자신들의 돈을 스스로 찍어내고 정부에게 로비를 하는 생물체'에 비유했는지 그 이유를 알 것도 같다.

중앙은행은 행정기구로서 역할이 확대되고 있다. 인플레이션을 통제하는 기존 역할에서 점차 취업률 유지, 경제 성장 촉진, 금융 안정 유지, 국제수지 평균 유지 나아가 디플레이션 통제까지 직무 이외 분야의 책임이 늘어나고 있다. 이런 막중한 책임감이 한곳으로 집중된다면 중앙은행은 마치 '나쁜 습관을 고치기 힘든 노인'처럼 그들의 중책 능력을 의심받을 수도 있다. 그러나 다른 한편으로는 위기와 맞닥뜨렸을 때 사람들은 중앙은행이라는 노인의 경험과 유혹에 의지할 수밖에 없게 된다.

결과적으로 중앙은행이 가장 큰 권력을 갖고 있으며 동시에 가장 큰 주목과 비난 및 질책을 받는 시대에 '연준을 회계감사하자'는 주장은 시의적절하지 않아 보인다. 그러나 이런 움직임은 시작 단계이며 아직 끝난 것이 아니다. 중앙은행가들은 하나의 집단으로 더욱 많은 책임을 짊어져야 한다. 어쨌든 큰 권력을 갖는 일은 더욱 많은 책임을 의미하지 않던가.

우리는 언제나 역사 속에서 함께 숨쉰다

나는 현재 매우 중요한 의의를 갖는 것을 발견했다. 그것은 미래에 대해, 앞으로 나 자신
의 미래 행동에 대해, 사회가 나아가야 하는 미래의 발전 과정에 대해서 탁월한 성과가
있는 것이다.
— 독일 학자 빌헬름 딜타이(Wilhelm Dilthey, 1833~1911년)

우리는 오직 현실을 바탕으로 역사를 이해할 수 있고, 역사를 바탕으로 현실을 이해할
수 있다. 역사 속의 사회를 이해하려면 현실 속 사회의 역량에 대한 이해를 더욱 넓혀야
한다. 이것이 바로 역사가 갖는 이중성이다.
— E.H. 카(Edward Hallett Carr, 1892년~1982년)

　　2008년 3월, 미국 서브프라임 모기지 사태의 단서들이 포착
되기 시작했다. 하지만 중국에서는 이는 미국의 일이며 세부적
으로는 월가의 일이라는 여론이 많았고, 실물경제에는 크게 영
향을 끼치지 않을 것이라는 예측이 지배적이었다. JP모건이 베
어스턴스를 주당 2달러에 인수하기로 결정한 소식을 접했을 때
도 상하이의 주요 재경부 기자들은 JP모건의 다른 일을 토론하
기 위해 한 자리에 모였다. 베어스턴스의 일에 대해서는 모두
무관심한 편이었다. 단순히 미국 시장관련 뉴스일 뿐이라고 생
각하며 이 두 회사의 인수 합병에 대해 간단하게 이야기를 나눈

정도였다. 사실 이 뉴스거리보다는 JP모건이 중국 국내 기업과 합작한 펀드 회사가 더 큰 관심거리였다. 베어스턴스의 일에 관련해서는 중신증권과의 협력에 영향을 끼칠지에만 의문을 갖는 정도였다. 대부분의 사람들은 그 뉴스거리가 '피바람을 부르는 참사'의 시작이며, 월가에서 시작한 그 피바람이 전 세계를 초토화시킬지 전혀 예상하지 못했다.

그 자리에 이제 막 사회에 첫 발을 내딛은 지 몇 년 안 된 신출내기 재경부 기자로 참석했던 필자 또한 특별한 선견지명을 보이지 못했다. 그러나 베이스턴스의 인수 가격이 너무 낮은 점에는 신경이 쓰였었다. 베이스턴스는 대공황을 버텨내면서 주가가 최고 172.69달러까지 갔던 기업이었다. 사건 이후 공개된 자료를 보고 나서야 필자는 이 거래가 미국 재경계와 월가의 대표 거장들이 주말 동안 밤을 새며 총력을 기울여 중재에 힘쓴 노력의 결과라는 것을 알게 되었다. 또 그 누가 그 뒤를 이어 리먼브라더스, AIG와 씨티은행 같은 거인들이 줄줄이 쓰러지게 될 줄 알았으랴. 필자가 소속된 재경부 기자들은 월가에서 시작된 이 피바람이 글로벌 시장 어느 곳도 피해갈 수 없는 재난이었음을 아무도 예상하지 못했다. 그로부터 바로 몇 개월 전 필자는 도이체방크의 수석 이코노미스트 노르베르트 월터(Norbert Walter)와 서브프라임 모기지 사태 및 그에 따른 영향에 대해 이야기를 나눌 기회가 있었는데 그때 그는 이번 위기는 국지적인 사건으로 아시아에 끼치는 직접적인 영향은 거의 없을 것이며 그 피해는 오로지 미국에 집중되고 중국도 직격탄을 맞지 않을 거라고 주장했다.

당사자들은 위기의 중심에 있었지만 그 위기를 잘 알아보지 못했다. 지불 위기에 빠졌을 때 베어스턴스 측의 대응이 적극적이었다고도 보기 힘들었다. 당시 베어스턴스 회장 지미 케인 (Jimmy Cayne)은 뉴욕을 떠나 브리지 게임에 참석하고 있었고, 그가 돌아왔을 때 이미 파산은 되돌릴 수 없는 상황이었다. 한편 CEO였던 앨런 슈워츠(Alan Schwartz)는 3월 14일에 당시 미국 재무부장관이었던 헨리 폴슨의 전화를 받았다. "당신네 회사의 운명은 이제 정부의 손에 달렸습니다." 헨리 폴슨은 골드만삭스의 CEO 출신으로 2006년 미 재무부 장관자리를 제한받았을 때 처음에는 거절을 했었고 그의 월가 지인들도 그가 장관직을 맡는 일에 반대했다. 그는 오랫동안 잘 알고 지냈던 저우샤오촨 중국 인민은행장의 설득으로 장관직을 받아들이기로 마음을 바꿨다.

낮은 인수 가격 말고도 베어스턴스 사건에 깊이 되새겨볼 만한 점은 있다. JP모건의 배후에는 연준이 버티고 있었다는 사실이다. 이는 1929년 대공황을 겪은 이래 연준이 처음으로 상업은행이 아닌 기관에 긴급 자금을 지원한 첫 사례였다. 당시 JP모건의 베어스턴스 인수 협상 테이블에 참석했던 티모시 가이트너(당시 뉴욕연방준비은행 총재였고 나중에 미 재무부 장관을 역임했다)는 당시 상황을 "베어스턴스 사건은 연준에게 하나의 전환점이었다. 오랫동안 안전지역 안에 있는 은행들과 안전지역 밖에 있는 기업들 사이에는 경계선이 존재한다고 믿어왔었는데 그 경계선이 이미 무너졌다"고 평가했다.

이 경계선을 넘는 것은 '줄리어스 시저가 루비콘강을 건넌 것'처럼 다시 돌아갈 수 없는 강을 건넌 것이다. 금융위기는 연준이 그 경계선을 뛰어넘도록 했고 다른 중앙은행들도 연준을 따라 그 강을 건넜다. 유럽, 일본, 중국 등 경제체에서 중앙은행은 더욱더 중요한 경제 참여자가 되었다. 위기와 혼란 속에서 중앙은행의 역할이 더욱 중요해진 '대중앙은행 시대'의 도래는 중앙은행의 역사와 행위가 특히 중요하다는 점을 잘 설명해준다.

누구나 역사를 경험한다. 이를 완전히 인식하든 못하든 상관없이 그렇다. 2008년 이후 리먼브라더스의 파산, 메릴린치의 새 주인 등장, 씨티그룹의 체제 전환 등을 거쳐 중국의 4조 위안 경기 부양책까지. 이런 사건들을 겪고 난 뒤 정신을 차려보니 이미 세계는 달라져 있었다. 그로부터 1년의 시간이 흐른 뒤 은행가들은 더는 대중의 '스타'가 아니었다. 금융업 종사자들의 업무 가치와 연봉의 수준까지 사람들은 하나하나 의구심을 품기 시작했다. 필자가 만난 몇몇 금융 고위관계자 중 대다수가 자신들의 연봉이 실제로 높다고 실토하기도 했다.

어느 글로벌 은행에서 주요 직책을 맡고 있는 중국인은 필자에게 자신의 연봉은 상당히 높은데 막상 시장과 비교해보면 그저 평범한 수준이라고 토로했다. "이쪽 시장은 완전히 장난이 아니죠. 이곳에는 억대 연봉자들이 넘쳐나요. 도대체 억대 연봉을 받을 가치를 지닌 사람들은 어떤 사람들이죠? 우주 프로젝트에 참여하는 과학자들도 그렇게 많은 돈을 받지 못하는데 말이죠. 이곳에는 탐욕이 넘쳐났죠. 지난 몇 년 동안 많은 사람들이 충분한 돈을 벌었는데 지금은 상황이 많이 안 좋아져 이 시장을 떠나는 사람들이 속속들이 늘어나고 있어요. 그들은 이미 벌어놓은 돈으로 바닷가 근처에서 여유로운 생활을 즐기고 있죠. 따라서 현재 투자은행에는 인재가 부족한 상황이죠. 중국인들은 '방울을 단 사람이 방울을 떼야 한다'는 말을 자주 하는데 방울을 떼야 하는 사람들이 떠났으니 이제 시장은 방법이 없어요. 아주 심각한 문제입니다."

2008년 금융위기 이후, 글로벌 경제는 부진했지만 중국은 독주했고 4조 위안의 부양책을 내놓았으며 《화폐전쟁》이라는 책이 큰 인기를 끌었다. 당시는 중국 중앙은행의 대차대조표가 급속도로 확대되던 시대로 GDP에서 M2가 차지하는 비중이 세계에서 우위를 점했다. 중국인민은행은 세계에서 가장 시장 가치가 높은 은행으로 성장했고, 중국계 증권사들이 단체로 글로벌 시장 순위에서 이름을 올렸으며, 월가의 엘리트들이 단체로 중국으로 귀국했다. 앞에서 언급했던 글로벌 은행의 고위급 인사를 포함한 다수가 회사를 옮겼고 그 중에는 중국계 은행으로 자리를 옮긴 사람도 있었다. 이는 중국 은행들이 단체로 세계 순위에서 급부상하는 추세에 상응한다.

2008년 금융위기는 세계발 금융위기로 대공황과도 견줄 만한 대사건이라는 점을 사람들은 점차 인식하기 시작했다. 이번 금융위기는 경제 측면에서 사회를 위기로 몰아넣었을 뿐 아니라 이념 측면에서 사회에 충격을 안겨주었다.

금융위기가 중국에 끼친 영향이 어느 정도인가는 큰 주제의 문제다. 금융위기 이전 중국 국내 투자자들은 국제 시장에 크게 관심을 갖지 않는 게 일반적이었다. 그러다 금융위기를 겪고 난 뒤 중미 간의 관계를 끊어야 한다는 주장이 끝없이 제기되기도 했지만, 중국 경제와 세계 경제와의 연결고리는 더욱 긴밀해졌고 국내 투자자들도 점차 국제시장에 관심을 갖고 변화에 맞춰 나가기 시작했다.

필자에 대해 이야기해보면 금융위기 기간 동안 많은 취재와 기사를 썼다. 그리고 기자 생활을 그만두고 경제평론가가 되었다. 젊은 경제학자이자 평론가의 시선으로 이 위기가 불러온 변화를 바라보게 되었다. 사건 가까이에서 취재를 하다가 멀찌감치 떨어져 관찰해보니 오히려 사건의 전체 그림이 더욱 또렷하고 명확하게 그려졌다. 2008년 금융위기는 어떻게 발생하게 되었나? 헨리 폴슨이 취한 긴급 구조 방안은 무엇을 남겼는가? 금융위기에서 중앙은행 등 관리 감독 계층이 취해야 하는 가장 효과적인 조치는 무엇인가? 금융위기를 자본주의의 실패로 볼 수 있는가? 역사가 언젠가는 반복된다면 역사를 통해 어떤 교훈을 습득해야 하며, 지금까지처럼 중앙은행가를 믿어야 하는가?

원고를 정리하다가 작은 에피소드가 생각났다. 2008년 10월 금융위기에 대한 우려가 현실로 나타나면서 미국의 많은 은행이 줄줄이 도산했고 셀 수 없이 많은 금융기관이 곤경에 빠졌다. 필자는 당시 크리스토퍼 스터니(Christopher Sturdy) 뱅크오브뉴욕멜론 아시아태평양 지역 회장과 금융위기에 대해 대화를 나눌 기회가 있었는데 그는 최근에 금융위기 이후의 세계에 대한 고민을 가장 많이 하고 있다(이는 매우 뜻밖이었다)고 말했다. 당시 많은 기관이 도산했고 모두들 숨쉬는 것조차 힘든 시기였다. 미국 정부는 7,000억 달러 규모의 구제 방안을 내놓았고 뱅크오브뉴욕멜론은 산하의 아홉 개 은행에서 1,250억 달러의 자금을 투입해 정부의 부실자산구제 계획에 일조했다. 이 금융 고위층 인사가 현실을 대하는 방식은 역사를 되돌아보는 것이었다. 그는 《토머스 제퍼슨》이라는 책을 다시 꺼내 읽었으며 자신에게 가장 큰 영향을 준 책으로 《알렉산더 해밀턴》을 꼽았다. 신기하게도 그의 또 다른 짝이 있었다. 전 미국 재무부 장관이었던 가이트너도 금융위기 때에 역사를 살폈다. 그는 《금융의 제왕》을 읽고 역사와 현실을 비교하면서 '굉장히 두렵다'는 탄식을 늘어놓았다.

이는 결코 두 사람만의 개별 사례는 아니다. 어쩌면 역사 또는 이념이 갖는 강한 긴밀성 때문인지도 모르겠다. 필자도 책을 읽을 때 이런 이념의 힘을 믿는다. 필자는 친구와 함께 취재기록을 모은 《위기와 구조 전환(危機與轉型)》이라는 책을 펴냈다.

이 책을 통해 세계 경제가 겪고 있는 어려움과 중국의 개혁 방법과 과정을 파헤쳤다. 금융위기 이후 중국 경제에 많은 문제점이 나타나자 필자는 경제 평론집인《중국 경제 괜찮은가(中國經濟怎麼了)》를 출간했다. 이어《케인스의 중국 모임(凱恩斯的中國聚會)》이라는 책을 쓰기 시작했다.《중국 경제 괜찮은가》는 신문 기사의 배경에 깔린 경제 원리에 대해 분석했고《케인스의 중국 모임》에서는 유명한 경제학자들의 사상을 체계적으로 소개했다. 하지만 경제 이념으로만 금융 시장을 이해하기는 턱없이 부족했다. 금융 시장으로 금융 시장을 이야기하는 것조차 부족하긴 마찬가지였다. 이를 계기로 필자는 금융에 대해 체계적으로 자세히 설명한 책을 계획했고 이렇게 이 책이 탄생했다. 이번 작업에서 주변의 많은 지인들의 도움을 받았다. 특히 즈안(止庵) 선생님과 류하이잉(劉海影) 선생님은 아낌없는 격려와 지도를 해주셨고 필자는 이에 많은 것을 얻고 깨달을 수 있었다.

필자가 쓰는 글들의 최초 동기는 필자 자신의 의구심에 대한 해답을 찾는 일이다. 그다음으로 상식을 보급하는 일이 차기 목적으로 따른다. 따라서 언제나 의욕은 충만했고 전문 지식을 높이려는 노력도 꾸준히 해왔지만 오류를 피하기는 어려웠다. 이는 필자 개인의 책임으로 그에 따르는 대가는 기꺼이 감내할 것이다. 책 작업을 하는 과정에서 고통과 기쁨이 함께했음은 두말할 나위가 없다. 또한 정치적 역량이 금융에 끼치는 잠재적인 영향력에 대해 느끼는 바가 컸으며 금융의 손이 세계의 큰 흐름을 움직이는 힘에 대해서도 실감하게 되었다. 금융이란 솔직하고도 복잡한 세계이며 여러 역량들이 한데 모인 곳이다. 필자는 가급적 도덕적 평가는 하지 않았으며 이성적인 '공감을 바탕으로 하는 이해'를 위해 노력했다.

중국에서 언제쯤 금융위기가 발생할까? 경제 원칙을 한 개인의 의지로 움직일 수가 없기 때문에 이 질문에 대해 정확한 답을 할 수는 없다. 사회과학은 이념과 실천 간의 상호작용에 의한 결과로, 경제 법칙은 인간의 행위에 영향을 미치고 또한 인간의 행위는 경제 현실을 변화시킨다. 중국에 불행하게도 가장 최악의 금융위기가 강타한다면 그 강도는 역사적 기록에 남을 수준이 될 것이다. 중국이 만약 일본을 따라 경제 연착륙 방식을 선택한다면 그 미래는 허리띠를 졸라매고 발버둥 치는 20년이 될 것이다. 현재 금융위기 시대는 이미 포스트 금융위기 시대로 대체되었고, 은행가들은 다시 다보스포럼에 참석하고 있으며, 중국의 세계 제1위 경제 대국을 향한 독주도 계속될 것으로 보이지만, 세상은 이미 어제와 다르다는 점 또한 부정할 수 없는 사실이다.

금융위기는 신용경제의 필연적 산물이다. 금융 주기도 경제 주기와 마찬가지로 피해갈 수 없는 하나의 추세다. 세계는 위기 속에 있지 않으면 위기로 가는 길목을 걷고 있다. 이런 이유로 당신의 적은 누구인지, 어떻게 생겨났는지, 현실 경제에 어떤 영향을 끼치는지를 이해하는 일만큼 우리에게 중요한 일은 없다.

독자 여러분, 혼란과 충격으로 가득 찬 '아름다운 신세계'에
오신 걸 환영합니다.

쉬진(徐瑾)

2015년 12월 1일 상해에서

참고문헌

01 《간결한 세계경제사*A Concise Economic History of the World: From Paleolithic Times to the Present*》, 론도 캐머런(Rondo Cameron), 역임출판사(譯林出版社), 2009

02 《거대한 도박: 유럽을 뒤흔든 세계 최초 금융 스캔들*Das Grosse Spiel*》, 클로드 쿠에니(Claude Cueni), 선시량(沈錫良) 옮김, 윈난인민출판사(雲南人民出版社), 2010

03 《결핍의 경제학*Scarcity: Why Having Too Little Means So Much*》, 센딜 물레이나탄(Sendhil Mullainathan), 엘다 사피르(Eldar Shafir), 저장인민출판사(浙江人民出版社), 2014

04 《경제 발전 중의 금융심화*Financial Deepening In Economic Development*》, 에드워드 쇼(Edward S. Shaw), 1988

05 《경제대공황*Essays on the Great Depression*》, 벤 버냉키(Ben Shalom Bernanke), 송슈팡(宋秀芳)과 커우원홍(寇文紅) 옮김, 둥베이재경출판사(東北財經出版社), 2009

06 《경제발전 중의 화폐와 자본*Money and capital in economic development*》, 로날드 맥키논(Ronald I. Mckinnon), 상하이삼연서점(上海三聯書店), 1994

07 《경제주기와 균형*Business Cycles and Equilibrium*》, 피셔 블랙(Fischer Black), 중신출판사(中信出版社), 2010

08 《고용 이자 및 화폐에 관한 일반이론*The General Theory of Employment, Interest and Money*》, 존 메이너드 케인스, 상무인서관(商務印書館), 1998

09 《관리감독: 우리의 투자 누구의 보호를 받나(監管: 誰來保護我投資)》, 선롄타오(沈聯濤), 장쑤원예출판사(江蘇文藝出版社), 2010

10 《광기, 패닉, 붕괴: 금융위기의 역사*Manias, Panics, and Crashes: A History of Financial Crises*》, 찰스 킨들버거(Charles Kindleberger), 주쥐안(朱儁)과 예샹(葉翔) 옮김, 중국금융출판사(中國金融出版社), 2011

11 《국부론: 국부의 성질과 원인에 관한 연구*An Inquiry into the nature and causes of*

the Wealth of Nations》, 애덤 스미스(Adam Smith), 궈다리(郭大力)와 왕야난(王亞南) 옮김, 상무인수관(商務印書館), 1972

12 《글로벌 위기 속의 중국의 비상시국(全球危機下的中國變局)》, 장밍(張明), 중국금융출판사(中國金融出版社), 2013

13 《금리의 역사A History of Interest Rates》, 시드니 호머(Sidney Homer), 중신출판사(中信出版社), 2010

14 《금융시장 관리감독의 이론기초On the Theoretical Foundations for Regulating Financial Markets》, Katharina Pistor, 〈비교(比較)〉 제6호, 2014

15 《금융의 제왕Lords of Finance : The Bankers Who Broke the World》, 라이콰트 아메드(Liaquat Ahamed), 바수쑹(巴曙松) 외 옮김, 중국인민대학출판사(中國人民大學出版社), 2011

16 《금융의 지배The Ascent of Money: A Financial History of the WorldThe Ascent of Money》, 니얼 퍼거슨, 중신출판사(中信出版社), 2012

17 《금융제국 J.P.모건The house of Morgan》, 론 처노(Ron Chernow), 진리췬(金立群) 옮김, 중국재정경제출판사(中國財政經濟出版社), 2003

18 《다난등임록: 금융위기와 중국의 미래(多難登臨錄: 金融危機與中國前景)》, 장우창(張五常), 중신출판사(中信出版社), 2009

19 《대중의 미망과 광기Extraordinary Popular Delusions and the Madness of Crowds and Confusion de Confusiones》, 마틴 프리디슨(Martin S.Fridson), 기계공업출판사(機械工業出版社), 2007

20 《대폭락 1929The Great Crash of 1929》, 존 케네스 갤브레이스(John Kenneth Galbraith), 상하이재경대학출판사(上海財經大學出版社), 2006

21 《두려울 것은 없다Nothing to fear : FDR's inner circle and the hundred days that created modern America》, 아담 코헨(Adam Cohen), 톈진교육출판사(天津敎育出版社), 2011

22 《롬바드 스트리트Lombard street: A Description of the Money Market》(영문원작), 월터 배젓(Walter Bagehot), 경제과학출판사(經濟科學出版社), 2014

23 《롬바드 스트리트*Lombard street: A Description of the Money Market*》, 월터 배젓, 상하이재경대학출판사(上海財經大學出版社), 2008

24 《루스벨트 대통령의 노변담화*Franklin Roosevelt and the fireside chats*》, 프랭클린 루스벨트(Franklin Roosevelt), 마페이(馬飛) 옮김, 중국사회과학출판사(中國社會科學 出版社), 2009

25 《멜런: 아메리칸 라이프*MELLON, AN AMERICAN LIFE*》, 데이비드 캐너딘(David Cannadine), 우융베이(吳詠蓓) 옮김, 상하이위안둥출판사(上海遠東出版社), 2010

26 《문명의 판단*The Measure of Civilization*》, 이언 모리스(Ian Morris), 리양(李陽) 옮김, 중신출판사(中信出版社), 2014

27 《물질문명과 자본주의*Civilisation materielle, economie et capitalisme: XVe-XVIIIe siecle*》, 페르낭 브로델(Fernand Braudel), 생활·독서·신지식 삼연서점(生活?讀書?新知三聯書店), 1993

28 《물질주의와 자본주의 읽기*La dynamique du capitalisme*》, 페르낭 브로델(Fernand Braudel, 생활·독서·신지식삼연서점(生活·讀書·新知三聯書店), 1997

29 《미 연방준비제도이사회의 세월*A Term at the Fed*》, 로렌스 메이어(Laurence Meyer), 중국금융출판사(中國金融出版社), 2005

30 《미국 통화의 역사*A Monetary History of the United States*》, 밀턴 프리드먼(Milton Friedman), 애나 슈워츠(Anna J. Schwartz), 바수쑹(巴曙松) 옮김, 베이징대학출판사 (北京大學出版社), 2008

31 《벤 버냉키, 연방준비제도와 금융위기를 말하다*The Federal Reserve and the Financial Crisis*》, 벤 버냉키, 바수쑹(巴曙松) 옮김, 중신출판사(中信出版社), 2014

32 《벤 버냉키의 연방준비제도이사회*Ben Bernanke's Fed: The Federal Reserve After Greenspan*》, 이선 해리스(Ethan Harris), 중국런민대학출판사(中國人民大學出版社), 2009

33 《벼랑 끝에서*On the Brink*》, 헨리 폴슨(Henry Paulson), 차오장타오(喬江濤) 옮김, 중신출판사(中信出版社), 2010

34 《보이지 않는 손이 때렸다*Slapped by the Invisible Hand; The Panic of 2007*》, 게리

고튼(Gary B.Gorton), 중신출판사(中信出版社), 2011

35 《부메랑: 새로운 몰락의 시작, 금융위기와 부채의 복수*Boomerang: Travels In The New Third World*》, 마이클 루이스(Michael Lewis), 2012

36 《불안정한 경제 안정화시키기*Stabilizing an Unstable Economy*》, 하이만 민스키 (Hyman P.Minsky), 스위펑(石玉峯)과 장후이번(張慧賁) 옮김, 칭화대학출판사(清華大學出版社), 2010

37 《비이성적 과열*Irrational Exuberance*》, 로버트 쉴러(Robert Shiller), 랴오리(廖理) 옮김, 중국인민대학출판사(中國人民大學出版社), 2004

38 《사원의 비밀*Secrets of the Temple : How the Federal Reserve Runs the Country*》, 윌리엄 그라이더(William Grieder), 겅단(耿丹) 옮김 , 2012

39 《서구 세계의 성장*The Rise of The Western World : A New Economic History*》, 더글러스 노스(Douglass Cecil North), 로버트 폴 토마스(Robert Paul Thomas) , 화샤출판사(華夏出版社), 2009

40 《세계경제: 1,000년 전망*The World Economy: A Millennial Perspective*》, 앵거스 매디슨(Angus Maddison), 우샤오잉(伍曉鷹)과 쉬쉬안춘(許憲春) 옮김, 북경대학출판사(北京大學出版社), 2003

41 《세계역사: 1500년 이후의 세계*The World to 1500: A Global History*》, L.S.Stavrianos, 우사샹잉(吳象嬰) 외 옮김, 상하이사회과학출판사(上海社會科學出版社), 1999

42 《스트레스 테스트*Stress Test: Reflections on Financial Crises*》, 티모시 가이트너 (Timothy Geithner), 이즈(益智) 옮김, 중신출판사(中信出版社), 2015

43 《신 롬바드 스트리트*The New Lombard Street: How the Fed Became the Dealer of Last Resort*》, 페리 멀링(Perry Mehrling), 거즈출판사(格致出版社), 2011

44 《역사 속의 의미*Meaning in History*》, 딜타이(W.Dilthey), 아이옌(艾彦)과 이페이(逸飛) 옮김, 중국청스출판사(中國城市出版社), 2002

45 《역사란 무엇인가*What is History?*》, 에드워드 카(Edward Hallett CARR), 우주춘(吳柱存) 옮김, 상무인서관(商務印書館), 2007

46 《영광 그리고 꿈*THE GLORY AND THE DREAM*》, 윌리엄 맨체스터(William Manchester), 하이난출판사(海南出版社), 2006

47 《영국과 미국의 중앙은행 역사*A History Of Central Banking In Great Britain And The United States*》, 존 H. 우드(John H. Wood), 상하이재경대학출판사(上海財經大學出版社), 2011

48 《옥스퍼드 영국사*The Oxford History of Britain*》, 케네스 O. 모건(Kenneth O. Morgan), 왕자오페이(王覺非) 옮김, 상무인서관(商務印書館), 1993

49 《왜 서양이 지배하는가*Why the West Rules?For Now*》, 이언 모리스(Ian Morris), 첸펑(錢峯), 중신출판사(中信出版社), 2011

50 《위대한 가치투자자 캐피탈 그룹*Capital: The Story of Long-Term Investment Excellence*》, 찰스 엘리스(Charles D.Ellis), 우원중(吳文忠) 옮김, 중신출판사(中信出版社), 2007

51 《유럽의 금융사*A Financial History of Western Europe*》, 찰스 킨들버거(Charles P.Kindleberger), 중국금융출판사(中國金融出版社), 2010

52 《은과 근대중국경제(1890~1935)(白銀與近代中國經濟)》, 다이젠빙(戴建兵), 푸단대학(復旦大學) 박사논문, 2003

53 《은행의 역사*Le Credit lyonnais. Histoire d'une banque*》, Jean Rivoire, 상인서관무(商務印書館), 2001

54 《이번엔 다르다*This Time is Different*》, 카르멘 라인하트(Carmen Reinhart), 케네스 로고프(Kenneth Rogoff), 기계공업출판사(機械工業出版社), 2012

55 《이성의 동물: 파국적 결말을 예측하면서도 똑같은 행동을 반복하는 인간의 심리*The Rational Animal: How Evolution Made Us Smarter Than We Think*》, 더글라스 T. 켄릭(Douglas T. Kenrick), 블라다스 그리스케비시우스(Vladas Griskevicius), 중신출판사(中信出版社), 2014

56 《일본 구출하기*Saving the Sun: How Wall Street Mavericks Shook Up Japan's Financial World and Made Billions*》, 질리안 테트(Gillian Tett), 상하이위안둥출판사(上海遠東出版社), 2004

57 《잊혀진 사람: 다시 쓰는 경제 위기의 역사*The Forgotten Man: A New History of the Great Depression*》, 애미티 슐래스(Amity Shlaes), 우원중(吳文忠) 외 옮김, 중신출판사(中信出版社), 2010

58 《자본주의의 실패*A Failure of Capitalism: The Crisis of '08 and the Descent into Depression*》, 리처드 포스너(Richard Posner), 선밍(沈明) 옮김, 베이징대학출판사(北京大學出版社), 2009

59 《자본주의의 실패*A Failure of Capitalism*》, 포스너, 베이징대학출판사(北京大學出版社), 2009

60 《자유에서 독점까지: 중국화폐경제 2천년(從自由到壟斷: 中國貨幣經濟兩千年)》, 주자밍(朱嘉明), 타이베이위안류출판공사(台北遠流出版公司), 2012

61 《제국*Empire*》, 니얼 퍼거슨(Niall Ferguson), 중신출판사(中信出版社), 2012

62 《좋은 자본주의와 나쁜 자본주의: 성장과 번영의 경제학*Good Capitalism, Bad Capitalism, and the Economics of Growwth and Prosperity*》, 윌리엄 보몰(William Baumol), 류웨이(劉衛)와 장춘린(張春霖) 옮김, 중신출판사(中信出版社), 2008

63 《좋은 자본주의와 나쁜 자본주의》, 양샤오카이(楊小凱), http://www.aisixiang.com/, 2011

64 《중국의 막대한 빚(中國巨債)》, 류하이잉(劉海影), 중신출판사(中信出版社), 2014

65 《지도와 영토*The Map and the Territory*》, 앨런 그린스펀(Alan Greenspan), 중신출판사(中信出版社), 2013

66 《진정한 의미의 미 연방준비제도 이사회로의 복귀(還原眞實的美聯儲)》, 왕젠(王健), 저장대학출판사(浙江大學出版社), 2013

67 《짧은 유럽사*The Shortest History of Europe*》, 윌리엄 랜돌프 허스트(William Randolph Hearst), 광시사범대학출판사(廣西師範大學出版社), 2010

68 《크래시 프루프*Crash Proof*》, 피터 시프(Peter Schiff), 천자오창(陳召强) 옮김, 중신출판사(中信出版社), 2008

69 《통치사*The History of Government from the Earliest Times*》, 파이너(Samuel E. Finer), 화둥사범대학출판사(華東師範大學出版社), 2014

70 《폭력과 사회 질서: 문자로 기록된 인류 역사의 개념적 틀에 대한 해석*Violence and Social Orders : A Conceptual Framework for Interpreting*》, 더글러스 노스(Douglass C. North), 존 월리스(John J. Wallis), 와인개스트(Barry R. Weingast), 항싱(杭行)과 왕량(王亮) 옮김, 거즈출판사(格致出版社), 2013

71 《헤지펀드 열전*More Money Than God*》, 세바스찬 말라비(Sebastian Mallaby), 쉬쉬(徐煦) 옮김, 중국인민대학출판사(中國人民大學出版社), 2011

72 《현금의 지배*The Cash Nexus*》, 니얼 퍼거슨, 중신출판사(中信出版社), 2012

73 《화폐론*A Treatise on Money*》, 존 메이너드 케인스(John Maynard Keynes), 상인서관무(商務印書館), 1996

74 《화폐의 비국유화*Denationalisation of Money*》, 프리드리히 하이에크(Friedrich August von Hayek), 신싱출판사(新星出版社), 2007

75 Acemoglu, Daron, and James A. Robinson, "The Rise and Fall of General Laws of Capitalism," *Working Paper*, available at: http://scholar.harvard.edu/jrobinson/publications/rise-and-fall-general-laws-capitalism, 2014

76 Alan Beattie, James Politi, 《格林斯潘 "认错"》, *Financial Times* , 2008

77 Alan Greenspan, *The Age of Turbulence: Adventures in a New World*, The Penguin Press, 2007

78 Andrew Crockett, *What Financial System for the 21st Century?* Per Jacobsson lecture, 2011

79 Ben S. Bernanke, On the Implications of the Financial Crisis for Economics,2010, *BIS Working Papers*, No. 490, 2015

80 Broke But Never Bust, *The Economist*, 2015

81 Carmen M. Reinhart and Kenneth S. Rogoff, Recovery from Financial Crisis: Evidence from 100 Episodes, *NBER*, 2014

82 Cecchetti, Stephen G., and Enisse Kharroubi, "*Why does Financial Sector Growth Crowd out Real Economic Growth?*", Finance and the

Wealth of Nations Workshop, Federal Reserve Bank of San Francisco &The Institute of New Economic Thinking, 2013.

83 Claudio Borio, The Financial Cycle and Macroeconomics: What Have We Learnt? *BIS Working Papers*, No. 395, 2012

84 Dani Rodrik,When Ideas Trump Interests: Preferences, World iews, and Policy Innovations, *The Journal of Economic Perspectives*, 2014

85 Daron Acemoglu, James A. Robinson, Economics versus Politics: Pitfalls of Policy Advice, *NBER Working Paper*, No.18921, 2013

86 Douglas Holmes, Communicative Imperatives in Central Banks, *Cornell International Law Journal*, 2014

87 Douglas Holmes, "How the Fed Learned to Talk: Communication is Now a Tool of Economic Policy," *The New York Times*, 2014

88 Douglas North, *Structure and Change in Economic History*, New York, Norton, 1981

89 Edward Teach, *The Bright Side of Bubbles*, CFO. com, 2007

90 Jim Pickard, The Man and the Bubble, *Financial Times*, 2006

91 John H. Wood, *Independent Central Banks: New and Old*, http://www. cato.org/sites/cato.org/files/serials/files/cato-journal/2006/11/cj26n3-11. pdf

92 John Kenneth Galbraith, *The Great Crash 1929*, Penguin, 2009

93 John Dalton, Claudia Dziobek, *Central Bank Loss and Experiences in Selected Countries*, 2015

94 Julie Froud, Adriana Nilsson, Michael Moran and Karel Williams, *Stories and Interests in Finance : Agendas of Governance before and after the Financial Crisis*, Governance, 2012

95 Lionel Barber, Michael Steen, FT Person of the Year: Mario Draghi, *Financial Times*, 2012

96 Martin Feldstein,《欧元的失败》, 中国发展高层论坛2012 年会报告

97 Michael McLeay, Amar Radia and Ryland Thomas, Money Creation in the Modern Economy , Quarterly Bulletin 2014 Q1 , Bank of England Website

98 North, D.C. and Weingast, B. , "Constitutions and Commitment: The Evolution of Institutions Governing Public Choice in Seventeenth-Century England," *Journal of Economic History*, 1989

99 North, Summerhill, W., and Weingast, B. "Order, Disorder, and Economic Change: Latin America vs. North America," in Bruce Bueno de Mesquita and Hilton Root (eds.), Governing for Prosperity, New Haven, Yale University Press, 2000

100 Paul Krugman, How did Economists Get It So Wrong, *The New York Times*, 2009

101 Peter Spiegel, How the Euro was Saved, *Financial Times*, 2014

102 Ralph Atkins,《危机中的欧洲央行》, *Financial Times*, 2010

103 Reinhart, Carmen M.and Kenneth S. Rogoff. 2008."Is the 2007 U. S. Subprime Crisis so Different? an International Historical Comparison," *American Economic Review*, 98(2): 339-344.

104 Reinhart, Carmen M.and Kenneth S.Rogoff.2009. *This Time is Different: Eight Centuries of Financial Folly*. Princeton, New Jersey: Princeton University Press.

105 Ronald I.McKinnon: *Money and Capital in Economic Development*. Washington : Brookings Institution, 1973

106 Stephen King,《欧元区的 "地心说"》, *Financial Times*,2012

107 *The European Central Bank: History, Role and Functions*, Hanspeter K. Scheller, European Central Bank. http://www.ecb.europa.eu/pub/ pdf/ other/ecbhistoryrolefunctions2004en.pdf

108 Thomas Hellmann, Kevin Murdock and Joseph Stiglitz, "Financial Restraint: Towards a New Paradigm", *The Role of Government in East Asian Development: Comparative Institutional Analysis*, eds. M. Aoki, M. Okuno—Fujiwara and H. Kim, Oxford University Press, 1997

109 Thomas Piketty, *Capital in the Twenty—First Century*, Belknap Press, 2013

110 What Went Wrong with Economics, *The Economist*, 2009

111 Lessons from the Collapse of Bear Stearns, *FT*, 2010